淘宝网
开店 装修
管理 推广
一册通 第3版

Q | 葛存山 著

人民邮电出版社
北京

图书在版编目（C I P）数据

淘宝网开店 装修 管理 推广一册通 / 葛存山著
. -- 3版. -- 北京：人民邮电出版社，2016.4
ISBN 978-7-115-41799-2

Ⅰ. ①淘… Ⅱ. ①葛… Ⅲ. ①电子商务－商业经营－
基本知识－中国 Ⅳ. ①F724.6

中国版本图书馆CIP数据核字(2016)第044359号

内 容 提 要

　　本书系统、全面地介绍了在淘宝网开店、经营和管理的基本方法和技巧。书中紧紧围绕"店铺开张→照片拍摄与处理→店铺特色装修→手机淘宝运营和管理→网店营销与推广→网店管理与售后服务"这条线索展开内容，其中既包括开店前的准备工作、开店的基本流程，也包括管理与经营网店的具体方法和技巧。

　　本书语言简洁、条理清晰，特别适合想在网上开店创业的初学者全面了解网店经营的各个细节。同时也适合已经开办了网店，想进一步掌握网店经营技巧的读者。本书也可作为高校或培训机构电子商务相关专业的参考用书。

◆ 著　　　　　葛存山
　　责任编辑　　赵　轩
　　责任印制　　张佳莹　焦志炜

◆ 人民邮电出版社出版发行　　北京市丰台区成寿寺路 11 号
　　邮编　100164　电子邮件　315@ptpress.com.cn
　　网址　http://www.ptpress.com.cn
　　北京七彩京通数码快印有限公司印刷

◆ 开本：720×960　1/16
　　印张：28.5　　　　　　　　　2016 年 4 月第 3 版
　　字数：485 千字　　　　　　　2025 年 3 月北京第 25 次印刷

定价：49.00 元

读者服务热线：**(010)81055410** 印装质量热线：**(010)81055316**
反盗版热线：**(010)81055315**

前言

据统计，截至 2015 年 6 月底，中国网民数量达到 6.68 亿，中国手机网民规模达 5.94 亿，已稳居世界第一，网络购物用户规模达到 3.74 亿。2014 年中国网络购物交易规模达到 2.8 万亿元，比上年增长 47.4%，在社会消费品零售总额中年度渗透率首次突破 10%。淘宝网作为国内乃至全亚洲最大的电子商务平台，目前不论是网上购物还是网上开店，淘宝网都提供了良好的环境，特别是对于创业初期，资金少或者是有工作又想兼职创业的人来说，在淘宝网上开店是不二之选，事半功倍还能减少初期的风险。

在众多淘宝书籍中，《淘宝网开店、装修、管理、推广一册通》距第 1 版上市已经 6 年了，仍然展现出极大的生命力：2010 年第 1 版重印了十多次，刚出版不到一周，马上销售一空，2013 年第 2 版重印了二十多次，6 年来一直在当当、亚马逊、京东等网店淘宝类图书中销量排名第一。考虑到淘宝网的交易和支付平台经历了多次升级更新，为了保证书中内容的与时俱进，我们再次修订了本书。

本书主要内容

作为一本网上开店创业的全程指南，从实际网上开店的准备讲起，同时穿插了最新的照片的拍摄与处理、网店的装修、网店营销推广、网店经营与售后、物流发货等知识，讲过了很多网上创业者在实际经营中遇到的问题。

本书共 17 章，主要内容介绍如下。

- 店铺开张：讲述开店准备知识、寻找热卖的网店商品、注册淘宝与支付宝、发布商品、设置店铺、使用淘宝助理、沟通买家完成交易过程等。

- 照片的拍摄与处理：讲述商品的基本拍摄方法、处理和美化商品图片。

- 装修有特色的店铺：讲述网店装修基础知识、设计店铺装修素材、淘宝旺铺的使用与装修。

第 4 篇：手机淘宝运营和管理篇：讲述下载与注册手机淘宝、手机店铺装修、提升手机淘宝转化率的方法、设置店铺宝箱获取无线端流量。

第5篇网店营与销推广篇: 讲述 SEO 搜索排名与店铺优化、宣传推广店铺的各种方法。

第6篇网店经营与售后篇: 讲述选择最佳物流发货、完善的客户服务、培训优秀资深客服人员、淘宝开店误区。

本书特色

- 全面详实。本书是网上开店的实战宝典，对网上开店的全过程和运营的方方面面都有介绍。

- 功能新。本书按照 2016 年新改版的淘宝界面进行教学。所有技术的效果都在淘宝店铺中得到过实际验证，已经获得了巨大的成功，并且目前还在持续地创造着惊人的效益。

- 技巧与解答。为了更好地指导您开店，我们还讲述了一些开店技巧与疑难问题解答。这些技巧与解答是理论与实战相结合的结晶，是实践中的一些宝贵技巧和经验的总结和提炼，不仅可以加深您对重点内容的理解和把握，还可以带给您一种新的思维方式去感悟网店的经营与管理。

- 具有权威性。本书结合了淘宝网上多位钻石级卖家和皇冠级卖家的实际经验。可以使读者轻松地进入淘宝开店，做成第一笔交易。

- 案例激励。本书提供了 17 个真实的网店成功案例，以及皇冠级大卖家的成功秘笈。每一位卖家都是一位开拓者，他们基本上都是白手起家，他们怀揣梦想、脚踏实地、坚持不懈，才有了今天的成功。这些宝贵经验正是千千万万的具有创业梦想的人所需要的。借鉴别人的成功就是复制成功，这也是走向成功的捷径。

本书的编写参考了淘宝大学讲师和淘宝店铺皇冠级卖家的建议，这使得本书理论与实践并重，方法与技巧并存。由于作者水平所限，书中可能还存在疏漏和不足之处，欢迎读者朋友不吝指正。

目录

第 **1** 章　轻松做好开店准备

网上购物已经被越来越多的人所接受。这种全新的购物体验和便捷的消费模式也正在更大的范围内取代或扩展着传统的购物方式，成为越来越多追求时尚的人的首选。同时涌现出了很多的网上商店。网上开店不仅成为一种时尚，而且成为一些人的职业。如果你稍加留意，就会发现身边有一群人，他们在家点点鼠标、敲敲键盘，就做成了成百上千笔生意。

1.1 为什么要在网上开店

如今，网络购物已成为一种时尚，逐渐被越来越多的人所接受。它不仅给人们带来了方便，还给人们带来了一条创业新思路——网上开店。相比传统的商业模式，网上开店投入不大、经营方式灵活，可以为经营者提供不错的利润空间。现在越来越多的人都开始选择这种方式进行经营。

1.1.1 什么是网上开店

网上开店是一种在互联网时代背景下诞生的新销售方式，具体来说就是经营者在互联网上注册一个虚拟网上商店并出售商品。

经营者将待售商品的信息以图片和文字的形式发布到网页上，对商品感兴趣的浏览者通过网上或网下的支付方式向经营者付款，经营者通过邮寄、快递等方式将商品实物发送给购买者。图 1-1 所示为在淘宝网开设的网店主页。

图 1-1 在淘宝网开设的网店主页

1.1.2 网上开店与实体店的比较

与实体店对比，网店的优势是显而易见的。第一，因为网络连接全世界，所以网店的商品销售范围更广。第二，网店的货源充足且容易组织。可以销售本企业或自己的商品，可以销售其他企业或他人的商品，也可以到市场上去找寻商品，甚至可以销售你周围商品店里的商品。第三，网店可以节约人手和时间，你不需要自己站柜台，也不需要雇请店员，只需要抽空上网看看订单就可以了。第四，网店的适应性广。企业、家庭、个人等都可以开网店，个人工作之余也可以开个网店来赚钱。第五，网店的成本低、收益大，是一个可以全面展现自我的广阔舞台。网店几乎不要大多的资金投入，你只要能在网页发布信息就可以。网店是虚拟商店，无需仓库等类似的存储空间，可免去昂贵的店面租金。

表 1-1　实体店与网店的比较

	相　同　点	不　同　点
经营门槛	都必须是一个遵纪守法的公民。 都需要分析定位，选择适合自己经营的产品。 都必须具备一定的吃苦耐劳精神。 都要有承受风险的心理准备。 都必须要有准备一定资金的投入。	实体店经营投入资金大，少则几万多则十几万，而网店只需少量资金投入即可。 实体店经营如果不准备雇请帮手，就必须得自己投入其中，而网店经营则不需要考虑此点，兼职亦可。
经营风险	都存在资金投入风险。 都存在很大比例的同类货品销售问题，所以都得承受竞争的考验。 都要面对货品的季节转换问题与淡旺季的问题，存在压货风险。	实体店在经营成本上投入巨大。 实体店之间的竞争激烈，而网店的经营虽然竞争压力也很大，但不需要承受诸多压力。 实体店在很大程度上靠季节来转换商品类型，带动消费，存在淡旺之分，而网店不受地域的限制，季节转换影响较小。
经营模式	都必须为顾客着想，通过提供优质的服务来赢得市场。 都必须在开店初期，实行"多赚心，少赚银"的经营策略，以积累客户。 都必须经常设计优惠促销活动来吸引顾客。 都需要经过实物展示、详细介绍、反复商谈以及讨价还价之后达成交易。	实体店的工作时间有一定的限制，而网店相对而言要自由很多。 实体店经营地域性非常明显，消费群体受到限制，而网店经营完全不受影响。 实体店采取"面对面"的交易，而网店成交则以汇款邮寄为主，但因无法看见实物，所以会使购买者产生顾虑。

1.2 网上开店的方式

网上开店选择什么样的方式，与店主自己的开业成本有关，同时也对自己的销售结果产生一定的影响。要对各种网上开店方式进行性价比的分析与比较，这样才会选择出适合你的平台。

1.2.1 自助式开店

在专业的大型网站上注册会员，开设个人的网店。像易趣、淘宝、拍拍等许多大型 C2C 网站都向个人提供网上开店服务。只要支付少量的费用，就可以拥有个人的网店，进行网上销售。图 1-2 所示为在自助开店平台开店。

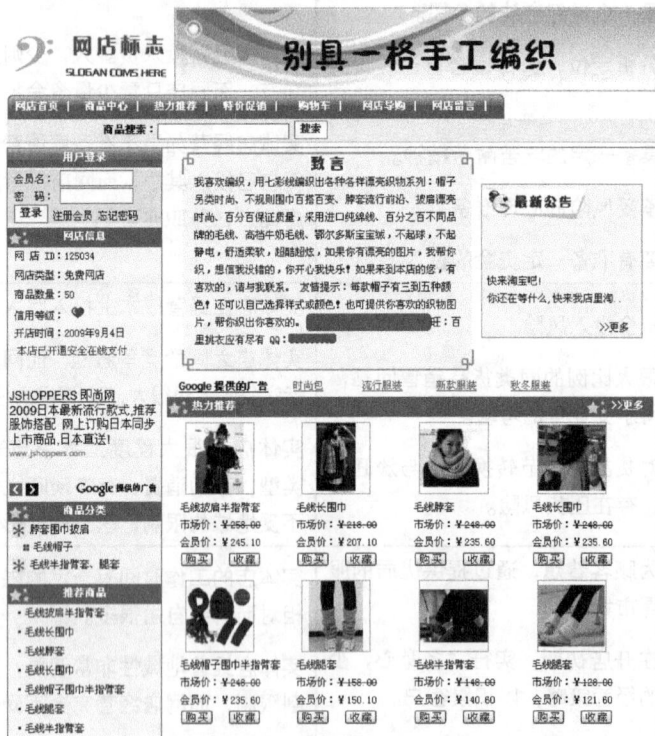

图 1-2 在自助开店平台开店

这种方式的网上开店相当于店主在网下去一些大的商场里租用一个店铺或柜台，

借助大商场的影响与人气做生意。目前所看到的网上开店基本都是采用这种方式。

1.2.2 建独立的网站

建设独立的网上商店是指经营者根据自己经营的商品情况,自行或委托他人设计一个网站。独立的网上商店通常都有一个顶级域名做网址,不挂靠在大型购物网站上,完全依靠经营者通过网上或者网下的宣传,吸引浏览者进入自己的网站,完成最终的销售。图 1-3 所示为独立建站进行网上销售。

图 1-3 独立建站进行网上销售

完全个性化的网上商店开办实际就是设计了一个新网站,包括域名注册、空间租用、网页设计、程序开发、网站推广等。因为是完全独立开发,个性化的网店的风格、内容完全可以根据经营者的思路来进行设计,而不必像大型网站里提供的网店要受限于具体的模块,而且网店商品的上传与经营完全由经营者自己安排,除了支付网站设计与推广费用,不需要支付网上交易费、商品登录费等费用。当然,个性化的网店只有通过其他各种网站推广方式,才可以取得浏览者的关注,实现最终的商品交易,个性化网店由于需要独立证明卖家自己的信用,往往无法立即取得浏览者的信任。

1.2.3 自己建网站和自助式开店相结合的方式

可以将前两种方式结合起来，既在大型网站上开设网店，又有独立的销售网站。这种方式将前两者的优点集合，不足之处是投入会相对较高。许多网下的商店经营者认识到网络的作用，开始通过网络销售商品。同时，一些网上开店取得不错收益的经营者也会考虑在网下开一个实体店。两者相结合，销售效果相当不错。

1.3 开店技巧与问答

技巧 1——什么样的人适合网上开店

网上开店有赚钱的，也有不赚钱的。其实，并不是每个人都适合开网店，也就是说，不是每个开网店的人都能赚到钱。若是想把网上开店当成自己的第一职业，就更加需要根据实际情况而定。那么，究竟什么样的人更适合网上开店呢？

1．企业管理者

对于小型企业，网上开店无可厚非地是一种必然的选择。过去，那些名不见经传的中小企业，要想把产品送进大百货商店的大门简直比登天还难。可如今网络店铺给他们提供了一个广阔的天地，解开了中小企业产品"销售难"的死结。不受地理位置、经营规模、项目等因素制约，企业只要上网就能资源共享。中小企业在网络店铺上与知名大品牌实现了地位平等，可以开展以前想都不敢想的全球经营。

2．拥有货源的人

无论是网上开店还是实体开店，货源都是最主要的。拥有货源的商户可以通过网上商店进行更好的销售推广，一次投资、多方推广，马上就可以得到立竿见影的效果。

3．需要处理手中旧货的人

每个人都会有一些物品像鸡肋，食之无味、弃之可惜。对于他们来说，网上商店就像以往的跳蚤市场，只不过是用来交易各种旧东西而已。当然以前的跳蚤市场是面对面，而现在科技进步了，跳蚤市场改称网上商店，开始采用网上交易。在所有的网上开店的卖家中，这类人群应该占有不少的比例。

4．初次创业者

现代社会中，很多人都梦想自己创业，但面对形形色色的压力和风险，往往又望而却步。对于这类人群而言，通过网上开店开始自己的创业生涯，无疑是个很好的选择。

网上开店资金要求低，风险小，经营十分灵活，经营得好不但可能会赢得第一桶金，而且有可能真正利用网络创出一番天地。即使无法通过网上开店获得理想的利润，创业者也可以从中获取宝贵的经验，为将来的发展奠定基础。而且，经过一段时间的网上开店，创业者会结识很多人，获得很多信息，可能还会对以后的发展有所帮助。

5．全职企业白领

每天有固定工作时间的企业白领，也是可以网上开店的。在晚上或休息时间照顾自己的网店，不仅可以给自己多赚些零花钱，还可以缓解白天紧张的情绪。并且在这里可以体会当老板的感觉，结识更多志趣相投的朋友。

6．拥有自己实体店的人

许多有实体店面的经营者在网上开家分店，把潜在客户拓展到网上，增加一个销售渠道。网上开店为这类人群提供了一个广阔的天地。不受地理位置、经营规模、项目等因素制约，实体店在网络上与知名大品牌实现了平等，而且还可以开展以前想都不敢想的全球经营。

7．大学生

一些大学生平时的功课比较轻松，有较多的空余时间。大学生利用空余时间上网玩游戏的人不在少数。其实，与其将时间浪费在玩游戏上面，还不如在网上尝试一下创业的滋味。因为大学生接受新事物的能力较强，对网络的应用更是得心应手，所以上网开店不失为赚钱的一种手段。现在很多大学生在做网络销售，而通过网上开店获得人生第一桶金的更是数不胜数。

8．网虫

假如你是一个网虫，那也是一种有利的资源，有时间又努力，就一定会有所收获。通过网络可以学到更多先进的技术，可以把自己的网店打理得更好，花大量的时间来推广自己的网店是绝对值得的。网上购物是未来发展的一个必然趋势，如果你喜欢网络，有精力长时间面对电脑，并希望过 IT 白领生活，那么开网店就绝对是一个很不错的选择。

9. 自由职业者

年轻人越来越追求独立自主的生活方式，不喜欢被束缚，希望通过自身的奋斗，摆脱给他人打工的状况，做所谓的自由职业者。现在不少的自由职业者喜欢上网冲浪。他们开设网络店铺并不在意自己的东西能卖多少钱，而是希望那些平时逛街所购买的东西同样会有人欣赏和喜欢，其目的是通过开网店来充实生活，寻找一些志趣相投的朋友。通常这些人多会将开网店作为拓宽社会圈子的一种有利方式，为今后的发展打下坚实基础。

技巧 2——网上开店稳赚不赔吗

其实，网上开店的核心还是开店，只不过是由实体店换成了虚拟店。因此，网上开店同样面临进货、定价、推广、售后服务等一系列的问题，同样会有赚钱、亏损的境况。网上开店赚钱和赔钱的原因是多方面的，虽然它投入的资金较低，但正常的商品选择、进货、营销等流程同网下开店是相同的，而网店的盈利与否也是由这三方面所决定的。

1. 商品的选择

网店的商品决定着网店所面对的顾客群，也就决定了网店的商品销售范围，进而在最初就决定了所开的网店是否会盈利。任何一个卖家都需要考虑，如何突出自己小店的特色，使自己的市场产生壁垒，防止竞争对手的恶意竞争。网上开店要靠商品说话，要提供别人所不能提供的商品或者服务。

2. 好的进货和发货渠道

进货渠道决定了店铺商品的价格和质量，而这也正是网上开店赚钱与否的最大决定因素。有好的进货渠道，才能保证网店的商品价格；也只有好的进货渠道，才能保证网店商品质量，才能保障网店顾客的回头率和网店的信誉。

3. 网店的营销策略

网店的经营推广也是决定网店盈利与否的一项重要因素。只有好的经营推广策略，好的推广手段才能保证自己网店的知名度，才能提高自己网店的访问量。也只有足够的顾客访问量才能保证购物单的数量，才能保证自己网店的盈利。

技巧3——网上开店所要具备的硬件条件

尽管网上开店投资少，操作简单，但是也需要具备一些最基本的条件。网上开店需要的硬件设备主要有以下的要求：办公场所，电脑或笔记本电脑，网络，数码相机1台，手机或固定电话，传真机，打印机1台，产品相关的设施。

- 方便客户联系的手机或固定电话。谁都不想因为电话的原因，导致潜在客户的流失。

- 方便工作的笔记本电脑。笔记本电脑对网上开店的专业卖家而言非常必要，特别是那些需要经常和客户、厂家打交道的卖家，利用笔记本，可以随时关注网上商店的信息，保证及时地维护与客户的关系；可以随时随地处理与厂家的相关事宜，保证货源畅通、进货准时，如图1-4所示。

图1-4　笔记本电脑

- 收发合同的传真机。当有很多客户和你签订合同时，传真机就可以大显神通了。另外，很多资料的收发也离不开传真机。

- 打印机。有些电子文本资料是需要书面保存的，因此打印机就是必需的了。

以上是一些网上开店的基础硬件设备。因为网上开店经营的策略有很多种，所以根据不同的经营策略和资金投入，我们也可以选择其中的某几个设备进行组合。

技巧 4——网上开店所要具备的软件条件

网上开店有很多软件方面的要求。有些软件要求非常专业复杂。下面把一些简单的常用的软件列出来，便于卖家根据自己的经营策略进行取舍。

1. 电子邮件

电子邮件（E-mail）是 Internet 应用的一种服务。通过网络的电子邮件系统，用户可以用非常低廉的价格，以非常快速的方式，与世界上任何一个角落的网络用户联络。这些电子邮件可以是文字、图像、声音等各种格式。正是由于电子邮件的使用简易、投递迅速、收费低廉、易于保存、全球畅通无阻的特征，使得它广泛应用。它使人们的交流方式得到了极大的改变。

至于如何申请邮箱，如何管理自己的电子邮件，这里不再赘述。如图 1-5 所示为新浪邮箱。

图 1-5   新浪邮箱

2. 聊天软件

网上开店，打字聊天是最好的联系方式。很多生意就是在手指敲击键盘的时候谈成的。当然，打字要熟练些，否则客户会认为你不认真。

聊天软件非常多，常用的有腾讯 QQ、微软 MSN 等，或者使用交易平台提供的沟通软件，如千牛工作台。图 1-6 所示为使用千牛工作台与客户交流。

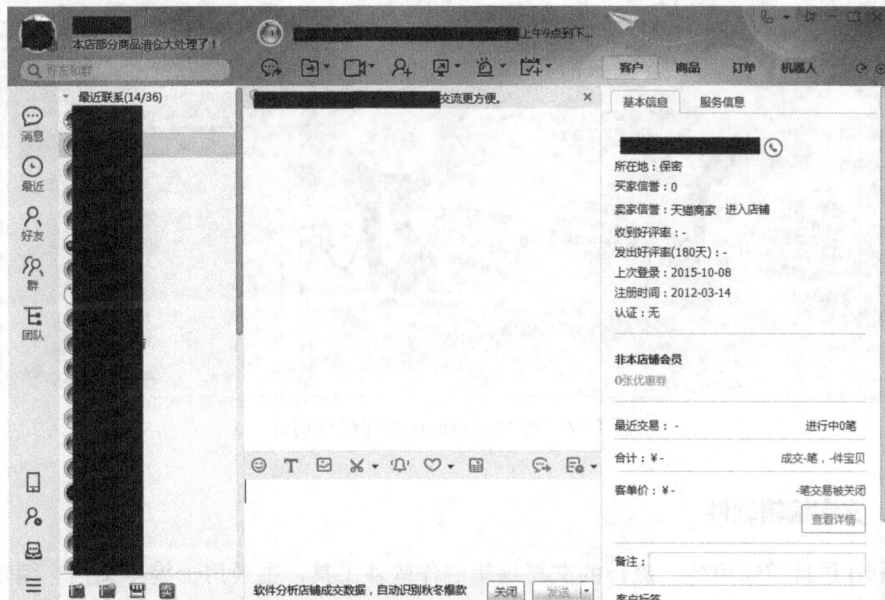

图 1-6　使用千牛工作台与客户交流

3. 图像处理软件

网上开店除了需要编写很好的文案外，另外一个非常重要的部分就是要有精美的页面和宣传图片，因为客户主要是通过图片来浏览产品的，效果差或是不够美观的图片都会使客户流失。因此是否能做出漂亮的商品图片，对网上开店来说也是一个至关重要的因素。现在的做图软件很多，建议学习使用 Photoshop。Photoshop 是 Adobe 公司推出的图像处理软件，被人们称作图像处理大师。Photoshop 是目前应用较为广泛的图形图像软件之一，它的功能十分强大，也比较容易学习。如图 1-7 所示为用 Photoshop 制作网店图片。

图 1-7 用 Photoshop 制作网店图片

4. 文字编辑软件

Word 是目前通用的、流行的文档编辑制作软件工具，主要用于编排文档、编辑和发送电子邮件、编辑和处理网页等。学会 Word 的基本操作后，就可以很方便地编写合同或自己的网站文案。文案编写的好坏对网上销售有很大影响。所以一定要尽可能地把文案写好。

5. 基本的网站设计软件

在拥有了自己的网上商城后，还需要学习一些网站设计相关的软件，这样可以多了解网上商城的建设原理，还可以为自己的商城设计几个漂亮的宣传广告页面。通常，在一个大型的网上商城上添加一些漂亮的广告页面，效果会更好。

开网店时需要用到的基本的网站设计软件主要有 FrontPage 和 Dreamweaver，前者比较适合初学者学习，而后者是比较专业的网页设计软件。

技巧 5——网上开店必备的心理

1. 不要一上来就想赚钱

虽然大家开店多是为了赚钱，但在最初阶段，网店赚钱是很难的，没有信誉谁也不会理你。那该怎么办？你应该首先从心理上把开店当成是学习、交朋友的一个途径，加入一些人气旺的群，不要提你的买卖，和群中的朋友聊一些家长里短的事或是经营经验。

当大家互相熟悉之后，有人会问你："你是卖什么的？"这时候才可以引到买卖上。因为已经互相熟悉了，对方如果有需要的话马上会想到你。也可以在你的空间中写一些生活经历、生活感悟，让大家熟悉你、了解你，这样对方购买你的商品时才会感到踏实放心。

2. 不要怕别人知道你是新手

绝大多数人都认为"新手"这个词对网店经营很不利，其实"新手"也是有自己的独特优势的。第一，新手很可爱。如果有人来你店里购买商品，拍下商品后你不会改价格，可以直接和他说："能告诉我怎么改价格吗？我可是新手，呵呵。"相信绝大部分人不会因此而不购买你的东西，反而觉得你很可爱，知道你创业很不容易，以后可能会经常帮助你的。第二，新手很谦虚。因为你是新手，所以有许多买家会向你提出意见："这款怎么没有红色的呀，别人家就有的"……这时候你应该很谦虚地说："谢谢您的建议，如果您需要我可以马上给您订做一个。"这样买家会觉得你的态度很真诚。

3. 不要不好意思

很多新手在对自己的店铺做推广时会很不好意思，总是觉得"我是新手，给人家发个信息人家会理我吗？"实际上，主动出击才会赢，你可以把你的广告词说得婉转一些，要非常有礼貌，所谓"礼多人不怪"，绝大多数人是不会反感的。

4. 要互相帮助

新手经常会收到这样的信息："我的帖，帮忙顶一下"或"能加我的超链接吗？"这时候不要不理不睬，而是要互相帮助，可以交朋友、谈经验。这样，对方需要你的商品时会主动找你的。网店卖家同时也是网上购物的主力。

5．一定要有耐心和信心

开店的前几周很可能会颗粒无收，这时候的卖家是最痛苦的。但无论如何一定要坚持下去，要坚信"道路是坎坷的，前途是光明的"。半途而废你将永远没有开始，坚持不懈你才能拥有未来。另外，还可以利用生意的冷淡期抓紧时间学习。

技巧 6——网上开店失败的原因

网络购物业伴随互联网等一系列配套设施的出现而火热地发展起来，很多初次创业者纷纷加入到网上开店这个新兴市场中来。新兴市场带来机遇同时还伴随着一些挑战，以下总结了网上开店失败的原因。

1．未对自身进行谨慎评估即下海

网上开店虽然门槛低，但也不代表什么都不会就能来网上淘到金。许多人贸然跳入网海，结果多半败在"没有做生意经验"及"完全不了解网络"上。其实，很多人也许不适合做网络生意，想在网上开店最好能具备一定的生意头脑，有良好的沟通表达能力，并且能适应或掌握快速变动的网络节奏。

2．开店定位不明确

现实中，我们常听闻朋友说想开间"小化妆品店""小玩具店"，从没听说有朋友想开间"百货公司"。可是，在网上就不同了。有许多网络商店什么都卖，没特色。大家觉得虚拟卖场空间无限，就想拼命塞，结果造成买家对你网店的印象模糊。"什么都卖"是非常有实力的大型综合购物网站做的事情，一般网店新手尽量从一个自己最专精的品类切入会比较好些。

3．经营者一厢情愿销售自己喜欢的商品

网络世界比你想象的还要丰富，所以快速找出网友的格调比坚持自己的格调重要。不要进太多只符合自己品位的商品，做生意还是要符合大众的审美眼光。

4．对网店前景的预测过于乐观

网店多如牛毛，庞大的买家群体其实未必会有兴趣走进你的店铺。没有特色鲜明的商品、诱人的实物照片及独特的推广技巧，都将很难吸引到买家的目光。

5. 广告投资收益比过低

没业绩因为没人气，没人气所以花钱买广告、买关键词，花了钱生意还是不好，从而导致网店关门大吉。这是常见的失败案例。多数网店业绩不好的原因都是经营问题而不是流量问题。别急着浪费广告费，先解决经营问题再购买流量才会更加有效。

6. 有业绩，没利润

由于经营门槛极低，大部分的网店卖家都比较年轻，常在竞争对手的挑战刺激下过度地削价竞争，或大量进货造成严重库存。一般这种卖家都是有业绩、没利润。年度财务结算时把营业税及个人薪资的机会成本都加进去，赔钱是很常见的。

7. 缺乏独特的竞争优势

如果你真想要在网络上发展自己的事业，那么最好有些自己的优势背景。例如，有药师执照的卖家销售保健品或健康食品就更有说服力；如果你本身是贸易商，也有实体店面协销，那做网店成功的机会就大些；如果你没有特殊背景，那么最好要有成本较低的进货渠道。

8. 不够用心

网上开店已进入激烈竞争的阶段，每天都有新竞争者加入及失败者退出。用心经营都不一定能胜出，不够用心注定被淘汰。

9. 经营团队存在问题

网站经营中，人的问题太常见了。不一定是人够不够优秀的问题，常常太杰出的团队冲突反而更大。重要经营伙伴自立门户、网站缺乏技术自主能力、业务经营者与技术人员对立内耗等，都是网店经营过程中常见的问题，也是网店走向衰败的开始。

技巧 7——网上开店的经营方式

开什么样的网店应该根据个人的实际情况而定。要选择一种适合自己的经营方式。网上开店的经营方式主要有以下 3 种。

1. 网店与实体店相结合经营

此种网店因为有实体店铺的支持，在商品的价位、销售的技巧方面都更高一筹，也容易取得消费者的认可与信任。

2. 全职经营网店

经营者将全部的精力都投入到网店的经营上，将网上开店作为自己的全职工作，将网店的收入作为个人收入的主要来源。

3. 兼职经营网店

经营者将经营网店作为自己的副业。如在校学生利用课余时间开网店，一些职场人员利用工作便利时段和晚上休息时间开网店等，以增加收入来源。

案例——大学生毕业后当茶农、开网店

毕业之后，很多大学生选择创业。青岛就出了一名大学生茶农小姜。他在淘宝网上开了个店卖茶，如今已经卖到广东、黑龙江等省份。小姜说他将来要开连锁店，还要将茶叶卖到国外去。

创业从采茶开始

小姜从职业技术学院毕业，他所学的专业是电气自动化。毕业后在家创业，先从炒茶、卖茶开始。

"一般是个人打电话来说要茶。如果需要的话，我就自己给送过去。"小姜说一般一周要出去三次左右。"个人要茶，也要不多，一般就是一斤两斤，多的三斤。但是客户要的多话就找车给送过去。"

小姜的客户一般都是市区的。小姜村口有路公交车通过，一个小时左右一趟。小姜往市区送茶，一个来回三四个小时，正好一上午一趟。

小姜说："我这些都是好茶，长得高、三个叶、还很嫩。"每天上午，小姜送茶或者上网。下午2点，小姜就会去茶叶加工点炒茶，把上午采摘下来的鲜叶去加工点炒出来。"跟老板学的，现在大体上已经学会了，一些细节还要继续练习。炒茶很热，本来就是夏天，里面还有炒茶机器。一般炒到下午5点就完工，多的话就要到晚上七点。"炒茶很辛苦，是体力活也是脑力活，还是个细活。

网上开店，把茶卖到了广东，刚开始小姜并没有下定决心干下去。"第一个客户给我很大激励，让我下定了决心。"

在淘宝网上一建店，效果就出来了。"我在上面留了手机号、QQ号就有很多人打电话过来问。全国各地都有，有黑龙江的、广东的。广东的那个说朋友曾经送

了一些崂山茶，他觉得很好喝，但是广东买不到，就到网上搜到了我的店。最后买了两斤好茶。黑龙江那个人是在青岛当过兵，知道崂山茶特别好喝。"

接到订单，小姜就去离家不远的邮局快递出去。"刚开始使用普通邮寄，结果有个滨州的人第二次要茶。第一次我是给他快递的，第二次给他邮寄。刚开始也没经验，包得也不紧。结果茶叶到那儿都碎了。他打电话过来问，以为我给的是碎茶。我解释说是路上碎了。又问我为什么茶叶的颜色跟上次不一样，我解释说每次炒的火候不一样。他听完说那以后有事再联系就挂了电话。我找了斤上好的茶叶，包得紧紧的，给他快递过去。结果他又给我打过电话来问'为什么又给我邮茶？'我解释说上次完全是我个人的失误，这算是补偿，他说以后要茶联系我，我觉得信誉是最重要的。"

茶叶有两种卖法，可以把采摘下来的鲜叶卖给茶厂，也可以自己炒好直接卖出去。"我们村80%都是卖鲜叶，不敢自己存茶，怕卖不出去。我们家以前也是卖鲜叶，但是今年大部分都自己炒好卖出去了，我感觉很好。网络是个好东西，别人沉迷于网络，我用网络卖茶，很满足。现在我们村就我们家卖得最好。"小姜说。想把茶叶卖到国外"其实我现在不算创业，只是在熟悉茶叶生产和客户的需要。明年开始，我要开店，那才算正式创业。我想开个店，专门卖茶农自家产的崂山茶。"

说起开店，小姜说："现在茶叶市场太乱了。昨天我还看新闻说崂山年产茶量四五百吨。说到崂山茶，很多人的意识就是假的。很多所谓的崂山茶都是假货，直接从茶厂卖出去的。所以我就要开个特色店，专卖崂山茶，而且是我们茶农自己家的茶。""我要在店里设一个炒茶现场，让消费者明明白白看到这就是崂山茶农自己家的茶。价位方面面向大众，不要那么多利润。"

"卖茶，关键是质量好、信誉好了，通过人与人之间的传播，一传二、二传四，很快大家就知道了。"

"我还想把茶卖到国外去，上大学的时候就想过，想工作后赚钱，然后开店卖茶。经常做白日梦，想象着一些场景，比如说我们的茶叶整箱的往国外发货。现在也想，就是英语不过关，也还没有精力。"

"现在卖茶很忙。等国庆节，卖茶叶的事忙完了，我好好策划策划。明年把店开起来，开到市南。现在最大的困惑就是资金，不过我自己攒一些，亲戚们资助一些差不多就够了。"

小姜还把自己网上开店的成功经验和一些心得体会讲述给其他卖家，给他们提出一些看法和意见。他总结出新手必过的三大关。

总结新手开店经验

一是信心关

对于开过实体店铺的新手而言，在网上开店一般都能快速上手。但若是对这方面没有任何经验的新手，则一定要做好全面准备，首先对于自己选择的产品一定要有信心，要对网上经营有信心，否则很容易一遇挫折就轻易放弃。毕竟与网下开店相比，网上开店承受的投资损失并不大，无所谓的心理很容易滋生，放弃也不会觉得可惜。

二是诚信关

作为职业化的网上交易者，必须要认真对待电子邮件和交易过程。在淘宝上，每个卖家都有一个关于诚信的记录，买家都可以看到卖家以前的销售状况以及别的买家对卖家的评价。不讲诚信的人很难在网络上经营下去，诚信卖家的商品即使价格高些，也会是买家们的首选。对于卖家来说，能够得到更多的好评，就说明你的商品得到了顾客的肯定。信誉好了，生意自然而然就会更加红火。而要得到顾客的好评，则是需要用卖家的诚信去换取的。

三是重视经验积累

网上开店，相关培训固然必不可少，但是开店还有很多门道，要多向其他网店取经，注意经验的积累。

对于网店新手来说，不管开设什么店，都要循序渐进，从低价商品开始销售，一方面可以慢慢树立信心，另一方面也可以慢慢熟悉网上交易环境，而且投入也不会太大。

第 2 章　寻找热卖的网店商品

在网店经营过程中，定位是关键。清晰的定位策略能让你的网店具有强大的核心竞争力。网店经营中，"货源"和"客源"是最重要的，而货源又是客源的基础。不论是新手卖家还是皇冠级卖家，货源是制约网店经营的一个门槛问题。本章将介绍网上卖什么，探讨"怎么进货"、"如何谈判"等问题。有了好的商品，你的营销技巧才能发挥，否则再好的销售技巧也不行。

2.1　网上卖什么东西最火

要在网上开店，首先就要有适合通过网络销售的商品。但并非所有适合网上销售的商品都适合个人开店销售。例如家电产品，假如对家电产品的进货渠道不熟悉，没有价格优势，网店经营就很难获得成功。尽量避免涉足不熟悉、不擅长的领域。同时，要确定目标顾客，从他们的需求出发选择商品。

2.1.1　哪些商品适合网上销售

1. 适合网络销售产品的特点

通过对网上出售产品的统计发现，适合网络销售的商品一般具备以下特点。

（1）体积较小。主要是方便运输，降低了运输成本。

（2）附加值较高。价值低过运费的单件商品是不适合网上销售的。

（3）具备独特性或时尚性。网店销售不错的商品往往都是独具特色或者十分时尚的物品。

（4）价格优惠。如果网下可以用相同的价格买到，就不会有人在网上购买了。

（5）通过网站了解就可以激起消费者的购买欲。如果必须要亲自见到这件商品才可以达到购买所需要的信任度，那么它就不适合在网上销售。

（6）网下没有，只有网上才能买到。例如外贸订单产品或者直接从国外带回来的产品。

（7）能被普遍接受的标准化产品。这类产品的特点在于，产品质量、性能易于鉴别，具有较高的可靠性。即使发生产品质量纠纷，也易于解决。而且，此类产品的售后服务工作也易于开展，对厂家和消费者都较为有利。

2. 网上开店不可销售的产品

网上开店要严格遵守国家法律法规，不要销售以下商品。

（1）法律法规禁止或限制销售的商品。如武器弹药、管制刀具、文物、淫秽品、毒品。

（2）假冒伪劣商品。

（3）其他不适合网上销售的商品。如医疗器械、药品、股票、债券和抵押品、偷盗品、走私品或者以其他非法来源获得的物品。

（4）用户不具有所有权或支配权的物品。

2.1.2　网上热卖的商品

确定要开一家网上店铺后，"卖什么"就成为最主要的问题了。在确定卖什么的时候，卖家要综合自身财力、商品属性以及物流运输的便捷性，对要售卖的商品加以定位。网上开店卖什么最热门？哪些商品是人们在网上最喜欢购买的呢？目前个人网上店铺的交易量比较大的商品包括服装服饰、化妆品、珠宝饰品、手机、家居饰品等。在这方面，网店与传统的店铺并无太大区别。寻找好的市场和有竞争力的产品，是网店成功的重要因素。

目前主流网民有两大特征，一是年轻化，学生群体数量占有网民数量相当的比重；其次是白领上班族多。了解了主流网民的基本特征，就可以根据自己的资源、条件甚至是爱好来确定商品。

此外，商品自身的属性也对销售有制约作用。一般而言，商品的价值高，收入也高，但投入相对较大。对于既无销售经验，又缺资金的创业族来讲，确实是不小的负担。另外，网上交易地域范围广，有些体积较大、较重而又价格偏低的商品是不适合网上销售的，因为在邮寄时商品的物流费用太高，如果将这笔费用分摊到买家头上，势必会降低买家的购买欲。

从消费者结构看，网上购物人群大多数属于城市主流人群，他们支付得起电脑和上网费用。他们的恩格尔系数（食物支出占总支出的比例）在 40% 以下，相对于猪肉、粮食等基本生活用品，他们更关心对数码家电、服装、香水、珠宝饰品等满足高品质生活的商品。

根据艾瑞咨询即将发布的 2014 年中国网络购物市场数据，2014 年，中国网络购物市场交易规模达到 2.8 万亿元，增长 48.7%，仍然维持在较高的增长水平。根据国家统计局 2014 年全年社会消费品零售总额数据，2014 年，网络购物交易额占社会消费品零售总额的 10.7%，年度线上渗透率首次突破 10%。

艾瑞分析认为，随着移动购物市场的飞速发展、典型电商企业向三四线城市甚至农村市场的扩张及国际化战略的布局，未来几年，中国网络购物市场仍将保持27% 左右的复合增长率，如图 2-1 所示。

2011-2018年中国网络购物市场交易规模

图 2-1　中国网络购物市场交易规模

目前网上交易量比较大的商品主要是家居日用、服饰、手机、化妆品等。不过随着时间、环境和消费观念的变化，适合在网上销售的产品也会发生变化。其实不管卖什么，网上网下都差不多，有竞争力的商品是成功的关键。

2.2　进货渠道大揭秘

确定卖什么之后，就要开始找货源了。网店之所以有利润空间，成本较低是重要因素。拥有了物美价廉的货源，便取得了制胜的法宝。当然，网上开店因为手续简单，也可以随时根据自己发现的货源情况调整经营方向。

2.2.1 依靠大型批发市场

虽然厂家提供一手货，但是一般的厂家都有一定的大客户，他们通常不会和小卖家合作的。批发市场的商品价格一般比较便宜，这也是经营者选择最多的货源地。从批发市场进货一般有以下特点。

（1）批发市场的商品数量多、品种全、挑选余地大、易"货比三家"。

（2）批发市场很适合兼职卖家，在这里进货时间和进货量都比较自由。

（3）批发市场的价格相对较低，对于网店来说容易实现薄利多销。

相比较其他几种渠道，批发市场的确是新手卖家不错的选择。如果你刚好生活在大城市，周围有大的批发市场，不妨就去那里看看吧，保证不会让你失望。多与批发商交往不但可以熟悉行情，还可以拿到很便宜的批发价格。

通过和一些批发商建立良好的供求关系，卖家不仅能够拿到第一手的流行货品，而且能够保证网上销售的低价位。这不仅有利于商品的销售，而且有利于卖家很快地积累信用。找到货源后，可先进少量的货，在网上试卖一下，如果销量好再考虑增大进货量。在网上，有些卖家和批发商关系很好，往往是商品卖出后才去进货，这样既不会占用资金又不会造成商品的积压。总之，不管是通过哪种渠道寻找货源，低廉的价格是关键因素。找到了物美价廉的货源，网上商店就有了成功的基础。

2.2.2 厂家货源

一件商品从生产厂家到消费者手中，要经过许多环节，其基本流程是：原料供应商→生产厂家→全国批发商→地方批发商→终端批发商→零售商→消费者。

如果是进口商品，还要经过进口商、批发商、零售商等环节，涉及运输、报关、商检、银行和财务结算。经过如此多环节、多层次的流通组织和多次重复运输过程，自然就会产生额外的附加费用。这些费用都被分摊到每一件商品上，所以，对于一件出厂价格为2元的商品，消费者往往需要花15元才能买得到。如果可以直接从厂家进货，且有稳定的进货量，无疑可以拿到理想的价格。而且正规的厂家货源充足，信誉度高，如果长期合作的话，一般都能争取到产品调换和退货还款。一般能从厂家拿到的货源商品并不多，因为多数厂家不屑与小规模的卖家打交道。

但有些网下不算热销的商品是可以从源头进货的。一般来说，厂家要求的起批量非常大。以外贸服装为例，厂家要求的批发量至少要在近百件或上千件，达不到要求是很难争取到合作的。

通过下面几种办法，可以辨别厂家的实力，在下单之前就摸清对方底细。

（1）电话验证。通过 114 或电话黄页进行查询，核对对方的电话是否属实。一般正规厂家都很重视业务电话，都希望客户一查就能得知自己的电话号码，所以，往往都会把电话号码予以登记。除了查核电话号码登记问题外，还可以通过在不同时段给他们打电话来验证厂家是否正规。

（2）证件查询。可以要求对方提供《工商营业执照》和《税务登记证》等复印件。如果对方以担心被非法利为由而拒绝你的这一要求，那么，你就干脆打电话到相关部门去查询。因为正规的工厂都必须正式登记在册，而从税务登记证上就可以看出对方是一般纳税人还是小规模纳税人或者甚至根本未进行税务登记。

（3）价格辨别。你可以通过分析对方的定价模式来辨别其是否正规。正规公司都有稳定的价格体系，而且通常是不会允许新顾客随意地讨价还价的。由于公司内部的规章制度比较健全，所以，除了决策层外，任何员工都无权私下更改定价模式。你可以多次地让他们对同一产品进行报价，也可以不断地让他们对各种产品进行报价，以此来分析他们的定价模式，看他们的价格体系是否稳定与完善。

（4）规模辨别。辨别企业实力的要点就在于区别其生产经营规模的大小，评定世界财富 500 强时，其年销售额就是重要的指标之一。生产规模大、经营时间长、综合实力强的正规企业，往往产品的品种也多、款式也全、生产经验也足。

2.2.3 外贸尾单货

外贸尾单货就是正式外贸订单的多余货品。一般我们都知道，外商在国内工厂下订单时，一般工厂会按 5% ～ 10% 的比例多生产一些，这样，万一在实际生产过程中有次品的话，就可以拿多生产的数量来替补。这些多出来的货品就是我们常说的外贸尾单货了。

1. 外贸尾单货的特点

外贸尾单货的优点就是性价比高。通常商家所销售的几十元钱的产品出口后都是几十美元或是更高的价格；但缺点是颜色和尺码不全，不能像内销厂家的货品那样齐码齐色。所以，它的价格一般比商场或其他地方更便宜。

外贸尾单货价格通常十分低廉，一般为市场价格的2～3折，品质做工绝对有保证，是一个不错的进货渠道。但一般要求进货者全部吃进，所以进货者要有一定的经济实力。

2．如何辨别真假外贸尾单货

面对鱼龙混杂的外贸货市场，应该如何判断其真假呢？下面介绍几点经验供大家参考。

（1）看价格：大多数外贸企业不擅长内贸，一旦产生了尾单货，一般都会选择低价脱手。

（2）看质量：真正的外贸尾单货的质量和正品一样，这就需要有相当的经验才能辨别，或者手上有真货可作比较。

（3）看包装：真正的外贸尾单货的外包装都是比较简单的。那些包装精美、所有配件都全的商品就值得怀疑了。

（4）看商标：一般尾单货的商标都是最后才贴上去的，有的甚至没有。这并不代表商品不好，或者是质量有问题，反而恰恰说明了真货的严谨性。越是替知名品牌加工产品的厂家，它的尾单货就越是不可能有商标，因为越是知名的品牌对商品的控制越是严格，包括包装袋也是一样。

（5）看尺码：一般来说，尾单货特别是服装类的尾单货，有断码现象是非常正常的，尺码几乎不可能齐全。

（6）看瑕疵：有些外贸尾单货是有瑕疵的，不过瑕疵并不明显，不容易看出来。

2.2.4　拿到国外打折商品

不仅可以在国内寻找货源，还可以利于网络来销售国外的品牌。国外的世界一线品牌在换季或节日前夕，价格非常便宜，可以直接和国外的厂家联系。如果卖家在国外有亲戚朋友，拿到诱人折扣的商品在网上销售，那么即使售价是传统商场的4～7折，也还有10%～40%的利润空间。这种销售方式正在被一些留学生所关注或使用。

2.2.5　寻找品牌积压库存

品牌商品在网上是备受关注的分类之一。很多买家都通过搜索的方式直接寻找自己心仪的品牌商品。有些品牌商品的库存积压很多，一些商家干脆把库存全部卖给专职网络销售的卖家。不少品牌虽然在某一地域属于积压品，但网络销售具有覆盖面广的特性，完全可使其在其他地域成为畅销品。如果你能经常淘到积压的品牌服饰、鞋等货物，拿到网上来销售，那么一定能获得丰厚的利润。这是因为品牌积压库存有其自身优势。

1．品牌积压库存商品的优点

（1）商品价格低。因为工厂处理库存货几乎都是被动处理的，所以价格方面自然比较好谈。但也取决于个人的谈判能力，谈判能力强的一人自然可为自己省下不少钱。另外，人缘比较好的人能调动场面气氛，说话容易让人接受，侃价方面自然高人一等。

（2）商品品种多。无论企业属于哪一行业，如果要生存下去，就必须以市场为导向，生产出市场需要的商品。市场的需求正朝着多元化发展，因此，企业就要不断地研发新商品，以适应市场的需求。这样日积月累，企业库存的商品品种必然越积越多。

2．寻找积压库存的品牌商品

在寻找积压库存品牌商品的过程中，要注意以下问题。否则收购回他人的库存后，商品不好销，立即变为自己的库存，让库存压力从厂家那里转移到自己的身上，有可能导致自己从此一蹶不振。

（1）消费者的品位：先从各个渠道详细了解当前大众消费者的品位，看他们是重实用还是重感观、重内涵还是重外形、重本土品牌还是重国外品牌。

（2）销售及市场动态：广泛关注市场动态，并进行分析。

（3）预测市场需求能力：预测市场需求能力及市场需求量。

（4）重视消费需求的不确定性：消费者的消费需求变化很大，不确定性很强。

流行风的存活期也越来越短，具备越来越强的区域性。

大部分网店从事的主要业务是零售，而不是批发，所以商品的数量要尽量少，以减少压货的风险；商品的品种要尽量多，让消费者多点选择。

2.2.6 寻找换季、节后、拆迁与转让的清仓商品

在很多情况下，商家因换季等原因而清仓处理商品，因为这时他们已经收回成本了或是赚够了，剩下的能卖多少就卖多少，根本无关紧要。由于商家急于处理这类商品，其价格通常很低。如果你以一个极低的价格买进，再转到网上销售，利用地域或时间差价则可以获得丰厚的利润。所以，要经常去市场上转转，密切关注市场变化。但在进货时也要小心，像日用品、高科技产品及有效期短的商品，最好不要大量进货。

1. 换季清仓品

每到换季时间，你会发现大大小小的商场各显身手，名目繁多的优惠活动层出不穷，花花绿绿的横幅到处悬挂，直接冲击着过往行人的眼球。这时是有心要开网店的人进货的好时机，但一定要注意以下事项。

（1）有些特殊的商品要注意有效期或保质期。

（2）要注意观察商品是否为瑕疵品。

（3）要再三思考商品是否合时宜。

（4）注意换季商品的价格。一些商家在牌子上标示的原价格和现折扣价格只是商家的"数字游戏"，目的是让你以为他确实是亏本大甩卖。其实，原价并非真正的价格，折扣价格也并非是价格的底线，还是有周旋余地的。

2. 节后清仓品

在春节、情人节、劳动节、端午节、儿童节、中秋节、教师节、国庆节、圣诞节等节日，大家都会尽情地购物，于是形成一股节假日的消费热潮。

商家当然不会放过这些节假日蕴藏的巨大商机。于是，在节前购进大量应节的商品，以期在节假日赚个盆满钵盈。节后清盘，利润相当可观，但手头上还有部分未及时售出的商品，于是就出现了节后清货的活动。

传统店铺的节后清货确实是网店的重要货源之一，可是，如何把握其中的分寸，才能不至于因"乱花渐欲迷人眼"而导致进错货品呢？这就需要我们进货时注意商品的生命力。

凡是节日商品，必然是有其生命周期的，有的商品在节日过后，就很少有人购买了，例如情人节的玫瑰、中秋节的月饼、圣诞节的松树等。

3. 拆迁清仓品

拆迁清仓品也是网店很好的货源之一，但卖家进货时一定要小心里面是否有陷阱。一般来说，应注意以下几个方面。

（1）先弄清楚商家所谓的拆迁消息是否可靠。如果只是商家的一个促销手段，那肯定有问题，最好不要进货；否则，如果你进来的货物价格过高，在网上就没有竞争优势了。

（2）谨慎挑货。由于商家急需清货，时间紧迫，价格必然很低，这样才能吸引消费者在短时间内决定购买，这时进货就一定要打起精神细心挑选了。

4. 转让清仓品

实体店铺转让时所抛售的都是之前正常经营时剩余的商品，所以品质比较可靠，价格又便宜很多，完全可以放到网上店铺的货架上出售。但一般的实体店商品数量和品种都比较多，如果将整个店铺的商品都包揽下来，需要较大的投资，对于小本经营的网店来说，风险实在太大。可以选择某些合适的品种与商家洽谈买断事宜，商家一向非常注重大批量的购买行为，所以价格可以压得很低。

有些商家利用假转让大做文章，这种情形会直接反映在商品的品质上。因为商家既然假转让，商品在价格方面一定要有很大的吸引力才行，在低价的基础上，想保持利润，只有牺牲商品品质了。于是，假冒伪劣商品自然充斥其间。假转让的最直接表现就是。"转让清仓"的标贴长年累月地挂在店里；或者"转让清仓最后三天"的标贴一挂就是几个月。要想淘到好的货源，就不要到这种店铺去。

2.2.7 网络代销

在网上交易中，代销指的是在网上展示商家给的图片、产品介绍等资料，然后向买家收取定金，再给商家一定的资金，让他发货，代销者赚取其中的差额。选择代销一般有两个原因：一是自身缺乏做生意的启动资金；二是尝试做生意，并不准备长期投资。

- 网络代销几乎不需要什么资金投入，很适合新卖家和小卖家。
- 网络代销也不用准备仓库，不用自己负责物流，商家会在收到定金和资料后给买家直接发货，所以也让大家省了邮寄的麻烦。
- 网络代销省去了给商品拍照，描写商品介绍的麻烦，通常从商家那里拿到的商品图片一般都比较好，也更容易吸引买家。
- 网络代销也正因为不能直接接触商品，所以不好对商品质量，库存和售后服务有很大的把握，所以在挑选的时候也要找一些比较正规的公司，根据自身的要求选择最合适的。

要注意的是，网络代销虽然有一定的优越性，但是因为代销商具有"联系商家和买家，但是看不见商品"这个特点，所以使得代销有时候成为一朵带刺的玫瑰。而且网络代销因为牵扯第三方交易，所以它的利润相对偏低，准备代销的卖家要做好一定的心理准备。

2.2.8 搜寻民族特色商品

民族工艺品的价值很高，其民族特色足以使它在琳琅满目的商品中脱颖而出。网络店主之所以愿意让这类产品来充实自己的店铺，是因为它们不仅能吸引人的眼球，而且还有其他产品无法取代的特点。

- 具有很强的个性。
- 具有丰富的文化底蕴。
- 富有民族特色和地域特色。

2.2.9 二手闲置与跳蚤市场

虽然二手物品具有不合时宜、无法保证品质、不可退换等缺点，但它还是具有许多适合在网上销售的特点。

- 二手闲置商品不用担心压货。

- 有利于改掉浪费的习惯。

- 物尽所能，为他人行方便。

- 货源广，成本底。

闲置物品不会一直增加，卖掉一件就少一件。那么，卖光这些闲置二手货后怎样保持现有的经营特色继续经营下去呢？其实有一个地方能收集到便宜的二手货，那就是跳蚤市场。

"跳蚤市场"是欧美国家对旧货地摊市场的别称。它由一个个地摊摊位组成，市场规模大小不等，所售商品多是旧货，如人们多余的物品及未曾用过但已过时的衣物等。小到衣服上的小件饰物，大到完整的旧汽车、录像机、电视机、洗衣机，一应俱全，应有尽有，价格低廉，仅为新货价格的 10% ~ 30%。

2.2.10　B2B 电子商务批发网站

全国最大的批发市场主要集中在几个城市里，而且有很多卖家也没有条件千里迢迢地去这几个批发市场。所以，阿里巴巴、生意宝等作为网络贸易批发的平台，充分显示了其优越性，为很多小地方的卖家提供了很大的选择空间。它们不仅查找信息方便，也专门为小卖家提供相应的服务，并且起批量很小。

网上批发是近几年开始兴起的新事物，发展还不成熟，但网络进货相比传统渠道进货的优势已经很明显。

（1）成本优势：可以省去来回跑批发市场的时间成本、交通成本、住宿费、物流费用等。

（2）选购的紧迫性减少：亲自去批发市场选购由于时间所限，不可能长时间慢慢挑选，有些商品也许并未相中但迫于进货压力不得不赶快选购。网上进货则可以慢慢挑选。

（3）批发数量限制优势：一般的网上批发基本上都是 10 件起批，有的甚至是 1 件起批，这样在一定程上增大了选择余地。

（4）其他优势：网络进货还能减少库存压力，还具有批发价格透明、款式更新等优点。

2.3　农产品电商

2014 年上半年商务部发布的数据，我国农产品的总交易额在 4 万亿元左右，而通过电子商务流通的农产品仅为 1%。这也说明农产品电商的发展前景很广阔。

2.3.1　我国农产品网商发展概况

《阿里农产品电子商务白皮书》数据显示，截至 2014 年，阿里平台上，经营农产品的卖家数量为 76.21 万个，其中零售平台卖家 74.98 万个，同口径较 2013 年增长 60.57%。

从注册地址来看，在乡镇的农村卖家约为 76.98 万个，零售平台 66.11 万，诚信通账户为 10.87 万。而且 2014 年，从农村发出的包裹增长 82.02%；发往农村的包裹增长 103.01%。2014 年农产品的包裹增长 113.05%。

2.3.2　农产品电子商务交易情况

2015 年，农产品电商平台近 4000 家，几乎每天都有一家涉农电商企业上线。随着电商越来越成熟，农产品电商交易额越来越大。据统计，未来五年我国农产品电商交易额占农产品交易额的 5%。

2014 年阿里平台上完成农产品销售 483.02 亿元，较 2013 年增长 69.83%。其农产品销售的具体类目中，零食、坚果、特产为最大农产品类目，占比 32.21%；但从增长趋势来看，鲜花绿植类目增速最高，达到 164.87%。枣类为销量最大单品，销售额超过 18 亿元；乌龙茶、普洱等也排名前列。增幅最快的单品为牛油果，增幅达到 676%，其次为桑椹、鱿鱼、柠檬、榴莲等。如图 2-2 所示为农产品网店。

从消费者到流通者，再到生产者，互联网渐次向上游赋能，互联网、物联网、大数据等开始指导农民生产，进入育种、栽培、施肥、灌溉、收割等多个环节，倒逼 "精细农业" 形成。越来越多的种植户通过网络将农产品卖到全国各地。

图 2-2 农产品网店

2.4 开店技巧与问答

技巧 1——进货成功需要掌握的要领

对于店主来说，进货是一门大学问。进货时，掌握一定的要领有助于进货的成功。一般来说，进货成功的要领有以下几个方面。

1. 遵从顾客的需求

顾客的需求可作为进货决策的向导。进货时可以遵循以下要领：设置工作手册，设立顾客意见簿，有意识地记录顾客对商品的反映，然后将这些意见整理；建立缺货登记簿，对顾客需要的但缺货的商品进行登记，并以此作为进货的依据；应对顾客意见簿进行长期检查，用心聆听顾客们的建设性意见。

这样可以准确预测市场，了解顾客对商品的质量、品种、价格等方面的需求，从而采购到适销的商品，避免积压库存而造成不必要的损失，使经济效益得到提高。

2. 进货时机巧把握

对于货源不足、供不应求的商品，应根据市场需求来开辟货源，随时掌握进货情况，随供随进；对季节生产、季节销售的日常用品，应该本着"季初多进，季中少进，季末补进"的方针；新产品要先试销，打开销路后，进货量应从少到多。

3. 比较供货商

为了进到价格合理、品质优良的产品，可以让多家供货商提供价格表，以作参考，然后从中挑选合适店铺经营的商品。

4. 先进货后付款

进货后再付款可以更多地赚取利息，对中小型店铺还能起到规避风险的作用。掌握以上各条进货要领，就会进到称心如意的商品，从而进一步符合顾客的意愿和满足市场的需要。

技巧 2——怎样进货才能有大利润

开店做生意，进货是很重要的一环。进货也是一门学问，如进货的数量、质量、品种如何确定，什么时候补货及如何确定补货的数量，作为网店的经营者都应该了解。在进货时需要掌握如下的要领。

1. 对店铺的经营了如指掌

店主要想将进货工作切实抓好，就要对店铺的经营洞悉分明。只有这样才能采购到顾客喜欢的商品。店主应尽量在短时间内积累大量的店铺经营经验，从而增加对所购商品的判断能力。

2. 货比三家

为了使进货价格最合理，可以向多家供货商咨询，并从中挑选出各方面都适合自己店铺销售的商品来。

3. 勤进快销

勤进快销是加快资金周转、避免商品积压的先决条件，也是促进网店经营发展的必要措施。店铺经营需投入较少的资金，经营种类齐全的商品，从而加速商品周转，将生意做活。当然，也不是进货越勤越好，需要考虑网店的条件及商品的特点、货源状态、进货方式等多种因素。

4．积累丰富的商品知识

一些店主在进货时通常会一味杀价，而对于其他交易条件从不考虑。这样一来，就会十分容易陷入别人的圈套。倘若供货商知道进货者有这种习惯，一定会有所准备地提高价格，来等待进货人员砍价。因此店主在进货时应该洞悉市场动向，商品知识丰富，这样才不至于被价格欺骗。

5．按不同商品的供求规律进货

对于供求平衡，货源正常的商品，要少销少进，多销多进。对于货源时断时续，供不应求的商品，要根据市场需求来开辟货源，随时了解供货情况，随时进货。对于采取了促销措施，仍然销量不大的商品，应当少进，甚至不进。

6．注意季节性

新手往往并不知道服装的进货时间一般会比市场提前两到三个月。在炎炎夏季时，批发市场的生产厂家们已经在忙着准备秋衫了。如果不明白这个道理，还在大张旗鼓地进夏季尾货，还在为占了厂家清季而处理的便宜货得意时，那么乐的可是批发商，你进的货可能会因转季打折而卖不了好价钱，也可能因需求少而导致销售不理想。所以看准季节时机慎重进货也是一个方面。

7．进货的数量

进货数量包括多个方面，如进货总额、商品种类数量等。确定进货金额时有个比较简单的方法，即把整个店铺的单月经营成本加起来，然后除以利润率，得出的数据就是每月要进货的金额。第一次进货商品种类应该尽可能的多，因为需要给顾客多种选择的机会。当对顾客有了一定了解时，就可以锁定一定种类的产品了。因为资金总是有限的，只有把资金集中投入到有限的种类中，才可能使单个产品进货量大，要求批发商给予更低的批发价格。

技巧 3——通过网络寻找好的供货商

近年来，为了节省时间，不少店主不再去批发市场，而是通过网络进货。在电子商务高度发展的网络世界里，充满了形形色色的网上批发商。网络给我们带来了很多有价值的信息，也有很多的骗子。应该怎样通过网络寻找好的供货商呢？

下面介绍通过网络寻找好的供货商的技巧，这也是对付网络诈骗的必杀绝技。

1. 做好对供货商的网上审查

首先要对供货商的基本信息进行审查，以避免掉入陷阱。要考虑的方面包括：是否有独立的网站？有一定经营能力的供应商一般都有网站的。网站是否备案？短期行为的不良供货商一般是不会做备案的。

2. 查询地址

网上供货商应该有一个固定地址，即便是骗子也会编一个地址出来。可以利用搜索引擎查询一下这个地址，从中可以找到很多信息。骗子的地址漏洞最主要的表现是，地址与公司名称所包含的地址不符。另外，可能会搜索到一些受骗者曝光骗子公司的信息。

3. 查黄页

注意批发商的实体公司名称。各地一般都有很多的网络黄页，从中找到供应商的公司名称。去查一下，看看是否有该公司，如果有是如何介绍的，是否和进货的商品类型相符。

4. 看执照

还可以查实体公司名称相关的营业执照，看这个公司是不是确实注册存在。可以去各地的工商部门官方网站查询。但不是所有地区的工商部门官方网站都可以查的，也可以给当地的工商部门打电话查询。

5. 查电话

首先直接打该批发商所在地的114，去查一下这个号码的归属地。如果归属地与公司所在地不符，最好不要与之交易。其次，也可以去网上搜索这个电话号码，也可以看出很多的问题，如这个电话对应的公司名称，公司地址等。

6. 注意批发商提供的汇款途径

如果从网络进货的话，就一定会存在汇款。一般来说，实体公司进行网络批发的时候，如果很正规的话，应当提供公司账号而不是个人账号。另外，多和供应商谈，有的供应商也是同意通过支付宝汇款的。还有一种办法，就是通过快递公司的货到付款的服务。

7. 多与批发商联系

多和批发商联系，了解更多他们的信息，从其中看看有没有疑点。其实这是很重要的，因为从和批发商的交谈中，可以了解到很多的问题，例如进货渠道，是否有实体商店，是否可以在当地当面看货。

技巧 4——在批发市场进到更便宜的货

一般，批发商不会轻易地将最实在的价格告诉第一次上门的客人，而是根据经验和标准去衡量，然后才酌情开价。这无疑给毫无经验的新卖家增加了一些难度。下面介绍在批发市场进货时技巧。

（1）不要在批发市场慢慢检查产品。当拿到货后，只要把数量点清就可以了，一般回去发现产品有问题后再要求更换。若拿货后就在批发店里面点货，会让批发商觉得你是个很麻烦的顾客，从而不愿与你打长期的交道。

（2）进批发市场，先不要急着问价买东西，先把整个批发市场纵观浏览一遍，把各类款式、风格的店铺分类，做到批发的时候心中有数。

（3）订好进货计划，定位进货目标，下一步就要货比三家了。这里要注意一个问题，因为批发市场主要针对的是批发客户，第一次进货一般量都不大，所以砍价要量力而为，不要太狠，那样店家一般都不会太愿意跟这样的买家合作的。还有，货比三家并不单以买到低价的货为目的，更重要的是要发掘优质供应商，这是以后合作中关键的一环。

（4）不要问单件商品价格。专业的问法如"这衣服怎么批？""这个批什么价"都可以。不要以单数形式提问，如"这件衣服多少钱一件？""这件怎么卖？"。

（5）如果进货不多的话，可以手上拿 1～2 个批发市场最长见的黑色大塑料袋。

（6）第一次进货不要太多，容易压货。对于初次进货，新手往往有些茫然，不知道拿多少合适，觉得这也行那也行。不要带太多现金，如果计划好拿 3000 你就不要带 4000，这样能够强制性地有所控制。

（7）批发市场里面价格的调整很小。

前面提到，批发商单件商品的利润很低，商品价格的下调不可能像零售商一样。另一方面，在批发市场里，一般货物的运输都是通过汽车或者铁路，而且都是买家自己负责。

技巧 5——新手开店进货技巧

新手开店时，进货很关键。由于新手对行情不是很懂，有时候会因为几句不沾边的话而透漏了想咨询的问题，因此会让一些批发商趁火打劫。新手开店进货时注意以下一些技巧。

1. 先多逛逛批发市场

作为一个新手，开始还是在批发市场多逛几圈，对整个批发市场有个初步的了解。批发市场里面也有细分的，各层、各区域经营的商品一般也不同。经常逛批发市场的话，那些批发商慢慢地对你也会面熟。

2. 寻找理想批发商

批发商的商品价格不一样的，一定要多问几家，有些产品可能相差几十元甚至上百元。一定要注意：找个店铺位置不是很好的，比较偏，但要大型的那种批发商。原因是，位置很好的店铺成本很高，所以价格一般也要得比较高！偏一点的店铺租金没那么贵，又大型的话也是很多商品代理的，所以价格便宜、货又全。

3. 千万不要问"卖不掉的可以退货吗？"

一级批发市场中商品有质量问题的你都要看老板脸色来调换，有同款调同款，否则直接告诉你这款断货了调不了了。所以要尽量和批发商搞好关系，多拿货、多卖货，人家调货时才不会当面骂你。

4. 尽量少带贵重物品，避免不必要的损失除了货款，别的东西尽量少带。进货时要兼顾的方面太多了，所以容易忽略了携带的贵重小物品。

有的人还带着闪闪诱人的金项链金手链"招摇过市"，那可得格外小心。所谓"江湖险恶、防不胜防"，在那比肩接踵、各色人等汇聚的"闹市"，还是尽量少带些贵重物品为好。货款尽量放在不显眼的地方，如内衣层或口袋，在裤腿上，或小贴身腰包里，多加小心一定没错。

5. 批好的货物，千万要不离左右

批发市场环境复杂，人潮涌动，什么人都有，隐藏着很多你根本无从察觉的陷阱。有些偷窃贼专做偷拿别人货品然后低价转卖的勾当。"一本万利"的事让很多人铤而走险、以身试法。像我们这样的小卖家，虽进货不多，但也不可掉以轻心。始终要记着货物不离左右，随时注意情况。

技巧 6——网店代销的几条建议

在网络中，如果你想代销或是代理，一定要遵循以下几点。

（1）不要轻易相信任何的 QQ、千牛发来的"代销"或"代理"消息，哪怕白送你，其中多数暗藏陷阱。

（2）当你面对一个自称集多种产品的代销网站时，最好不要相信。不要被网站的漂亮页面所迷惑。现在要建立一个像样的网站已经是件很容易的事情。即使这个网站是真实的，是注册过的，但他们也只不过是个中介，也没有机会见到实物。往坏了说，这类网站多数是骗子集中营，且不支持支付宝交易的。

（3）如果是代发货，不支持网上支付宝或支付宝的，不按正规支付宝或财付通流程交易的，千万不要做他的代销或代理。

（4）贵重物品，如电子、电器产品、名牌服饰、化妆品等不建议以异地代发货方式进行代销。

（5）不要接受不明来路的虚拟商品类代销。例如 Q 币充值、QQ 秀、QQ 会员服务等。因为多数都是偷来的，一点安全保证都没有。

（6）代销前要知道详细的实物质地、颜色、性能等重要信息。

（7）如果所代销产品不提供相应的售后服务，不建议代销。

（8）自己不熟悉的产品，在没有详细了解之前，不要轻言代销，以免发生纠纷时自己处于不利地位。

（9）名牌商品过于低价的不要代销。哪怕不是陷阱，多数也是假货甚至次品。这类产品多为名牌服饰、化妆品、电子电器等。

（10）易损坏、不易托运的商品建议不要代销。

技巧 7——阿里巴巴进货技巧

网络进货并不像想象中的那么复杂困难。只要做到进货前先多了解市场、多调查行情，进货时多问、多看、多了解、多比较，你会发现网络进货的优势。在阿里巴巴进货的注意点如下。

（1）进货前一定要了解市场，不要操之过急，一定要多看多搜索，要有耐心。

（2）多比较。相同类似的产品会有很多人都有的，俗话说"货比三家"。

（3）一定要多问，质量、面料、价格、尺寸、进货量、退换货服务等。只要有疑问就问，不要不好意思，对方嫌麻烦，就换一家，又不是只有他一家有这样的货。

（4）不要急于表示自己对这个产品的喜好和迫切的求购欲望。这样往往很难把价格谈下来。

（5）尽量选择实物拍摄的商家。

（6）把每家的批发相册都收入囊中，当然是要值得收入的，这样下次方便你进货。

（7）一定要综合地计算成本。要看单件物品的批发价格加上运费是多少，不要只看批发价格，有的运费很高，加上去就不划算了。

技巧 8——利用大型批发市场

1. 浙江义乌中国小商品城

2. 浙江绍兴中国轻纺城

3. 辽宁沈阳五爱小商品批发市场

4. 辽宁城西柳服装批发市场

5. 山东临沂市临沂批发城

6. 湖北武汉市汉正街小商品市场

7. 四川成都荷花池批发市场

8. 河北石家庄南三条商品批发市场

9. 江苏吴洒中国东方丝绸市场

10. 河北石家庄新华贸易中心市场

11. 浙江萧山商业城

12. 江苏常熟招商城

13. 浙江黄岩路桥小商品批发市场

14. 山东即墨市服装批发市场

15. 重庆朝天门综合交易市场

16. 浙江宁波慈溪周巷副食品批发市场

17. 辽宁沈阳中国家具城

18. 山东烟台市三站批发市场

19. 黑龙江哈尔滨地下商业城

20. 浙江诸暨市大唐轻纺市场

21. 浙江杭州环北小商品市场

22. 吉林长春光复路市场

23. 浙江杭州丝绸市场

24. 山东磁博周村纺织大世界

25. 浙江湖州丝绸城

26. 浙江杭州四季青服装市场

27. 江苏江阴食品城

28. 浙江湖州织里轻纺绣市场

29. 浙江嘉兴洪合羊毛衫市场

30. 浙江杭州轻纺市场

31. 江苏江阴纺织市场

32. 河北石家庄桥西青年街市场

33. 浙江温州永嘉桥头钮扣市场

34. 江苏太仓轻纺市场

35. 浙江嘉兴桐乡濮院羊毛市场

36. 河南洛阳关林商贸城

37. 黑龙江哈尔滨透笼街市场

38. 甘肃兰州东部批发市场

39. 湖南常德桥南工业品市场

40. 辽宁沈阳中国鞋城

41. 甘肃兰州光辉批发市场

42. 河南开封大相国寺市场

43. 广东普宁流沙布料市场

44. 广东兴宁东岳宫市场

45. 广州白马服装批发市场

46. 辽宁沈阳东行市场

47. 浙江嘉善商城

48. 黑龙江哈尔滨南小食品批发市场

49. 河北白沟小商品批发市场

案例——年交易额达交易数十亿的青岩刘村

素有"中国网店第一村"美誉的浙江义乌青岩刘村，面积不大，但却拥有 2800 多家网店，将近 30 家快递公司，从事电商行业的人口超过 15000 人，年成交额可达 20 亿元。总理的到来，让这个素有"中国网店第一村"美誉的村庄进入更多人的视野。双十一期间，青岩刘村日均接单 10 万，销售额突破 1 亿，忙得不可开交，有些网店把货物都堆到了路上，用了几天时间才打包完。

青岩刘村，原本只是一个1500人的小村子，人均年收入不到1万元钱。但五六年间就成为"中国网店第一村"，这是天时地利人和，有偶然也有必然。最初靠着江东货运市场和日用品批发市场，到后来是村里抓住了电商发展的时机积极引导。青岩刘村原本是个市郊的村庄，2005年进行了旧城改造。土地被征收，平房变成了楼房，由于青岩刘村紧靠江东货运市场和义乌日用百货批发市场，因此很多在附近做生意的人愿意到青岩刘村租房。

2008年全球金融危机到来，义乌小商品批发经济也受到了巨大的影响。同时义乌日用百货批发市场也迁到了别处，青岩刘村的租客越来越少。当时村里已经有几家做淘宝生意的租客了。附近被称为"淘宝大学"的义乌工商学院开设了淘宝专业，这所学校的学生在淘宝上的业绩可以折算成实践课的学分。于是村里和义乌工商学院开展了合作，通过开办免费培训班，建立大学生实践基地，妇女培训班等手段，鼓励电子商务的发展。

而且，不仅仅是开网店。为了服务这些集聚的电商创业者，村里遍布着快递公司、纸箱店、摄影公司、网页设计公司等，甚至还吸引了近百名韩国人来做韩式烧烤生意。村里200多幢农民房之间，穿梭着各种肤色的"老外"，他们都是来现场看货、拿货的商人。青岩刘村成了很多创业者慕名而来的地方，一台电脑再租间房子就能创业吸引着全国各地的年轻人，青岩刘村逐渐成为名副其实的"中国网店第一村"。

第3章 在淘宝注册，迈出开店第一步

网络开店首先要选择一个网站作为交易平台，有了这个交易平台，就可以在这个平台上进行各种交易了。本章以在淘宝网开店为例，介绍如何成为淘宝会员，开通支付宝账户，使用支付宝，使用千牛等。

3.1   注册成为淘宝会员

要在淘宝网上开店和购物，首先要注册成为淘宝会员。下面将介绍注册成为淘宝
会员的具体步骤。

3.1.1   注册电子邮箱

注册淘宝会员时，需要输入一个常用的电子邮箱地址，因为淘宝会向此邮箱发送
确认邮件以及所有交易的邮件。当然如果已经有了一个电子邮箱，就可以使用已
有的电子邮箱，不必再次注册新邮箱。另外这个邮箱也是淘宝网鉴别会员身份的
一个重要条件。下面将讲述在新浪注册邮箱的具体操作步骤。

（1）打开浏览器窗口，在地址栏中输入 http://mail.sina.com/，打开新浪邮箱首页，
如图 3-1 所示。

图 3-1   新浪邮箱首页

（2）单击"注册"超链接，进入邮箱账号注册页面。在页面中输入个人信息，
如图 3-2 所示。

图 3-2　账号注册

（3）填写完个人信息后，单击"立即注册"按钮，即可注册成功，如图 3-3 所示。

图 3-3　注册成功

（4）单击"进入邮箱"图标按钮，即可进入新注册的邮箱界面，如图 3-4 所示。

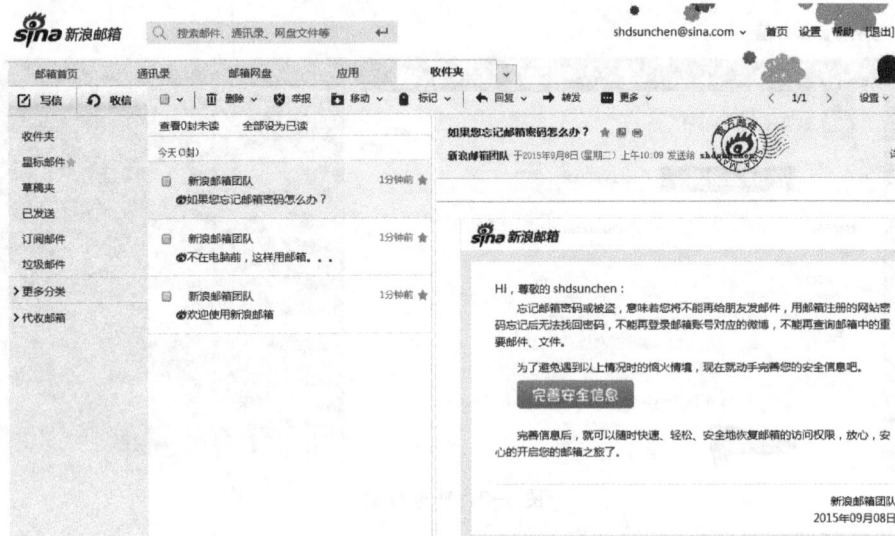

图 3-4　新注册的邮箱界面

3.1.2　注册淘宝会员

目前要成为淘宝的会员，不需花一分钱，并且注册程序非常简单，只需根据提示操作即可获取淘宝的通行证——淘宝会员账号。下面将讲解如何在淘宝网注册淘宝会员账户，具体操作步骤如下。

（1）打开浏览器窗口，在地址栏中输入 http://www.taobao.com/，打开淘宝首页，单击左上角的"免费注册"超链接，如图 3-5 所示。

（2）或者单击页面右侧的"免费注册"按钮，打开"设置登录名"页面，单击"同意协议"按钮，如图 3-6 所示。

（3）进入到如图 3-7 所示的页面，输入手机号码和验证码，或者单击"通过邮箱注册"来注册。

（4）单击"通过邮箱注册"超链接，打开如图 3-8 所示的页面，输入电子邮箱。

图 3-5 淘宝首页

图 3-6 "设置登录名"页面

淘宝网 Taobao.com　账户注册

❶ 设置登录名　　　② 填写账户信息　　　③ 设置支付方式　　　✅ 注册成功

手机号码　　中国大陆　+86 ∨　手机号码

验证　　>> 请按住滑块，拖动到最右边

下一步

通过邮箱注册>

图 3-7　输入手机号码和验证码

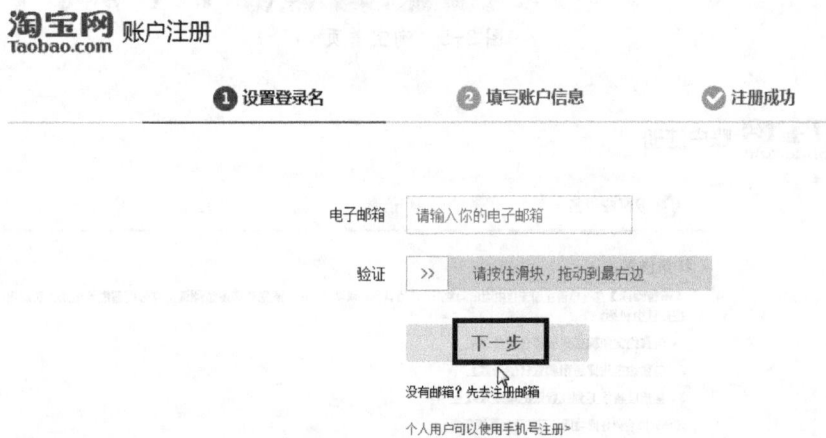

淘宝网 Taobao.com　账户注册

❶ 设置登录名　　　② 填写账户信息　　　✅ 注册成功

电子邮箱　　请输入你的电子邮箱

验证　　>> 请按住滑块，拖动到最右边

下一步

没有邮箱？先去注册邮箱

个人用户可以使用手机号注册>

图 3-8　输入电子邮箱

（5）拖动"验证"滑块，提示"验证通过"，单击"下一步"按钮，如图 3-9 所示。

（6）打开如图 3-10 所示的页面，输入手机号码。

（7）此时淘宝网会给所留的手机号码发送验证码，输入验证码，单击"确定"按钮，如图 3-11 所示。

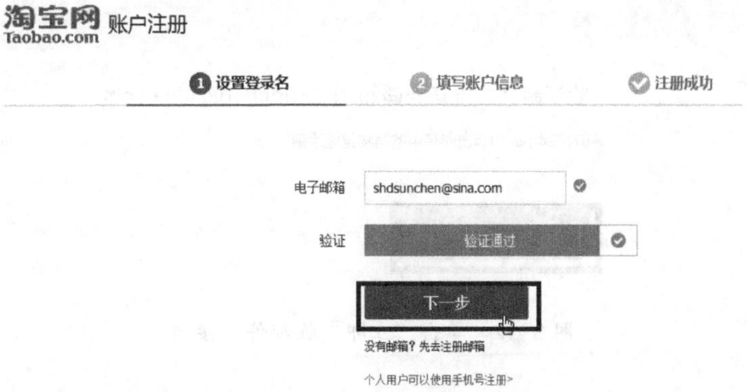

淘宝网账户注册
Taobao.com

① 设置登录名　　② 填写账户信息　　✓ 注册成功

电子邮箱　　shdsunchen@sina.com　✓

验证　　　　验证通过　　　　　　✓

下一步

没有邮箱? 先去注册邮箱

个人用户可以使用手机号注册▸

图 3-9　验证通过

验证手机

手机号码　　中国大陆　+86 ∨　手机号码

下一步

图 3-10　输入手机号码

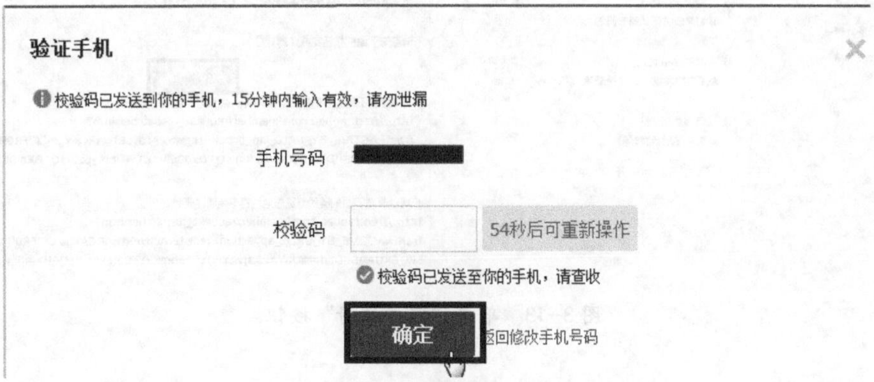

验证手机　　　　　　　　　　　　　　　　✕

ⓘ 校验码已发送到你的手机, 15分钟内输入有效, 请勿泄漏

手机号码　　▆▆▆▆▆

校验码　　　　　　　　54秒后可重新操作

✓ 校验码已发送至你的手机, 请查收

确定　　返回修改手机号码

图 3-11　输入验证码

（8）提示验证邮件已发送到邮箱，单击"立即查收邮件"按钮，如图 3-12 所示。

验证邮件已发送到邮箱 shdsunchen@sina.com

请在24小时内点击邮箱中的链接继续注册

立即查收邮件　没有收到邮件？

图 3-12　单击"立即查收邮件"按钮

（9）进入到邮箱，可以看到淘宝网发送邮件，单击"完成注册"按钮，如图 3-13 所示。

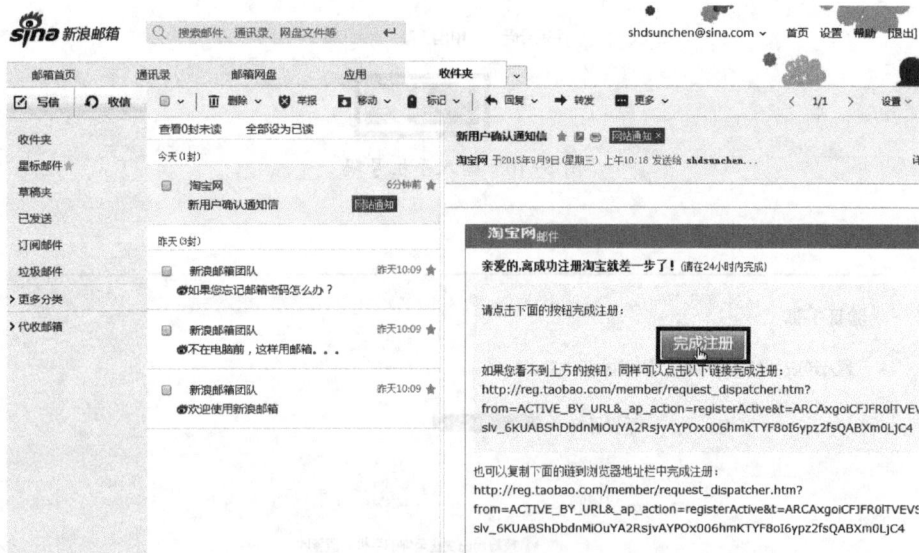

图 3-13　单击"完成注册"按钮

（10）填写账户信息，登录密码、设置会员名，如图 3-14 所示。

（11）单击"确定"按钮后提示注册成功，如图 3-15 所示。

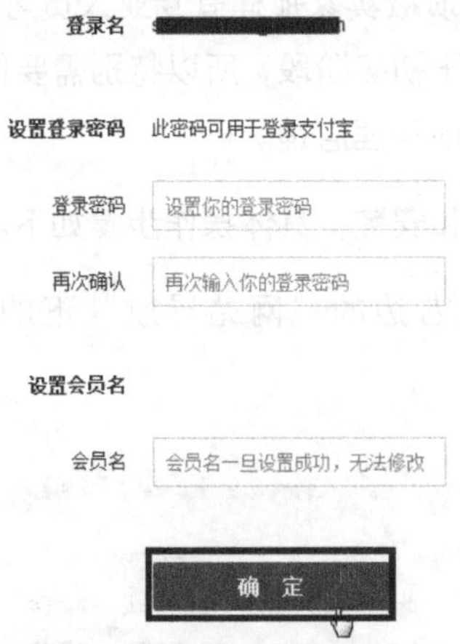

图 3-14 填写账户信息

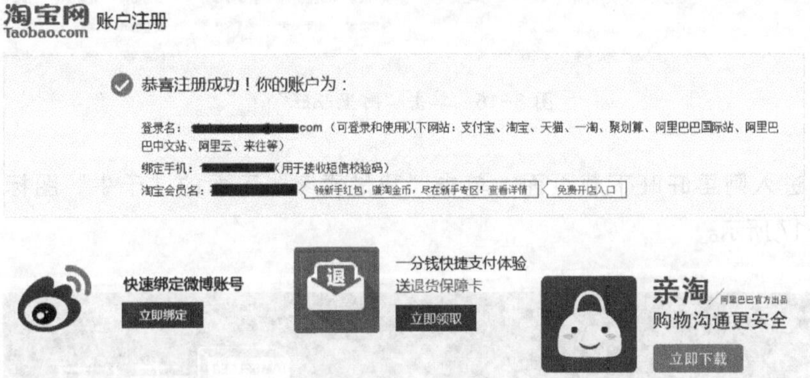

图 3-15 注册成功

3.2 下载并安装淘宝工具软件

在淘宝网上开店，还需要聊天沟通工具千牛和淘宝助理软件。怎样下载和安装千牛软件和淘宝助理软件呢？

3.2.1 下载并安装千牛

据统计，淘宝钻石级卖家最爱用千牛，一旦激活千牛后，他们能保持在 60% 的活跃率。这部分卖家不像顶级卖家那样有专业人员可以一直守着电脑各司其职，也不像心级卖家一样还处于初级阶段，所以特别需要像千牛这样的一站式工作台，即使离开电脑，也能方便地管理店铺。

本节讲述千牛软件的下载和安装，具体操作步骤如下。

（1）登录淘宝网，单击右边的"网站导航"下的"阿里旺旺"超链接，如图 3-16 所示。

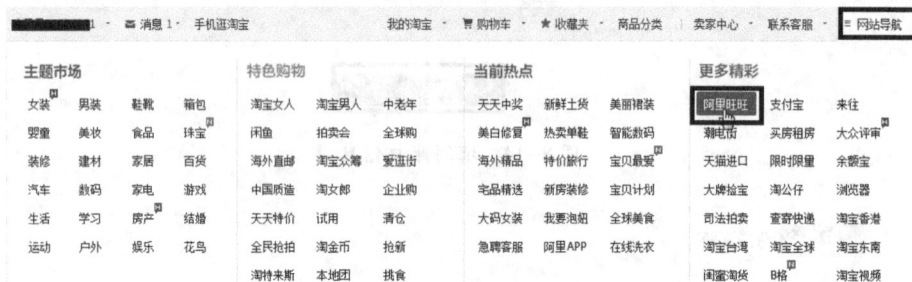

图 3-16 单击"阿里旺旺"

（2）进入阿里旺旺下载页面，单击"我是卖家"下面的"千牛"图标，如图 3-17 所示。

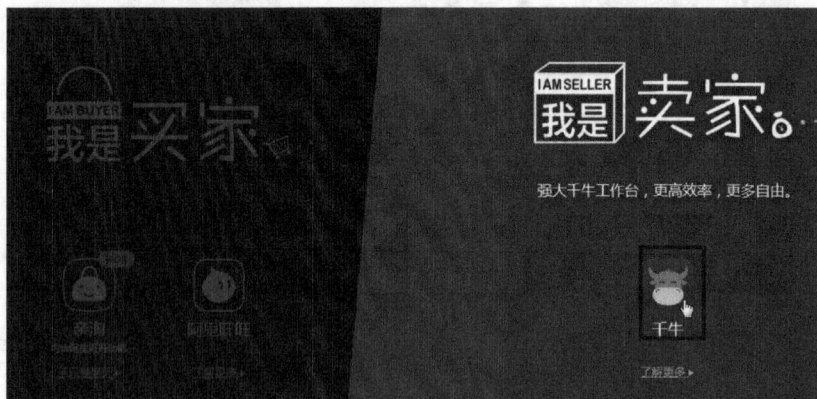

图 3-17 单击"千牛"图标

（3）进入千牛软件下载页面，单击"电脑版"图标，如图 3-18 所示。

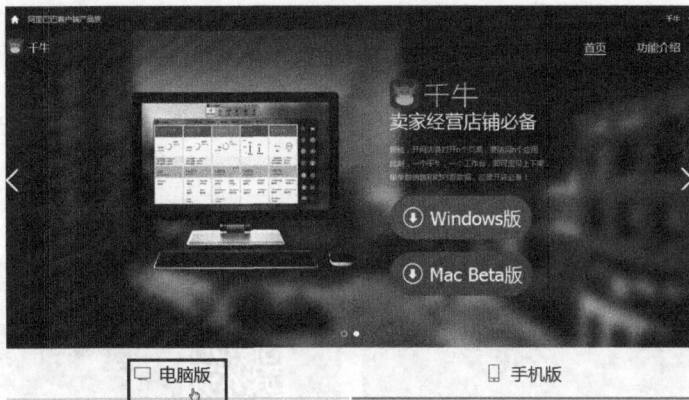

图 3-18 单击"电脑版"图标

（4）单击"Windows 下载"图标，如图 3-19 所示。

图 3-19 单击"Windows 下载"图标

（5）打开"下载"对话框，单击"下载"按钮，如图 3-20 所示。

图 3-20 "千牛工作台安装"对话框

（6）即可成功下载千牛软件，在本地文件中双击下载的文件，打开"千牛－卖家工作台安装向导"对话框，如图 3-21 所示。

（7）勾选"已阅读并同意阿里巴巴软件许可协议"复选框，单击"快速安装"按钮，即可安装完成，如图 3-22 所示。

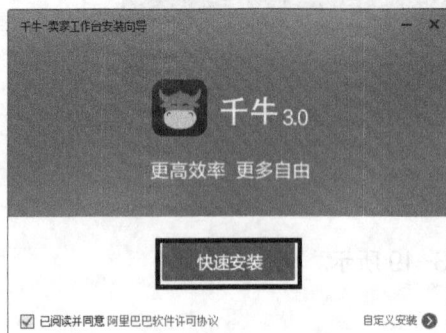
图 3-21　"千牛－卖家工作台安装向导"对话框

图 3-22　安装完成

3.2.2　下载并安装淘宝助理

淘宝助理是一款免费客户端工具软件，它可以使用户不登录淘宝网就能直接编辑宝贝信息，快捷批量上传宝贝。淘宝助理也是上传和管理宝贝的一个店铺管理工具。淘宝助理软件的下载和安装具体操作步骤如下。

（1）打开网址 http://zhuli.taobao.com/，进入到淘宝助理下载页面，如图 3-23 所示。

（2）单击"淘宝版下载"按钮，打开"下载"对话框，选择文件要下载的位置，单击"下载"按钮，如图 3-24 所示。

（3）即可成功下载淘宝助理，在本地文件中双击淘宝助理安装程序，打开"淘宝助理安装"对话框，如图 3-25 所示，单击"下一步"按钮。

（4）进入到许可协议页面，单击"我接受"按钮，如图 3-26 所示。

图 3-23 淘宝助理下载页面

图 3-24 "下载"对话框

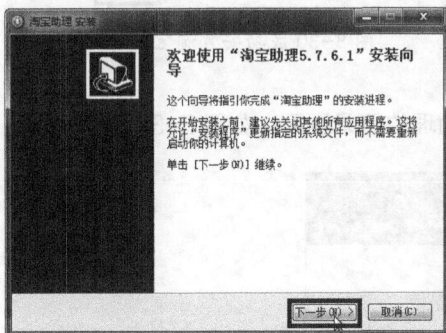

图 3-25 "淘宝助理安装"对话框

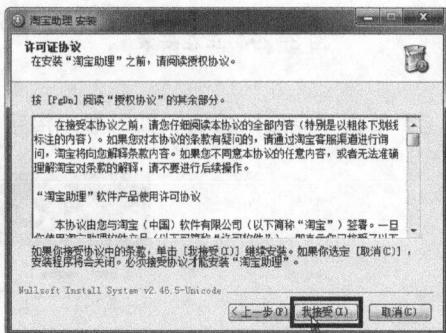

图 3-26 许可协议页面

（5）单击"浏览"按钮，选择安装的目标文件夹，单击"下一步"按钮，如图3-27所示。

（6）进入到创建文件夹页面，单击"安装"按钮，如图 3-28 所示。

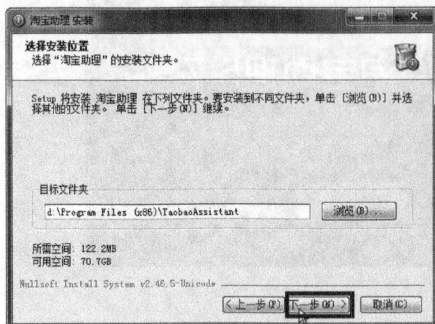

图 3-27 选择目标文件夹

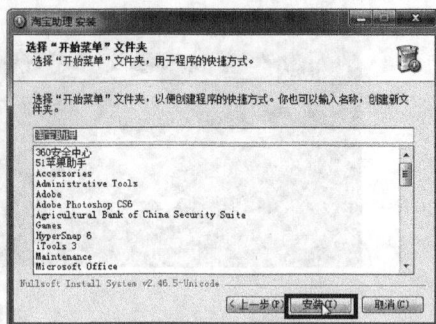

图 3-28 创建文件夹页面

（7）进入到正在安装，安装完成，单击"下一步"按钮，如图 3-29 所示。

（8）即可成功安装淘宝助理，如图 3-30 所示。

图 3-29 正在安装

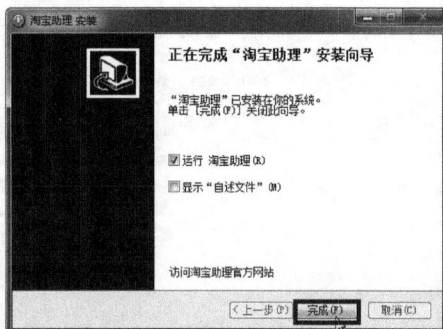

图 3-30 成功安装淘宝助理

（9）单击"完成"按钮，即可显示淘宝助理的登录页面，如图 3-31 所示。

图 3-31 淘宝助理的登录页面

（10）输入会员名和密码，即可登录进入淘宝助理，如图3-32所示。

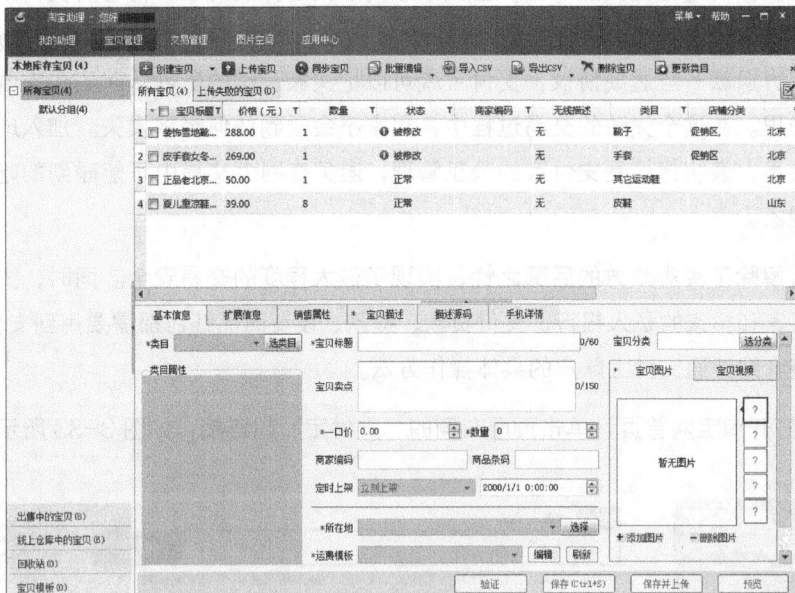

图3-32 登录淘宝助理

3.3 开通支付宝账户

支付宝是淘宝网推出的网上安全支付工具。它可以在买家确认收到货前，替买卖双方暂时保管货款。支付宝是联系买家、卖家和淘宝网的纽带，是一个中转站。要来淘宝网买卖东西必须要成为支付宝的会员。

支付宝的基本职责就是保证买家在淘宝网上的购物安全。当你登录到淘宝网，选择好喜爱的宝贝，过一番讨价还价后，下定决心掏钱拍下时，经常会产生如下疑问：如果我在网上交了钱，卖家不把商品寄来，或寄来了又不满意怎么办？因为网上购物的买卖双方不是当面成交，中间环节太多，很多不可预知的事情都会导致你对淘宝网上拍下的商品存在疑虑。正是因为这些疑虑，致使许多买家不敢在网上买东西。其实，只要了解了支付宝的工作职责，刚才所说的那些担心就会烟消云散。淘宝网正是为了解除买家的种种后顾之忧，专门请了"支付宝"这个管家，帮买家实现安全交易：当买家选中宝贝准备掏钱拍下时，只要把钱交给支付宝代为收存，由它告诉卖家，你已经付钱买下了这件宝贝。卖家从支付宝那里得到这个消息，就会按买家的地址把货品寄去。当买家收到了货品并满意后，再告诉支付宝，可以把钱给卖家了。如果没有收到或对货品不满意，买家都可以向支付宝申请退款，买卖双方退款一旦达成协议，支付宝就可以把买家已付的货款转回到买家的支付宝账户里。在这个失败的交易过程中，买家不会受到任何经济损失。加入成为支付宝会员，表明将接受支付宝的公正管理，避免在网上交易中可能碰到的吃哑巴亏的现象。

支付宝解除了买卖双方的后顾之忧，实现了最大程度的交易安全。同时，支付宝也是买家和卖家的私人银行，支付货款、提款、设置商品红包都需要用到支付宝。下面将介绍开通支付宝账户的具体操作方法。

（1）打开淘宝网首页，单击页面左侧的"支付宝"超链接，如图3-33所示。

图3-33　单击"支付宝"超链接

（2）进入到如图3-34所示的支付宝页面。如果是商家则单击"我是商家用户"按钮，如果是个人则单击"我是个人用户"按钮。

图 3-34　支付宝页面

（3）在这里单击"我是个人用户"按钮，进入到如图 3-35 所示的页面。

图 3-35　支付宝

（4）单击"立即注册"按钮，进入到"支付宝注册"页面，如图 3-36 所示。

（5）可以使用手机号码注册，也可以使用邮箱注册，如果使用手机号码注册，输入手机号码和短信校验码，单击"下一步"按钮即可，如果是邮箱注册，则单击"下一步"按钮下面的"使用邮箱注册"超链接，进入到如图 3-37 所示的页面，输入"电子邮箱"地址，拖动"验证码"滑块。

图 3-36 "支付宝注册"页面

设置安全性高的密码，应该遵循以下几个原则。

- 密码设置尽量复杂，不要有规律，一定要使用英文字母加数字或符号的组合密码。
- 不用自己的会员名或者会员名的一部分作为密码。
- 不用别人很容易得到的电话号码、生日、身份证号等作为密码。
- 不要使用姓名、配偶的姓名等作为你的密码。
- 不要使用邮件地址中的一部分作为你的密码。
- 密码长度至少为 6 位，使用不含空格的多个词，如 b6i8jzm#$。

图 3-37 支付宝注册

（6）提示验证通过，单击"下一步"按钮。根据提示一步步操作即可注册成功。

3.4 开店技巧与问答

技巧1——什么是密码保护

密码保护的目的是为了确保账户安全。因为普通密码比较容易被盗，所以淘宝在设置密码的基础上添加了密码保护功能。当忘记密码或者密码被盗用时，可以安全、快捷、有效地找回密码。因此推荐使用密码保护功能。

一定要认真填写密码保护的问题，要牢记填写的每项内容，以便系统将根据该资料为你提供"修改密码"、"取回密码"服务。

技巧2——如何设置、修改密码保护问题

在"卖家中心"|"账户设置"|"安全设置"下的"密保问题设置"里设置或者修改密码保护问题，如图3-38所示。

图3-38 设置、修改密码保护问题

确认输入更新后的密码保护问题之后，系统将发送确认信件至安全邮箱。用户到

安全邮箱中查收确认信件，进行确认后密码保护资料才会生效。

技巧 3——注册时密码设置有什么要求

为了账户安全，在注册设置密码时，应注意以下几点。

- 密码长度为 6～16 个字符。

- 设置时使用英文字母、数字和符号的组合，如 cqmdt_042 或者 7756jzm#$ 等，尽量不要有规律。

- 如果设置安全性过低的密码，系统都会提醒用户修改密码，直至符合安全性要求。

- 密码与会员名或电子邮件地址不要相同。

- 不要使用单独的英文字母。

- 不要使用单独的数字。

- 不同的账户尽量使用不同的密码，以免一个账户被盗造成其他账户同时被盗。

技巧 4——淘宝密码忘记如何找回

如果忘记了密码，可以按照下面的操作步骤找回密码。

（1）进入淘宝登录页面，单击"登录"按钮右边的"忘记登录密码？"超链接，如图 3-39 所示。

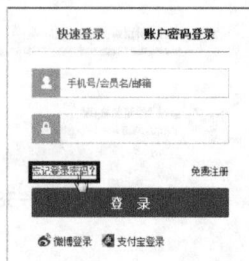

图 3-39 单击"忘记登录密码？"超链接

（2）输入账户名，如图 3-40 所示。

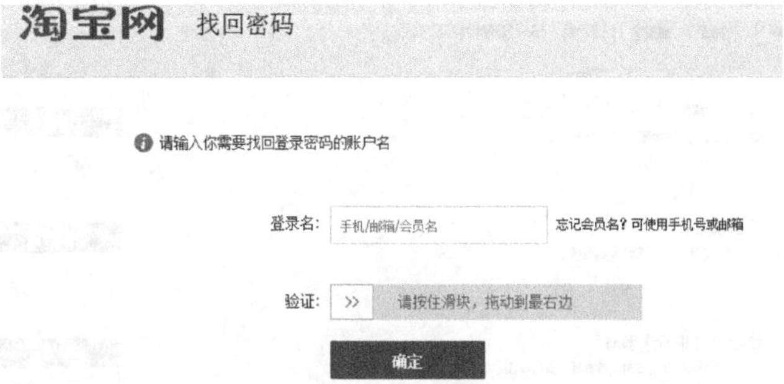

图 3-40　输入账户名

（3）输入账户名后，拖动"验证"滑块，提示验证通过，单击"确定"按钮，如图 3-41 所示。

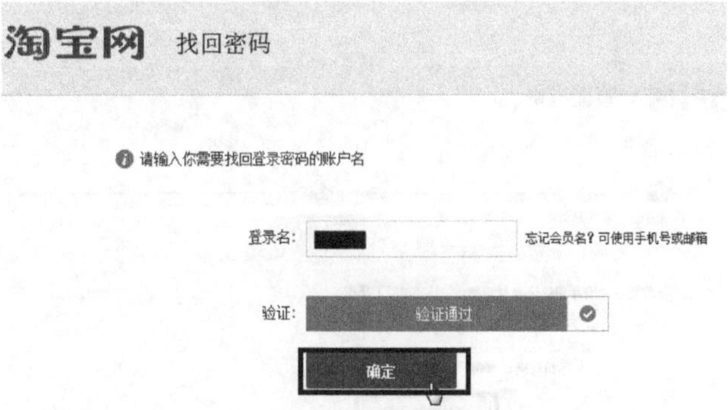

图 3-41　验证通过

（4）进入到淘宝网验证身份页面，在这里有多种验证方法，可以选择一种即可，如图 3-42 所示。

（5）在这里选择手机验证，单击"通过手机验证码"后面的"立即验证"按钮，打开如图 3-43 所示的页面。单击"点此免费获取"按钮，获取验证码后，在"验证码"文本框中输入验证码。

图 3-42　淘宝网验证身份

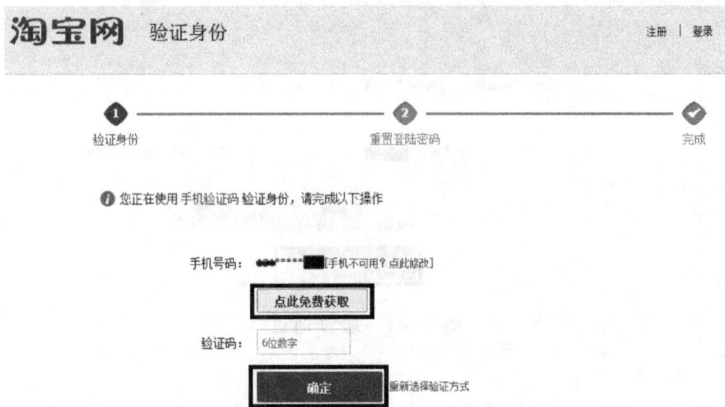

图 3-43　验证身份

（6）单击"确定"按钮，进入到"淘宝网找回密码"页面，输入登录密码和确认新的登录密码后，单击"确定"按钮，如图 3-44 所示。

（7）提示"重置成功，请牢记新的登录密码"，如图 3-45 所示。

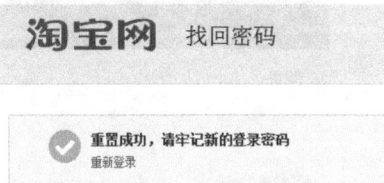

图 3-44 设置新的登录密码 图 3-45 重置成功

技巧 5——我的邮箱有问题，不能收到找回密码的邮件，怎么办

在找回密码的过程中，如果注册邮箱或安全邮箱无法收到找回密码的邮件，在"我的淘宝"页面左侧单击"咨询 / 回复"给淘宝留言。

如果在淘宝有认证申请或交易记录，可以上传身份证原件扫描件。如果无以上记录，同时上传身份证和户口本 / 户籍证明的扫描件。

技巧 6——怎样修改支付宝账户密码

修改支付宝账户密码的具体操作步骤如下。

（1）登录支付宝账户，单击"账户管理"列表中的"账户设置"超链接，如图 3-46 所示。

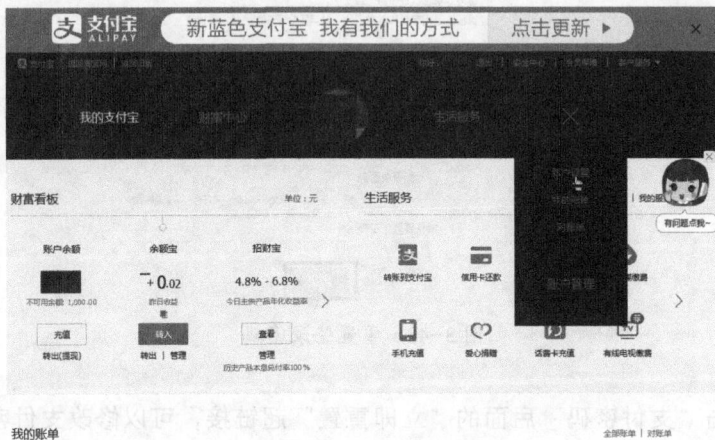

图 3-46 单击"账户设置"超链接

（2）进入账户设置页面，单击"登录密码"后面的"重置"超链接，如图 3-47 所示。

图 3-47　单击"重置"超链接

（3）可以打开重置登录密码页面，修改为新的登录密码，如图 3-48 所示。

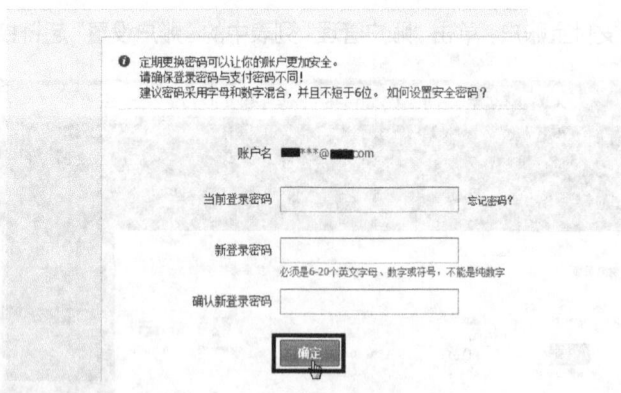

图 3-48　重置登录密码

（4）单击"支付密码"后面的"立即重置"超链接，可以修改支付密码，如图 3-49 和图 3-50 所示。

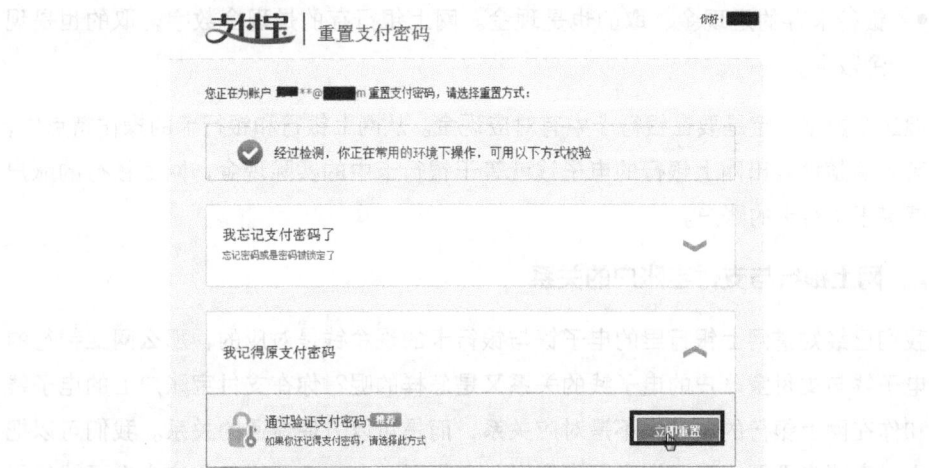

图 3-49　修改支付密码

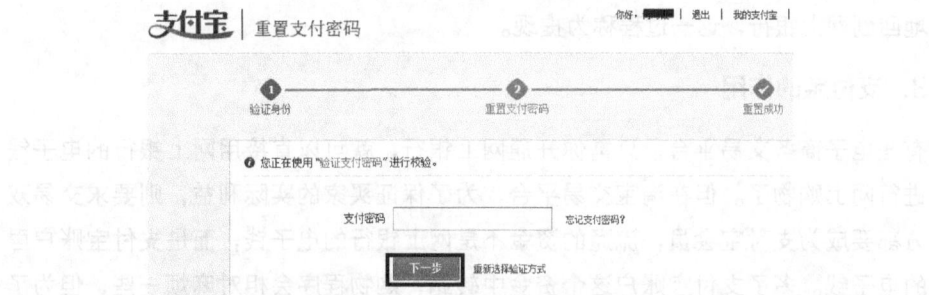

图 3-50　修改支付密码

技巧 7——银行卡、网上银行、支付宝账户之间的关系

1. 网上银行与银行卡在实际操作中的特点

- 用银行卡存取款时，只需要一个简单的银行卡密码，网上银行则需要更复杂的登录密码，并且还需要 U 盾或电子银行口令卡等支付工具。

- 银行卡存钱和取钱都需要到银行存、取款机前，亲手输入银行卡密码完成。网上银行存钱和取钱则只需在任何一台联网的计算机前，用鼠标和键盘操作完成。

- 银行卡存的是现金、取的也是现金。网上银行存的是现金数字，取的也是现金数字。

但这个数字一定是要在银行卡中有对应现金。从网上银行和银行卡的操作特点中，可以清楚地看出网上银行的电子钱就等于银行卡中的实际现金，网上银行的账户就等于银行卡的账户。

2. 网上银行与支付宝账户的关系

我们已经知道网上银行里的电子钱与银行卡的现金钱是对应的，那么网上银行的电子钱与支付宝账户的电子钱的关系又是怎样的呢？你在支付宝账户上的电子钱和你在网上银行的电子钱不是对应关系，而是可以方便流通的关系。我们可以把支付宝账户理解为要去淘宝网淘宝时，必须要带上的电子钱包。这个电子钱包里必须要有钱，足够支付拍下的宝贝的货款。支付宝账户里的电子钱，是你从你的网上银行里存进去的，这一过程称为充值。支付宝账户里的电子钱，也可以方便地回到网上银行，这一过程称为提现。

3. 支付宝的作用

有些电子商务交易平台，只需你开通网上银行，就可以直接用网上银行的电子钱进行网上购物了。但在淘宝交易平台，为了保证买家的实际利益，则要求交易双方都要成为支付宝会员，流通的资金不是网上银行的电子钱，而是支付宝账户里的电子钱。多了支付宝账户这个资金中转站，购物程序会相对麻烦一些，但为了解除网上交易中人们常有的后顾之忧，这点麻烦就不算什么了。

案例——从业务员到淘宝掌柜

和所有的大学生一样，陈思雨正赶上了大学生过剩的年代，一开始陈思雨去各大人才市场求职，做过保险业务员、房产销售、推销员等工作。换了几份工作都不如意，偶然的一次机会，陈思雨发现时尚服装市场还是有很大的空间，当然这还缘于一次逛街。在人流如潮的商业街上，很多时尚的女性在路过时尚的服装店铺时，总会情不自禁地被其所吸引。这次逛街让陈思雨在服装创业的道路上受到了很大的鼓励。陈思雨利用上大学期间卖东西积攒的经验，做了周密的市场调查和安排。于是陈思雨开始筹划资金，开始资金不需要多，等把进货渠道联系好了以后，陈思雨很快就把淘宝店开起来了。陈思雨从产品的介绍、商品拍摄到售后发货，都亲自根据产品的特点来做，店内的每个产品都融入了陈思雨的心血。所有的产品全是从正规厂家直接进货，质量及货物退换都有保障。

淘宝店铺开了一个月，竟然只接了一单生意。初次创业就备受打击，陈思雨在仔细学习了一段时间后，总结出一些经验。也正是这些经验，让陈思雨的淘宝创业一步一步走向成功。

1. 店面宣传不够

虽说"酒香不怕巷子深"，但对于淘宝这个大市场，靠的就是流量。不宣传就是不行，没有流量，也就没有销量。于是陈思雨就利用空余时间在论坛上发贴，赚人气，赚点击率。一个月下来，流量增长了不少，生意也多接了几单。

2. 店铺装修

买家就是我们的上帝，一定要做到给上帝留下一个好印象。都说"三分长相，七分打扮"，店铺同样需要装修，装修好的店铺焕然一新，点击率上升了，商品的图片看上去也漂亮许多。装修后的销售额很快提升了三成以上。

3. 价格优惠加赠送

同样是服装店，为什么有的生意失败，有的生意勉强维持温饱，而有的生意蒸蒸日上？产品都是差不多，创新求变应是一条放之四海皆准的原则，陈思雨有时间就会去一些销量比较好的店铺取经。她发现同行业服装店不仅产品都是实物拍摄，很漂亮，而且价格方面也比别人家优惠，全是批发价。

4. 服务好，发货及时

产品好，同样也要服务好，现在信誉与服务也是买家的首选。愈发激烈的电商之战，也让店主在发货的问题上开始更加重视起来。

5. 加入友情链接

有些买家，在淘宝上也是卖家，相互推荐一下也是必要的。通过与其他店铺的卖家互相交换友情链接，不但可以让大家第一时间看到店铺，而且还可以增加店铺的浏览量，增加订单。

经过三个月的努力，陈思雨的店面终于做到三钻，而且信誉方面也是百分之百的好评。这个业绩，与陈思雨当初的想法离得还很远。现在陈思雨一个月的销售利润差不多是一万元，接下来陈思雨还有更加长远的规划，相信陈思雨店铺的生意会越来越好。

第4章　发布商品，申请淘宝网店铺

完成支付宝账户的注册和网上银行的办理后，在淘宝网上开店所要做的前期工作已基本完成。和实际店铺一样，网店也要有一定的店面。不同的是实际店铺要付租金，淘宝普通的网店店面是免费的，但卖家至少要上传 10 件商品才可以申请店铺。

4.1 发布商品，准备开张

在没申请到店铺前，商品可当作单品出售；申请到店铺后，就可以把它们放入店铺中出售。在网络上进行销售，商品的图片是最重要的，其次是文字描述。宝贝的图片需要背景简单，主体清晰且突出，文字描述要求简练、真实。

4.1.1 发布商品

万事俱备，只欠东风，只要把商品发布到网上，就可以当老板啦！商品可以在淘宝网上直接发布，也可以使用"淘宝助理"发布。在这里讲述在淘宝网上直接发布商品的方法。发布商品有两种方式，即一口价方式、拍卖方式。下面介绍一口价发布商品的方法，具体操作步骤如下。

（1）登录淘宝，单击"卖家中心"超链接，如图4-1所示。

（2）进入"我是卖家"页面，单击页面左侧的"宝贝管理"下面的"发布宝贝"超链接，如图4-2所示。

图4-1 单击"卖家中心"超链接

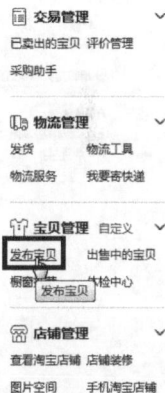

图4-2 单击"发布宝贝"超链接

（3）在打开的网页中，选择要发布宝贝的类目，然后单击"我已阅读以下规则，现在发布宝贝"按钮，如图4-3所示。

（4）在打开的网页中，根据提示输入发布宝贝的交易类型、宝贝类目、宝贝类型、宝贝标题等信息，如图 4-4 所示。

图 4-3　单击"我已阅读以下规则，现在发布宝贝"按钮

图 4-4　宝贝基本信息

（5）单击"文件上传"按钮，上传宝贝图片，如图 4-5 所示。

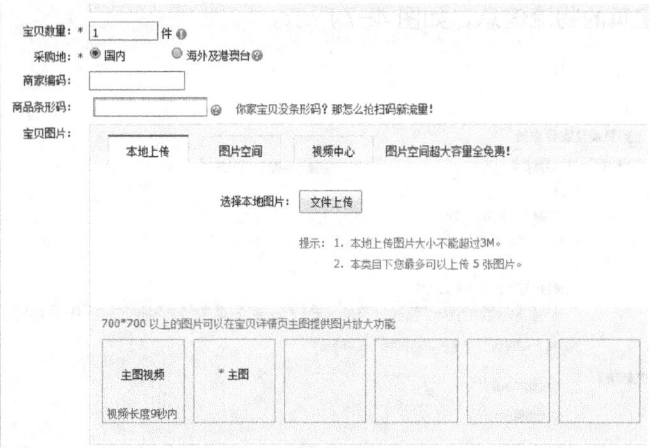

图 4-5 上传宝贝图片

在淘宝网上开店，宝贝的图片是给买家的第一印象。一张美观、专业的宝贝图片可以吸引买家的注意力。获得商品图片的方法有以下 3 种。

- 厂商直接提供或从商品厂商的网站上下载。
- 将产品或产品手册进行扫描。
- 用数码相机拍摄，拍摄后将图片传输到电脑中。

（6）填写宝贝详细描述信息。这里的操作与在 Word 文档中的操作相同，可以设置文本的格式，如图 4-6 所示。

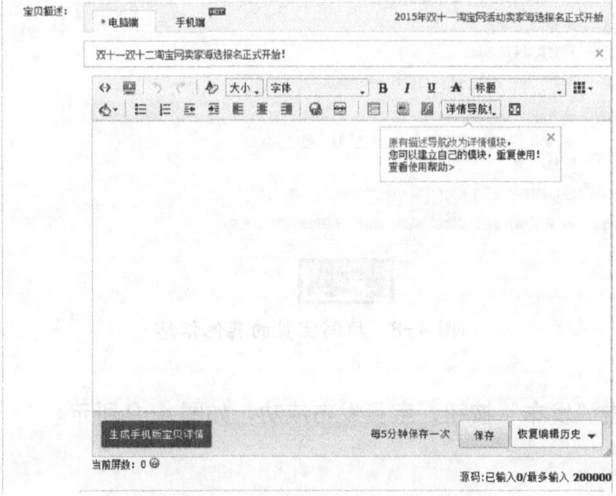

图 4-6 填写宝贝详细描述信息

（7）填写宝贝的物流信息，如图 4-7 所示。

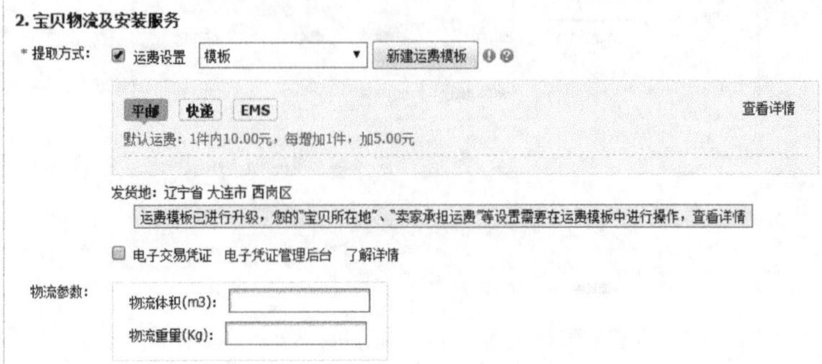

图 4-7　填写宝贝的物流信息

（8）填写宝贝的其他信息，如图 4-8 所示。

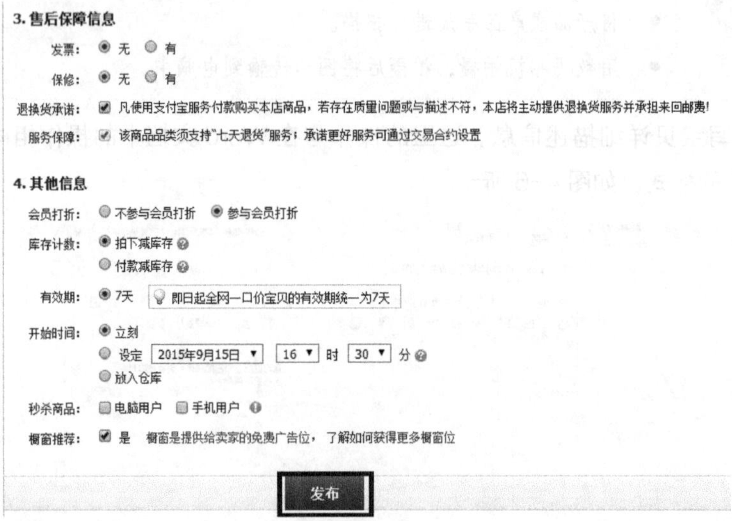

图 4-8　填写宝贝的其他信息

（9）最后单击"发布"按钮，宝贝发布成功，如图 4-9 所示。

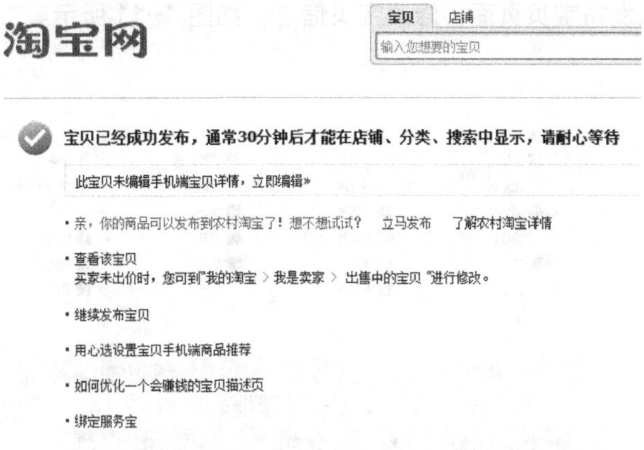

图 4-9 宝贝发布成功

4.1.2 修改上架商品的信息

商品发布上架后，如果卖家需要修改商品的价格、描述等信息，在宝贝没有卖出时，可以在"我的淘宝"|"出售中的宝贝"进入发布宝贝时的页面进行修改，具体操作步骤如下。

（1）进入"我的淘宝"，单击"卖家中心"下面的"出售中的宝贝"超链接，进入"出售中的宝贝"页面，单击"编辑宝贝"超链接，如图 4-10 所示。

图 4-10 单击"编辑宝贝"超链接

（2）即可进入发布宝贝页面，修改宝贝信息，如图 4-11 所示。

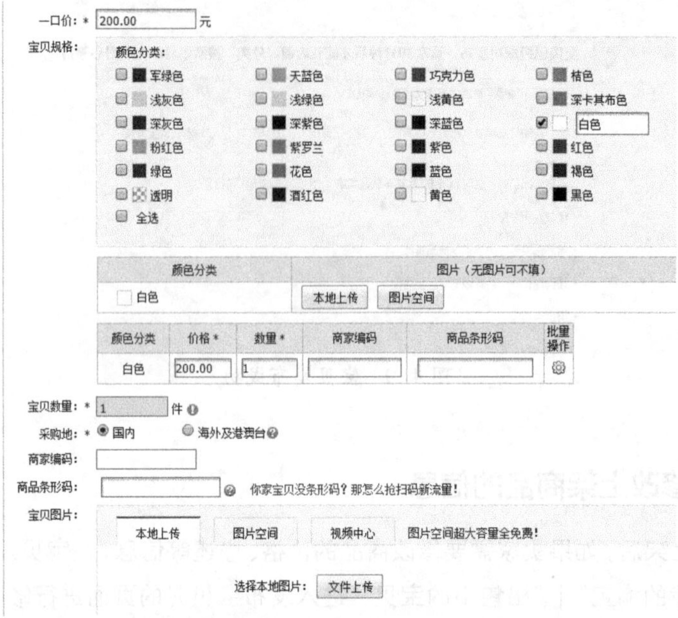

图 4-11 修改宝贝信息

4.2 设置店铺

有了自己的店铺，接下来就该为店铺装修了。店铺装修可以使买家产生认同感，是网上开店取得成功的一个重要因素。买家对店铺的认同感越强，就越容易成为意向客户。

4.2.1 选择店铺风格

店铺风格由店铺的背景颜色和元素基调来决定，同时店铺风格又决定了店铺给人的直观印象，所以选择一个合适的店铺风格非常重要。淘宝网提供了一些风格模板，卖家可以直接选择模板来确定店铺的整体风格。设置店铺风格的具体操作步骤如下。

（1）登录淘宝，进入"卖家中心"页面，单击"店铺管理"下面的"店铺装修"

超链接，如图 4-12 所示。

图 4-12 单击"店铺装修"超链接

（2）进入"店铺装修"页面，单击页面左侧的"配色"，如图 4-13 所示。

图 4-13 单击"配色"

（3）在"风格设置"里可以选择自己喜欢的店铺风格，将光标放置到任一风格上，在页面的右侧就会有"风格预览"，如图 4-14 所示。

图 4-14 选择店铺风格

（4）单击"发布"按钮，即可将选择的店铺风格应用到店铺，单击"查看我的店铺"
超链接，如图 4-15 所示。

图 4-15 查看店铺

4.2.2 设置商品分类

合理的宝贝分类可以使店铺的商品类目更加清晰，方便卖家和买家快速浏览与查找自己想要的宝贝。如果店铺发布的宝贝数目众多，那么合理的分类就显得尤为重要，具体操作步骤如下。

（1）登录淘宝，单击"卖家中心"中"店铺管理"下面的"宝贝分类管理"超链接，如图 4-16 所示。

图 4-16 单击"宝贝分类管理"超链接

（2）在"宝贝分类管理"页面中，单击"添加手工分类"按钮，将在"添加新分类"按钮的上面出现一个宝贝分类，在"分类名称"文本框中输入分类的名称，如图 4-17 所示。

图 4-17 宝贝分类管理

（3）单击"添加图片"按钮，将出现一个对话框，如果添加的是网络图片，可以直接在文本框中输入图片的地址即可，单击"确定"按钮，也可以选择"插入图片空间图片"单选按钮插入图片空间的图片，如图 4-18 所示。

图 4-18　插入图片

（4）如果要添加子分类，单击"添加子分类"按钮，填写子分类的内容，如图 4-19 所示。

图 4-19　添加子分类

（5）单击上箭头和下箭头可以将宝贝分类上移或下移，如图 4-20 所示。

（6）设置完毕，单击右上角的"保存更改"按钮。单击"查看淘宝店铺"超链接，如图 4-21 所示。

图 4-20 将宝贝分类上移或下移

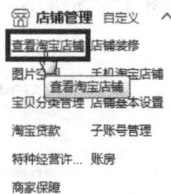

图 4-21 单击"查看淘宝店铺"超链接

4.2.3 店铺的基本设置

店铺的基本设置包括店铺名称、店铺类别、主营项目、店标和店铺简介。店铺基本设置的具体操作步骤如下。

（1）登录淘宝，单击"卖家中心"下面的"店铺管理"下面的"店铺基本设置"超链接，如图 4-22 所示。

图 4-22 单击"店铺基本设置"超链接

（2）进入基本设置页面，给店铺起一个名字，选择店铺类别、填写店铺主营项目，如图 4-23 所示。

图 4-23 基本设置

（3）单击"上传图标"按钮，弹出"打开"对话框，选择想要上传的图片，单击"打开"按钮上传店标，如图 4-24 所示。

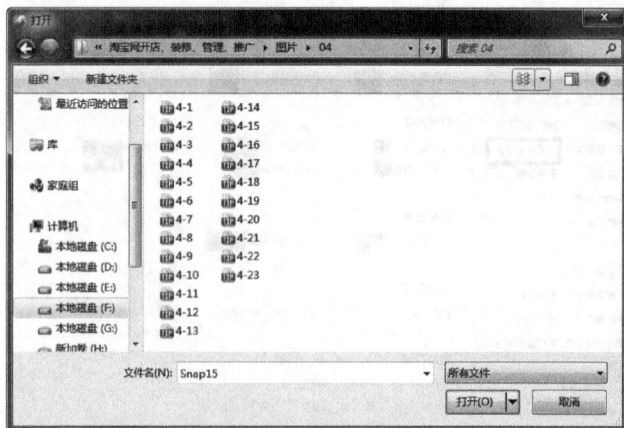

图 4-24 "打开"对话框

（4）在"店铺介绍"下面的文本框中输入店铺的简单介绍，如图4-25所示。单击"保存"按钮，将以上设置保存即可。

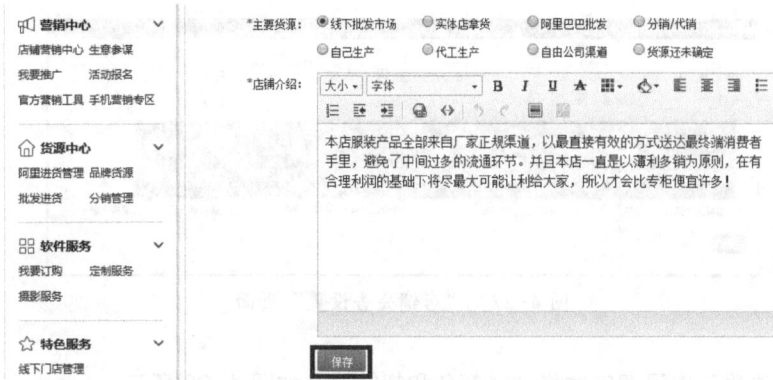

图 4-25 店铺介绍

4.2.4 设置店铺公告

公告可以包含店铺的促销广告、店铺的服务特色、店主的联系方式以及最新优惠信息等。这些信息可以在公告处及时更新，以方便进来的买家在第一时间看到。设置店铺公告的具体操作步骤如下。

（1）登录淘宝，进入如图4-26所示的店铺装修页面。

图 4-26 店铺装修

（2）单击"店铺公告"后的"编辑"按钮，弹出"店铺公告设置"页面，如图 4-27 所示。

图 4-27　"店铺公告设置"页面

（3）在这里可以设置字体样式、颜色和超链接，如图 4-28 所示。

图 4-28　设置字体样式、颜色和超链接

（4）单击 ▣ 按钮，弹出"图片设置"对话框，如图 4-29 所示。

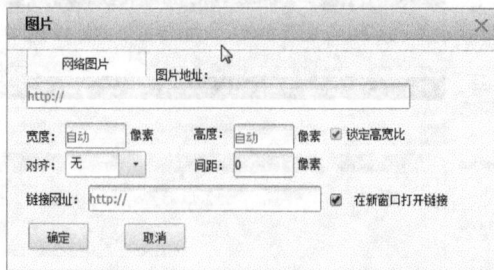

图 4-29　"图片设置"对话框

4.3 推荐优势商品

使用橱窗、店铺推荐位可以提高店铺的浏览量，增加店铺的成交量，对于新开店的卖家而言是一种十分重要的营销手段。淘宝网上的商品种类繁多，通过使用橱窗推荐位和店铺推荐位可以使卖家的商品脱颖而出。

4.3.1 商品推荐原则

在推荐商品时，需要正确选择进行推荐的宝贝以及进行推荐的时间，充分合理地安排推荐位置。商品推荐的原则有以下几种。

1. 选对宝贝

进行商品推荐的宝贝可以说是店铺的橱窗，除了展示宝贝本身外，也有助于带动店内其他宝贝的浏览量。

- 性价比高的宝贝。把在同类产品中具有一定优势的拳头商品作为橱窗推荐是无可非议的。

- 已经有很多人买家购买的商品，也就是店铺中的人气商品。

- 命名很完善的宝贝。只有商品标题包含了买家搜索时输入的关键词，商品才会被搜索到。命名完善的标题就是指符合买家搜索习惯，同时又能概括商品特色和卖点的标题。命名完善的标题会让你的商品被搜索到的几率大增，获得更多的展示机会。

- 图片精美的宝贝。图片是否精美会直接影响商品的浏览量，漂亮的宝贝可以吸引更多买家的注意，同时也给店铺的其他宝贝争取了展示的机会。

- 低价位的商品。买家在搜索产品的时候，为了找到便宜的商品很多买家喜欢按照价格来搜索商品，所以价格较低的商品往往会展示在买家面前。

2. 选对时间

- 将快要下架的宝贝设置为橱窗推荐。因为淘宝是按照剩余时间由少到多的顺序显示宝贝的，剩余时间越少的宝贝排得越靠前。

- 建议将商品的上架时间设置为 7 天一个周期，比 14 天一个周期多了一次最少剩余时间，可以拥有多一次排在靠前的机会。

4.3.2 使用橱窗推荐位

橱窗推荐位是淘宝网为卖家设计的特色功能，是淘宝提供给卖家展示和推荐宝贝的功能之一。橱窗推荐宝贝会集中在宝贝列表页面的橱窗推荐中显示，每个卖家可以根据信用级别与销售情况获得不同数量的橱窗推荐位。合理利用这些橱窗推荐位，将大大提高卖家宝贝的单击率。设置橱窗推荐的具体操作步骤如下。

（1）登录淘宝，在"我是卖家"下面单击"出售中的宝贝"超链接，打开出售中的宝贝列表网页，如图 4-30 所示。

图 4-30 出售中的宝贝

（2）在网页中选择要推荐宝贝前的复选框，单击"橱窗推荐"按钮进行推荐，如图 4-31 所示。

（3）单击"确定"按钮，在打开的网页中可看见已推荐的宝贝前面多了"已推荐"三个红色的字，此时在网页的下方显示成功推荐宝贝的提示信息，如图 4-32 所示。

图 4-31 橱窗推荐

图 4-32 已推荐

4.4 使用淘宝助理批量发布商品

淘宝助理是一款免费的、功能强大的客户端工具软件，可以使卖家不用登录淘宝就能直接编辑宝贝信息，快捷批量上传宝贝。

4.4.1 创建上传宝贝

淘宝助理让你能够轻松简单地创建新宝贝，既可以全新创建一个宝贝，也可以用自定的模板创建宝贝。要想使用淘宝助理管理商品，首先需要登录淘宝助理，具体操作步骤如下。

（1）在桌面双击淘宝助理图标，系统将显示淘宝助理的登录界面，输入淘宝会员名和密码，如图 4-33 所示。

（2）单击"确定"按钮，密码验证成功后，系统将显示淘宝助理主界面，如图 4-34 所示。

图 4-33 淘宝助理登录界面

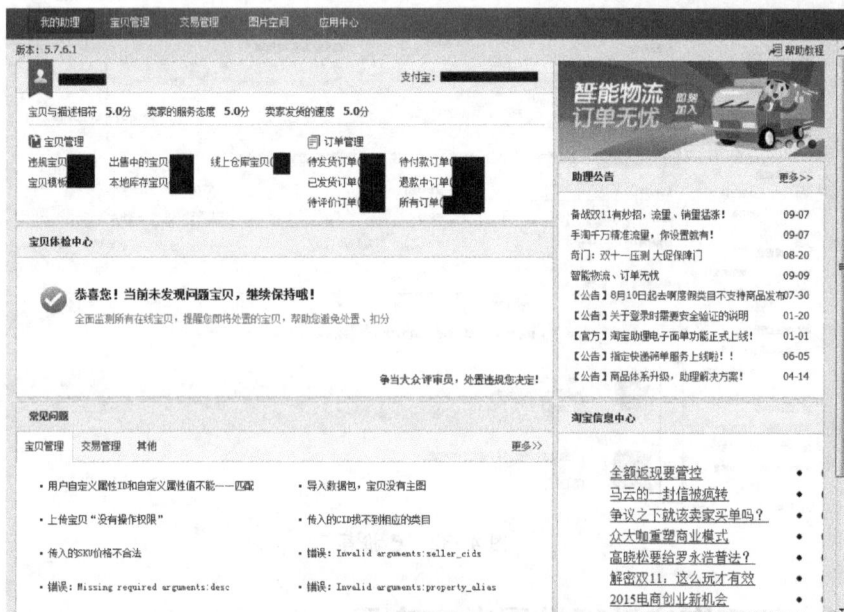

图 4-34 淘宝助理主界面

（3）单击顶部的"宝贝管理"选项卡，打开如图 4-35 所示的选项卡，单击"创建宝贝"按钮，在弹出的下拉菜单中选择"新建空白宝贝"选项。

（4）弹出"创建宝贝"对话框，填写宝贝的基本信息及宝贝描述，如图 4-36 所示。

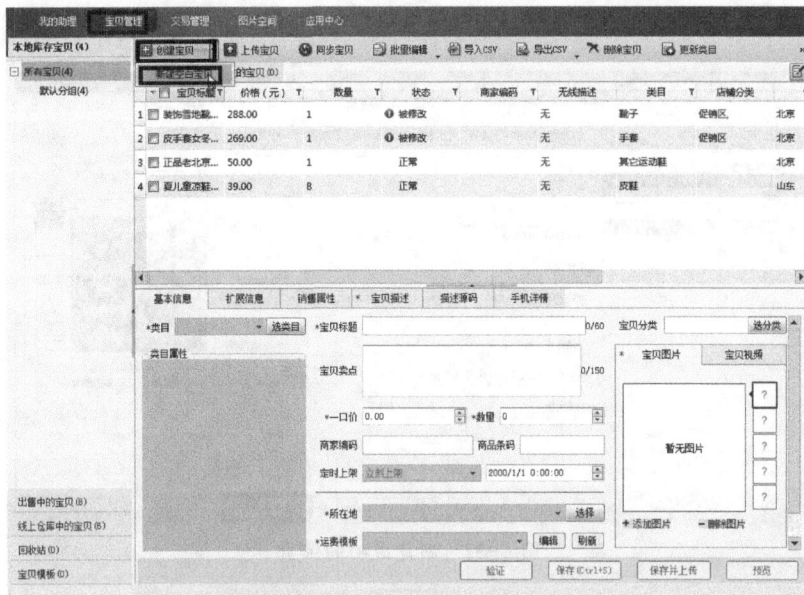

图 4-35 新建空白宝贝

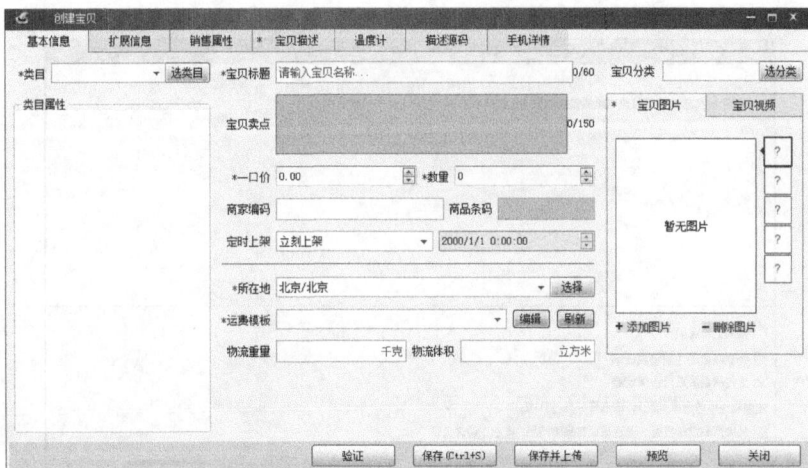

图 4-36 "创建宝贝"对话框

（5）单击"保存"按钮，新建成功的宝贝将会被放在"库存宝贝"目录中，如图 4-37 所示。

图 4-37　新建成功的宝贝

（6）单击"保存并上传"按钮，弹出"上传宝贝"对话框，单击"上传"按钮，宝贝就会发布到淘宝网，如图 4-38 所示。

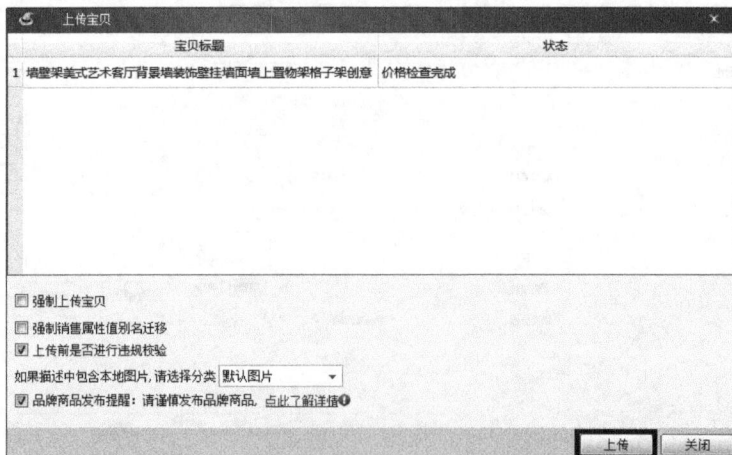

图 4-38　上传宝贝

（7）预览宝贝。首先在右侧选中要预览的宝贝，单击"预览宝贝"按钮，就可以在淘宝网预览被选中的宝贝，如图 4-39 所示。

图 4-39　预览宝贝

4.4.2　批量编辑宝贝

淘宝助理有非常强大的功能，可以灵活而快捷地一次性编辑大量的宝贝。例如，批量修改 3 件宝贝的标题，为这些标题增加相同的前缀，或者替换这些标题中的特定文字。又例如批量修改多件商品的价格，均打 85 折等。用淘宝助理批量编辑宝贝的具体操作步骤如下。

（1）在"出售中的宝贝"中选择想要编辑的多个宝贝，然后在"批量编辑宝贝"中选择要编辑的部分，如图 4-40 所示。

图 4-40　出售中的宝贝

（2）弹出"宝贝名称"窗口，如图4-41所示。

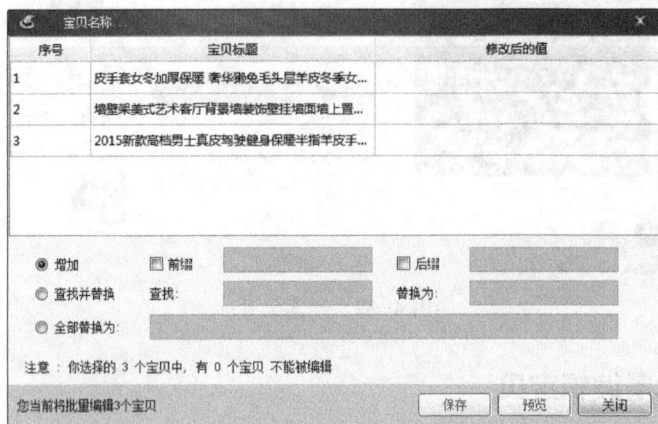

图4-41 "宝贝名称"窗口

（3）如果想在这几个宝贝名称前都加入"精品"字样，先选中"前缀"复选框，填写"精品"这几个字，如图4-42所示。

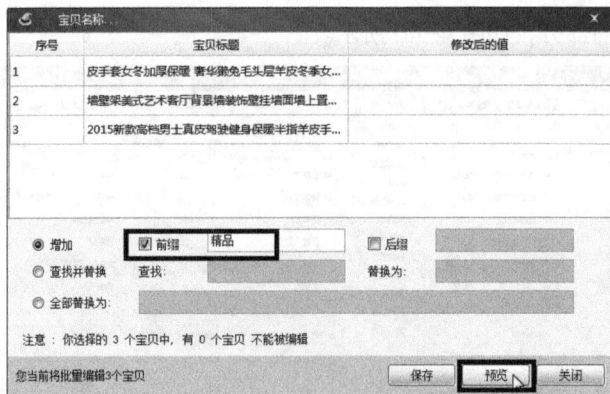

图4-42 编辑宝贝名称

（4）单击"预览"可以看到修改后的宝贝信息会显示在"修改后的值"下方，如图4-43所示。

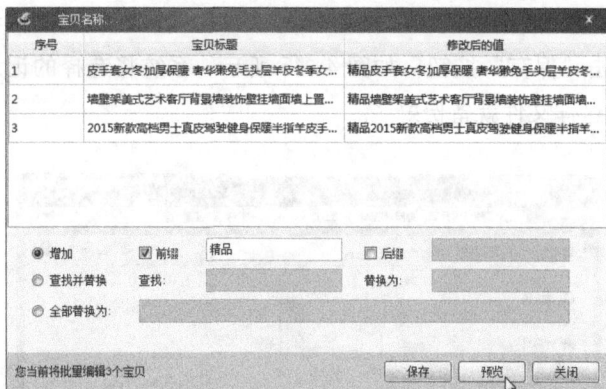

图 4-43　预览效果

4.4.3　备份宝贝

为了保护数据在发生意外时不丢失，可以将宝贝数据导出到一个备份文件中并保存到安全的地方。在需要的时候，例如磁盘损坏后，可以将这些宝贝数据原封不动地重新恢复到淘宝助理中。如需要使用淘宝助理备份宝贝数据，或将宝贝数据从一台电脑导入至另一台电脑，具体操作步骤如下。

（1）在列表里选择需要导出的宝贝，单击"导出 CSV"按钮，在弹出的下拉菜单中选择相应的选项，如图 4-44 所示。

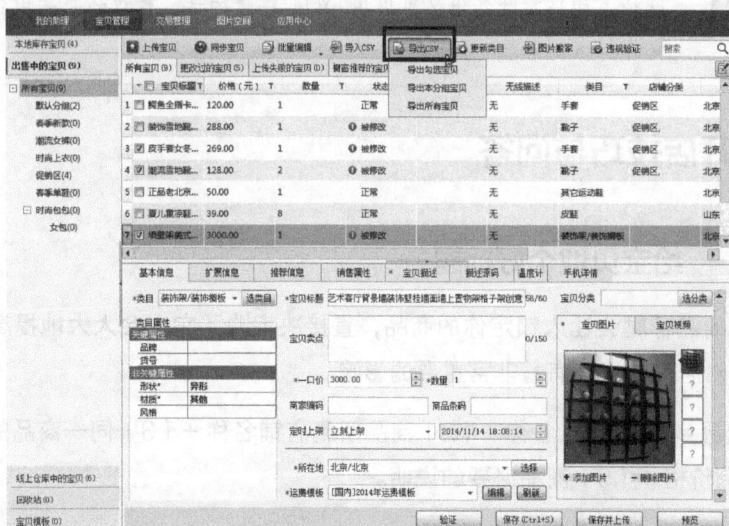

图 4-44　导出 CSV

（2）弹出"保存"对话框，选择保存 CSV 文件的位置，在"文件名"文本框中输入名称。单击"保存"按钮，如图 4-45 所示。系统将选择的记录保存到指定的 CSV 文件，这样文件就备份好了。

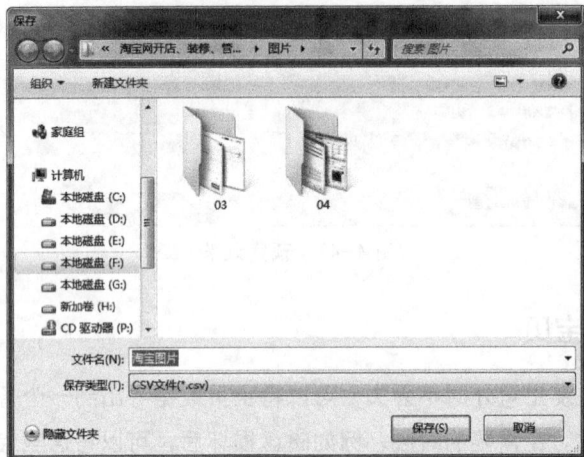

图 4-45 "保存"对话框

> 另外，还可以选择备份数据库，选择"工具"|"备份数据库"。备份数据库信息可能相比备份 CSV 文件会更全面一些，但是在编辑的时候比较麻烦，如果想既备份又可以用 EXCEL 编辑的话，建议还是采用备份 CSV 文件。

4.5 开店技巧与问答

技巧 1——给宝贝取个好标题

一个好的商品标题会让人锁定你的商品，直接决定购买它，会大大地提高商品的浏览量。对店铺的兴旺有着非常重要的影响。

一个好标题 = （1）商品名称 + （2）商品所属店铺名称 + （3）同一商品的别称 + （4）商品价格 + （5）商品必要的说明。

（1）商品名称是商品标题必备的要素。

（2）在自己的商品前加上店铺名很有利于自己店铺的宣传。想长期经营小店的朋友在标题前面一定要加上店铺名称，这样会让顾客对你店铺的印象深刻，成为买家心中的"老字号"。即使买家没加你为好友，也可能因记住你的店铺名而在店铺中轻易搜索到你。

（3）一个商品若有不同的称呼，尽可能地把别称写上去，让想要这个商品的买家，轻松就能搜索到你提供的商品。

（4）很多卖家认为商品价格只是标注在下面的价格栏，标题上写价格是多余的，其实不然。商品标题里的价格是用来吸引顾客的，可以写上"XXX 物品特卖 XX元哦！"让顾客感受到优惠。还有就是很多顾客急忙买东西就直接搜索他想要物品的名称和价格，这样很多商品都不看了。如果唯独你的物品展现在他眼前，又加价格公道，他会不买么？

（5）一些商品需要在标题里面加一些必要有关商品的形式和数量的说明，例如点卡的卖家就需要说明是多少点的点卡，是直充还是卡密的形式等。

（6）把品牌名放在标题里。标题包含品牌名的广告比起那些没有品牌的较易被人们记住。

（7）包含的承诺与信用度。这很大程度地符合现在社会的主题。在这个诚信当道的社会，在标题中加入一定的诚信度可以更大程度地吸引消费者，使他们更放心与你交易产品。

技巧 2——让网店生意火爆的定价绝招

网上卖东西与网下卖东西有所区别，要根据实际情况进行调整，但大多数情况是相同的。所以，网上做生意犹如网下经营，一切经营之道都只有靠自己潜心摸索总结。

1. 同价销售术

英国有一家小店，起初生意萧条很不景气。一天，店主灵机一动，想出一招：只要顾客出 1 个英镑，便可在店内任选一件商品。这可抓住了人们的好奇心理。尽管一些商品的价格略高于市价，但仍招来了大批顾客，销售额比附近几家百货公司都高。在国外，比较流行的还有分柜同价销售，如有的小商店开设 1 分钱商品专柜、l 元钱商品专柜，而一些大商店则开设了 10 元、50 元、100 元商品专柜。

2．分割法

顾客对价格很敏感。价格代表顾客兜里的金钱，要让顾客感受到你只从他兜里掏了很少一部分钱。价格分割是一种心理策略。卖方定价时，采用这种技巧，能造成买方心理上的价格便宜感。

价格分割包括下面两种形式。

（1）用较小的单位报价。例如，茶叶每千克 10 元报成每 50 克 0.5 元，大米每吨 1000 元报成每千克 1 元等。

（2）用较小单位商品的价格进行比较。例如，"使用这种电冰箱平均每天 0.2 元电费，只够吃一根冰棍！"记住报价时用小单位更容易让顾客接受。

3．非整数法

这种把商品零售价格定成带有零头结尾的非整数的做法，销售专家们称之为"非整数价格"。这是一种极能激发消费者购买欲望的价格。

4．数字法

在价格的数字应用上，应结合我国国情。很多人喜欢 8 这个数字，并认为它会给自己带来发财的好运。因中国老百姓有"六六大顺"的说法，6 这个数字比较受欢迎。满足消赛者的心理需求总是对的。

技巧 3——商品定价应考虑哪些要素

商品定价是网上开店最简单的一件事情。然而，越是简单的事，如不加以考虑，办起来却很有难度。有一些人自认为对定价了如指掌，不再去费心思考虑，其实这样做往往会导致利润的大量流失。定价时需要考虑的因素很多。具体来说，要特别注意以下要素。

1．市场竞争情况

为商品定价时，应该考虑市场上其他商品是如何定价的，再仔细权衡，从而为自己的商品定价。商品诱惑力的高低直接决定着消费者购买的意愿及数量。如果商品具有一定的吸引力，此商品的销售数量会大大增加；如果商品没有吸引人的地方，那么不论如何促销、降价，都有可能不会成功售出。

2. 市场的性质

（1）首先考虑顾客的消费习惯。一旦顾客使用习惯了一种品牌的东西，就会形成一种购买习惯不易改变。

（2）考虑销售市场的大小。销售一种商品时，要准确确定自己的顾客群，要了解由这种顾客群构成的市场走向怎样。

3. 销售策略

要根据商品性质、企业形象以及店铺的特性制定商品销售策略。如销售品质优良的名牌产品需要定高价，人们才觉得物超所值。一些流行性十分强的商品，也需要定高价，因为一旦流行期过后，就会削价。如果销售过时的商品则需要定低价，才会使商品顺利打开销路。

4. 商品形象

一些历史悠久、商品品质优良的品牌店铺服务周到，已经闯出了名号，使得顾客在逢年过节要买礼品送人时，一定会想到它，因此品牌店铺商品定价可以稍高。

5. 经销路线

一种产品从厂商售出后，要经过许多中间商才能到消费者手。为了保障消费者的合法权益，使价格不会增长到太夸张的地步或无意义涨价，要采取公定价格制度，表示公平。

技巧4——使用真人模特，增加商品的直观效果

开网店没有机会当面去面对买家，买家也看不到商品的具体质量如何，商品的文字描述毕竟是比较抽象的。因此对于网店来说，图片占有很重要的位置。好看的图片可以迅速吸引人们的眼球。

在实体服装店中，可以发现很多衣服都是悬挂起来或由塑料模特穿在身上展示的，

而不是把衣服平铺或者叠放。而且模特的姿势也是各式各样、这样能显示出服装的板型和试穿效果。相比平铺的衣服照片，真人模特的照片更能体现出衣服的试穿效果。

技巧 5——让商品描述丰富起来

在网上做生意，最重要的是如何把商品信息准确地传递给买家。如果想长久经营就不能有半点欺骗顾客的想法。商品描述信息必不可少，是对图片信息的重要的补充。图片传递给买家的只是商品的形状和颜色的信息。对于性能、材料、产地、售后服务等信息，必须通过文字描述来说明。

许多卖家的商品描述非常简单，往往几十个字就没了。并不是店主没有时间、也不是他们懒惰，只是觉得无话可写。因为这些卖家不知道从哪里来收集这些资料。商品描述信息要简洁明了，节约买家的时间。

在填写商品描述信息时注意如下几个方面。

（1）首先要向供货商索要详细的商品信息。商品图片不能反映的信息包括材料、产地、售后服务、生产厂家、商品的性能等。相对于同类产品的优势和特色的信息一定要详细地描述出来，这本身也是产品的卖点。

（2）商品描述一定要精美，能够全面概括商品的内容、相关属性。最好能够介绍一些使用方法和注意事项，更加贴心地为买家考虑。

（3）商品描述应该使用文字、图像、表格三种形式结合来描述，这样买家看起来会更加直观，增加了购买的可能性。

（4）参考同行网店。可以去皇冠店转转，看看他们的商品描述是怎么写的。特别要重视同行中做得好的网店。

（5）在商品描述中也可以添加相关推荐商品，如本店热销商品、特价商品等，让买家更多地接触店铺的商品，增加商品的宣传力度。

（6）留意生活，挖掘与宝贝相关的生活故事。严格来说不属于商品描述信息的范畴，但是一个与宝贝相关的感人的故事更加容易打动消费者。

技巧6——安装最新版本的淘宝助理后，原来的宝贝数据还在吗

只要选择的安装路径是原来安装的路径，那么原来的宝贝数据依然存在。但是如果选择的不是原来的安装路径，那么可以通过淘宝助理，选择主菜单中的"工具"导入旧版本"淘宝助理"文件夹下的数据库即可。

案例——在淘宝卖芽苗菜也能赚钱

何文斌是一个从贫困农村家庭走出来的大学生，毕业后却没有像其他同学一样向往大城市，回到家乡开起一家网店。开业至今，他凭借诚信经营和良好的服务，在淘宝网芽苗菜销售领域一直遥遥领先。

几年前何文斌考上了一所省内知名高校，家里很穷，他一个人拿着家里仅有的2000元钱来到大学报到。由于家里情况确实很困难，何文斌就想着申请助学贷款。从那时起，他就暗下决心一定要自力更生，不能再给自己这个贫困的家庭增加负担了。

来到大学后，何文斌就开始到校外找工作。饭店服务员、家教、业务员、商场促销员……为了能挣到更多钱，何文斌从不挑工作，只要能赚钱，什么活都能干。

读大学期间，何文斌注意到一个情况，不少异地恋的情侣都为昂贵的电话费发愁。何文斌当时就想有没有一种电话卡，可以针对情侣之间打电话免费或者费用很低的呢？

想到就开始行动，何文斌随后找到一种适合异地之间通话的情侣卡。为了让更多的同学了解用情侣卡的好处，何文斌到各个大学贴小广告。随着大家对情侣卡的了解，这种卡也越来越受到同学的欢迎。

看到情侣卡的市场，何文斌就在淘宝上开了一家网店，专门销售电话情侣卡。随着销量越来越高，何文斌靠销售情侣卡挣到了人生的第一桶金，不仅养活了自己还开始补贴家用，这也让何文斌看到了中国电商市场前景的广阔。

大学毕业后，何文斌曾在一家农业公司做了不到1年的业务员，工作很累，而且很难拉到业务，所以收入也很低。这时他就考虑自己回家创业。何文斌听说一个大学同学销售芽苗菜种子，就去实地考察了一下，并第一次从同学那里进了3000多块钱的芽苗菜种子。何文斌租了一间民房，购置一台二手电脑就开了家网店，开始了创业之路。

所幸，第一批芽苗菜种子很快就销售完了，这也更增强了何文斌的信心，他开始

大量地从外地批发芽苗菜种子。但从客户反馈的情况来看，他了解到有些种子发芽率并不是很高。为了保证信誉，何文斌逐个给下过订单的客户打电话，没发芽的他全部收回。尽管少做了生意，开始也没赚到多少钱，却赢得了口碑，不少客户成了这个诚信卖家的回头客。

后来，通过查阅大量的书籍，咨询农业方面的专家，何文斌在芽豆苗种植方面俨然成了半个专家，不少买家有问题首先第一个就想到来问他。凭借良好的信誉和服务，不到一年时间，何文斌的网店在淘宝网芽苗菜销售领域名列前茅。

第5章　及时沟通买家，完成第一笔交易

网络店铺开张了，生意来了。网上交易改变了"一手交钱，一手交货"的传统交易规则。如何完成网络交易？本章将详细讲述卖家完成交易的基本流程，帮助卖家对网上买卖和支付宝交易有更明确的认识。

5.1 使用千牛工作台与买家进行交流

淘宝网会员和支付宝注册成功后，就可以开始网上交易了。为了更好地进行网上交易，还需要使用千牛工作台。千牛工作台是淘宝和阿里巴巴为用户量身定做的免费网上商务交流沟通软件。它能帮你轻松找客户，发布、管理商业信息，及时把握商机，随时洽谈做生意。

5.1.1 查找并添加联系人

在淘宝开店的卖家，每天首先要做的事情就是登录千牛工作台，与买家交流，进行交易管理。使用工作台添加联系人进行聊天的具体操作步骤如下。

（1）登录千牛工作台，将光标置于千牛工作台左上角的"好友和群"文本框中，如图 5-1 所示。

（2）输入想要添加的好友名称，下面会自动出现好友，单击"查找"按钮，如图 5-2 所示。

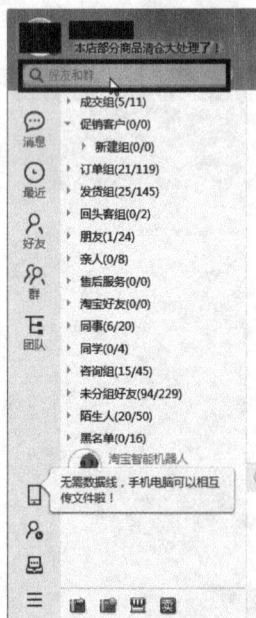

图 5-1 千牛工作台   图 5-2 查找好友

（3）单击名称后面的加号，弹出"阿里旺旺－安全验证"对话框，输入"验证字符"，单击"确定"按钮，如图5-3所示。

（4）提示添加好友成功，如图5-4所示。

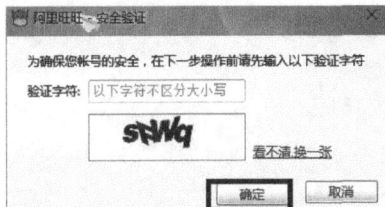

図5-3　"阿里旺旺－安全验证"对话框　　　図5-4　添加好友成功

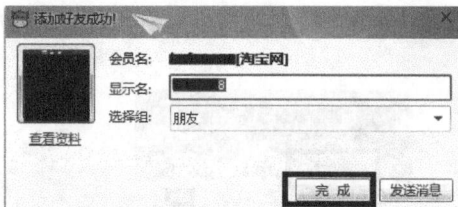

（5）单击"完成"按钮，就可以在工作台中进行聊天了，如图5-5所示。

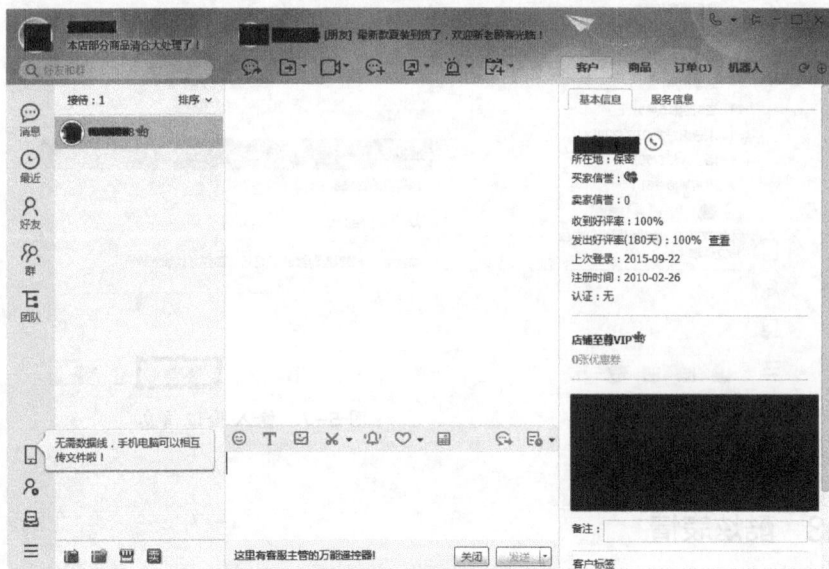

図5-5　千牛工作台

5.1.2　加入群

千牛是类似于 QQ 和 MSN 一样的即时通信软件，很多淘友都喜欢用它来聊天。

加入群的具体操作步骤如下。

（1）登录千牛工作台，将光标置于千牛工作台左上角的"好友和群"文本框中，输入想要添加的群号码，如图 5-6 所示。

（2）单击加号按钮，弹出"加入群验证"对话框，输入验证信息，单击"发送验证"按钮，如图 5-7 所示。通过验证后即可成功加入该群。

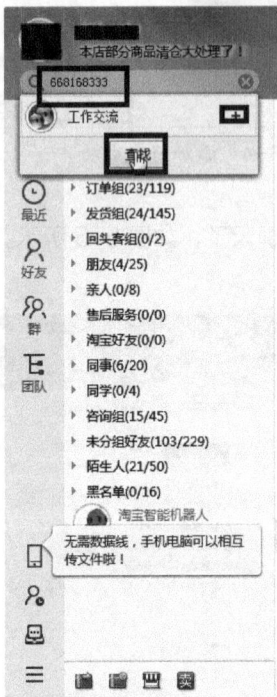

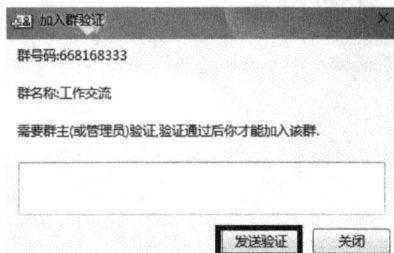

图 5-6　添加群　　　　　　　　　　　图 5-7　输入验证信息

5.1.3　酷炫表情

千牛表情分为默认表情与自定义表情。默认表情是千牛软件自带的表情。卖家在商业交流时可随心选用，更贴切地表达心情，同时拉近买卖双方彼此的距离，让谈生意变得，更容易。单击千牛表情图标会显示表情窗口，如图 5-8 和图 5-9 所示。

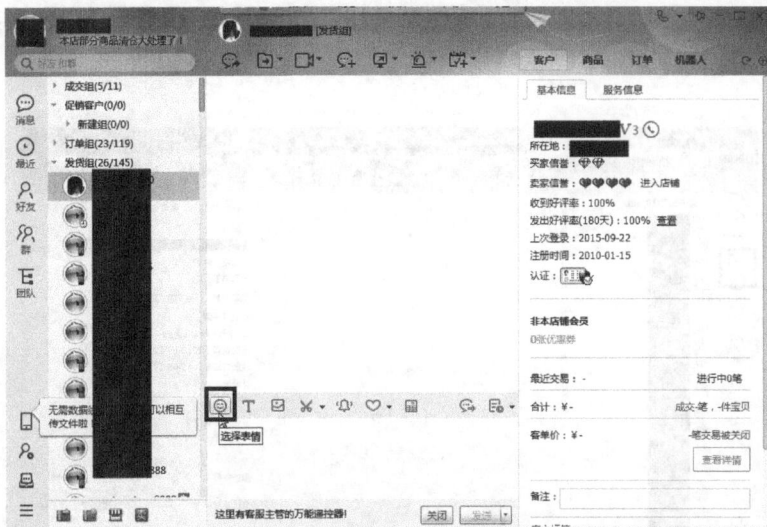

图 5-8 单击千牛表情图标

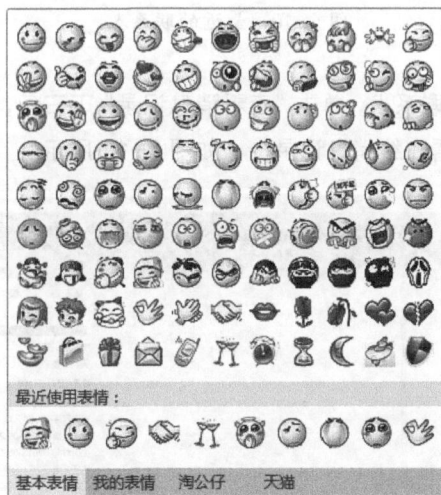

图 5-9 表情窗口

5.1.4 快速查看聊天记录

聊天记录非常重要。建立客户档案、总结交流经验、查找承诺过的口头协议、发生纠纷时的取证，都离不开聊天记录。快速查看聊天记录的具体操作步骤如下。

（1）选择千牛工作台中右侧的"最近"按钮，就会在列表中显示最近的联系人，如图 5-10 所示。

图 5-10 最近的联系人

（2）单击并选择一个联系人，单击"查看消息记录"下三角，即可在其中选择"查看消息记录"或"查看在线消息记录"，如图 5-11 所示。

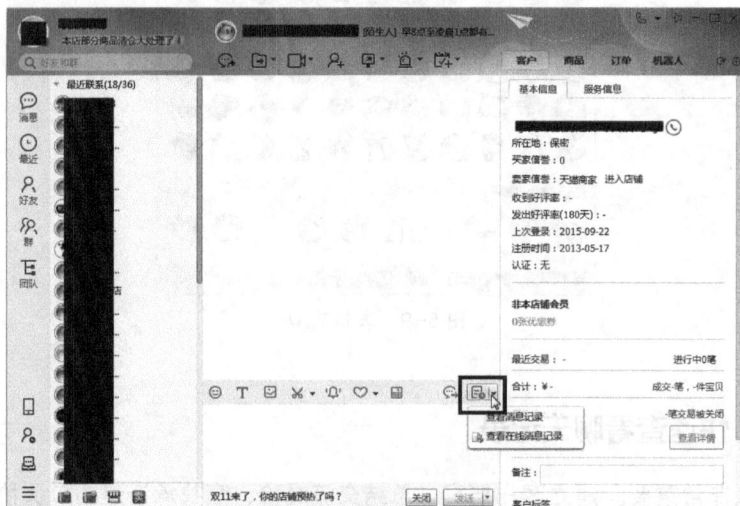

图 5-11 查看消息记录

（3）在这里单击"查看消息记录"选项，即可在右侧显示消息记录，如图 5-12 所示。

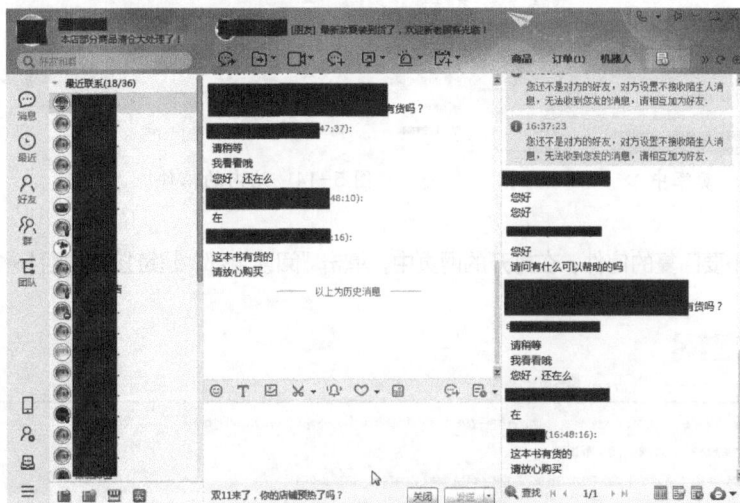

图 5-12 查看消息记录

5.2 回复信件和留言

在现实生活中的实体店，买卖双方通常都是面对面地进行沟通，那么网上交易是如何实现沟通的呢？网上购物的买家在选中某件商品准备付款前，都会向卖家咨询一些有关这件商品的信息，以及讨价还价。买家可以通过下面的几种方式与卖家联系。

5.2.1 回复买家站内信件

为了方便与买家沟通，淘宝为所有的会员都提供了一个站内信箱。回复买家站内信件的具体操作步骤如下。

（1）登录淘宝，进入到"卖家中心"，单击顶部左侧的"站内信"超链接，如图 5-13 所示。

（2）打开站内信箱，即可看到站内的信件，如图 5-14 所示。

图 5-13 卖家中心

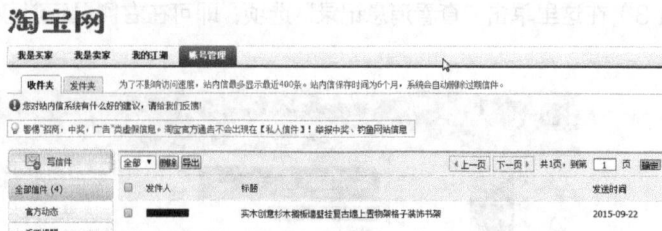

图 5-14 站内的信件

（3）单击要回复的信件，在打开的网页中，单击"阅读全部"超链接，如图 5-15 所示。

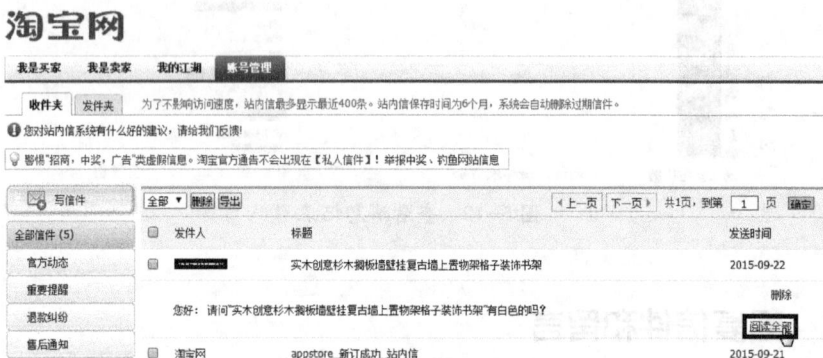

图 5-15 单击"阅读全部"超链接

（4）单击"回复该信件"按钮，如图 5-16 所示。

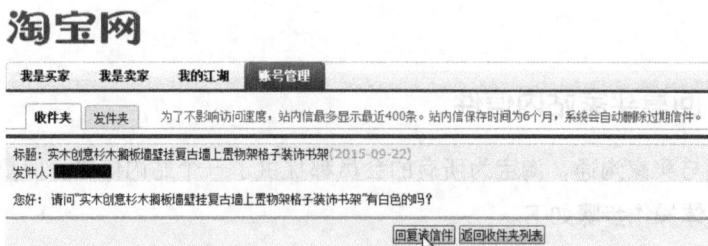

图 5-16 单击"回复该信件"按钮

（5）打开"发送新信件"页面，输入要发送的内容，输入"校验码"，单击"发表"按钮，即可回复成功，如图 5-17 所示。

图 5-17　发送新信件

5.2.2　回复千牛工作台上的信息

因为千牛工作台是通过发送即时消息进行联系的，所以通常大部分买家都喜欢通过千牛工作台向卖家咨询商品信息。卖家回复千牛上留言的具体操作步骤如下。

（1）登录千牛工作台，可以看到买家的相关留言，如图 5-18 所示。

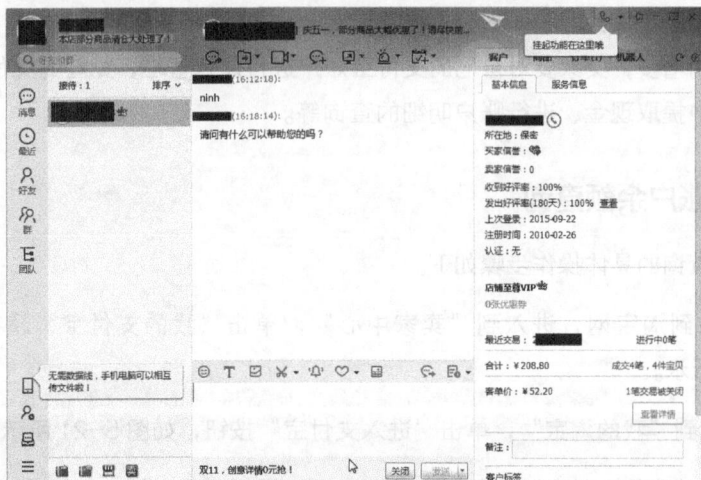

图 5-18　千牛工作台

（2）在下面的文本框中输入相应的文本，然后单击下面的"发送"按钮，如图 5-19 所示，即可成功回复留言。

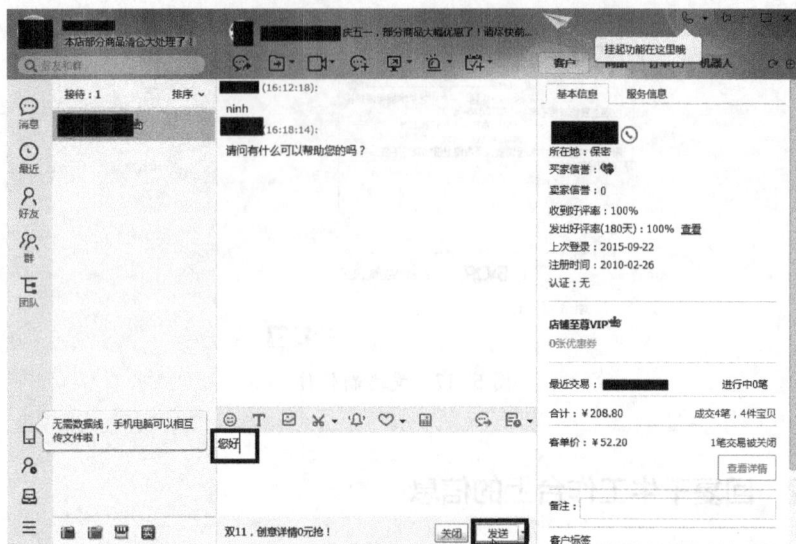

图 5-19　回复留言

5.3　用支付宝管理账目

随着交易的增多，卖家要对自己的支付宝账户进行账目管理，如查询支付宝余额、从支付宝中提取现金、进行账户明细的查询等。

5.3.1　账户余额查询

账户余额查询的具体操作步骤如下。

（1）登录到淘宝网，进入到"卖家中心"，单击"我的支付宝"超链接，如图 5-20 所示。

（2）进入到"我的淘宝"，单击"进入支付宝"按钮，如图 5-21 所示。

（3）进入"我的支付宝"首页，在页面中可以看到可用余额，如图 5-22 所示。

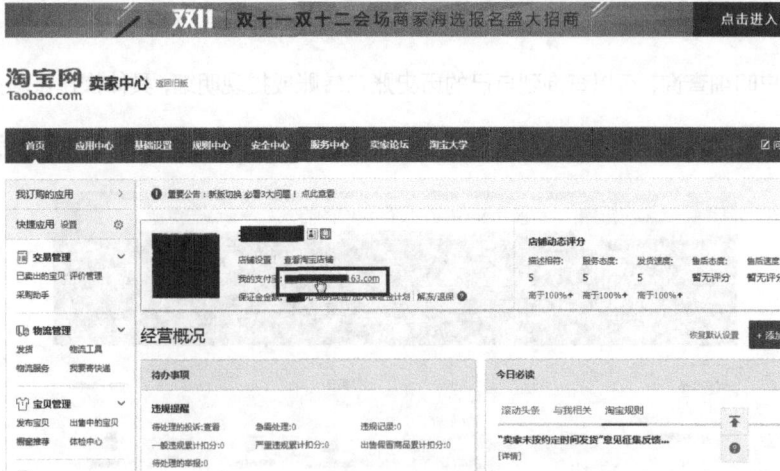

图 5-20 卖家中心

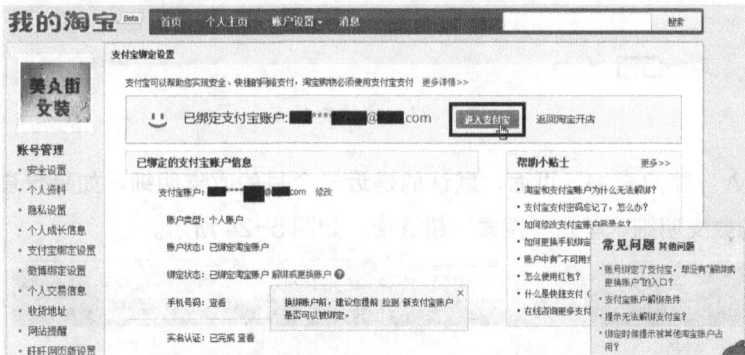

图 5-21 我的淘宝

图 5-22 我的支付宝

5.3.2　账户明细查询

通过账户明细查询，可以查询到自己的历史账户转账或提现明细，具体操作步骤如下。

（1）进入"我的支付宝"首页，单击"全部账单"超链接，如图 5-23 所示。

图 5-23　我的支付宝

（2）进入"账户查询"页面，默认的是近一个月的收支明细，如果想查询其他时间段的收支明细，单击"搜索"超链接，如图 5-24 所示。

图 5-24　账户查询

（3）选择交易时间、关键词、金额范围和交易方式，单击"搜索"按钮，可以显示账户明细页面，如图 5-25 所示。

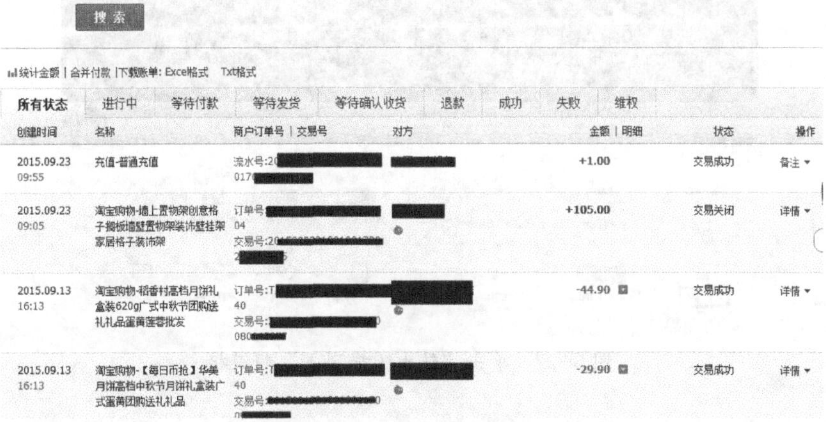

图 5-25 账户明细页面

（4）单击其中的一个"查看"超链接，可显示该订单的详细信息，如图 5-26 所示。

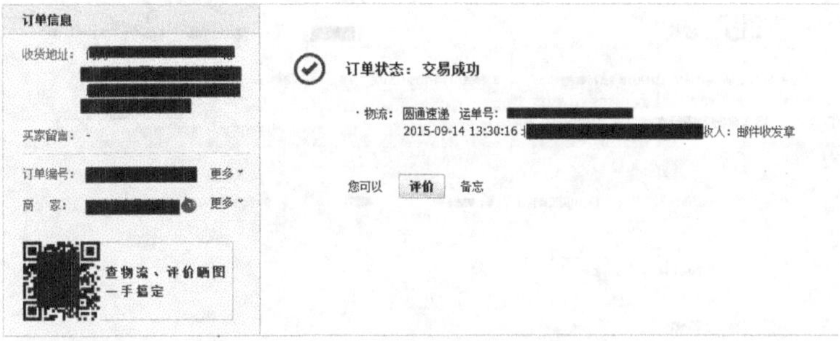

图 5-26 订单的详细信息

5.3.3 申请提现

卖家发货后，若买家收到了宝贝，则会在淘宝网上确认货已收到。这时支付宝管理员会把货款打入卖家的支付宝账号。如果卖家想把支付宝账户上的"电子钱"换成"现金"，就需要从支付宝账户中提取现金，这就是账户提现。具体操作步骤如下。

（1）登录支付宝，单击"我的支付宝"中的"转出（提现）"超链接，如图5-27 所示。

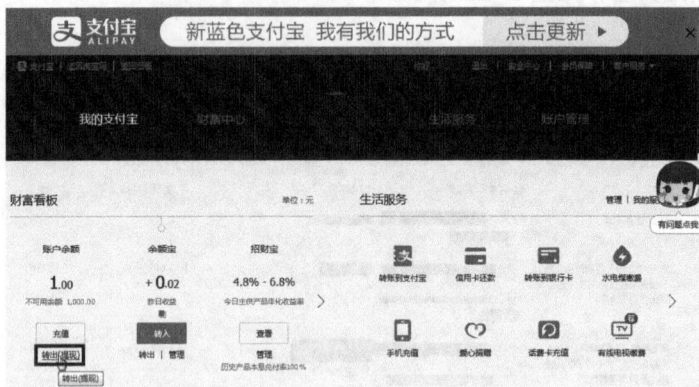

图 5-27 单击"转出（提现）"超链接

（2）输入提现金额和支付密码后，选择"提现方式"是"电脑提现"还是"手机提现"，选择"到账时间"，是"次日到账"还是"2 小时内到账"，然后单击"下一步"按钮，如图 5-28 所示。

图 5-28 申请提现

在"我的淘宝"页面的卖家提醒区，会显示宝贝的销售情况、当前橱窗个数、买家留言回复和违规宝贝等情况。

（3）确认提现信息，输入"支付密码"，单击"确认提现"按钮，如图 5-29 所示。

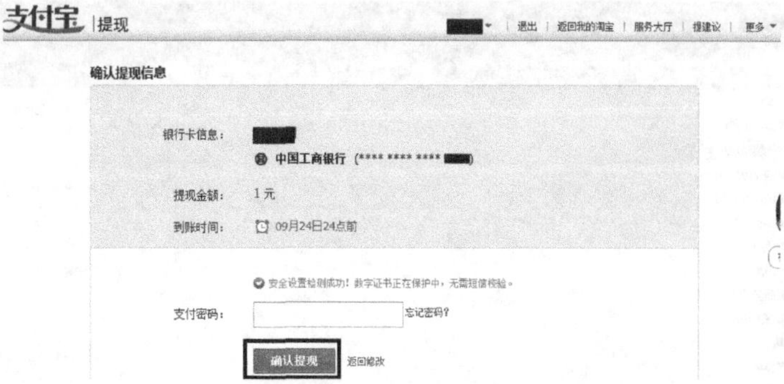

图 5-29　确认提现信息

（4）单击"确认提现"按钮，打开如图 5-30 所示的网页。成功提交后，1 至 2
个工作日内，提现金额会到达个人的银行账户。

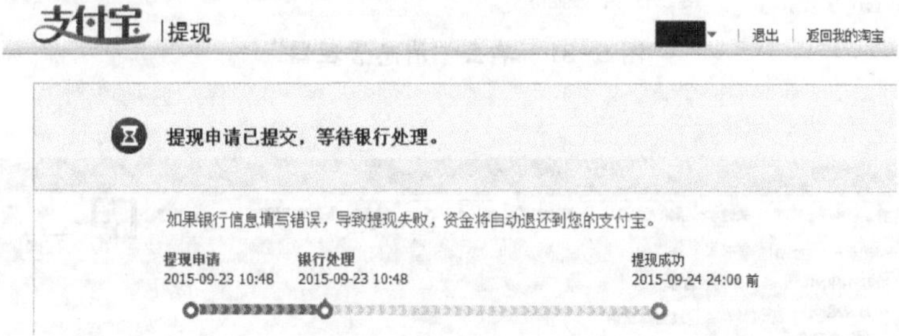

图 5-30　提现成功

5.4　开店技巧与问答

技巧 1——怎样导入聊天记录

可以使用下面的操作方法导入聊天记录。

（1）登录千牛工作台，在千牛工作台界面的左下方，单击"消息管理器"按钮，
如图 5-31 所示。

（2）弹出"消息管理器"对话框，右上角的"导入消息记录"按钮，如图 5-32 所示。

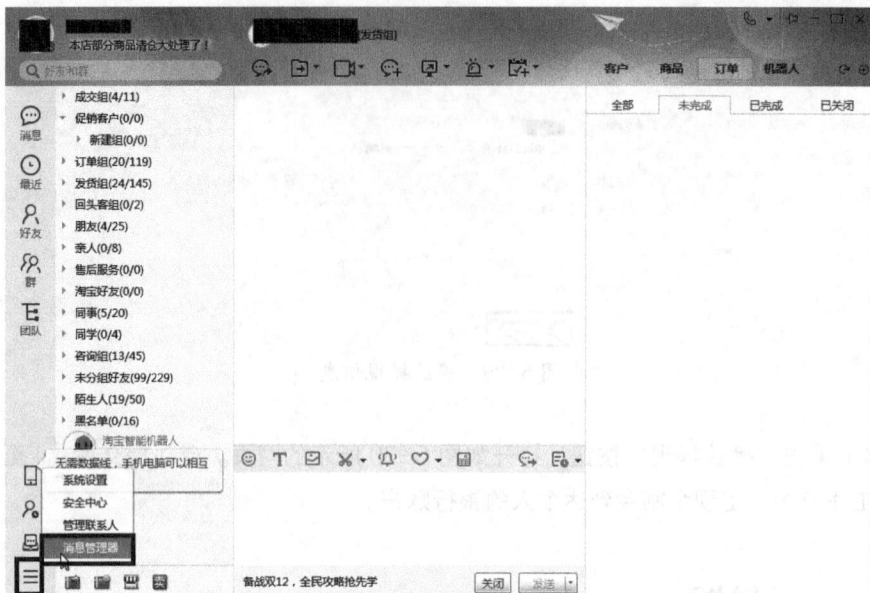

图 5-31 单击"消息管理器"

图 5-32 单击"导入消息记录"按钮

（3）弹出"导入"对话框，单击想要导入的文件，单击"打开"按钮，如图 5-33 所示。

（4）即可导入成功，如图 5-34 所示。

图 5-33 "导入"对话框

图 5-34 导入消息记录

技巧 2——如何保存在线聊天记录

经常看到有淘友因重装系统丢失记录，或者换了其他电脑，无法查询原来电脑上的聊天记录等情况，发生了交易纠纷无法投诉。现在告诉大家如何完整保存在线聊天记录，具体操作步骤如下。

（1）打开千牛工作台，选择"系统设置"选项，如图 5-35 所示。

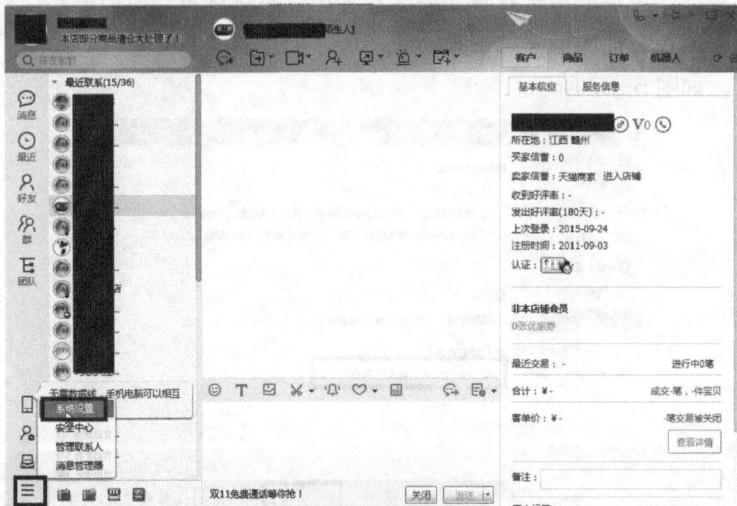

图 5-35 千牛工作台

（2）在该对话框中勾选"聊天记录"中的"将我的聊天记录保存到旺旺服务器上"，如图 5-36 所示。

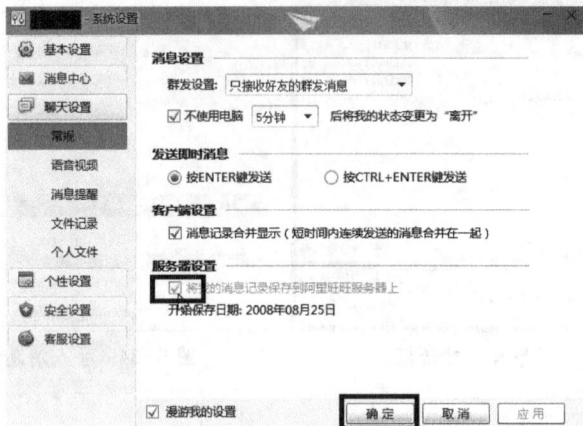

图 5-36 "系统设置"对话框

（3）单击"确定"按钮，这样以后每个聊天记录都会自动保存在服务器上了，不会因为系统重装或换了电脑就无法查看千牛聊天记录。

技巧 3——如何避免在不知情的情况下加入群

打开千牛软件，选择"系统设置"选项，弹出"系统设置"对话框。在该对话框中勾选"验证设置"中的"把我加入多人聊天时，需要我验证"，单击"确定"按钮即可，如图 5-37 所示。

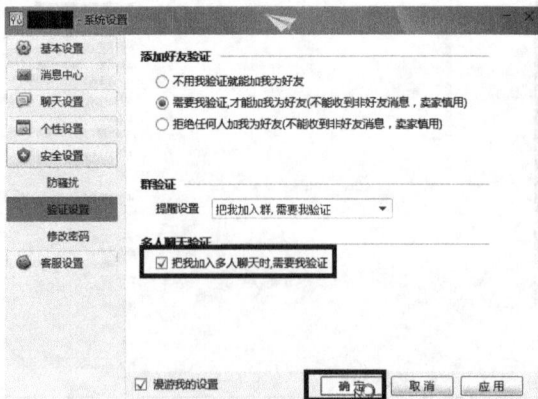

图 5-37 "系统设置"对话框

技巧 4——使用推荐物流的好处有哪些

只有通过淘宝网,并且在网上发送订单,才称为推荐物流。支付宝推荐物流是对双方交易一个非常重要的保障。如果是长期在淘宝做生意或长期使用支付宝的用户,应该尽可能去使用推荐物流。

使用支付宝推荐的物流有以下好处。

- 网络下单,节省电话费用。只要买家通过支付宝付款后,卖家就可以通过支付宝直接下单,等待当地站点的电话联系,可以节省不少电话费。但前提就是取货地址要详细,邮编要正确,联系电话一定要写清楚。

- 发货价格相对便宜;可以使用较低的价格和物流公司进行结算。

- 赔付条件更优惠;淘宝与物流公司签订了非常优惠的赔付条款。

- 赔付处理更及时;淘宝会督促物流公司对于投诉和索赔的处理。

- 订单跟踪更便捷;使用推荐物流网上下单,商品跟踪信息链接会被放在物流订单详情页面上,买卖双方都可以方便地查看。

- 使用支付宝推荐物流,如产生交易纠纷,物流公司的证明将对支付宝裁决交易纠纷有重要影响。

- 可享受批量发货功能。可以一次性将多条物流订单发送给物流公司,让下单更便捷。

- 可享受批量确认的功能。使用推荐物流发货的交易,可以一次性确认多笔交易为"卖家已发货"状态。

- 可享受千牛在线客服服务。物流公司在线客服可以即时回复卖家的咨询,解答卖家的疑惑。

技巧 5——使用运费模板设置不同地区的运费价格

在网上开店的卖家会遇到过这样的情况,买家没有联系到店主就直接拍下商品,并且也已经付款了。这本来是很开心的事情,但如果一查买家是新疆的,而店主在北京,面对这种情况就不开心了。由于快递费统一设置为 5 元,买家付款时快递费只付了 5 元，而北京到新疆的快递费是 1 千克 20 元。如果对方是个好的买家，还好商量，如果对方是个恶意钻空子的老手，卖家那就亏大了。

网上开店面向的是全国各地的买家，各地的快递价格有所不同，这就给卖家带来了麻烦。淘宝的运费模板可以解决这个问题，使用运费模板可以设置不同地区的快递价格，然后应用在商品上。当买家浏览商品页面时，就可以看到自己当地的快递费用。另外使用运费模板，还可以快速地批量更改快递价格，避免一个个地修改商品运费，节省了大量时间和人力。

在千牛工作台中单击"物流工具"按钮，打开"物流项"页面，单击导航中的"运单模板设置"链接，如图 5-38 所示。接下来可以根据提示设置运费模板。

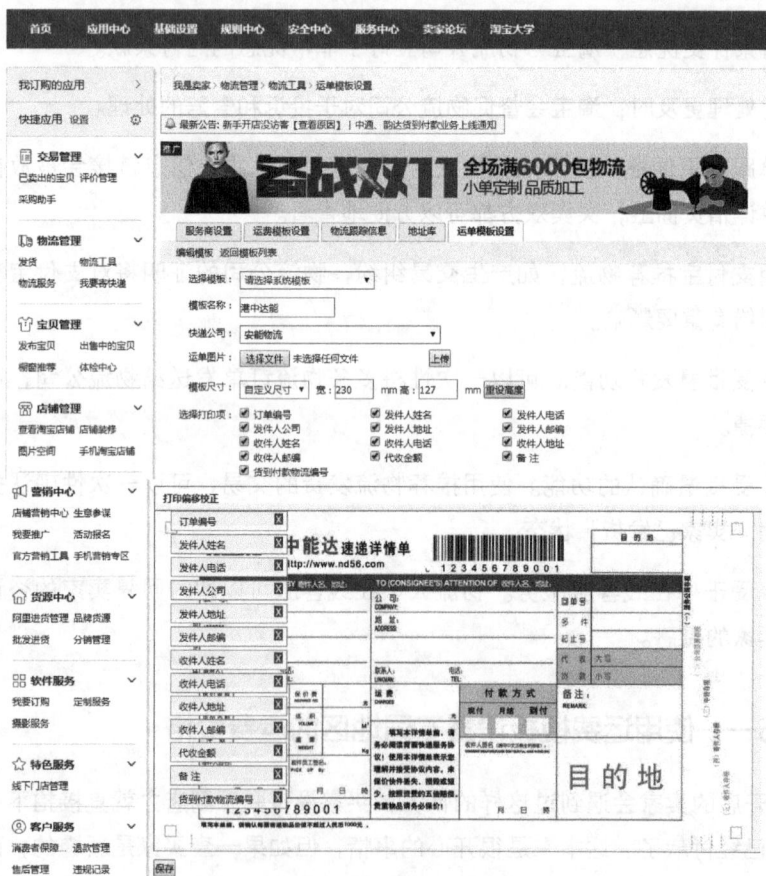

图 5-38 运费模板

技巧6——店铺评分与信用评价的区别是什么

店铺评分是指会员在淘宝网交易成功后，买家对卖家针对如下4项分别做出的1~5分的评分：宝贝与描述相符、卖家服务态度、卖家发货速度、物流公司服务，其中物流公司服务评分计入物流平台，不计入卖家的评分中。

店铺评分和信用评价是并存的，虽然两者的体现内容不一样，但都可以为买家提供更多维度的参考。

案例——大集乡淘宝村

淘宝电商业的迅猛发展，在大集乡已经形成连锁效应，当地群众人人谈网购，户户开网店，就连以前从没接触过网络的人也开始逐步涉及电商行业。年近70岁的农民任大爷就是其中的一个。任大爷原来开设杂货铺，每年收入只有2万元左右。而当他学会了电脑操作后，立马转而帮助开服饰加工厂的儿子经营网店，年收入也一跃而成12万元。当看到花甲之年的农村老大爷现场熟练地打出"亲，你好"的字样时，不禁让人震撼和感慨。

在以"淘宝网店＋服饰加工销售"经营模式的大集乡丁楼村辐射和带动下，据不完全统计，以丁楼村依托淘宝电子商务平台从事服饰加工销售从业人员达上万人，加工企业达50家，服饰加工企业及淘宝网店年销售额过亿元，占全乡生产总值的10%以上，利税总额过千万元，上交税金300多万元，从而带动了全乡二、三年产业的发展。丁楼行政村以演出服、戏服、舞蹈服、道具等服饰，淘宝销售额在全省名列前茅，在全国知名专业淘宝村中榜上有名。

目前，在丁楼村、张庄村的辐射带动下，周边村庄迅速跟进、积极响应并形成集群之势。只要身在"淘宝村"，家家户户门口都是热火朝天的景象。

在大集乡电子商务迅猛发展的吸引下，国内著名物流公司如申通、顺丰、优速、圆通等迅速抓住拓宽业务的先机，纷纷在大集乡"安营扎寨"。驻村服务物流公司从以前的1家迅速增长到现在的13家。

淘宝产业已经成为大集乡的支柱产业之一。大集乡政府成立了淘宝产业领导小组，制定了一系列电子商务产业优惠政策，派专人一站式为服饰企业办理各种证件，为电子商务企业提供专业服务，做好后勤保障，组建淘宝服饰行业专业协会，组织商户外出学习，推动产业转型升级，形成集群生产能力，打造山东淘宝演出服饰第一乡。当地专门出台了鼓励网商发展的优惠政策，对首次销售额、纳税超过一定金额的，在天猫注册商标的网商，均给予资金奖励。对引进高端管理、设计人才的，给予政策优惠及资金奖励。

第 6 章　网上商品的基本拍摄方法

如今网上开店可谓是热门话题。但为什么有的店铺有着不错的商品，网店浏览量也不在少数，可偏偏不能成交呢？其实开网店，重要的就是图片。图片就好比是商店的"橱窗"，起到了直接与消费者沟通的作用。网店经营中，一张好图不仅赏心悦目，更会引爆点击率，大面积提升店铺浏览量。缺少摄影经验的"掌柜"如何让自己快速成为"摄影高手"呢？本章将介绍数码相机拍照的技巧。在理念渗透中融合案例演练，让你从菜鸟一跃成为拍摄高手。

6.1 使用普通家用相机拍摄商品

也许你没有过拍摄商品的经验，也没有专业摄影所需要的高档相机。但这都无关紧要，使用普通的家用数码相机，再配合一点拍摄技巧，同样可以拍摄出好的商品图片。

6.1.1 了解家用数码相机的优势

虽然普通家用数码相机在操作性和成像等方面与专业相机存在差距，但其中的很多缺陷都可以用一些灵活的拍摄技巧和"另类"的拍摄手段弥补，使用普通家用数码相机拍摄出同样精彩的照片也并非天方夜谭。

1. 微距功能

对数码相机来说，即使是很多低端的普通家用相机，都配置了微距、甚至超微距功能，虽然与专业的微距拍摄无法相比，但会让你一试微距世界的魅力。微距可以获取我们日常视觉看不到的东西，所以更有视觉冲击力。

近拍小型物品向来都是普通家用数码相机的优势。只要懂得利用"微距"功能，就有机会拍出背景强烈虚化的效果。对拍摄单体商品而言，虚实分明的表现手法简单又有效。在拍摄时开启数码相机微距模式，尽量靠近被拍物体，然后按下快门即可。如图 6-1 所示为使用数码相机微距功能拍摄的商品图片。

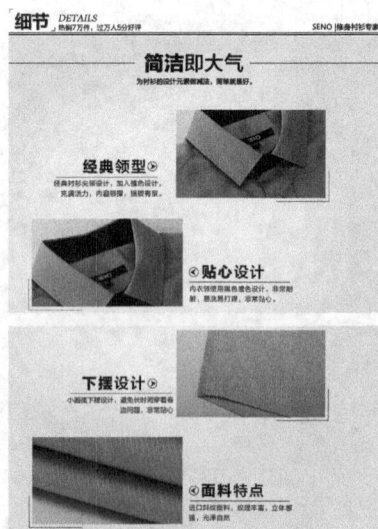

图 6-1 使用数码相机微距功能拍摄的商品图片

2. 白平衡

白平衡控制就是通过图像调整，使在各种光线条件下拍摄出的照片色彩和人眼所看到的景物色彩完全相同。现在数码相机白平衡的调整一般具有 4～5 种模式，因厂家的不同而稍有差异。佳能的数码相机一般分为自动、白天、阴天、白炽灯、荧光灯等模式。

拍摄商品前要对数码相机进行手动白平衡设置，以便拍摄出来的照片不偏色，尽可能还原物体的真实色彩。偏色的照片会打消买家的购买欲望，因为这样的照片看起来像二手商品。

进行手动调节白平衡前需要找一个白色参照物，如白纸一类的东西。有些数码相机备有自定义白平衡功能，这样只要对着白纸就可以进行白平衡的调整了。操作过程大致如下：把数码相机变焦镜头调到最广角（短焦位置）；将白纸放置好；白平衡调到手动位置；白纸对着天空，镜头对着白纸，注意白纸不要被遮挡，然后慢慢调到长焦，直到白纸充满屏幕；按一下白平衡调整按钮直到取景器中手动白平衡标志停止闪烁，这时白平衡手动调整完成这样拍出的商品图片色彩就很准确了。图 6-2 所示为没有调整白平衡拍摄的图片，图 6-3 所示为定义白平衡后拍摄的图片。

图 6-2 没有调整白平衡的图片	图 6-3 定义白平衡后拍摄的图片

通过手动调节白平衡的调节可以获得一些偏色的效果。一般来说，数码相机的白平衡功能能够满足大多数情况的使用。在进行拍摄创作的过程中，要不断实践，根据自己相机的特色和拍摄环境来加深对白平衡调节的了解，充分利用数码相机的优势就能够获得满意的照片。

3. 放大滤镜

对细小商品进行拍摄时，可适当拍摄一些局部特写镜头，以展现出该商品做工精细。目前有一种带有放大功能的滤镜，可将其安装到相机镜头前使用，其放大倍数大约为 3～5 倍，可增强相机的现有微距拍摄效果。如果没买到放大功能滤镜，可以尝试借助低倍率放大镜代替放大滤镜。图 6-4 和图 6-5 所示为安装了放大滤镜前后的拍摄效果。

图 6-4　安装了放大滤镜前的拍摄效果

图 6-5　安装了放大滤镜后的拍摄效果

6.1.2　室内拍摄场景布置

绝大多数淘宝卖家都知道，高质量的照片拍摄对店铺的生意好坏起着至关重要的影响。如何利用现有器材和资源拍摄好照片，肯定也是大部分卖家头疼的问题。要获得一张成功的商品照片，除了相机本身的功能外，人为地创造辅助拍摄条件也很重要，这就是下面将要介绍的拍摄场景的布置。

1. 为什么要布置场景

在室内拍摄商品和在专业摄影棚里拍摄商品有很大区别。第一，室内拍摄环境既复杂又简单，如果背景杂乱，需要花费不少力气处理。第二，没有专用的工作台，开展工作不方便。第三，缺少必要的专用拍摄工具，需要找到合适的替代品。

布置场景的过程就是为商品创建最佳拍摄环境的过程。只有懂得开动脑筋思考的人，才能达成预期目标。图 6-6 所示为场景杂乱无章的照片，图 6-7 所示为布置好场景拍摄的图片。

图 6-6 没有布置场景杂乱无章的照片

图 6-7 布置好场景拍摄的图片

2. 使用反光板材布置场景

反光板是我们常用的补光设备。常见的是金银双面可折叠的反光板，携带方便。同时，这种反光板材料的反光率比较高、光线强度大、光质适中，适用于多种主体摄影。不过这种便携性反光板在使用的时候，需要另外一个人配合。反光板的还可以改变主体的色温，比如用金色反光板，在某些情况下可以使主体更加突出，如图 6-8 所示。在淘宝上有很多出售反光板的，一般价格在几十元左右。

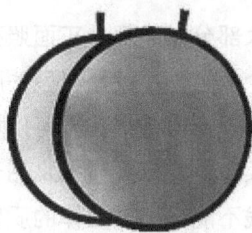

图 6-8 反光板

3. 使用墙纸、背景纸布置场景

生活中能够用于布置场景的材料很多，要开拓思路寻找各种道具。例如美化家居用的花纹墙纸非常适合用来充当小型商品照片的背景画，通常装饰市场就有大量的墙纸专卖店。图 6-9 所示为用精美墙纸布置场景的效果。也可以使用背景布或背景纸，也能很明显地突出主体。图 6-10 所示为使用背景布置场景。

图 6-9   用精美墙纸布置场景的效果

图 6-10   使用背景布布置场景

6.1.3   不同角度光线效果变化

光线方向指光源位置与拍摄方向之间所形成的光线照射角度。光源位置或拍摄方向改变都可以认为是光线方向的改变。光线方向在立体空间的变化是十分丰富的。光线的方向是景物造型的主要条件。

1. 顺光（正面光）

如果大部分光线都从正面照亮被摄体，我们称之为顺光。我们拍证件照时面前左右两个大灯，那就是典型的顺光源。用数码相机上的闪光灯进行拍摄，基本也是顺光。顺光的特性在于可以均匀地照亮被摄物品，物品的阴影被自身遮挡，影调比较柔和，能隐藏被摄物品表面凹凸及褶皱，但处理不当会使画面比较平淡。这种光线不能突出被摄体的质感和轮廓，在色调对比和反差上也不如侧光、侧逆光丰富。图 6-11 所示为使用顺光拍摄的物品照片。

2. 侧光

如果光线从被摄体的侧面照射过来，就被称为侧光。与顺光的特性相反，受侧光照明的物体有明显的阴暗面和投影。侧光对物品的立体形状和质感有较强的表现力。图 6-12 所示为使用侧光拍摄物品。

3. 逆光（背面光）

如果光线从被摄体的后面照射过来，就是逆光。在逆光照明条件下，被摄体层次分明，能很好地表现透视效果。拍摄全景往往采用这种光线，使画面获得丰富的层次。

图 6-11　使用顺光拍摄的物品照片

图 6-12　使用侧光拍摄物品

逆光包括全逆光和侧逆光两种。从光位看，全逆光是对着相机、从被摄体的背面照射过来的光，也称"背光"；侧逆光是从相机左、右 135° 左右的后侧面射向被摄体的光，被摄体的受光面占 1/3，背光面占 2/3。从光比看，被摄体和背景处在暗处或 2/3 面积在暗处，因此明与暗的光比大，反差强烈。从光效看，逆光对不透明物体产生轮廓光；对透明或半透明物体产生透射光；对液体或水面产生闪烁光。

逆光拍摄产生的轮廓光能够勾画出被拍摄对象的轮廓，起到与背景分离、进一步塑形的目的。在对象的形状边缘形成明亮的亮线，能够渲染所要表达的气氛，丰富和活跃画面。特别是拍摄透明或半透明的物体，如花卉、植物枝叶等，逆光为最佳光线。一方面，逆光照射使透光物体的色明度和饱和度都能得到提高，使顺光下平淡无味的物体呈现出美丽的光泽和较好的透明感；另一方面，逆光可以使同一画面中的透光物体与不透光物体之间亮度差明显拉大，大大增强了画面的艺术效果。图 6-13 所示为使用逆光拍摄物品。

4. 顶光

将光源置于商品顶端打光，可以称为"顶光"。这种光线的布置法可以起到淡化被拍摄物体阴影的效果。打顶光的照明器材主要以散发柔和的光线为主，反之，被摄物顶部将出现明暗反差强烈的效果，严重影响商品照片的美感。图 6-14 所

示为顶光照射被拍摄物体效果图。

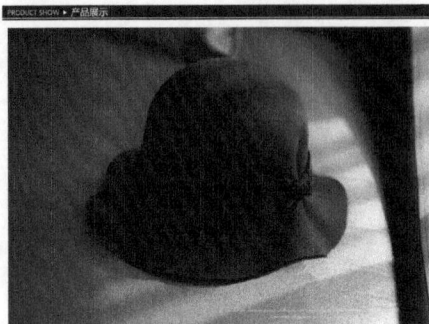

图 6-13　使用逆光拍摄物品　　　图 6-14　顶光照射被拍摄物体效果图

5. 脚光

由下向上照在人物或景物上的光线称为脚光。在前方的称为前脚光。这种光线形成自下而上的投影，使被摄物产生非正常的造型，常被用作表现画面中的光源如油灯、台灯、篝火等自然照明效果。

6.1.4　拍摄实例

下面以拍摄玩具图片为例，讲述使用普通数码相机，拍摄出符合要求的宝贝图片的技巧。

1. 选择相机

一般的家用数码相机就可以，像素也不必太高，一般来说 800 万就足够用了，根据个人使用习惯只要用起来顺手方便就好了。

2. 选取拍照场景

拍摄工具有了，接下来就是要给自己的宝贝拍摄照片了。首先就是场景的选择。这一点至关重要，不是把宝贝随便放在那里拍就行了。这样肯定是拍不出好的照片的。场景的布置可以利用墙纸或其他布料，也不必刻意去准备，手头现有的一切东西，只要适合都可以用。拍摄场景要单一，周围不要放其他东西，背景颜色要适合宝贝拍摄的需要。不能是把宝贝放在一大堆杂物中去拍摄，这样拍出来的宝贝主次不分明，太晃眼，弄不好会喧宾夺主的。背景色最好以淡色和纯色为主，如白色、淡黄色、淡绿色等。这些背景颜色适合大部分宝贝的拍摄需要。切忌使用深色和杂色。了解了这些问题，我们就可以布置出一个好的拍摄场景。

背景非常重要，我们要仔细慎重地选取。我们要选取和毛绒玩具颜色反差比较大的颜色，这样可以拍出好的图片效果并对我们以后图片的处理有很大的帮助。图 6-15 所示为拍摄玩具时场景的布置。

图 6-15　拍摄玩具时场景的布置

3. 较好的光线

场景布置好了，就是光线问题了。要有足够的光线，这可以说是拍摄照片必不可少的软环境了。如果拍的时候光线不好，那拍摄效果绝对很差。

4. 拍照的技巧

一个宝贝要尽量多拍几张照片，宝贝的全景、特写、正面、侧面等均要有图片进行展示。一般宝贝标题图片要选用全景图片进行展示。全景图片配合标题使用，更直观、醒目，买家一眼就能看出你卖的是什么东西。宝贝描述里的图片可以选用正面、侧面等一些展示宝贝细节的图片。一般一个宝贝拍摄 3 ~ 4 张照片就够了，某些宝贝可以酌情多拍几张。

6.2　在户外拍摄商品

商品拍摄离不开光线照明。在众多可以利用的光源之中，户外的太阳光是免费又好用的自然资源。本节将讲解在户外拍摄的范例，教你如何在户外完成商品销售照片的拍摄。

6.2.1　拍摄场景布置

在户外拍摄商品照片时，除了可以利用免费的自然光线以外，另一目的就是能够加入自然景色作为照片背景。可以去公园或任何一处风景区去拍摄，让创作理念不受场景限制。

1. 公园长凳拍摄

公园随处设立的长凳可以成为理想的拍摄场地。例如利用公园长凳拍摄女式上衣商品时，开始先试拍几张找准曝光组合和拍摄角度。回放检查试拍照片效果，可能列出以下问题：拍摄角度是否需要继续调整；在阳光直射下拍摄的商品是否过曝、欠曝；细节能否展现出来。根据自己的判断结果，调整相机至拍出满意的照片效果，然后再进入正式的拍摄环节。图 6-16 所示为在公园长凳上拍摄女式上衣商品。

2. 树荫下拍摄

在公园中找到一处树荫场景，通过明暗过渡、相互交替的情景，将商品细节完美地表现出来，如图 6-17 所示。

图 6-16　在公园长凳上拍摄　　　图 6-17　树荫下拍摄

3. 在花草中拍摄

公园的过道、草丛、花丛都能成为拍摄场景。拍摄前需开启微距拍摄功能，并尽量拉近与拍摄者之间的距离，留意相机和手是否挡住了自然光线，它会影响被拍摄物体的亮度。图 6-18 所示为在草丛中拍摄的照片。

图 6-18 在草丛中拍摄的照片

6.2.2 拍摄实例

如果没有专业的室内摄影棚，建议还是到外面日光下拍摄。日光是最自然的光线，是再专业的室内灯光无法比拟的。下面以室外拍摄服装为例，讲述室外拍摄的技巧。

1. 拍摄时间

上午 9 ～ 11 点和下午 15 ～ 17 点，是拍照比较适合的时间。避免中午阳光直射时拍摄，在头顶和脸上形成不均匀的光斑，不好看的。光线不足的情况下，很多普通的相机拍不出好看的图片，所以大家尽量选择在下午 17 点前来拍照。图 6-19 所示为在下午四五点钟拍摄的。

图 6-19 下午四五点钟左右拍照

2. 拍摄用光

有些人觉得，阳光明媚的好天气，适合拍照。这里有个误区。即便是阳光很好，也要避开阳光直射在脸上身上。当然了，不是说让大家背光拍照，任何情况下，都不要尝试背光拍照。注意拍照的四周光线是否均匀，没有刺眼的感觉，拍照最适宜了。所以阴天拍照，特别是人像，一定是个好选择。图 6-20 所示为阴天拍照。

图 6-20　阴天拍照

3. 照片布局

因为现在的图片可以裁切，布局已经显得没有以前那么重要了。大家注意几个重点就可以了。比如说，到景点拍照，背后是一个尖塔或者钟楼，不要站在尖塔下面，以免显得头上顶着塔。后面是植物也一样的，不要站在植物的尖顶下面，以免拍出来好像是头上长了一颗小树。稍微岔开一点，看起来比较顺眼。拍摄的时候，也不要把主体安排在取景器两侧。普通相机镜头拍摄出来的照片，左右两侧变形会比较厉害。裁切的时候也需注意，正面的人物尽可能不要安排在画面正中，以免显得过于死板，稍偏一点显得更自然，如图 6-21 所示。

4. 化妆和 POSE

拍照最好还是化妆。化妆时突出人物的眼部、嘴唇就可以了。这样拍出来脸部会比较深刻好看。大家都会摆 Pose，可以对着镜子多加练习。

图 6-21　照片布局

一般侧脸 45°是女孩子最美的角度，特别是脸大的。注意扬长避短，尽量避免正面直接拍摄，脸稍侧下，画面生动。脸胖胖的人拍照很有能会习惯性仰头，一定要改掉这个毛病，这样会显得下巴方或者圆，多试验几次，找出自己最美的角度就大功告成。刚才我们所说的，全身照切不可从上往下拍，这会显得腿短。但是半身照或者大头照，就适合从稍高的位置往下拍了。

5. 拍摄角度

采用模特实拍的话可能会碰到一个问题，就是摄影者比模特高。如果是全身照，从上往下拍，会显得腿儿短，这是万万不可的。但也不能从下往上拍，这样很容易就拍出双下巴，显得脸胖胖，而且照片也失真了。最好的拍摄高度是对着模特腰部左右的高度来拍摄，这样照片很真实，不变形。如图 6-22 所示的照片就是对着模特的腰部拍摄的，这样拍摄的效果特别好看。

6. 其他注意事项

* 拍摄主体要突出。比如你要拍照时，有个伯伯站在你背后显得比你还高，你觉得比较影响画面，可以请他离开一下。远处的人可以不必请他们离开，因为只要突出你这个主体就可以了。

* 抖动问题。如果相机不是防抖动的，那拍摄者一定要端稳相机，尽量保持静止，拍完再动。

图 6-22   拍摄时注意角度

- 不使用闪光灯。特别是对于傻瓜相机来说，内置闪光灯不怎么好用的，会使得脸部生硬不自然。

- 试试不看镜头。有时候看着窗外，看着斜 45° 的地面，配合漂亮的景色，都能拍出有意境的图片。每次拍照尽量多拍些，这样选择余地大，一定能挑选出好照片来。

6.3   在简易摄影棚中拍摄商品

简易摄影棚又称为"亮棚"，它是一种周围覆盖着柔光布的折叠软箱。当家中的环境空间不够宽敞时，使用亮棚拍摄纯色商品图片则不失为一种快捷途径。在拍摄商品器材店中，亮棚的售价不高。如果商品不是很大，可以买一个现成的简易棚。图 6-23 所示为淘宝上卖的简易摄影棚。

在淘宝上买一个摄影棚要 200 元左右，对于一切都紧巴巴的新开店的人来说，无疑又是一笔不小的支出。毕竟新开的店，还没有赚到几个钱。自己能做一个，肯定是最好。如图 6-24 所示，自制的摄影棚主要是由一个白纸粘贴在内部的大箱子，A0 卡纸两张，自制灯罩，20W 节能灯管，插头及灯座，还有一个用于固定灯座的饮料瓶口，安装时卡紧在箱子上开的孔里。

图 6-23 淘宝上卖的简易摄影棚

图 6-24 自制的摄影棚

6.4 Adobe Photoshop 图像处理软件

Photoshop 是一款功能十分强大、使用范围广泛的优秀图像处理软件，一直占据着图像处理软件的领袖地位。Photoshop 支持多种图像格式以及多种色彩模式，还可以任意调整图像的尺寸、分辨率及画布的大小，使用 Photoshop 可以设计出网店页面的整体效果图、设计网店 Logo、设计网店分类按钮和网店宣传广告等图像。图 6-25 所示为 Photoshop CC 的工作界面。

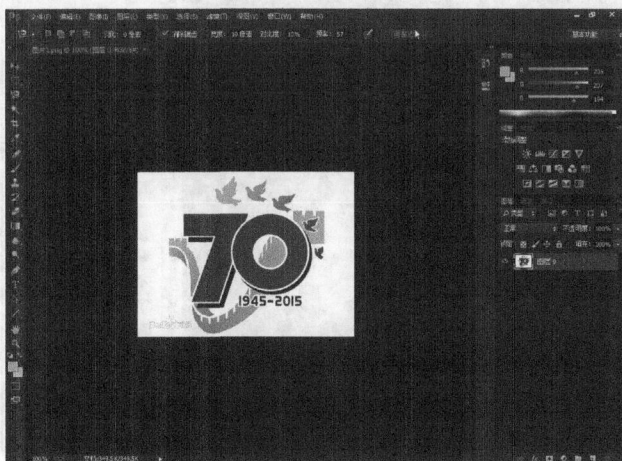

图 6-25 Photoshop CC 的工作界面

6.5　后期处理辅助小软件

另外，用于编辑处理图像的其他小软件也很多，有针对性地选择就显得尤为重要。

1．光影魔术手的操作界面

如果你不是图像处理的专业人士，如果你对 Photoshop 的操作不那么驾轻就熟，那么这款简单实用的图像处理软件——光影魔术手可以帮助你达到对数码图片画质以及效果的需求。光影魔术手能够满足绝大部分照片后期处理的需要，批量处理功能非常强大。

光影魔术手是一款非常流行、易用的图片美化工具，有着众多用户。如今光影魔术手 3.1 正式版已经发布。该软件安装并使用后，给人全新的感觉，除了界面有所增强外，还实现了很多大家期待已久的实用功能。

如图 6-26 所示，光影魔术手 3.1 版对界面作了很大的革新和优化，更易使用、更具亲和力，有着更好的交互效果。它改变了右栏 Tab 展示方式，增强了右栏操作功能，对数码暗房类操作给出最直观的展示方式。工具栏增加了更多按钮，并允许用户将更多的功能按钮放在工具栏，操作起来更为方便。

图 6-26　光影魔术手的操作界面

2. ACDSee

ACDSee 是目前非常流行的看图工具之一。它提供了良好的操作界面、简单人性化的操作方式、优质的快速图形解码方式，还支持丰富的图形格式、强大的图形文件管理功能等。

ACDSee 本身也提供了许多影像编辑的功能，包括数种影像格式的转换，藉由档案描述来搜寻图档，简单的影像编辑，复制至剪贴簿，旋转或修剪影像，设定桌面，以及从数位像机输入影像。另外，ACDSee 有多种影像列印的选择，还可以让你在网路上分享图片，通过网络来快速且有弹性地传送你所拥有的影像。图 6-27 所示为 ACDSee 软件。

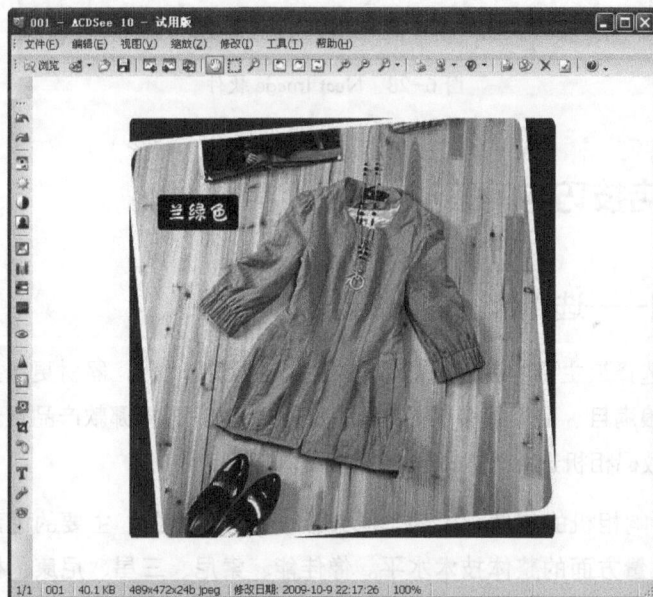

图 6-27　ACDSee 软件

3. Neat Image

Neat Image 适合处理 1600 像素 ×1200 像素以下的图像、曝光不足而产生大量噪波的数码照片。Neat Image 的使用很简单，界面简洁易懂。使用过程主要分 4 个步骤：打开输入图像、分析图像噪点、设置降噪参数、输出图像。输出图像可以保存为 TIF、JPEG 或者 BMP 格式，如图 6-28 所示。

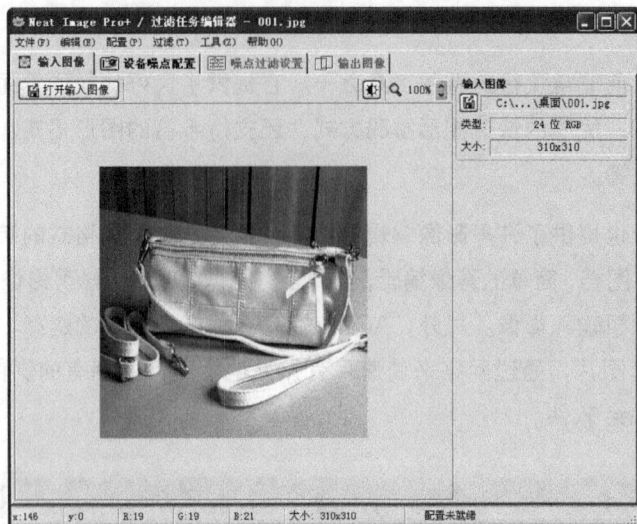

图 6-28　Neat Image 软件

6.6　开店技巧与问答

拍摄技巧 1——选择合适的摄影器材

摄影器材的选择最主要的就是选好数码相机。在数码时代，器材更新换代越来越快，面对琳琅满目、品种繁多的数码相机产品，究竟选择哪款产品更适合呢？下面介绍一些数码相机选购时的一些注意事项。

- 品牌。影响相机的成像效果除了像素、镜头等因素外，主要的因素还是厂家在成像质量方面的整体技术水平。像佳能、索尼、三星、尼康、柯达等厂家在相机整体成像技术上做得就比较专业。但我们不要买那些刚推出的新品，而是要买那些在市场上推出比较长时间的机型。因为新的机型价格高，降价空间大，而成熟机型降价空间不大，买来后不会像新机型一样大幅度降价。

- 像素。现在主流的数码相机是 1000 万像素。当然像素越高，照片质量会越好，但是网络图片用 800 万像素相机拍摄就足够用了。现在市场上大部分的相机都在 1000 万像素以上，所以买 800 万～ 1500 万像素的相机就是最好的选择，像佳能 IXUS80、IXUS950，索尼的 S730、W110、W120，三星的 S760 等。

三星 S760 拥有 720 万像素，3 倍光学变焦，电子防抖技术以及面部识别功能。虽然其所配备的功能不算强大，但是却能满足用户最基本的拍摄需求。而且不到 1000 元就能买到这样一部实用的彩色数码相机，已经算是很不错了。它对于资金有限的朋友来说是个很不错的选择。

* 购买时要在电脑里观看。在选购数码相机时，相信都会随便拍几张，在数码相机的液晶屏上看过后觉得效果可以就行了，其实这种方法是不正确的。因为数码相机的液晶屏很小，照片效果好坏并不能看出来。正确的方法是照片拍出来后要在电脑屏幕上确认一下，并注意看照片里有没有偏色。因此尽量到配备了电脑的经销处购买数码相机。

* 外型。数码相机最好便于携带。大部分人喜欢卡片机，这个携带是非常方便的，而像有些个头较大的相机，就不太适合了。

* 防抖。现在的主流机型都配备了光学防抖的功能，而不防抖的机型就不受欢迎了。不过，个人认为，不防抖的机型与防抖的机型也差不了多少，只要学会最基本的持机方式，都可以拍出清晰的照片。不防抖的相机价格要低不少，所以可以选择不防抖的机型。当然购买相机的时候，也要注意商家是为供正规经销商，是不是正品行货，是否全国联保等。这些是解除我们后顾之忧的保证。

拍摄技巧 2——真人模特拍摄经验技巧

如今网上开店图片越来越重要了，很多有实力的卖家都采用模特实拍。那么如何才能让模特穿上衣服拍出好看的图片呢？

利用模特摄影时，首先要计划到底要拍摄什么感觉的照片。如果事先不做任何计划，只按照临时想法单纯依靠模特，不但会拖延摄影时间，而且也有可能无法得到满意的拍照结果。而模特的拍照时间越长，费用也越高，会增加经济上的成果。拍摄服饰类商品的方法有很多种，其中，利用模特实际穿着衣服的方法最自然。模特摄影大致可以分为室内摄影和室外摄影两种。二者最大的区别就是照明，也就是使用自然光和人工光的区别。

拍摄时要拍全身，背景要多一些，这是为后期的图片处理打基础。这也是单反相机的一个优势，像素够，图片够大够清楚。拍摄时，摄影师要蹲下来拍摄，在离模特 5 米远的地方由下仰望着模特。这样，照片上模特的腿就会显得比较长，可以增加图片的美观度。

拍摄技巧 3——要有足够的耐心 / 细心

给商品拍摄照片一定要有足够的耐心和细心。多角度拍摄，从上向下拍摄会把人和衣服照得比较矮小和比较短，从下往上拍则会给人身材高挑衣服比较长的感觉。而前后左右拍摄都有不一样的效果出现，所以想要给买家一个最直观的对衣服的感觉，那么我们就要从每个角度都拍摄出一个系列，来从中挑选出最佳效果的照片来做展示。商品展示图越多越全面，买家看到后的购买欲望就会越强烈。所以拍摄时不要心烦气燥，要拿出 100% 的耐心。有好的心态才能拍摄出好的照片来。

拍摄技巧 4——选择合适的背景 / 搭配小物

摄影首饰时，关键是做好整体画面的美感效果，所以需要准备拍摄需要的硬件设备，例如色彩鲜艳的小物、不反光的质感背景、充足的光线等。东西准备齐全后，可以选择不同款式的小物来搭配不同风格的首饰摄影：时尚的首饰要选择颜色鲜艳的小物或简单对比的背景；乡村风格的首饰可以选择稻香或小奢华的背景与小物；中性首饰摄影可以选择简单的色调来拍摄。如图 6-29 所示，为怀表选择合适的搭配物拍摄。

图 6-29 选择合适的搭配物拍摄

拍摄技巧 5——多角度顺光拍摄

顺着光线拍摄，光线应该是从手持相机的人身后发射过来的，这样拍摄可以减少正面拍摄时出现的阴影。首饰的自身颜色和款式等细节也可以清晰地呈现了。但是，拍摄首饰时千万不要用闪光灯，闪光后的拍摄效果不是纯色的，会出现严重的变色现象。假如光线实在是欠缺的话，可以后期制作调光或补光。另外，还可以给照片加上漂亮的边框或我们商品自身的水印。

拍摄技巧 6——拍摄清晰逼真图片

照片不清晰通常是对焦不准、快门太慢或抖动引起的。

对焦不准的解决方法是多尝试，了解相机性能。反差太小的商品比较难对焦。如纯色商品，特别是在拍摄细节时，可以放个别的有反差大的物体上去，对好焦再移开。对于快门过慢的解决方法是增加灯光亮度、提高快门速度或者使用三脚架。

拍摄技巧 7——网上商品拍摄的要求

同样的商品，不同的图片，对买家的吸引力差异是巨大的。商品图片尽管也可以通过后期处理修补，但原始素材是后期完美输出的关键，因此商品图片的好坏，90% 取决于商品实物的拍摄效果。

商品拍摄不受时间和环境的限制，随时都可以进行拍摄。拍摄的关键在于对商品精心的摆放、恰当的构图、合理的用光，给买家以真实而赏心悦目的感受。商品拍摄主要需要还原出商品的如下特点。

（1）形：即商品外形特征。这里的要点在于角度选择和构图处理，注意千万不要失真，最好应同时附有参照物，便于买家直接理解商品的实际尺寸。

拍摄关键：尽量和被照物体保持水平。

（2）色：即商品的色彩还原。这里的要点在于色彩还原一定要真实，而且和背景要有尽可能大的反差。特别是服装类商品，拍摄后要及时核对样片，防止出现色差引起售后纠纷。

拍摄关键：自定义白平衡可保证色彩还原准确。

（3）质：即商品的质量、质地、质感。这是对拍摄的深层次要求，也是展现商品价值的绝好手段。作为体现质的影纹必须细腻清晰，工艺品一类的商品更应是纤毫毕现。因此体现质应主要应用微距拍摄，这就要求将相机的微距功能、布光、三脚架将配合使用。

拍摄关键：选用具有强大微距功能的相机事半功倍。

拍摄技巧 8——商品图片拍摄技巧

1. 保持相机的稳定

许多刚学会摄影的朋友们常会遇到拍摄出来的图像很模糊的问题，这是由相机的晃动引起的，所以在拍摄中要避免相机的晃动。可以双手握住相机，将肘抵住胸膛，或者是靠着一个稳定的物体进行拍摄，并且拍摄时要放松，整个人不要太紧张。

2. 让太阳在你的身后

摄影缺少了光线就不能成为摄影，它是光与影的完美结合。所以在拍摄时需要有足够的光线能够照射到被摄主体上。最好的也是最简单的方法就是使太阳处于你的背后并有一定的偏移，前面的光线可以照亮宝贝，使它的色彩和阴影变亮，轻微的角度则可以产生一些阴影以显示出宝贝的质地。

3. 缩小拍摄距离

有时候，只需要简单地离宝贝近一些，就可以得到比远距离拍摄更好的效果。并不一定非要把整个宝贝全部照下来，有时对宝贝的某个具有特色的地方进行夸大拍摄，反而会创造出具有强烈视觉冲击力的图像出来。

4. 拍摄样式的选定

相机不同的举握方式，拍摄出来的图像效果就会不同，最简单的就是竖举和横举相机。竖着拍摄的照片可以强调宝贝的高度，而横举相机拍摄则可以强调宝贝的宽度。

5. 变换拍摄风格

同一风格的宝贝看多了就会给人一种一成不变的感觉，所以应该在拍摄中不断地尝试新的拍摄方法或情调，为宝贝增添光彩，例如可以分别拍摄一些宝贝的全景、特写镜头等。

6. 增加景深

景深对于好的拍摄来说非常重要。每个卖家都不希望自己拍摄的宝贝看起来就像是个平面，没有一点立体感。所以在拍摄中，就要适当地增加一些用于显示相对性的参照物，通过对比，可以显示出宝贝的大小。

7. 正确的构图

拍摄好宝贝，构图非常关键。摄影上比较常见的构图就有三点规则。画面被分为3个部分（分别在水平和垂直方向上），然后将被摄物体置于线上或是交汇处。

案例——摄影师也能在淘宝赚大钱

网络购物的飞速发展不仅捧红了淘女郎，也让淘宝摄影师成为了炙手可热的新职业。

几年前淘宝摄影还是个冷门行业，那时选择给商品找专业摄影师拍照的还只是少数店铺。但现在给店铺商品拍照，已经成了每个淘宝店铺的基本要求。刘洋洋的第一单，就来自一家国产运动品牌代理商，给100款运动服拍照，每款收费90元，9000元的拍摄费用成了刘洋洋的"第一桶金"。

近几年来，随着电子商务的快速发展，刘洋洋的收入有了翻天覆地的变化。原来一个月接的单子都没有现在1天的多。与5年前相比，现在淘宝摄影的市场已经扩大了数十倍，绝大部分淘宝商家都会给新上架的商品拍照，尤其是服装。不论是不是品牌服装，哪怕只是销售外贸尾货的店铺，每到促销、换季也都要更新一批照片。

随着"订单"的增多，网店店主对照片质量也不断提高要求。以外套为例，原来一组照片有正面、侧面、背后三个方向模特效果图，再加上两张静物的细节图就可以了。但现在一套照片光是全身、半身的效果图就要几十张，静物摄影也由原来的平铺拍摄变成现在的立体图。

据统计，2015年天猫有近2万商家入围"双11"活动。按照每家100件商品参加活动计算，需要拍照的商品超过200万件。每件商品拍摄价格按50元，以此计算，"双11"的商品拍摄市场规模就有1亿元，这还没有包括天猫之外的店铺及其电商网站。

月入斗金，成为越来越多的摄影师投身淘宝摄影这个细分行业的最直接原因。据了解，"双11"的前期拍摄，资深淘宝摄影师月入可达4~6万元。也是因为利润高，不少平面摄影工作室转型为淘宝摄影工作室，而淘宝摄影，也逐渐成为摄影工作室的生存基础。一摄影工作室2009年淘宝摄影接单数只占了工作室总量的不到10%，如今已占据70%左右。

很多人觉得淘宝摄影师是个简单的差事。其实这种认识是错误的，淘宝摄影师的压力更大，他要拍出会说话的图片，网店要用这些图片去卖产品。此外，淘宝摄影师对速度的要求也非常高，一般从接单到拍摄完成不超过7天，加班更是家常便饭。

第 7 章　照片的处理和美化

由于网络交易的特殊性？卖家要更多地对顾客的视觉进行冲击。一张好图胜过千言万语。无论是在淘宝开店还是其他的网上商店都少不了商品图片。一张漂亮的图片可以为店铺的宝贝带来人气；可以让买家心情愉悦、怦然心动。本章将介绍如何利用图片处理软件处理出合格的商品照片。

7.1 处理图片

网上商店精美的产品图片可以使人产生愉悦的视觉快感，增加产品销售的成交率。下面通过实例手把手教你使用 Photoshop 做出有助于赚钱的好照片！

7.1.1 调整曝光不足或曝光过度的照片

通常由于技术、天气、时间等原因或条件所限，拍出来的照片有时会不尽如人意。最常见的照片问题就是曝光过度或者曝光不足，以及因雾气等原因造成的缺乏对比度。下面就向大家介绍如何在 Photoshop 中，简单而有效地解决这些问题，具体操作步骤如下。

（1）启动 Photoshop，打开一张曝光过度的照片，如图 7-1 所示。

（2）选择"图像"|"调整"|"曝光度"命令，弹出"曝光度"对话框，如图 7-2 所示。

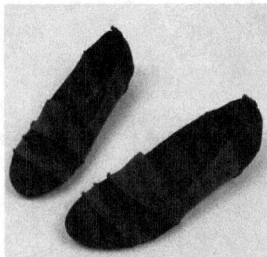

图 7-1 打开图片

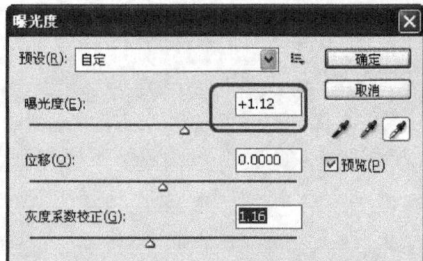

图 7-2 "曝光度"对话框

（3）在该对话框中设置相应的参数，单击"确定"按钮，即可调整图片的曝光度，如图 7-3 所示。

图 7-3 调整曝光后

7.1.2 提高照片清晰度

拍出来的图片有时没有那么完美，这就需要用专门的软件处理一下，然后再上传图片。

下面介绍如何使用 Photoshop 处理不清晰的照片，具体操作步骤如下。

（1）打开一张不清楚的照片，如图 7-4 所示。

（2）选择"图像"｜"模式"｜"Lab 颜色"选项，如图 7-5 所示。

图 7-4 打开照片

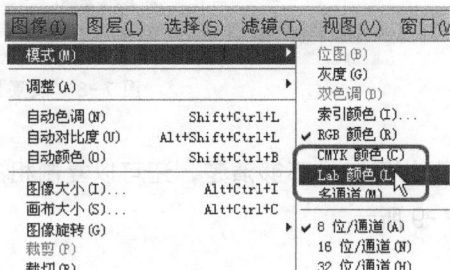

图 7-5 选择"Lab 颜色"选项

（3）打开图层面板，在该面板中将背景层拖动到"创建新图层"按钮上，即可复制背景图层，如图 7-6 所示。

（4）选择"滤镜"｜"锐化"｜"USB 锐化"命令，弹出"USB 锐化"对话框，如图 7-7 所示。

图 7-6 复制背景图层

图 7-7 "USB 锐化"对话框

（5）将图层模式设置为柔光，不透明度设置为 90%，如图 7-8 所示。

图 7-8　设置图层模式

（6）如果还是不够清楚，还可以复制相应的图层，直到调整到清楚为止，如图 7-9 所示。

图 7-9　调整清晰度

7.2　美化图片

从本节开始，将介绍几种常用的 Photoshop 功能。即使不会使用 Photoshop 的用户，只要根据操作步骤进行操作，也能制作出令人满意的图片来。

7.2.1　调整图片色调

现在的图片来源很广，有数码相机拍摄、网上下载、扫描等。由于种种原因，绝大多数图片都存在不同程度的偏色问题。下面通过实例讲述如何利用曲线工具调整图片色调，具体操作步骤如下。

（1）在 Photoshop 中打开一幅拍摄的图片，如图 7-10 所示。

（2）选择"图像"|"调整"|"曲线"命令，弹出"曲线"对话框，如图 7-11 所示。

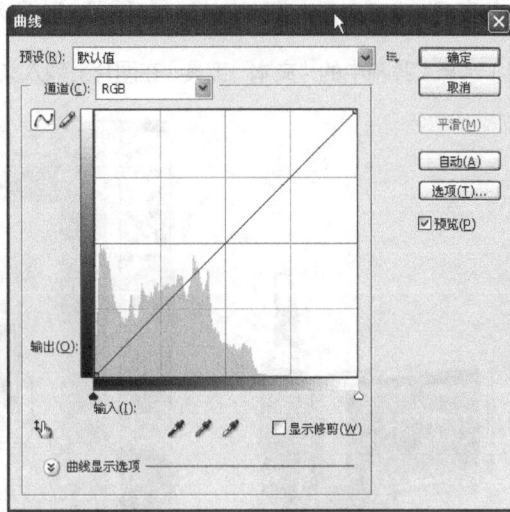

图 7-10 打开图片   图 7-11 "曲线"对话框

（3）在弹出的对话框中对曲线进行调整，如图 7-12 所示。

（4）单击"确定"按钮，调整图像后的效果，如图 7-13 所示。

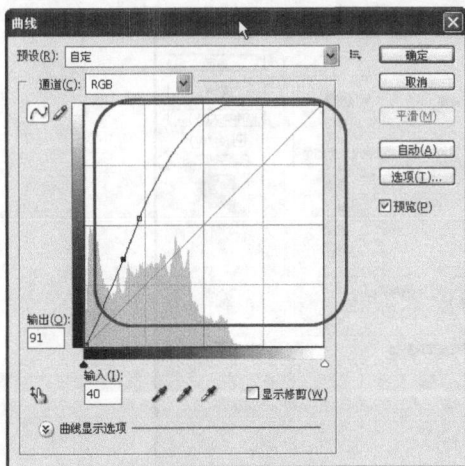

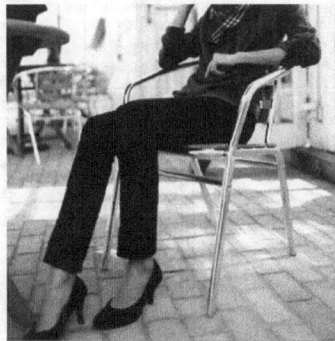

图 7-12 调整曲线   图 7-13 调整图像后的效果

7.2.2 为图片添加水印

自己辛辛苦苦拍下的图片，在网站很容易就被别人偷用了。怎么办？当然有办法了，加上水印就可以防止别人盗用了，具体操作步骤如下。

（1）在 Photoshop 中打开图像，如图 7-14 所示。

（2）选择工具箱中的"文本"工具，在图片上输入文字"腾飞数码"，如图 7-15 所示。

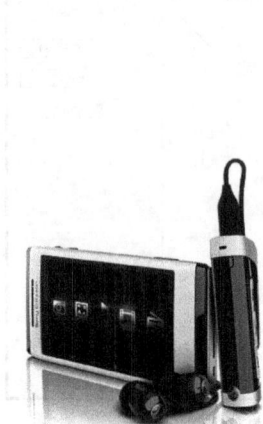

图 7-14　打开图片　　　　　　　　　　图 7-15　输入文本

（3）选择"图层"|"图层样式"|"投影"选项，弹出"投影"对话框，如图 7-16 所示。

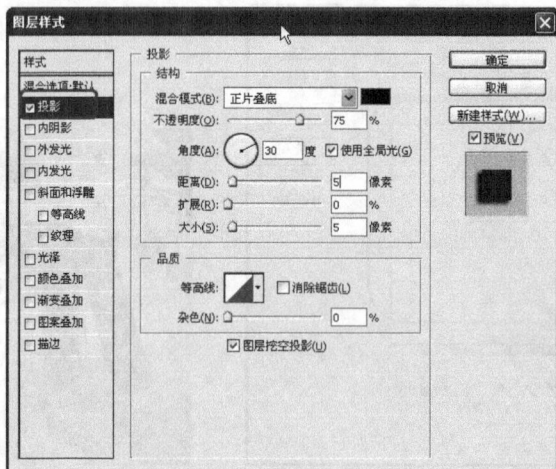

图 7-16　"投影"对话框

（4）在该对话框中设置相应的参数，单击"确定"按钮。设置完成后的效果图如图 7-17 所示。

（5）打开图层面板，将不透明度设置为 50%，如图 7-18 所示。

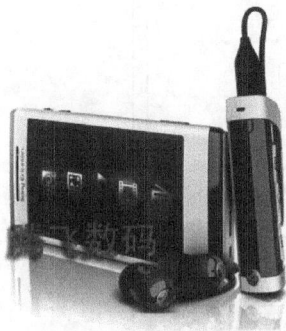

图 7-17 设置图层样式   图 7-18 设置不透明度

7.2.3 给商品图片添加边框

PhotoWORKS 是一款专为自动添加照片边框而开发的软件。除了它自带的众多边框效果外，也可以把边框模板改造成用户自己的风格，并且还可以在边框上加上签名、EXIF 信息等。软件预设有二百多个边框式样，大部分边框非常漂亮，完全可以满足一般需要。

（1）首先从百度上搜索 PhotoWORKS 软件，下载后安装此软件。安装成功后双击 PhotoWORKS 图标，打开 PhotoWORKS 主界面，如图 7-19 所示。

（2）单击界面中的"载入文件"按钮，选择电脑里装有图片的文件夹，载入需要添加边框和文字的图片，如图 7-20 所示。

（3）单击"相框属性"选择满意的相框，"相框选项"都要打上勾，如图 7-21 所示。

（4）单击"预览"按钮，预览添加边框效果，如图 7-22 所示。

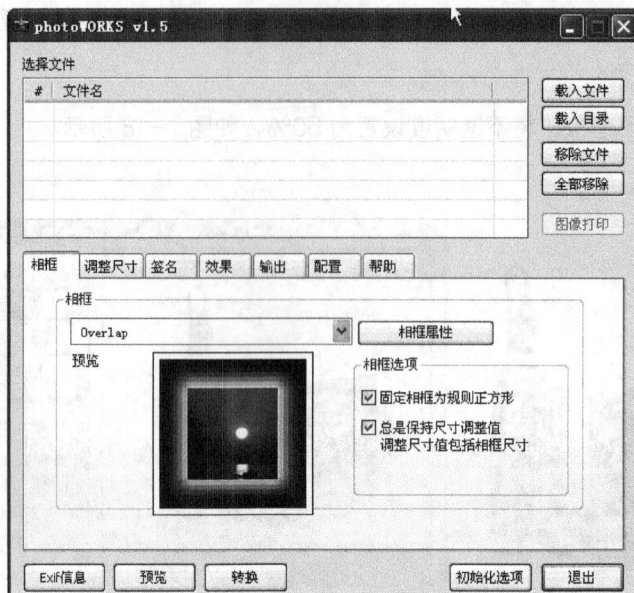

图 7-19 打开 PhotoWORKS 主界面

图 7-20 载入图片

图 7-21 "投影"对话框

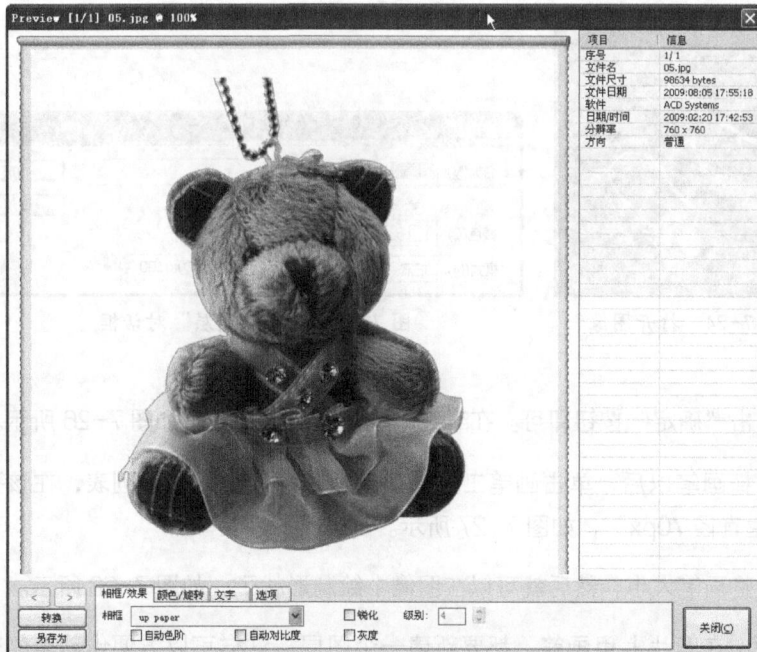

图 7-22 预览边框效果

（5）完成加框后就可以"转换"了，如图 7-23 所示。

图 7-23 转换图像

7.3 图片的特殊效果处理

有的图片经过了特殊处理，就会显得精致，让人产生购买欲。下面介绍使用 Photoshop 处理商品图片的具体操作步骤。

（1）在 Photoshop 中打开图像，如图 7-24 所示。

（2）在图层面板中双击背景图层，弹出"新建图层"对话框，如图 7-25 所示。

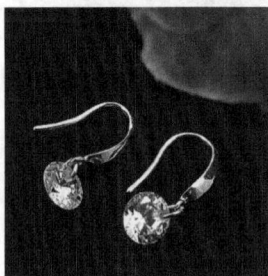

图 7-24 打开图像

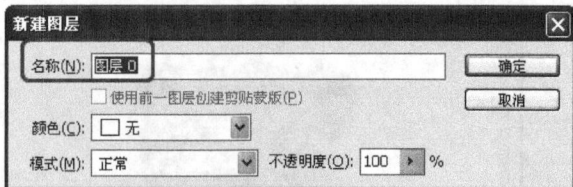

图 7-25 "新建图层"对话框

（3）单击"确定"按钮即可。在工具箱中选择画笔工具，如图 7-26 所示。

（4）选择画笔以后，单击画笔工具框处的 ▾ 按钮，弹出一个列表，在该列表中选择"主直径 70px"，如图 7-27 所示。

（5）调整画笔大小，然后就可以在图像中绘制形状了，如图 7-28 所示。

（6）每次在图片上用画笔，都要新建一个图层，这样可以方便作动态的效果，如图 7-29 所示。

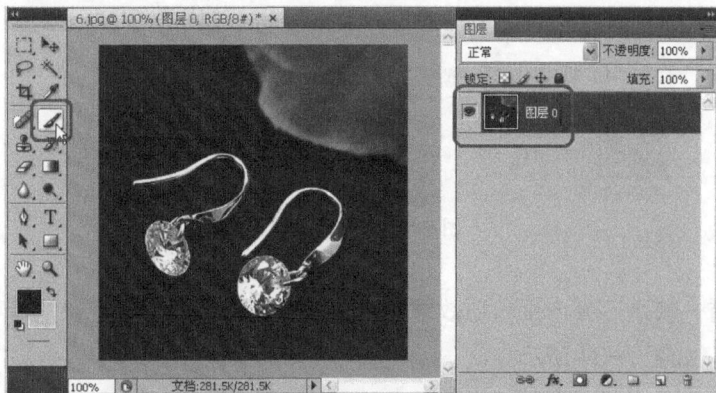

图 7-26 选择画笔工具

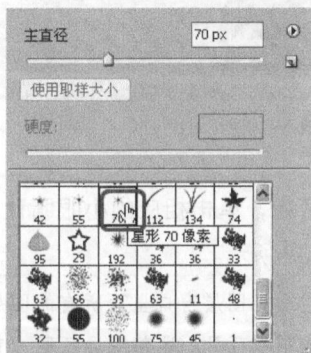

图 7-27 选择"主直径 70px"

图 7-28 绘制形状

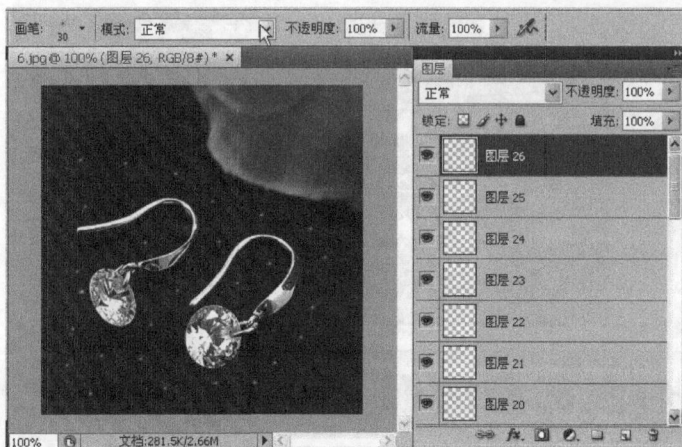

图 7-29 新建图层

（7）选择"窗口"│"动画"命令，打开动画面板，如图7-30所示。

图7-30 动画面板

（8）只有一帧是不会产生闪动效果的，单击"复制所有帧"按钮，即可复制相同的5帧，如图7-31所示。

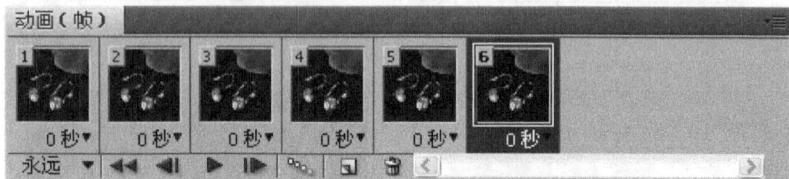

图7-31 复制帧

（9）单击选择第1帧，从星星的第4个图层开始，单击相应的小眼睛让其余的图层隐藏。这样第一帧就设置完毕了，如图7-32所示。

单击第一帧，编辑第一帧里的图层。看见图层窗口里面所有的图层前面都有小眼睛，那个代表所有的图层此刻都可见。调整图层可见－背景图层不用调整，让它始终可见，只要调整星星图层即可。

图7-32 设置帧

（10）单击第2帧，让第2帧里有相应的星形图层和背景可见。照此方法，将所有帧都设置好。

（11）调整每帧的显示时间。左键单击0秒处就会出现时间选择，在弹出的列表中选择0.2秒，如图7-33所示。

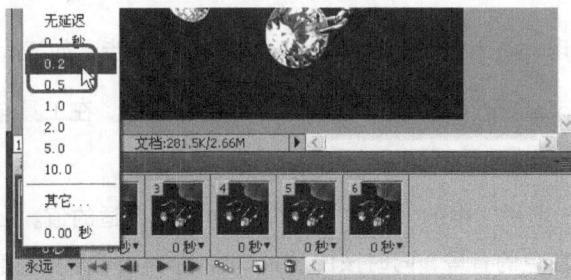

图7-33 设置时间

（12）用同样的方法设置其余帧的显示时间，如图7-34所示。

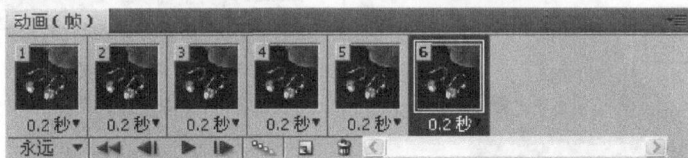

图7-34 设置时间

（13）选择"文件"|"存储为Web和设备所用格式"命令，将其存储为GIF格式图像。该文件的预览效果如图7-35所示。

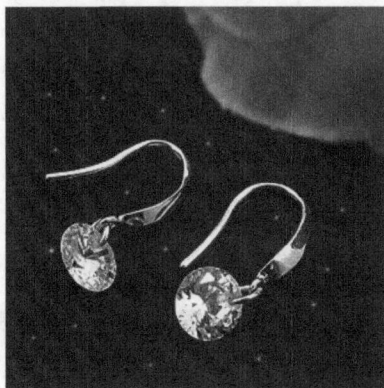

图7-35 预览效果

7.4　快速抠取图像

抠图是在图像设计中最常用到的技术之一。在 Photoshop 中主要有 3 种抠图方法，就是分别利用工具箱中的"魔术棒"工具、"磁性套索"工具以及滤镜菜单中的"抽出"滤镜。

下面讲述如何利用"魔术棒"工具抠取图像，具体操作步骤如下。

（1）首先在 Photoshop 中打开一幅背景为单色的图像。在工具箱中选择魔术棒工具，如图 7-36 所示。

（2）在"工具选项栏"中的"容差"文本框中输入合适的值。在图像中单击背景处，则选择了白色的背景，同时按住 Shift 键，再单击背景中没有选中的地方，将整个背景选中，如图 7-37 所示。

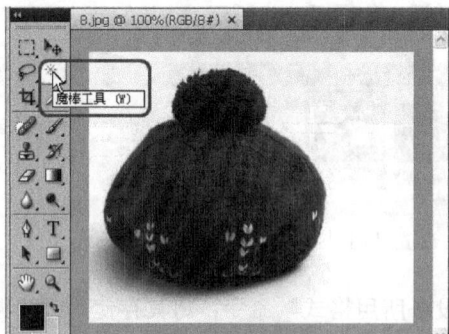

图 7-36　打开图像　　　　　　　　图 7-37　选择黑色背景

（3）选择"选择"|"反向"命令，将图片中的帽子选中，如图 7-38 所示。

（4）选择"选择"|"修改"|"羽化"命令，弹出"羽化选区"对话框，在对话框中输入"0.5"，如图 7-39 所示。

（5）选择"编辑"|"拷贝"命令，拷贝图像。打开一幅图片，作为新背景，选择"编辑"|"粘贴"命令，将拷贝的图像粘贴到新背景图像上，如图 7-40 所示。

（6）选择"编辑"|"自由变换"命令，将图层 1 缩小到理想状态，如图 7-41 所示，即可完成图像抠取。

图 7-38 反选图像

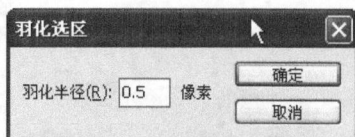

图 7-39 "羽化选区"对话框

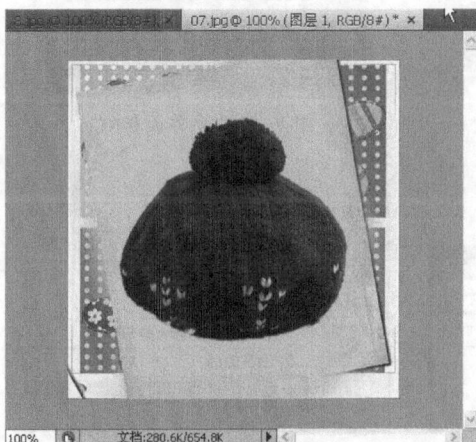

图 7-40 粘贴图像

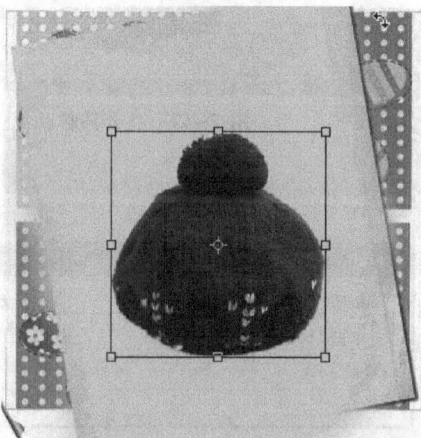

图 7-41 抠图效果

7.5 轻松批量处理产品图片

在处理宝贝照片时,常常要同时处理几十张,那么,每一张都要打开,调整图像大小或者曲线什么的再保存起来,要费很多时间和精力。如何使这些简单的重复性操作都让机器自己来完成呢?下面就来详细讲述一下如何进行批处理,具体操作步骤如下。

(1)启动 Photoshop,打开需要编辑的图片,如图 7-42 所示。

(2)选择"窗口"|"动作"命令,打开"动作"面板,如图 7-43 所示。

(3)单击右下角的创建新动作按钮,弹出"新建动作"对话框,如图 7-44 所示。

(4)单击"记录"按钮,即可新建一动作 1,如图 7-45 所示。

图 7-42 打开图像

图 7-43 动作面板

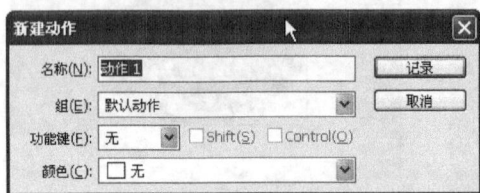

图 7-44 "新建动作"对话框

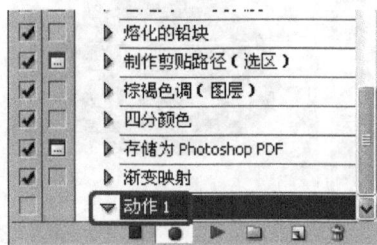

图 7-45 新建动作 1

（5）调整图像的大小，然后单击左下角的"停止播放／记录"按钮，停止记录，如图 7-46 所示。

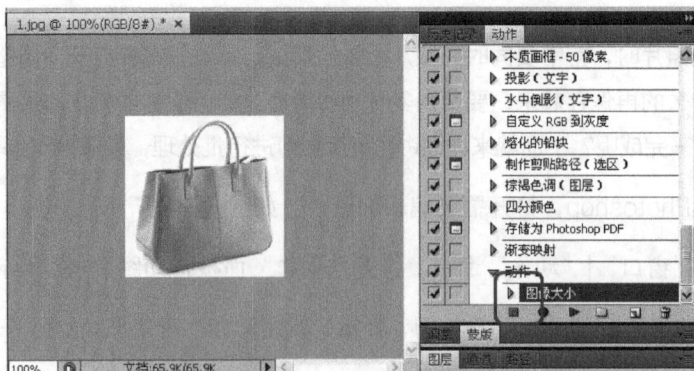

图 7-46 停止记录

（6）选择"文件"|"自动"|"批处理"命令，弹出"批处理"对话框，如图 7-47 所示。

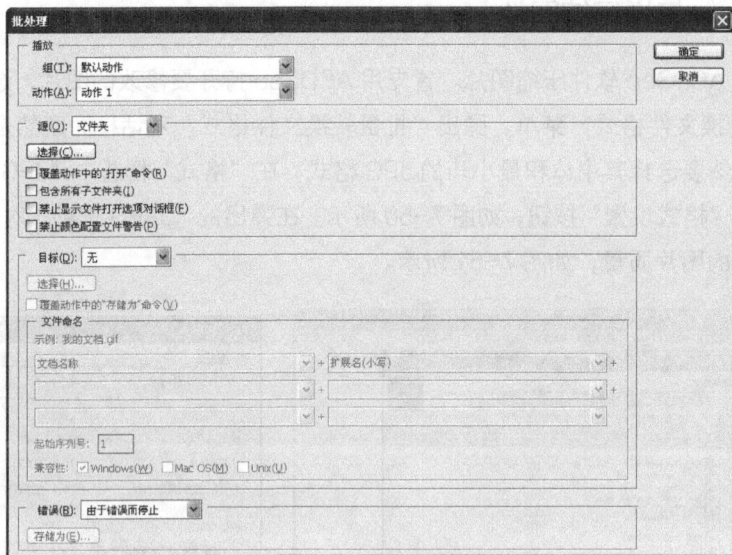

图 7-47 "批处理"对话框

（7）单击"源"下面的"选择"按钮，选择图像所在的位置，如图 7-48 所示。

（8）单击"确定"按钮，即可对文件夹中所有的图像文件进行同样动作的大小处理，如图 7-49 所示。

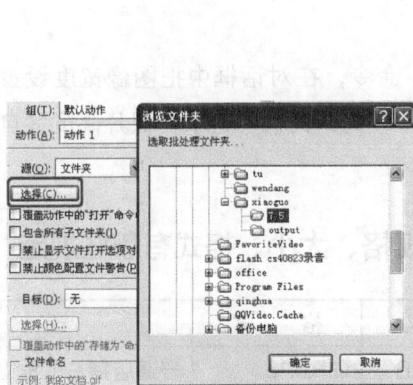

图 7-48 选择图像所在的位置

图 7-49 处理图像大小

7.6   开店技巧与问答

技巧 1——怎样压缩图片

可以使用 ACDSee 软件压缩图片。首先用 ACDSee 打开要修改的图片，选择"修改"|"转换文件格式"菜单，弹出"批量转换文件格式"对话框。既然是要压缩图片，当然要选择其中体积最小巧的 JPG 格式，在"格式"框选中"JPG"格式，然后单击"格式设置"按钮，如图 7-50 所示。在弹出的"JPEG 选项"对话框中，选择合适的图片质量，如图 7-51 所示。

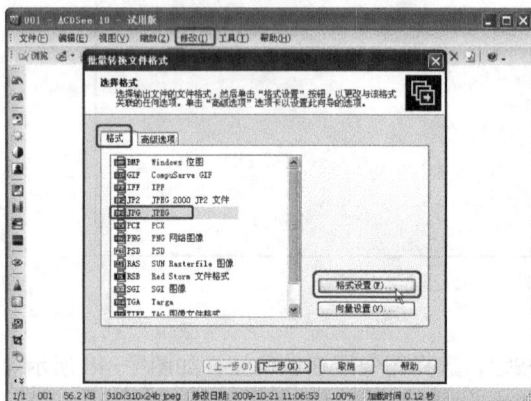

图 7-50   选择图片格式

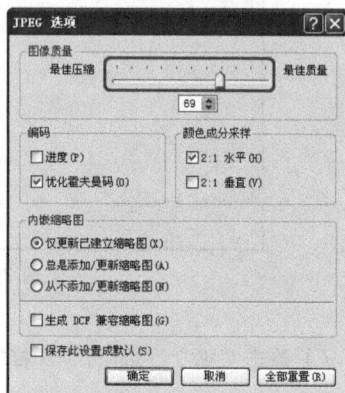

图 7-51   选择图片质量

技巧 2——如何将拍大的照片调小

在 Photoshop 中选择"图像"|"图像大小"命令，在对话框中把图像宽度设置为合适的尺寸。此时，如果在对话框中勾选了"约束比例"选项，照片高度会自动按比例变化。这样就可以将照片缩小了。

技巧 3——在淘宝中对所支持图片的规格、大小、格式有哪些规定

图片名称	规　　格	大　　小	格　　式	位　　置
店铺店标	100×100 像素	小于 80KB	GIF.JPG	普通店铺左上角
公告模板图片	宽度 350 像素	小于 100KB	GIF.JPG	普通店铺右上角

续表

图片名称	规　　格	大　　小	格　　式	位　　置
分类导航	宽度 155~165 像素	小于 50KB	GIF.JPG	店铺左侧
旺铺店招	950×150 像素	小于 100KB	GIF.JPG.PNG	店铺顶上
促销区图片	80×80 像素或自定义	小于 25KB	GIF.JPG	旺铺促销区内
商品展示图片	500×500 最佳像素	小于 120KB	GIF.JPG	橱窗推荐

技巧 4——添加水印会不会影响商品的效果

添加水印是为了保护商品图片不被盗用。随便添加的水印肯定会影响商品的美观，而制作精美的水印却可以为商品的图片加分，并且能够起到宣传店铺的作用。

技巧 5——商品水印和边框模板可以同时使用

商品水印和边框模板可以同时使用，也可以使用其中之一。使用边框模板主要是为了使商品图片看起来更加美观。在边框模板中如果已添加了店铺的名称、地址等信息，就没有必要再加水印了，因为它已经起到了水印的作用。总之，可以灵活使用商品水印和边框模板，能保证商品图片美观即可。

技巧 6——淘宝店铺中可以上传什么格式的图片文件

在淘宝店铺中支持的图片格式为 JPG 和 GIF，这两种格式的文件通常也是免费相册都能支持的，所以使用还是相当方便的。

案例——淘宝三皇冠店主成功经验

随着电子商务的普及，越来越多的青少年加入网购创业大潮。近日，一位 90 后的在淘宝平台上开商铺的小伙子利用网络创业，从 1000 元起家，短短几个月，达到三皇冠。下面是他的淘宝创业经验。

1. 需要学习

淘宝做生意，要学的东西实在是太多了。因为很多创业者并不是有强大的团队支撑的，所以必须自己学会很多很多：首先一定要学会熟练地使用 Photoshop，淘宝经营者中很多完全是依靠图片来生存的，有的人不惜重金请专业人士来拍摄图片；其次必须要有超级打字员。

2. 需要创新能力

在淘宝，光有学习能力是没有用的。但是要想更多的使自己成功，必须学会研究。首先要研究你想从事的行业在淘宝的现状。必须研究市场，研究行业，看看有没有什么新的部分可以进去，门槛又不是很高。必须研究竞争对手，看看他们的优势在哪里，缺点在哪里，这样才能找到自己的定位。

3. 需要激情

没有创业的激情是完全不能支持下去的，特别是开店初期，必须得学会废寝忘食，学会不计较自己的身体健康甚至是家人团聚的时间。这种激情不是一般人都具有的。

4. 需要耐力

买家现在已经非常厉害了，他们练就了一身炉火纯青的本领，砍价的本领完全是卖家所不能承受的。想在淘宝成功，一定要爱心加耐心，真心对待每一个来咨询的顾客。

5. 需要非凡的毅力

市场格局一变，淘宝卖家普遍感觉到了一种前所未有的压力，而且店铺越来越多，买家的理性消费和非理性的砍价能力越来越强，所以难度就更加大了。在这样的情况下，卖家的毅力非常重要，只要坚持在淘宝不断努力，相信"坚持就是胜利"这个道理。

6. 需要智慧

在淘宝没有智慧是生存不下来的，因为买家和卖家的交流实际上是购物的一个必然环节，如果没有很好的智慧是不能适应这种交流的。

7. 需要货源

如果在淘宝创业没有好的货源，那么终究很难生存下去的。最后只有在别人强大货源和低价的压力下被淘汰。

8. 需要诚信力

淘宝虽然依靠支付宝在维持着诚信，但是说实话，更大的诚信应该是买卖双方之间的。

9. 需要冷静处理问题的能力

在淘宝同样会有很多如同在现实交易中的问题，比如面对顾客的无知导致的麻烦时千万不能激动，一定要问清楚到底是什么问题，一定要冷静。如果能冷静，那么问题的解决就会顺利，如果特别激动，特别乱，那么麻烦了，问题会越来越糟糕。

10. 需要决断力

决断力是在面对问题的时候，必须要作出选择，而这些问题又是非常规问题，不是以前经常遇到的问题，就必须要有决断力。因为机会总是稍纵即逝，一刻犹豫和怀疑就会失去发展的机会，所以必须要有决断力，但是这个能力绝对是在市场中锻炼和培养出来的，而且和个人的性格有很大关系。

11. 需要研究用户心理的能力

顾客是上帝，这句话虽然不是100%正确，但是"看在钱的份上不要和顾客作对，和顾客生气"。所有的顾客都是购买产品的用户，他们很可能会是下一个顾客的介绍人，而维持一个老顾客，比创造10个新顾客还要容易。

为了把生意做好、做大，必须要研究顾客。一定要好好学习研究消费者的心理只有这样才能不让你的客户流失。

第 **8** 章　淘宝网店装修基础

现在网上开店的用户越来越多。但是许多人对于如何在网上建一个有特色的店铺，仍然是一知半解。本章对网店装修知识进行简单介绍，包括店铺装修的前期准备、店铺装修的流程、获取图片的存储空间及开店技巧。通过本章的学习，读者可以轻松掌握淘宝网店装修的基础知识。

8.1 前期准备

装修一个好的店铺，前期的准备规划是不可缺少的。开店前我们要首先确定商品销售的类型，然后收集装修素材，设计出个性化的网上店铺。如图 8-1 所示的网上店铺的商品丰富、品种也很全。如果将店铺进行全套的装修，还可以更好地运用旺铺的促销来推出人气商品、促销商品，便于浏览者记住该店铺，从而吸引购买者购买。

图 8-1 装修的店铺

8.1.1 确定商品销售类型

在淘宝网站中，商品的分类很细，如图 8-2 所示。根据店铺的商品定位，要为店铺起一个方便记忆的名称，并且根据商品类别设置分类，如图 8-3 所示。

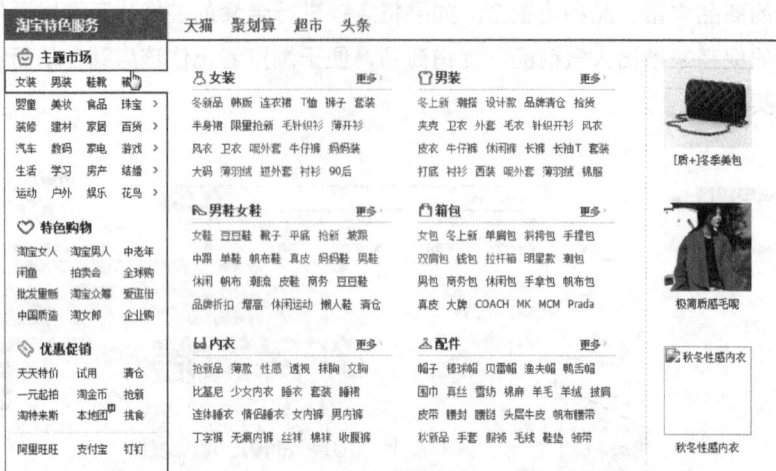

图 8-2　商品分类

图 8-3　店铺名称与分类

8.1.2 收集装修素材

店铺装修用到的所有图片都要依靠图片素材完成。因此，需要提前收集大量的
图片素材。这些素材可以在网络上收集，如在百度中搜索"素材"一词，就会
在网页中显示很多素材网站，如图 8-4 所示。在不涉及版权的情况下，都可以
下载使用。

图 8-4 搜索图片素材

打开其中一个提供图片素材的网站，即可看到很多素材图片，如图 8-5 所示。找
到合适的图片保存在本地计算机中，方便设计店铺图片时使用。此外也可以购买
一些素材图库，图库越丰富，素材越全面，设计时越容易。

图 8-5　图片素材

8.2　店铺装修必须注意的问题

1．首先要有一个清晰的思路

店铺的特色是什么？主营什么？目标客户是哪些？首先要有一个明确的思路，这是最关键的，就是俗话说的要有一个"大框架"。

2．寻找合适的装修时机

如店庆日、新产品推广，或者店主有时间配合等。店铺装修可不是交给别人了事，自己做"甩手掌柜"，这样做可是绝对不行的。就像传统的室内装修一样，网店主人是要费心的，全部交给装修公司装修的结果一般不会达到自己预期的效果，因为毕竟只有店主自己最了解自己的网店。

3．风格与形式的统一

店铺装修除了色彩要协调外，风格也要整体统一。在选择分类栏、店铺公告、音乐、计数器等项目的时候，风格要有整体考虑。千万不要有的是卡通风格，有的是严肃风格，风格不搭是大忌。

4．双方的沟通非常重要

大多数店铺装修一般是双方通过旺旺或其他沟通方式来解决的。双方不见面，大部分仅凭简短的文字进行沟通，双方的教育背景、说话方式、性格因素等等影响沟通的有效性，会带来各自理解上的不同，可能造成将来的矛盾。解决的办法当然是双方做好沟通。

5．店主要用最容易让人理解的语言表明自己的想法

尽量用具体的词来说明自己的思路和希望达到的效果。店主说得越具体越好，如颜色、风格、形式……千万别用抽象的词来形容，如"漂亮"、"看着舒服"等这些让人摸不着边际的话。设计本身就是"仁者见仁，智者见智"的事情，没有唯一的评判标准。

6．做好文字和图片的前期准备

店铺公告、店名、店标、签名等文字性的资料和商品图片要事先准备好。这样不但可以提高装修的效率，也可以避免返工，能够达到双赢的效果。

7．突出主次，切忌花哨

店铺装修得漂亮，确实能更多地吸引买家眼球。但要清楚简洁，店铺的装饰别抢了商品的风头，毕竟我们是为了卖产品而不是秀店铺，店铺弄得太多太乱反而影响商品的销售效果。

8.3　图片空间

淘宝图片空间就是用来储存淘宝商品图片的网络空间。

8.3.1　上传图片到图片空间

（1）登录到淘宝网，进入到"卖家中心"，单击页面左侧的"店铺管理"下面的"图片空间"超链接，如图8-6所示。

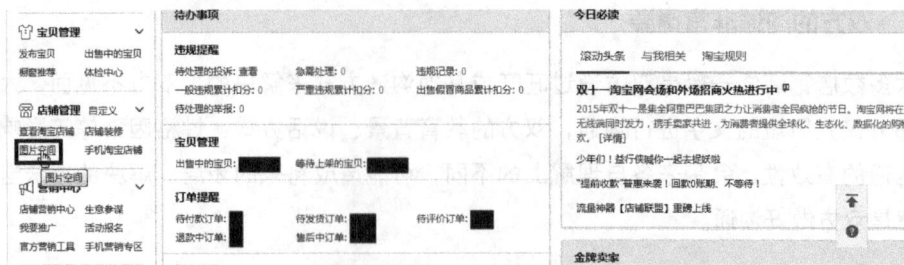

图 8-6 卖家中心

（2）进入到"图片空间"页面，单击"上传图片"按钮，如图 8-7 所示。

图 8-7 图片空间

（3）弹出"上传图片"对话框，单击"修改位置"按钮，如图 8-8 所示。

（4）在对话框中选择"我的图片"的位置，单击即可选择位置，如图 8-9 所示。

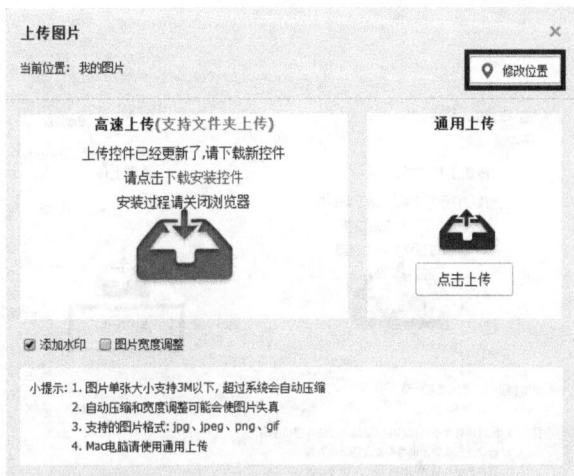

图 8-8 "上传图片"对话框

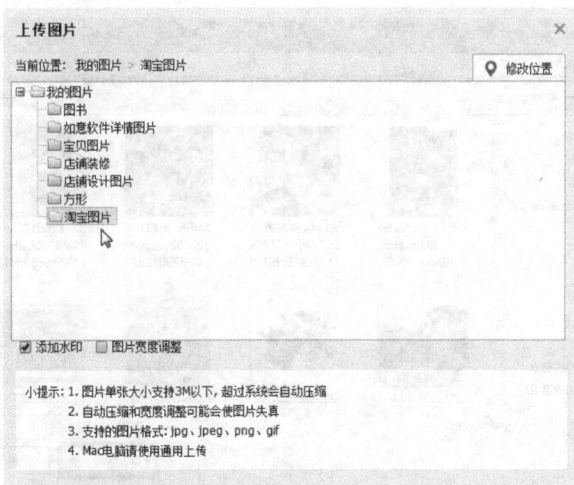

图 8-9 选择图片位置

（5）选择图片位置后即可返回到"上传图片"对话框，单击"点击上传"按钮，如图 8-10 所示。

（6）弹出"打开"对话框，在对话框中选择想要上传的图片，单击"打开"按钮，如图 8-11 所示。

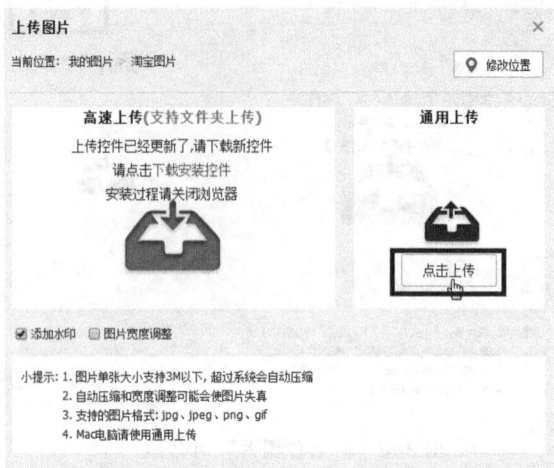

图 8-10 单击"点击上传"按钮

图 8-11 "打开"对话框

（7）即可上传成功，如图 8-12 所示。

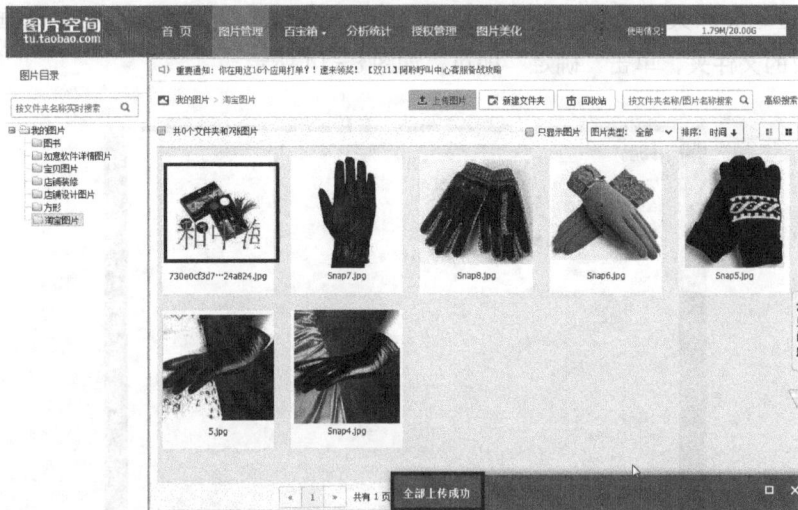

图 8-12　图片上传成功

8.3.2　分类管理功能

分类管理功能具体操作步骤如下。

（1）单击并选择一个文件夹，单击鼠标右键，可以对图片进行分类管理，如图 8-13 所示。

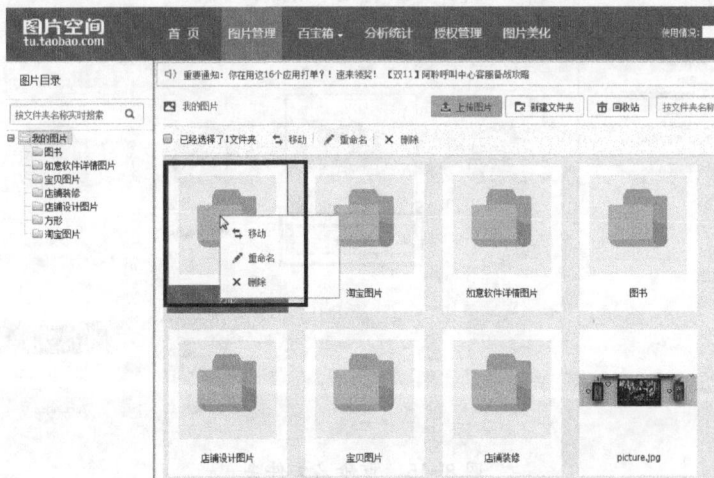

图 8-13　选择一个文件夹

（2）移动文件夹，选择"移动"选项，弹出"移动到"对话框，在对话框中选择相应的文件夹，单击"确定"即可，如图8-14所示。

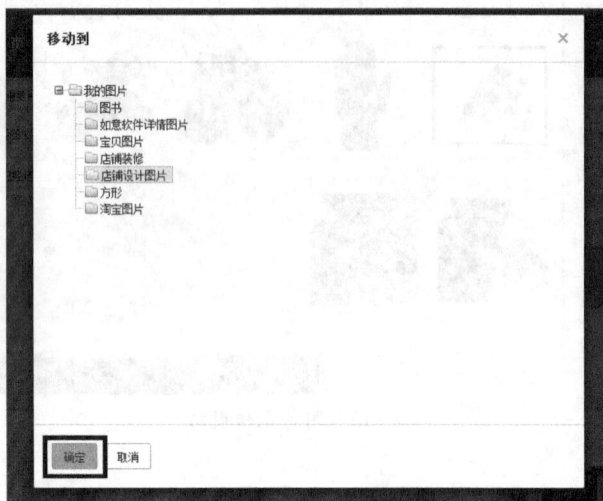

图 8-14 移动文件夹

（3）选择重命名选项，即可直接修改文件夹名称，如图8-15所示。

图 8-15 重命名文件夹

（4）选择删除选项，有两个关键点需要注意。

- 若文件夹下图片都是未被引用的，则可删除选中文件夹及所包含的所有图片（删除的图片，7天内可在回收站内还原）。

- 若文件夹下图片含有引用图片（图片被使用于宝贝详情页，宝贝副图），则不能删除该文件夹和被引用的图片，但是未被引用的图片会被删除。

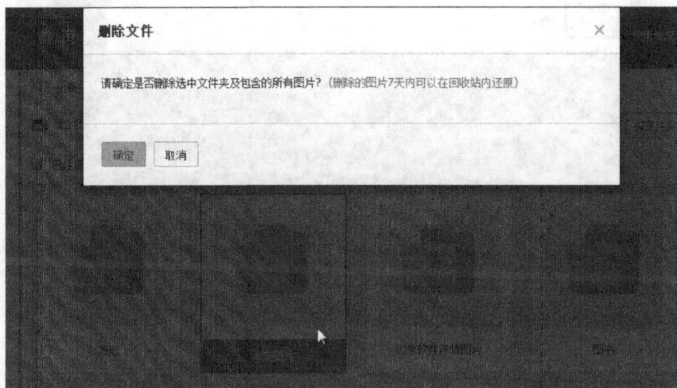

图 8-16　删除文件夹

（5）新建文件夹，单击"新建文件夹"按钮，如图 8-17 所示。

图 8-17　新建文件夹

（6）弹出"新建文件夹"对话框，在"新建文件夹"文本框中输入名称，单击"确定"按钮，如图 8-18 所示。

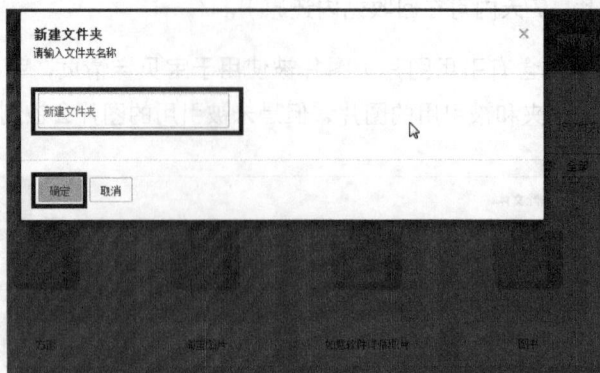

图 8-18 新建文件夹

（7）即可新建文件夹成功，如图 8-19 所示。

图 8-19 新建文件夹

8.3.3 图片管理

所有的商品都离不开图片管理功能，具体操作步骤如下。

单击鼠标右键选择需要操作的图片，可对图片进行"替换"、"移动"、"重命名"、"查看引用"、"编辑"、"适配手机"、"删除"的操作，如图 8-20 所示。

（1）替换。选择"替换"后弹出"替换图片"对话框，选择所需要替换的图片，单击确认，如图 8-21 所示。

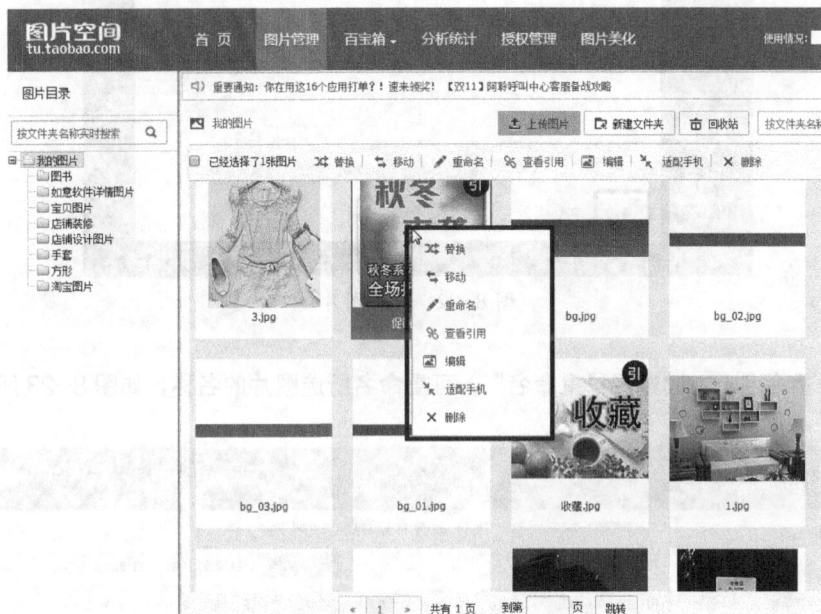

图 8-20 选择图片

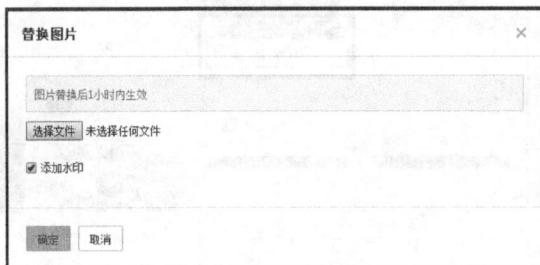

图 8-21 替换

（2）移动。选择所需移动的图片，右键选择"移动"，弹出如图 8-22 所示的对话框，选择需要移动到的文件夹，单击"确认"按钮，即可完成图片移动操作。

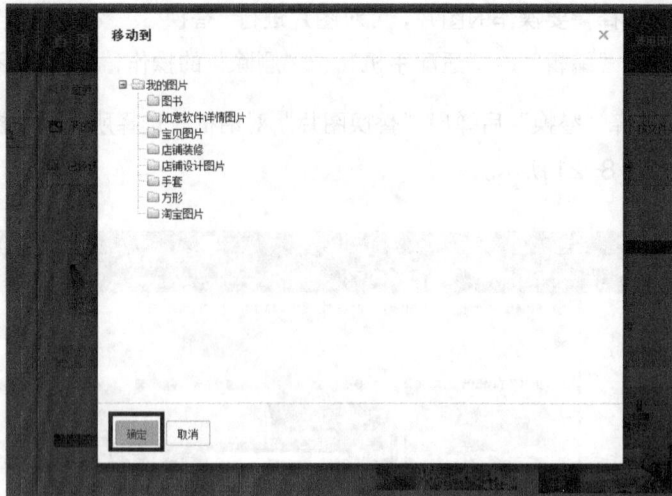

图 8-22　移动图片

（3）重命名。右键选择"重命名"，可重命名所选图片的名称，如图 8-23 所示。

图 8-23　重命名图片

（4）查看引用。单击选择"查看引用"选项，弹出"查看引用"对话框，可以查看到此图片的宝贝详情，如图 8-24 所示。

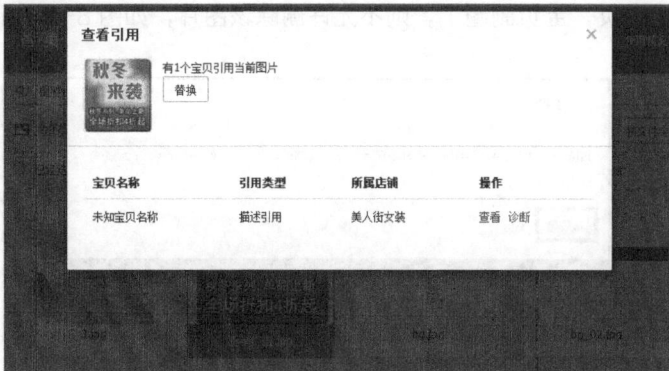

图 8-24 查看引用

（5）编辑。单击"编辑"选项，打开如图 8-25 所示的页面，修改完毕，单击右上角的"保存并上传"按钮。

图 8-25 编辑图片

（6）适配手机。单击此选项，弹出"适配手机"对话框，提示"请确定是否要将选中的图片转成手机适配的图片？（图片适配可能会导致一定失真，转换后原图不会删除）"，单击"确定"按钮即可，如图 8-26 所示。

（7）删除。右键选择"删除"，若所选图片是未被引用的，则可删除选该图片；（删除的图片，7 天内可在回收站内还原）。若所选图片是已被引用的（图片被使用于宝贝详情页，宝贝副图），则不允许删除该图片，如图 8-27 所示。

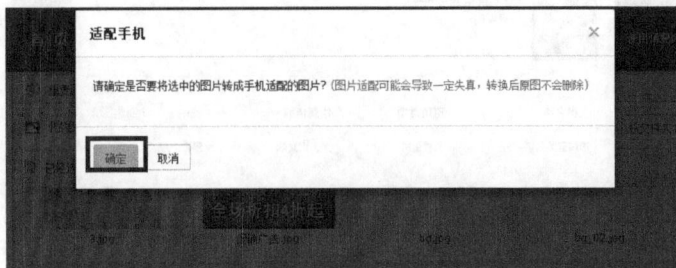

图 8-26　适配手机

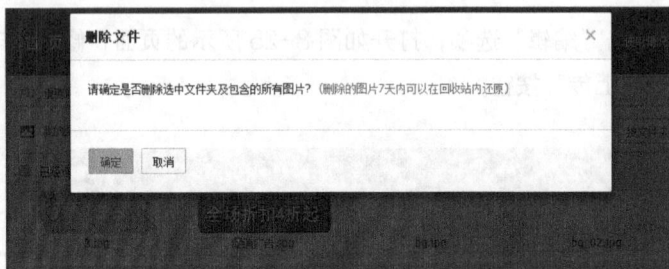

图 8-27　删除图片

8.4　网店装修常用工具

把店铺装修好，让自己的网店更好看一点，更漂亮一点，这样就会在视觉上吸引顾客，给店铺带来更多的生意。下面就谈谈用哪些软件把我们的店铺装修得更美、更漂亮。

网店装修准确来说属于网页设计的范畴。网店装修无外乎图片的编辑、网页制作。这方面的工具有很多，不过出名的屈指可数。推荐使用 Dreamweaver、FrontPage、Photoshop、Fireworks 装修网店。FrontPage、Dreamweaver 是制作网页的专业软件，Photoshop、Firework 是图片设计方面的专业软件。其中任意选两种软件组合来使用就可以了。推荐使用 Dreamweaver 和 Fireworks 来装修网店。

在流行的"所见即所得"的网页制作软件中，Adobe 公司的 Dreamweaver 无疑是使用广泛的一个。它以强大的功能和友好的操作界面倍受广大网页设计者的欢迎，成为网店页面制作的首选软件。Dreamweaver 是一款"所见即所得"的网店页面编辑工具，或称网店页面排版软件。Dreamweaver 对于 DHTML 的支持特别好，可以轻而易举地做出很多眩目的网店页面特效。图 8-28 所示为使用 Dreamweaver CC 设计的宝贝推荐页面。

图 8-28 Dreamweaver CC 设计的宝贝推荐页面

FrontPage 是 Microsoft 出品的，是简单、容易，却又功能强大的网店页面编辑工具。它采用典型的 Word 界面设计，只要你懂得使用 Word，就差不多等于已经会使用 FrontPage。就算不懂 Word 也没关系，"所见即所得"的操作方式会让你很快上手，而且无需学习 HTML 语法。

Photoshop 更具有创造性，在实际网页设计过程中更能激发设计者的创新能力，使设计者更快地进行设计，提高图像质量。Photoshop CC 是一款功能十分强大、使用范围广泛的优秀图像处理软件，一直占据着图像处理软件中的领袖地位。Photoshop 支持多种图像格式以及多种色彩模式，还可以任意调整图像的尺寸、分辨率及画布的大小。使用 Photoshop 可以设计出网店页面的整体效果图、设计网店标志、设计网店分类按钮和网店促销广告等图像。图 8-29 所示为用

Photoshop CC 设计的促销广告。

图 8-29　Photoshop CC 设计的促销广告

此外还有一些处理图片的小软件，例如轻松水印、图章制作专家、Ulead GIF Animator 等。

8.5　开店技巧与问答

技巧 1——怎样确定网店的风格

网店风格是指网店界面给买家的直观感受，买家在此过程中所感受到的店主品味、艺术气氛、人的心境等。在网上经营的过程中，店主应该让网店的格调最大限度地符合大众的审美观念，赢得顾客的第一好评。

装修店铺首先要确定店铺的主题，以此来定位商品特色和店铺装修的风格。然后，要根据店铺商品特色进行素材的搜集、图片的处理，以及店铺招牌、促销区、分类导航区的设计，这样一步一步就可以完成整个店铺装修了。

技巧 2——网店装修能带来哪些收益

网店装修能够带来什么呢？许多人都会在装修之前有这样的疑问。开网店的目的，对于大多数人来说是为了赚钱。做好网店装修的最终目的也是为了赚钱，同时好的网店装修的确能够带来网店销售量的增长。

具体来说，网店装修至少能够带来以下 4 个方面的收益：增加买家在网店的停留时间、增加网店的诱惑力、提升网店的形象、打造网店强势品牌。漂亮恰当的网店装修给买家带来美感，买家浏览网页时不易疲劳，买家自然会细心查看你的网页。装修好的精品网店，传递的不仅是商品信息，而且是店主的经营理念、文化等。这些都会给你的网店形象加分，同时也有利于网店品牌的形成。

技巧 3——店铺装修是自己做呢，还是购买现成的

店铺中商品的特色肯定店主最了解的。即使和别人销售同样的商品，如果能装修出自己的特色，将会更好地吸引买家购买。如果学习了店铺装修的知识，店主可以根据商品主题的不同随时更新店铺装修，而不必每次都花钱购买。当你的网店装修成功后，在浏览漂亮的网页时，那种赏心悦目的心情只有自己才能感受到。当然如果网店规模已经很大，店主自己根本没有时间和精力，也可以包给专门的店铺装修公司或招聘专人装修店铺。

技巧 4——网店审美的通用原则

网店页面设计既是一项技术性工作，又是一项艺术性很强的工作。因此，设计者在装修网店时除了考虑网店本身的特点外，还要遵循一定的艺术规律，从而设计出色彩鲜明、性格独特的网店。网店页面设计中要它遵循的审美三原则如下。

1. 特色鲜明

一个网店的用色必须要有自己独特的风格，这样才能显得个性鲜明，给浏览者留下深刻的印象。

2. 搭配合理

网店页面设计虽然属于平面设计的范畴，但它又与其他平面设计不同。它在遵从艺术规律的同时，还考虑人的生理特点，色彩搭配一定要合理，给人一种和谐、愉快的感觉，避免采用纯度很高的单一色彩，这样容易造成视觉疲劳。

3. 讲究艺术性

网店装修设计也是一种艺术活动，因此它必须遵循艺术规律。在考虑到网店本身

特点的同时，按照内容决定形式的原则，大胆进行艺术创新，设计出既符合网店要求，又有一定艺术特色的网店。

技巧 5——网店装修中的色彩处理原则

人的视觉对色彩很敏感。页面色彩处理得好，可以锦上添花，达到事半功倍的效果。色彩总的应用原则应该是"总体协调，局部对比"，也就是网店页面的整体色彩效果应该是和谐的。局部的、小范围的地方可以有一些强烈色彩的对比。在色彩的运用上，可以根据网店的需要，分别采用不同的主色调。

色彩具有象征性，例如嫩绿色、翠绿色、金黄色、灰褐色可以分别象征着春、夏、秋、冬。其次还有职业的标志色，例如军警的橄榄绿，医疗卫生的白色等。色彩还具有明显的心理感觉，例如冷、暖的感觉，进、退的效果等。另外，色彩还有民族性，各个民族由于环境、文化、传统等因素的影响，对于色彩的喜好也存在着较大的差异。充分运用色彩的这些特性，可以使网店的页面具有深刻的艺术内涵，从而提升网店的文化品位。下面介绍几种常用的配色方案。

（1）暖色调。即红色、橙色、黄色、赭色等色彩。运用这些色调可使网店呈现温馨、和煦、热情的氛围。

（2）冷色调。即青色、绿色、紫色等色彩。运用这种色调可使网店呈现宁静、清凉、高雅的氛围。

（3）对比色调。即把色性完全相反的色彩搭配在同一个空间里。例如红与绿、黄与紫、橙与蓝等。这种色彩的搭配，可以产生强烈的视觉效果，给人亮丽、鲜艳、喜庆的感觉。当然，对比色调如果用得不好，会适得其反，产生俗气、刺眼的不良效果。这就要把握"大调和，小对比"这一个重要原则，即总体的色调应该是统一和谐的，局部的地方可以有一些小的强烈对比。

最后，还要考虑网店页面背景色的深、浅。背景色深，文字的颜色就要浅，以深色的背景衬托浅色的内容；反之，背景色淡的，文字的颜色就要深些，以浅色的背景衬托深色的内容（文字或图片）。

技巧 6——店铺的主色调的选择

许多网店为了凸显出个性和特色，在装修色调选择问题上，完全按照店主个人的喜好来选择，有的甚至将店铺装饰成五颜六色的涂鸦风格。店铺的主色调对网店的影响其实非常大。在兼顾店主个人喜好的同时，所售商品的种类也是必须要考虑的因素之一。否则，装修出来的效果虽然令店主非常满意，但是却未必会有好的销售效果，不仅无法吸引人气，反而导致店铺生意无法兴旺。因此，店铺的色调选择其实是一件非常复杂的事情，切不可随心而定。

技巧 7——化妆品网店装修诀窍

无论网上或网下利润丰厚的化妆品市场都蕴藏着巨大的商机。这自然吸引了大量商家进入。一方面，化妆品的高额利润给投资者带来了巨大的商机；另一方面，激烈的竞争却带来了较大的商业风险。化妆品行业激烈的竞争使得一些缺乏核心竞争力的商店被迫纷纷关门。然而，也有一种可以在短时间内就能实现飞跃。那就是经营化妆品网店。按照该行业 30% 的利润计算收益还是比较可观的。

如今网上化妆品店越来越多，竞争也越来越激烈。各商店纷纷使出浑身解数来吸引更多的人投入其中。一些没有特色、没有价格与信誉优势的小店，将不再会有生命力。那么，网上化妆品店如何装修才能在竞争中突出特色呢？

（1）化妆品是季节性非常强的商品。店铺的风格要随着不同季节人们心理的变更，而选取来让买家找到归属感，促使她们产生购买行为。

（2）过一段时间就改变一下店铺的风格，给人以新生的感觉。逢季节改变自己的风格，让顾客知道你非常重视他。

（3）做好精美图片。图片是打扮你店铺的核心元素。顾客在看到低质量的图片的时候，很自然地就产生了拒绝的心理。

（4）图片必须与实物完全一致。当买家收到你发来的宝贝之后发现与图片上所展示的有区别时，麻烦的问题将会不断地发生。如果你调解得不及时，差评是少不了的。

技巧 8——数码家电类网店装修诀窍

目前在淘宝开数码相机、摄像机、家电类的店主已有四五万家，做到皇冠的也有数百家。他们做到如此的成就究竟靠的是什么呢？从几位皇冠卖家口中得知：不是靠花哨，是凭实际，是凭实实在在的企业家精神为大家做事，用欺骗的手段是不可能长期生存下来的。数码家电类店铺的装修的秘诀是什么呢？

1. 页面稳重大方

数码家电通常是价值比较高的商品。买家在购买之前都会考虑很久。不专业的促销手段会使买家觉得有欺诈的嫌疑，就很可能失去成交的机会。在店铺设计时，大多数皇冠卖家都做得很朴实，只是在店招处设置了一些颜色渐变，然后加上一句简单的店铺描述。颜色的选取上也要遵循一些冷暖色彩的搭配原则，尽量选择稳重大方的颜色，这样才能从现实意义上留住买家。那些以花招赢取买家的做法效果是不会长久的。图 8-30 所示为页面稳重的数码家电类店铺。

图 8-30　页面稳重的数码家电类店铺

2. 人性化的页面设计

买家在浏览网页时一是看网页出现的时间，二是看它的内容。网页出现的时间是影响买家心情的第一要素。如果网页下载太慢的话，只要店铺的产品是在市场上存在的，买家可能等不及就会关掉你的网页。网页内容也不能太多。越短的网页，它的全部内容被买家看完的可能性越大。买家一般不喜欢将鼠标放在右边页面滑块那里不停地往下拖，而且说不定还看不到他想要的宝贝呢。买家在浏览网页时先看图片，因为他们先要找个直观的感觉，实在是找不到自己所需要的宝贝时才在查找里面搜。

3. 清晰质感的图片

买家在发生购买行为之前受到某种东西的强烈刺激时，他的购买行为才会迅速得以发生。在传统商店里，他可以亲自去触摸，去看看效果。而在网上，他所能见到的就只有图片、文字说明了。因此商品图片一定要清晰、详细。热心的店主还会给买家介绍更详细的内容。

4. 描述模板不要太长

有很多店主认为在描述模板里面放的内容越多越好，尽量把所有的东西都包括进来。其实不然，对于在数码相机、摄像机、家电类的描述模板中，通常只有几个指标需要列出来。一是产品的型号规格、技术性的指标，二是维护保养常识，三是故障排除处理。可以在最后适当添加一些店主的寄语，但不能太多。

案例——网店设计师也能赚大钱

淘宝网上开店的兴起，带动了一大批从业者，除了我们熟知的网络客服、模特、网店摄影师，专门给网店"装修"的设计师们也有非常不错的收入，他们靠卖创意和美工挣钱，而且生意很不错，月收入上万元也只算中等水平。

26岁的何佳茹大学学的是设计专业，大学毕业后，一心想做生意的她来到了小商品市场创业，选择开了一家玩具店，并利用自己的专业在淘宝也开了一家玩具网店。前期实体店缺少固定的客源，生意始终不愠不火，加上网络销售，收入仅仅够支付日常开销。

"你的淘宝铺设计得真好看，怎么弄的啊？"直到有一天，网店来了一名客人向她讨教店铺装修的问题，何佳茹恍然大悟：为什么不靠自己拿手的东西来赚钱呢？于是她重拾自己的专业，一边做着玩具生意，一边着手设计网店模板。

初期客户网撒向了正在大力发展电子商务的小商品市场，开始了自己网店装修师的生涯。"我的第一个客户是临铺一家做得比较大的玩具店老板，因为经营的是儿童玩具，所以我选择为他设计一款非常'卡通、梦幻'的'卡其风格'的装修模板。"何佳茹说，卡其风格偏可爱甜美，受到国内不少小朋友的追捧。她花费了半个月的时间，为这家店老板做成了这款模板。没想到网店开业后效益很不错，何佳茹的名号也慢慢在市场内打响，越来越多的商户开始找她设计装修网店。

随着客户越来越多，何佳茹想到了开一家自己的装修网店淘宝铺，把这款模板放到网上去卖，"模板是针对标准版旺铺设计制作的，没想到做出来以后反响很不错。"何佳茹说，这款定价100元的模板不到一个月便销售了80多件，为她赚得了第一桶金。初尝甜头的她又制作出了一系列旺铺模板，淘宝上销售情况都相当不错。而她也越来越肯定这个行业大有可为。开发新模板的同时，她也不断学习，给自己充电。如今，她的硬盘里，塞满了素材和模板成品，而也已经开发出了100多款店铺模板。

虽然自己的淘宝装修小店生意还不错，何佳茹却有着自己的想法，"现在干这行的人越来越多了，生意也越来越不好做，淘宝上'卖家装修市场'推出以后，方便快捷，很多人就直接在那儿购买了。"她说，自己的下一步计划就是成立自己的工作室，找几个大学同学参与进来；自己也要不断学习，成为"卖家装修市场"的实名认证设计师，虽然收入会同淘宝分成，但相信市场会比现在更有前景。

做一个网店装修师跟普通的平面设计有什么不同呢？很多人以为网店装修师只要会设计就行了，其实不是。要想成为一个网店装修师，他首先要很熟悉电商这一套体系和规则，首先要让自己成为一个卖家，要知道自己卖的是什么，卖家的目的在哪里，怎样才能把这些特色挖掘出来，成为卖点。第二还要成为一个买家，熟悉买家的购物习惯，还有他们愿意进什么样的店铺，什么样的设计让他们舒服。比如，有的设计师很高傲，喜欢很酷的设计，但这要是用在母婴用品上显然不合适。有的喜欢用黑底色，这样的话，宝贝描述看起来就非常费眼，顾客停留的时间必然不长。

现在的网店"装修"市场日渐壮大，在不少网络论坛中都能看到发帖寻找能人"装修"网店的人。而淘宝上，也冒出了越来越多专门开网店"装修"的店主，对此，何佳茹说，做网络"装修"不容易，所有的业务都要自己打理，工作量和难度并不小，需要很高的综合素质。同时，收入不确定、缺乏相应的社会保障，这些将成为网络"装修"业务发展的瓶颈。

第 **9** 章　设计店铺装修素材

如今，淘宝上的店铺数不胜数。在茫茫的店铺中，有的店铺让人相见恨晚，终生难忘；有的店铺却是让人飘过看过，毫无印象；有的店铺买家重复购买，死心塌地；而有的店铺买家买了一次之后一去不返。你的店铺是属于哪一种呢？网店的装修效果往往是买家对店铺的"第一印象"，专业、美观的店铺页面能为你的商品加分，还能增加买家对网购的信任，甚至让买家一进店里就有购物的冲动！本章将介绍网店装修素材的设计，带给你店铺装修美化的小技巧！

9.1 设置制作公告栏

公告栏是店铺发布最新信息、促销信息或店铺经营范围等内容的区域。通过公告栏发布内容，可以方便顾客了解店铺的重要信息。

9.1.1 公告栏制作的注意事项

卖家在淘宝网开店后，淘宝网已经为店铺提供了公告栏的功能，卖家可以在"管理我的店铺"页面中设置公告的内容。卖家需要了解并注意一些事项，以便制作出效果更好的公告栏。

（1）淘宝基本店铺的公告栏具有默认样式，如图 9-1 所示。卖家只能在默认样式的公告栏上添加公告内容。

图 9-1 公告栏

（2）由于店铺已经存在默认的公告栏样式，而且这个样式是无法更改的，因此卖家在制作公告栏时，可以将默认的公告栏效果作为参考，使公告的内容效果与之搭配。

（3）淘宝基本店铺的公告栏设置了默认滚动的效果，在制作公告时无需再为公告内容添加滚动设置。

（4）公告栏内容的宽度不要超过 480 像素，否则超出的部分将无法显示，而公告栏的高度可随意设置。

（5）如果公告栏的内容为图片，那么需要指定图片在互联网上的位置。

9.1.2 将图片上传到淘宝图片空间

要以图片作为公告栏的内容，需要先将图片上传到淘宝图片空间，具体操作步骤如下。

（1）登录到淘宝网，进入到卖家中心，单击"店铺管理"下面的"店铺装修"超链接，如图 9-2 所示。

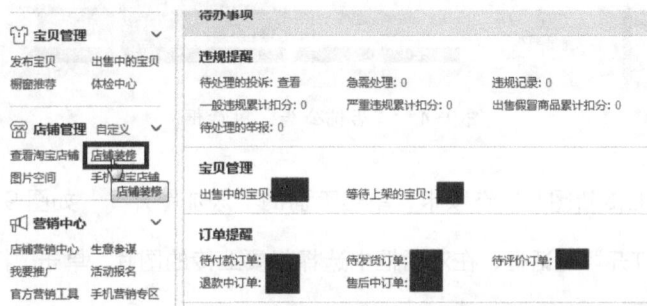

图 9-2 单击"店铺装修"超链接

（2）进入"店铺装修"页面，单击"店铺公告"右侧的"编辑"按钮，如图 9-3 所示。

图 9-3 单击"编辑"按钮

（3）弹出"店铺公告"对话框，单击"插入图片空间图片"按钮，如图9-4所示。

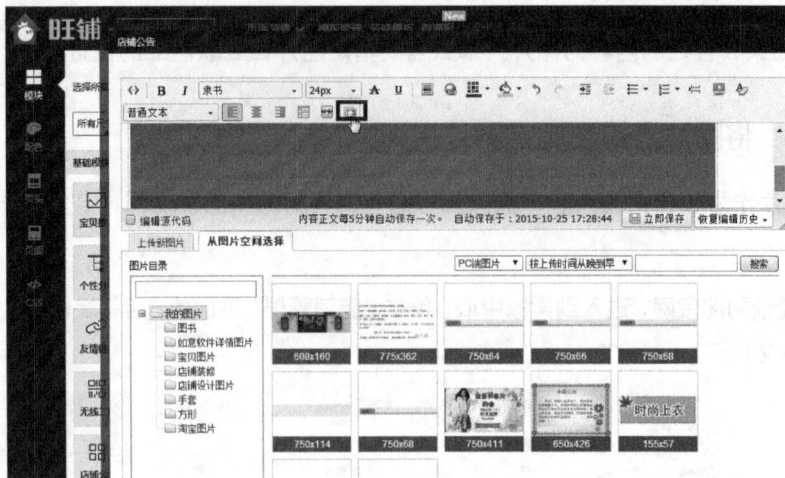

图9-4 "店铺公告"对话框

（4）选择"上传新图片"选项卡，单击下面的"添加图片"，如图9-5所示。

（5）弹出"打开"对话框，在对话框中选择想要上传的图片，单击"打开"按钮，如图9-6所示。

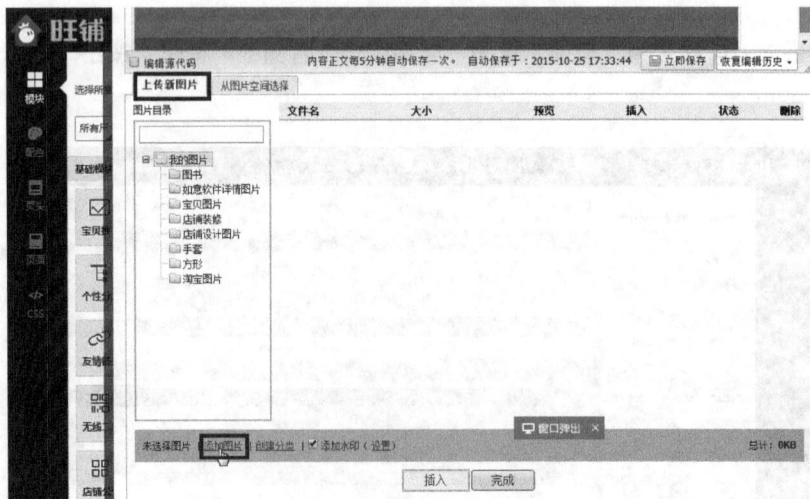

图9-5 单击"添加图片"

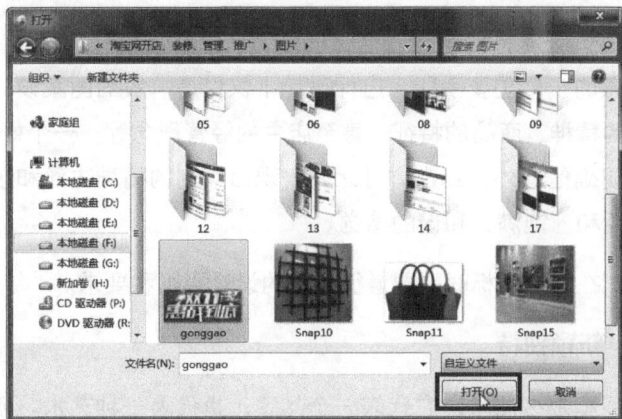

图 9-6 "打开"对话框

（6）单击底部的"插入"按钮，如图 9-7 所示，即可插入图片。

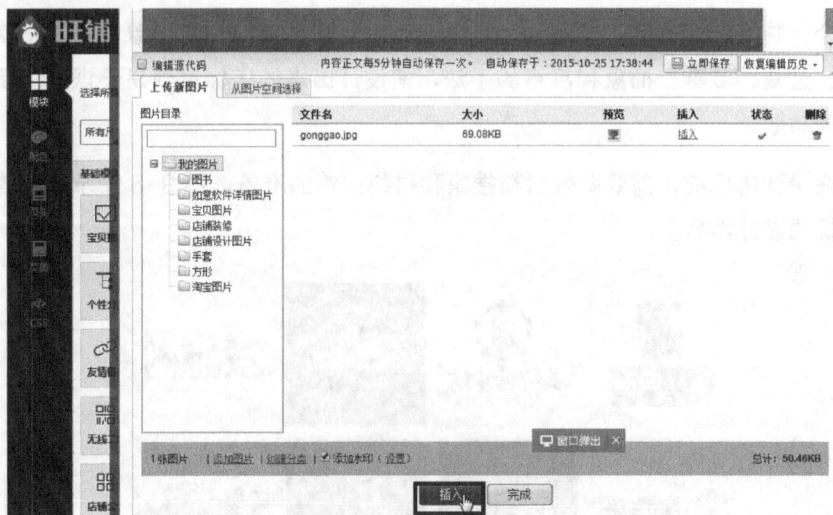

图 9-7 插入图片

9.2 设计具有视觉冲击力的店标

店标是店铺最重要的标志之一，一个好的店标可以给顾客留下深刻的印象，让买家更容易记得店铺。下面将讲述怎样设计好一个出色的店标，让更多的买家光临。

9.2.1 店标设计的原则

店标是传达信息的一个重要手段，店标设计不仅仅是一般的图案设计，最重要的是要体现店铺的精神、商品的特征，甚至店主的经营理念等。一个好的店标设计，除了给人传达明确信息外，还在方寸之间表现出深刻的精神内涵和艺术感染力，给人以静谧、柔和、饱满、和谐的感觉。

要做到这一点，在设计店标时需要遵循一定的设计原则和要求。

1. 富于个性，新颖独特

店标并非一个图案那么简单，它代表一个品牌，也代表一种艺术。所以店标的制作可以说是一种艺术创作，需要设计者从生活中、从店铺规划中捕捉创作的灵感。

店标是用来表达店铺独特性质的，要让买家认清店铺的独特品质、风格和情感。因此，店标在设计上除了要讲究艺术性外，还需要讲究个性化，让店标与众不同。

设计个性独特店标的根本性原则就是要设计出可视性高的视觉形象，要善于使用夸张、重复、节奏、抽象和寓意的手法，使设计出来的店标达到易于识别、便于记忆的功效。

店主在设计店标前，需要做好材料搜集和材料提炼的准备。图 9-8 所示是一些个性店标的设计作品。

图 9-8 具有个性的店标

2. 简练明确、信息表达

店标是一种直接表达的视觉语言，要求产生瞬间效应，因此店标设计要求简练、明确、醒目。图案切忌复杂，也不宜过于含蓄，要做到近看精致巧妙，远看清晰醒目，从各个角度、各个方向上看都有较好的识别性。

另外，店标不仅仅是起视觉的作用，还表达了一定的含义，给买家传达了明确的信息。

3．符合美学原理

店标设计要符合人们的审美观点，买家在观察一个店标的同时，也是一种审美的过程。在审美过程中，买家把视觉所感受的图形，用社会所公认的相对客观的标准进行评价、分析和比较，引起美感冲动。这种美的冲动会传入大脑而留下记忆。因此，店标设计要具有形象感、简练清晰的视觉效果和视觉冲击力。

店标的造型要素有点、线、面、体 4 类。设计者要借助这 4 种要素，通过掌握不同造型形式的相关规则，使所构成的图案具有独立于各种具体事物结构的美。

9.2.2 店标制作的基本方法

店标的设计是一项高度艺术化的创造活动。没有良好艺术素养和设计技术的人无法制作出个性化并具有高价值的店标。对于淘宝店标，按照其状态可以分为动态店标和静态店标。

1．制作静态店标

一般来说，静态店标由文字、图像构成。其中有些店标用纯文字表示，有些店标用纯图像表示，也有一些店标既包含文字也包含图像。

有商品标志的卖家，可以将商标用数码相机拍下，然后用 Photoshop 软件处理，或通过扫描仪将商标扫描下来，再通过图像处理软件来编辑。

如有绘图基础的卖家，可以利用自己的绘图技能，先在稿纸上画好草图，然后用数码相机或使用扫描仪扫描的方法将图像输入计算机，再使用图像处理软件进行绘制和填充颜色。

2．制作动态店标

对于网店而言，动态店标就是将多个图像和文字效果构成 GIF 动画。这种动态店标可以使用 GIF 制作工具来制作完成，如 easyGIF Animator、Ulead GIF Animator 等软件都可以制作 GIF 动态图像。

设计前准备好背景图片及商品图片，然后考虑要添加什么文字，例如店铺名称或主打商品等，接着使用软件制作即可。图 9-9 所示为使用 Photoshop CC 制作出的 GIF 格式的店标。

图 9-9 使用 Photoshop CC 制作 GIF 格式的店标

9.2.3 设计网店的店标

下面使用 Photoshop CC 制作一个静态的网店店标，具体操作步骤如下。

（1）打开 Photoshop 软件，新建一个 100 像素 ×100 像素的文档，如图 9-10 所示。

（2）打开一幅图像文件，如图 9-11 所示。

图 9-10 新建文档

图 9-11 打开一幅图像文件

（3）在工具箱中选择"矩形选框工具"，如图 9-12 所示。

（4）选择"矩形选框"工具后，将鼠标指针移动到图像上，按住鼠标左键进行拖动，拖动到合适的大小，释放鼠标左键，效果如图 9-13 所示。

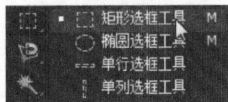

图 9-12　选择"矩形选框工具"　　　　　　图 9-13　选择图像

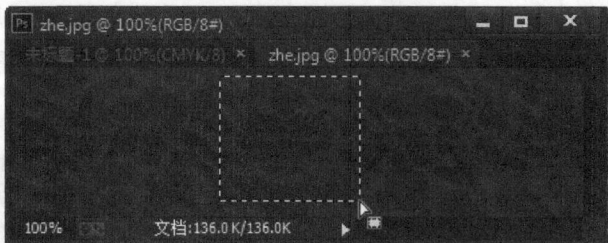

（5）选择"编辑"|"复制"命令，返回"未标题 1"窗口，再次选择"编辑"|"粘贴到当前位置"命令，粘贴图像的效果如图 9-14 所示。

（6）选择"编辑"|"变换"|"缩放"命令，此时图像的周围出现了调整节点，效果如图 9-15 所示。

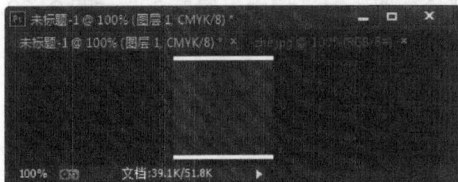

图 9-14　粘贴图像　　　　　　　　　　图 9-15　调整节点

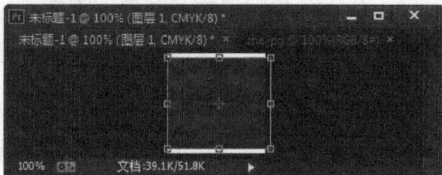

（7）将鼠标指针移动到选框的节点上，按住鼠标左键进行拖动，如图 9-16 所示。

（8）拖动节点到合适的大小，释放鼠标左键，效果如图 9-17 所示。

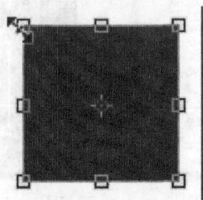

图 9-16　拖动节点　　　　　图 9-17　释放鼠标

（9）调整到合适的大小后，在工具箱中选择"移动"工具，将图片移动到合适的位置，效果如图 9-18 所示。

（10）单击键盘上的"Enter"键，应用变换。选中"图层"面板中的"背景"图层，单击"图层"面板底部的"创建新建图层"按钮，在"背景"图层上方新建一个图层，效果如图 9-19 所示。

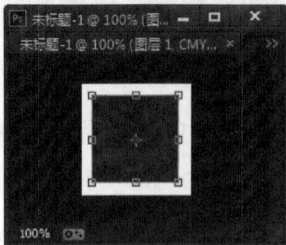

图 9-18　调整图像

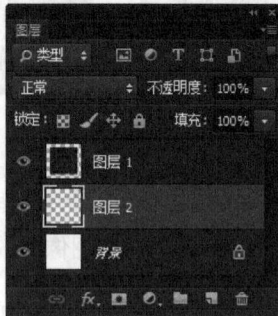

图 9-19　新建图层

（11）在工具箱中单击"颜色"图标，在"拾色器"对话框中设置颜色，如图 9-20 所示。

（12）在工具箱中选择"矩形"工具，按住鼠标左键在图像上进行拖动光标，拖动到合适的大小，释放鼠标左键，矩形效果如图 9-21 所示。

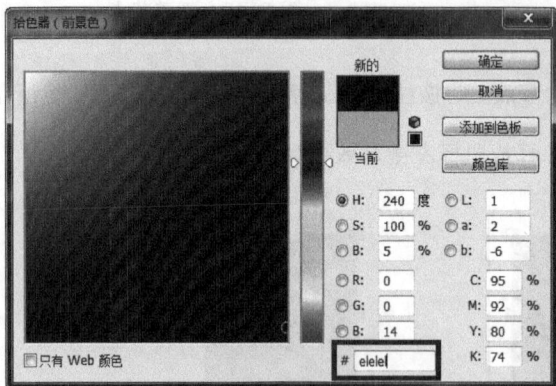

图 9-20　"拾色器"对话框

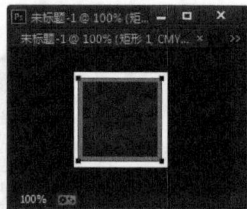

图 9-21　绘制矩形

（13）选中"形状 1"图层，在不透明度框中将不透明度设置为 60%，如图 9-22 所示。

（14）调整好透明度，此时的矩形效果如图 9-23 所示。

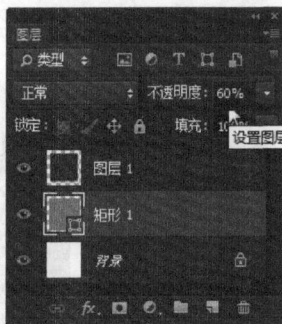

图 9-22　设置不透明度

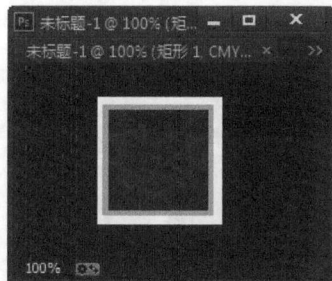

图 9-23　矩形效果

（15）在工具箱中选择"画笔"工具，在工具选项栏中设置画笔的大小和样式，效果如图 9-24 所示。

（16）新建一个图层，在图像上，效果如图 9-25 所示。

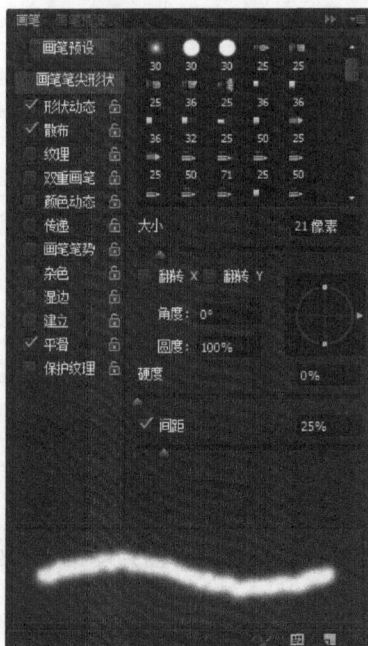

图 9-24　选择"画笔"工具

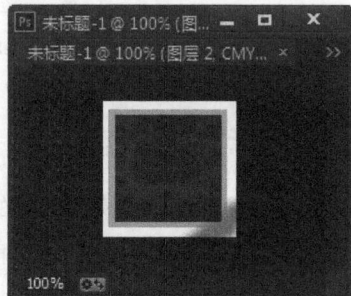

图 9-25　绘制深色区域

（17）按照上述操作步骤，在左上角绘制对称的区域，效果如图 9-26 所示。

（18）使用工具箱中的"文本"工具，在图像的底部输入文字，如图 9-27 所示。

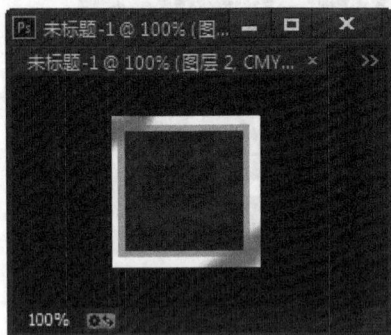

图 9-26　绘制图形　　　　　　　　　　图 9-27　输入文字

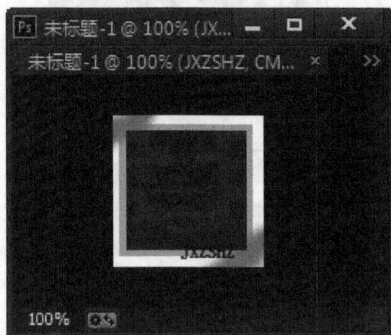

（19）使用文字工具，在图像上输入文字"依蝶儿"，效果如图 9-28 所示。

图 9-28　输入文字

9.2.4　将店标发布到店铺

设计好店标后，就可以通过淘宝网上的店铺管理工具将店标图片发布到网络店铺上。下面将详细讲解将店标发布到店铺上的操作方法。

（1）登录淘宝网，进入"我的淘宝"，单击"我是卖家"下面的"店铺基本设置"超链接，如图 9-29 所示。

（2）进入"店铺基本设置"页面，单击"上传店标"按钮，如图 9-30 所示。

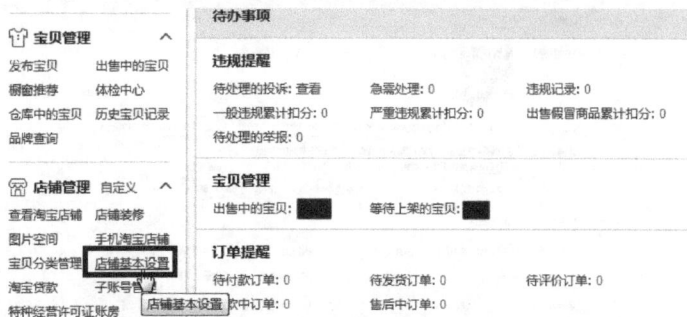

图 9-29　"店铺基本设置"超链接

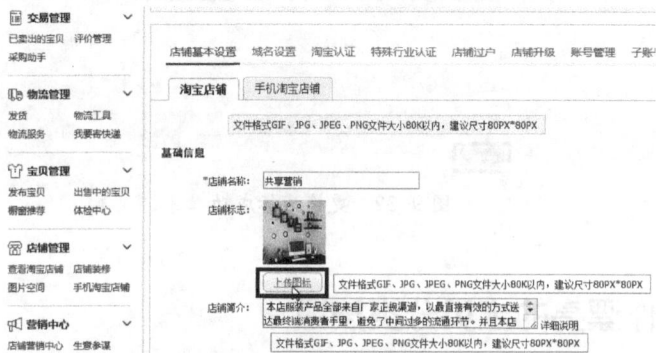

图 9-30　单击"上传店标"按钮

（3）弹出"打开"对话框，选择相应的文件，单击"打开"按钮，如图 9-31 所示。

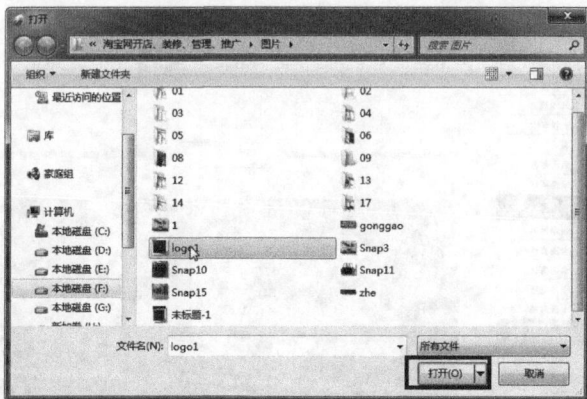

图 9-31　"打开"对话框

（4）单击页面下面的"保存"按钮，即可上传成功，如图 9-32 所示。

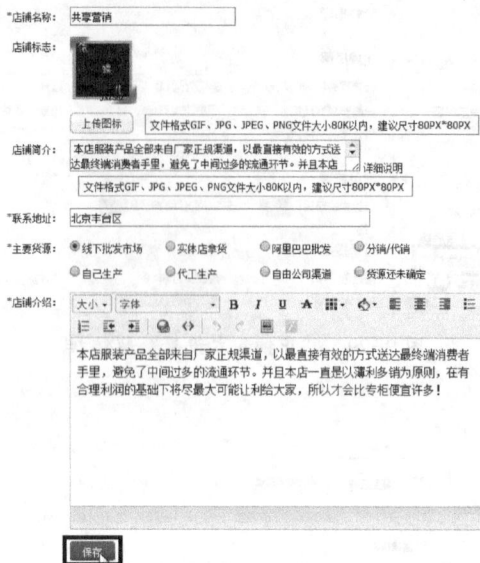

图 9-32 更换店标成功

9.3 制作漂亮的宝贝分类按钮

为了满足卖家放置各种各样商品的要求，淘宝网基本店铺提供了"宝贝分类"的功能，卖家可以针对自己店铺的商品建立对应的分类，如图 9-33 所示。

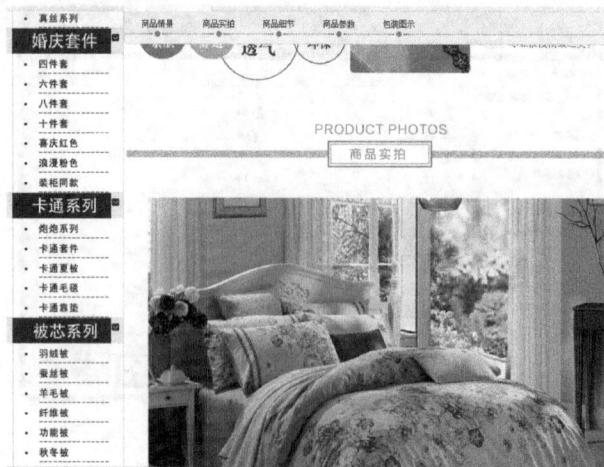

图 9-33 宝贝分类

9.3.1 宝贝分类制作的重要事项

在默认的情况下，淘宝网基本店只以文字形式显示分类，但卖家可以花一点心思，制作出很漂亮的宝贝分类图，然后添加到店铺的分类设置上，即可产生出色的店铺分类效果。

在制作宝贝分类和进行相关设置前需要了解并注意一些事项。

（1）在分类名称中填写汉字或英文，为该分类添加可单击的图标，以便查看设置。

（2）如果店铺已经有了整体的装修风格，那么宝贝分类的设计就需要从整体的装修风格出发，让分类的设计符合店铺的装修要求。

（3）宝贝分类的图片宽度不能大于 150 像素，图片的高度不限。如果图片宽度大于 150 像素，当显示器分辨率小于或等于 1024 像素 ×768 像素时，就会造成店铺首页宝贝分类栏右边的宝贝列表下沉，看起来不美观；在分辨率大于 1024 像素 ×768 像素时，是不会出现这种情况的。

（4）卖家可以根据宝贝分类再添加子分类，让宝贝分类更合理，更方便买家浏览。

（5）在已有宝贝的分类下，不能创建子分类。建议先新建分类及子分类，再将宝贝转移到子分类中。

9.3.2 制作分类按钮图片

了解了制作宝贝分类的相关事项后，下面将使用 Photoshop CC 软件来制作宝贝分类图片，具体操作步骤如下。

（1）启动 Photoshop CC，新建一个 300 像素 ×400 像素的文档文件，如图 9-34 所示。

（2）在工具箱中选择"矩形选框"工具，按住鼠标左键在文档文件中拖动光标，拖动到合适的大小时，释放鼠标左键，即可绘制一个如图 9-35 所示的矩形选区。

（3）单击工具箱中的"颜色"图标，弹出"拾色器"对话框，在对话框中设置颜色，效果如图 9-36 所示。

（4）选择"编辑"|"填充"命令，弹出"填充"对话框，在对话框中进行设置，如图9-37所示。

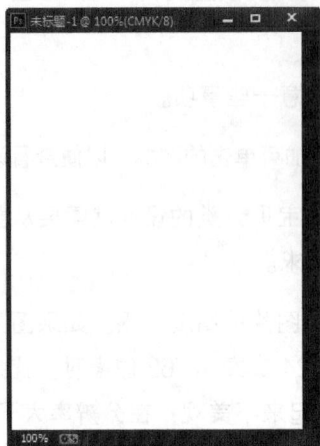

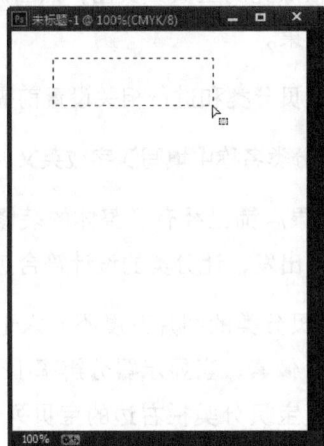

图 9-34　新建文档　　　　　　　　　　图 9-35　绘制矩形选区

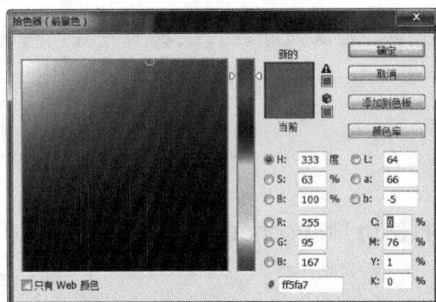

图 9-36　"拾色器"对话框　　　　　　图 9-37　"填充"对话框

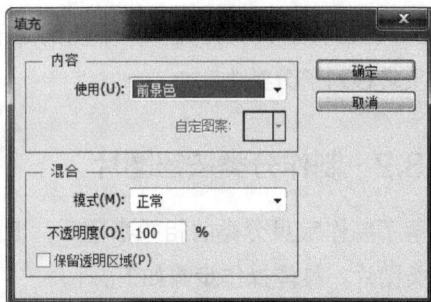

（5）单击"确定"按钮，为矩形填充颜色，效果如图9-38所示。

（6）使用工具箱中的"矩形选框"工具，在已有的矩形上绘制一个小的矩形选区，如图9-39所示。

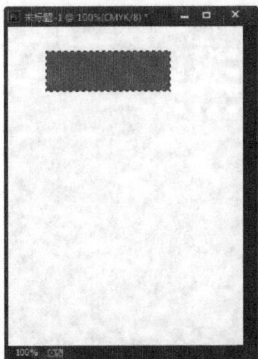

图 9-38　为矩形填充颜色　　　　　　图 9-39　绘制一个小的矩形选区

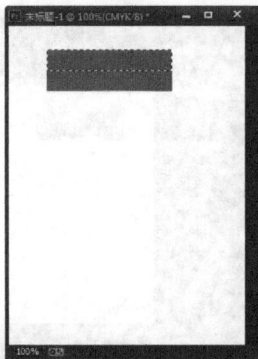

（7）在工具箱中选择"颜色"图标，在弹出的颜色设置框中设置要填充的颜色，
选择"编辑"|"填充"命令，弹出"填充"对话框，在对话框中进行设置，如
图 9-40 所示。

（8）单击"确定"按钮，在小的矩形选区中填充颜色，效果如图 9-41 所示。

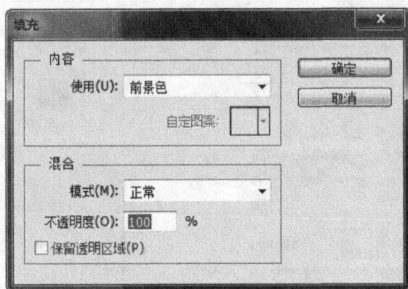

图 9-40　"填充"对话框　　　　　　图 9-41　填充颜色

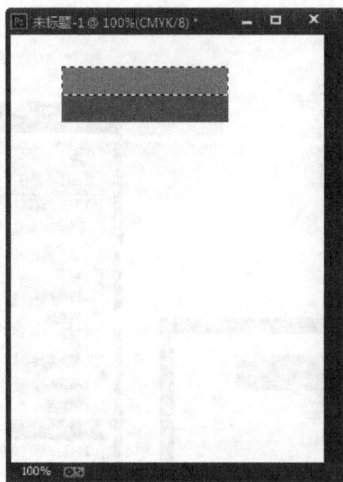

（9）在工具箱中选择"自定义形状"工具，在选项栏中选择"形状"|"雪花"，
如图 9-42 所示。

图 9-42 自定义形状

（10）在图像上进行绘制，如图 9-43 所示。

（11）选中雪花，选择"图层"|"图层样式"|"外发光"命令，弹出"图层样式"对话框，如图 9-44 所示。

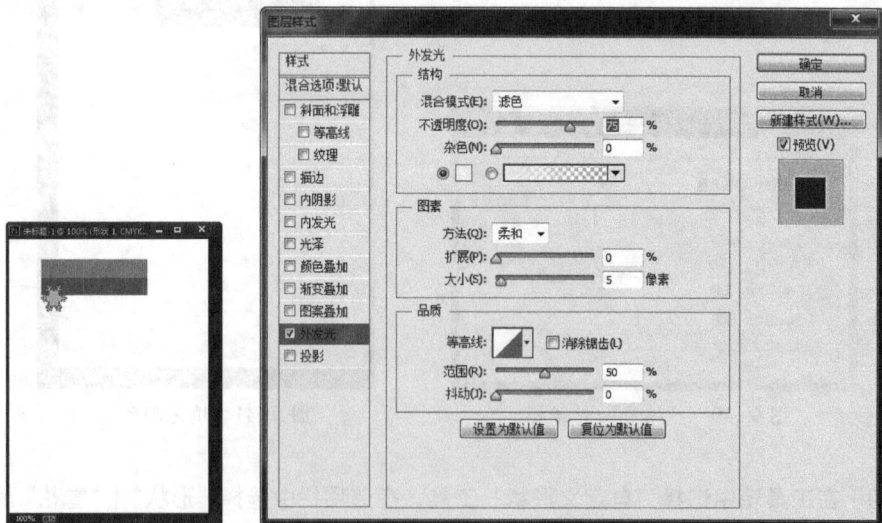

图 9-43 绘制图形

图 9-44 "图层样式"对话框

（12）设置好外发光样式，单击"确定"按钮，设置的图层样式效果如图9-45所示。

（13）按照上述操作步骤，绘制其他的雪花，并添加效果，效果如图9-46所示。

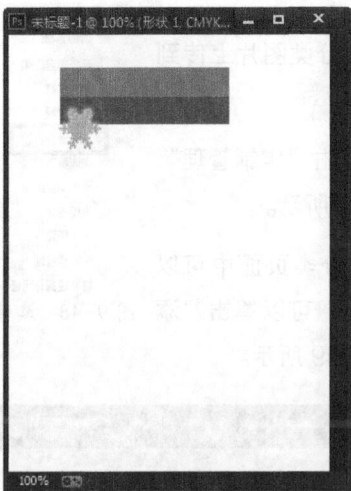

图9-45 设置的图层样式效果

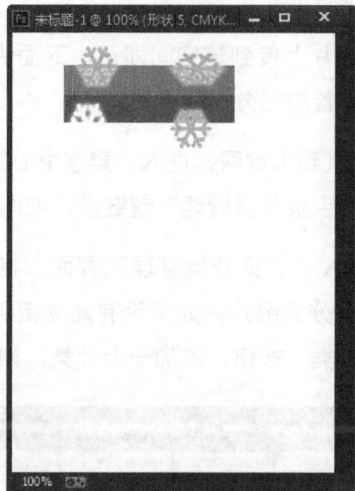

图9-46 绘制其他的雪花

（14）使用工具箱中的"文本"工具，在图像上输入文字，效果如图9-47所示。

（15）按照上述操作步骤，制作其他的按钮。

图9-47 图像上输入文字

9.3.3 上传图片并设置店铺的分类

制作宝贝分类图片后，可以登录淘宝网店铺，根据商品的分类将分类图指定到各个分类项目上。

将分类图片上传到该空间即可。下面讲述将分类图片上传到空间并设置店铺分类的方法。

（1）登录到淘宝网，进入"卖家中心"，单击"店铺管理"下面的"宝贝分类管理"超链接，如图 9-48 所示。

（2）进入"宝贝分类管理"页面，在宝贝分类页面中可以修改宝贝分类图片。如果没有建立宝贝分类，可以单击"添加手工分类"按钮，添加一个分类，如图 9-49 所示。

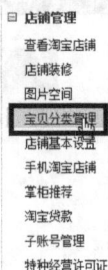

图 9-48 卖家中心

图 9-49 单击"添加手工分类"按钮

（3）添加分类后，单击该分类标题右边的"添加图片"图标，弹出"添加图片"对话框，如图 9-50 所示。

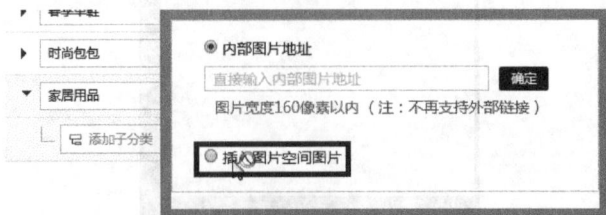

图 9-50 单击"插入图片空间图片"单选按钮

（4）弹出"插入图片空间图片"对话框，单击底部的"添加图片"超链接，如图 9-51 所示。

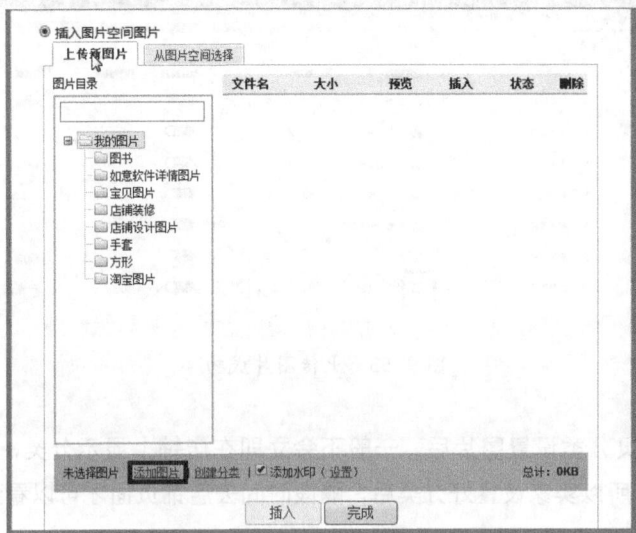

图 9-51 "插入图片空间图片"对话框

（5）弹出"打开"对话框，在对话框中选择相应的图片，单击"打开"按钮，如图 9-52 所示。

图 9-52 "打开"对话框

（6）上传图片成功，单击"保存更改"按钮，如图 9-53 所示。

图 9-53　上传图片成功

（7）添加宝贝分类设置图片后，一般不会立即在店铺上显示分类，大概几小时后才能开通，所以卖家设置好分类后，隔段时间去店铺页面才可以看到效果。

9.4　制作宝贝描述模板

要想成功推销自己的商品，需要在商品描述中下功夫，以吸引买家进行交易。宝贝描述模板通常是指包含在宝贝描述在内的宝贝介绍页面。可以将这样的页面设计成一个模板，其他宝贝都可以使用这个模板进行展示。

9.4.1　宝贝描述模板的设计要求

漂亮美观的宝贝描述页面，不仅为宝贝的介绍增色不少，并在一定程度上增加了买家的浏览时间，无形中会增加更多出售宝贝的机会。

目前淘宝网上有很多宝贝描述模板由懂设计的卖家来制作或出售，其他人可以很方便地购到一个美观的宝贝描述模板。刚开店的卖家如果资金不足，可以自己设计宝贝描述模板，在不花钱的同时，也可以随心所欲地设计出自己的宝贝描述页面。在设计和制作宝贝描述模板前，需要了解并注意一些事项。

（1）宝贝描述模板就是店铺的形象页面，其他设计例如公告栏、店标、签名等也会根据此模板的风格来设计，所以宝贝描述模板的设计风格非常重要。

（2）宝贝描述页是应用在网页上的，卖家可以通过浏览器来浏览，所以宝贝描述的设计要符合 HTML 语法的要求。

（3）为了让宝贝描述页面在浏览器中尽可能快地显示，建议不要在宝贝描述模板中使用过多的大图。

（4）在宝贝店铺管理页面上直接设计宝贝描述并不方便，建议先在本地设计好宝贝描述模板，并将相关的图片上传到相册，然后将模板的 HTML 代码粘贴到店铺描述的设置上。

（5）宝贝描述页上的图片地址链接必须正确，否则图片在页面上将不能显示。

9.4.2　宝贝描述模板的设计

可以先根据宝贝描述的要求，使用 Photoshop 设计一个模板的版面，然后将版面切割成网页文件保存，接着使用 Dreamweaver 软件进行排版。最后将排版后的网页文件上传到一个空间，然后将网页的 HTML 代码复制到宝贝描述中，一定要在"编辑源文件"模式下复制 HTML 代码。这里主要讲述使用 Photoshop CS4 设计宝贝描述模板的过程。

（1）启动 Photoshop CS4，新建一个 700 像素 ×1100 像素的空白文档，使用工具箱中的"矩形选框"工具，在图像上绘制一个矩形选区，并填充颜色（可根据需要自定义），效果如图 9-54 所示。

（2）打开一幅图像文件，如图 9-55 所示。

图 9-54　填充颜色　　　　　图 9-55　打开图像文件

（3）打开另外一个文档，选中图层1，将其拖动到另外一个文档中，效果如图9-56所示。

（4）将图层拖动到合适的位置，释放鼠标左键后，效果如图9-57所示。

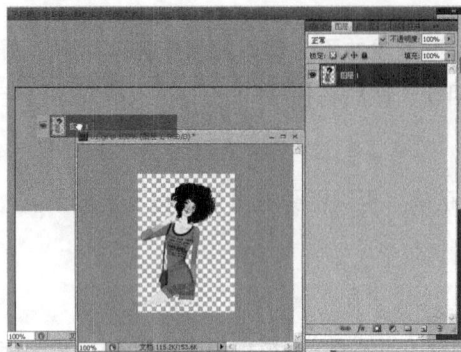

图9-56 设置图层

图9-57 拖动图像

（5）在工具箱中选择"移动"工具，将其移动到图像上，对图像进行调整，效果如图9-58所示。

（6）在工具箱中选择"文本"工具，在图像上输入文字，如图9-59所示。

图9-58 调整图像

图9-59 输入文字

（7）选中文字，选择"图层"|"图层样式"|"描边"命令，弹出"图层样式"对话框，在对话框中设置描边的样式，效果如图9-60所示。

（8）单击"确定"按钮，设置的文字描边效果如图 9-61 所示。

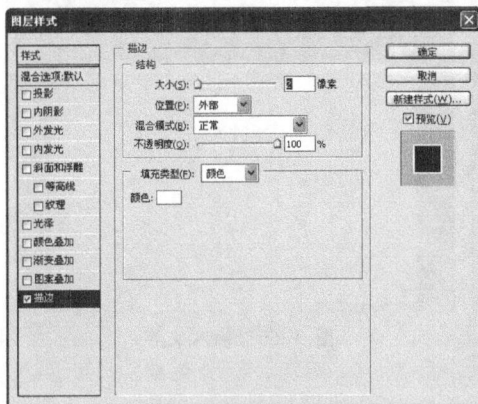

图 9-60 设置描边

图 9-61 设置文本描边效果

（9）在工具箱中选择"圆角矩形"工具，在图像上绘制一个圆角矩形，效果如图 9-62 所示。

（10）选择"图层"|"图层样式"|"描边"命令，弹出"图层样式"对话框，在对话框中设置描边的样式，效果如图 9-63 所示。

图 9-62 设置圆角矩形

图 9-63 设置描边

（11）使用工具箱中的"线条"工具，在图像上绘制一个线条，效果如图 9-64 所示。

（12）使用工具箱中的"文本"工具，在图像上输入文字，效果如图 9-65 所示。

图 9-64 绘制线条

图 9-65 输入文字

（13）使用工具箱中的"文本"工具，在图像上输入文字，效果如图 9-66 所示。

（14）在工具箱中选择"自定义形状"工具，在工具选项栏中进行设置，在图像上进行绘制，效果如图 9-67 所示。

图 9-66 输入文字

图 9-67 绘制图形

（15）选中形状，选择"图层"|"图层样式"|"形状"命令，弹出"图层样式"对话框，在对话框中设置形状的样式，效果如图 9-68 所示。

（16）按照上述操作步骤，制作其他的形状，并添加描边和外发光图层样式，效果如图 9-69 所示。

图 9-68 设置形状的样式

图 9-69 绘制形状

（17）在工具箱中选择"线条"工具，在工具选项栏中设置线条，如图9-70所示。

图9-70 设置线条

（18）将工具移动到文档中，绘制线条，效果如图9-71所示。

（19）选择"编辑"|"变换"|"变形"命令，此时的线条效果如图9-72所示。

图9-71 绘制线条

图9-72 变形线条

（20）调整图像的节点，效果如图9-73所示。

（21）选中图层，单击鼠标右键，在弹出的菜单中选择"栅格化图层"将该图层转换为普通图层，效果如图9-74所示。

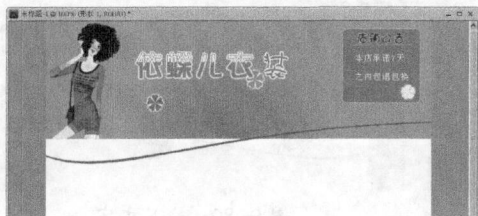
图9-73 调整节点

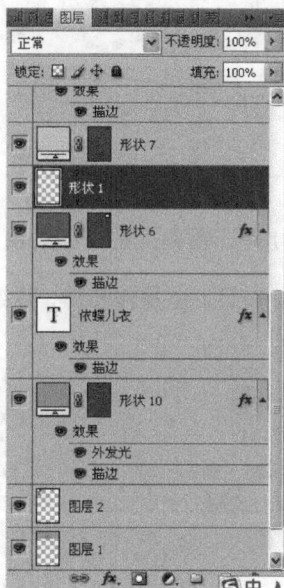
图9-74 转换普通图层

（22）按照上述步骤，绘制另外一个线条，效果如图 9-75 所示。

（23）使用工具箱中的"椭圆"工具，在图像上绘制椭圆，效果如图 9-76 所示。

图 9-75 绘制线条

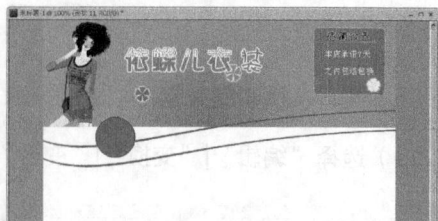

图 9-76 绘制椭圆

（24）再次使用工具箱中的"椭圆"工具，在椭圆上绘制一个椭圆，效果如图 9-77 所示。

（25）单击绘制椭圆的图层，右键单击在弹出的菜单中选择"栅格化图层"命令。再次选择工具箱"椭圆选区"在椭圆上进行绘制选区，如图 9-78 所示。

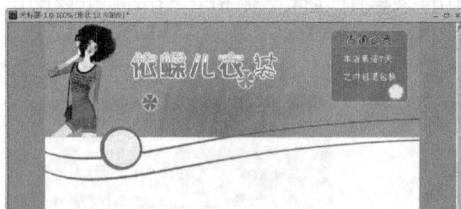

图 9-77 绘制椭圆

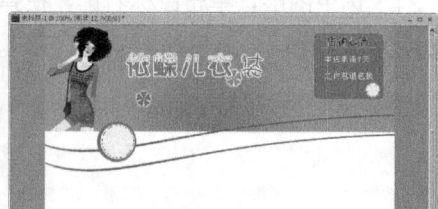

图 9-78 绘制选区

（26）单击键盘上的"Delete"键，删除选区中的内容，效果如图 9-79 所示。

（27）按照上述操作步骤，并绘制其他的按钮，并输入文字，效果如图 9-80 所示。

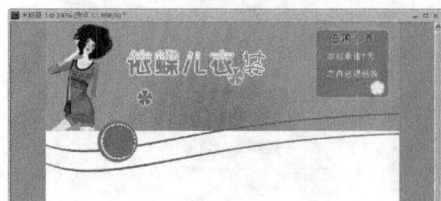

图 9-79 删除选区中的内容

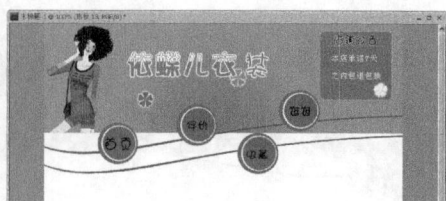

图 9-80 输入文字

（28）使用工具箱中的"圆角矩形"按钮，在图像上绘制一个圆角矩形，效果如图 9-81 所示。

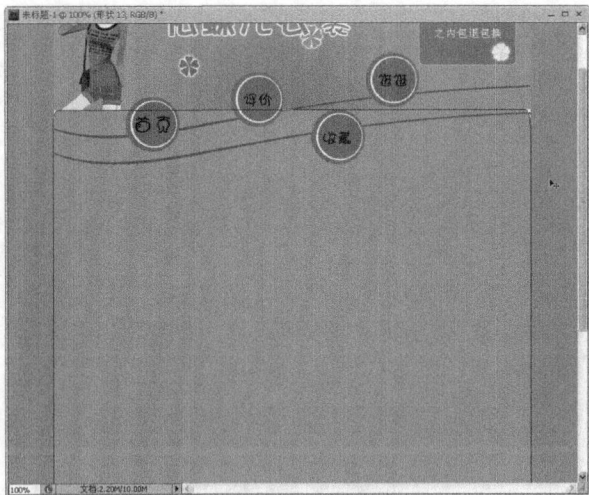

图 9-81　绘制矩形

（29）使用工具箱中的"圆角矩形"按钮，在图像上绘制大的圆角矩形，在工具选项栏中设置圆角为 2，再绘制几个小的圆角矩形，效果如图 9-82 所示。

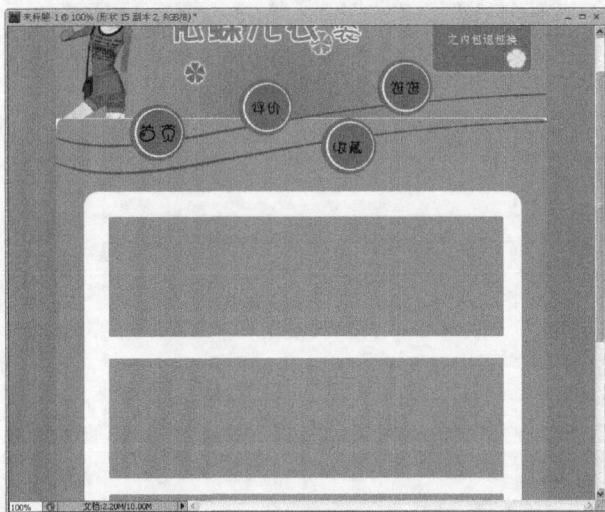

图 9-82　绘制圆角矩形

（30）选中其中一个小圆角矩形，将其图层转换为普通图层，使用工具箱中的"矩形"选区，在矩形上绘制并删除选区中的内容，效果如图 9-83 所示。

图 9-83 删除选区

（31）按照上述操作步骤，删除其他的圆角矩形中的内容，效果如图 9-84 所示。

图 9-84 删除选区

（32）使用工具箱中的"形状"工具和"横排文字"工具，在图像上绘制图形并添加文字，效果如图 9-85 所示。

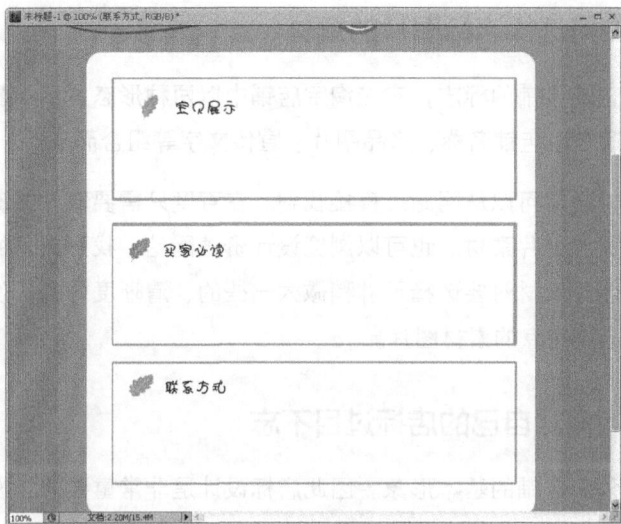

图 9-85 添加文字

（33）打开一幅图像文件，并将其中的女孩图像勾出，将其复制并粘贴到文档中，并将另外一个图像粘贴到图像的文档底部，效果如图 9-86 所示。

图 9-86 粘贴图像

9.5 开店技巧与问答

技巧 1——如何选择店标图片的素材

店标是淘宝网普通店铺的标志，它在淘宝店铺中以两种形态显示：静态图像和动态图像。店标通常由店铺名称、产品图片、宣传文字等组合而成。

店标的图片素材通常可以从网站上直接找到。在百度只需要输入关键字就可以很快找到很多相关的图片素材。也可以浏览设计资源网站，找到更多的精美、专业的图片。选择图片素材时要选择尺寸稍微大一些的、清晰度好的、没有版权问题的并适合自己店铺特点的素材图片。

技巧 2——如何让自己的店标过目不忘

店铺标志能够代表店铺的基本形象。因此店标设计是非常重要的。设计一个好的店标要从颜色、图案、字体、动画等几方面下手。在符合店铺类型的基础上，使用醒目的颜色、独特的图案、精心设计的字体，以及强烈的动画效果都可以给人留下深刻的印象。

技巧 3——店铺公告的位置可以改变吗

淘宝中提供的普通店铺公告位置是固定的，都是在店铺的右上角，并以字幕滚动的形式显示。它的尺寸，外框的风格是不能改变的，可以编辑的区域只是公告栏中的滚动部分。

技巧 4——在公告栏中可以放置哪些内容

公告栏支持大部分可以在网页中显示的元素。公告栏中常用的内容包括文字和图片，通过编辑器可以对文字样式进行设置。如果不满意，还可以在 Dreamweaver 软件中完成复杂的样式设计，再以源文件的形式粘贴到公告栏中。

技巧 5——什么样的公告更适合我

淘宝公告的显示方式：一是纯文本公告，二是图片公告，三是网页公告。使用纯文本的公告是最简单的，对于没有装修经验的店主是最方便的，但是它的样式不够美观。使用图片公告需要掌握一些 Photoshop 操作知识，制作出精美的公告效果图，但其中的文字比较固定，不够灵活。而网页公告模板使用网页的编辑方式，可以实现任何你想要的效果，当然也需要掌握更多的 Photoshop、Dreamweaver 知识。

技巧 6——添加了分类导航图片，为什么没有显示出来

添加分类导航图片后，后者进行其他店铺管理操作后，系统都有一个"缓冲"的过程，需要一些时间，可能是几秒钟，也可能是几小时，可以删除系统脱机文件和 Cookies，刷新后再查看。

技巧 7——分类中已经有商品了，但是子分类为什么无法添加

在已有的商品的分类下，不能创建子分类。需要先将分类中的商品移出，创建子分类以后，再将商品移到相应的子分类中。

案例——90 后小伙开网店，最高月赚 30 万

李俊杰的爸爸是开服装厂的，因为管理不善，破产了。2011 年，他的父亲欠下200 多万的债务，家里的房子也卖了。当时他刚考入一所大学，第一学期的学费都是找亲戚朋友借的。

为了减轻家里负担，李俊杰利用节假日在咖啡馆找了一份服务员兼职，端茶倒水，有时工作到凌晨三四点，就为了挣点生活费。为多挣点生活费，光靠在咖啡馆兼职肯定是不够的。

一次偶然的机会，李俊杰看到朋友在淘宝卖东西赚了钱，他想，别人可以开网店，自己为什么不能在网上开店呢？李俊杰立马为此付诸行动，马上在网上查阅开店的资料。为了学习网上开店的知识，他拿出打工挣来的 1000 元，买了一台二手电脑。在 QQ 上加了几十个淘宝卖家群，找老师学东西，还在淘宝大学学习开店教程。掌握了网店教程之后，另一个问题又来了，开网店也需要启动资金，这让李俊杰感到十分头痛。为了节约出资金，李俊杰只好把每个月的 800 元生活费缩减到300 元，有时候早餐和晚餐只吃咸菜和馒头。为了节约资金，就连网店的美工、运营等，都是靠自己一边学一边弄出来的。

网店刚开张的前几天，一点动静都没有，他整天都守在电脑前。一周后，李俊杰终于迎来了第一个客户。买家下单付款后，他急忙跑到物流那里发快递。去除成本、物流、来回的车费，李俊杰网店的第一单没赚到钱。虽然没赚钱，但当成功进行第一笔交易时还是很激动的。

2013 年年初，李俊杰的网店每天有四五个订单，一个订单能赚 10 块钱。在淘宝做了付费推广后，他开始陆续接到一些批发的单子。那时候全靠自己一个人，既要当客服，又要负责运营，还要负责送货到物流。

下半年，李俊杰的生意越来越好，业务也越来越忙。他招了两个客服，找了一辆二手货车，还是自己亲自去发货，他始终充满着用不完的热情和干劲。

随着网店步入正轨，2014 年，李俊杰拿出一部分钱给了父亲。父亲拿着钱又投资了一家服装厂，没想到这次做成了！直到现在，他也会在父亲资金紧张的时候，拿钱给他解决燃眉之急。令人高兴的是，现在家里的债务已经全部还清，父亲的事业在他的帮助下也开始上升。

经过短短几年的努力，李俊杰的网店迅速发展。他开始拓展业务，为一个服装厂做电商策划，进驻天猫商城运营电商销售。他还在阿里巴巴等电商平台，增拓了多个店铺网点。2015 年销售额最高时他赚了 30 万。

第10章　淘宝旺铺的使用与装修

在淘宝网开发的早期，淘宝提供的店铺只有几种简单的模板样式，使用起来很单调。为了满足卖家对店铺装修的要求，淘宝网推出了淘宝旺铺服务，让卖家可以具有更强大的店铺设置功能，同时可以订制完全属于自己的个性装修风格。

10.1　了解淘宝旺铺

淘宝旺铺支持可视化编辑，"所见即所得"的操作方式卖家，可以实现更加开放的店铺装修方式，可以自由添加模块，配合各种增强的新功能，订制出完全属于自己的个性化店铺。和一般店铺相比，淘宝旺铺有以下优势。

- 卖家可以拥有一个全新的、自定义程度更大的店铺首页，可在店铺首页设置 950 像素 ×120 像素大小的店铺招牌，如图 10-1 所示。

图 10-1　店铺招牌

- 卖家可以选择自己喜欢的装修模板，如图 10-2 所示。

图 10-2　选择自己喜欢的装修模板

- 卖家可以设置商品促销区域，支持 HTML 代码，如图 10-3 所示为商品促销区。

图 10-3　商品促销区

- 卖家可以设置自定义页面，可在模板内嵌入自定义的 HTML 代码，如图 10-4 所示。

图 10-4　设置自定义页面

10.2 制作旺铺的个性店招

当订购旺铺后，就可以开始着手装修旺铺了。装修旺铺首先要做一个个性化的招牌。有一个醒目的招牌，那么店铺的装修就成功了一半。店铺招牌是店铺十分重要的宣传工具，也是店铺的一个广告牌。设计时，招牌的识别性要强。

10.2.1 店招制作的注意事项

旺铺中每个页面都可以独立设置店招。店招可以通过旺铺的照片设置区域的功能来设置。制作和应用旺铺店招需要注意的事项有以下几点。

（1）目前，淘宝网只支持 GIF、JPG、PNG 格式的店招图片。

（2）店招图片的推荐使用尺寸为 950 像素 ×150 像素，大于这个尺寸的部分将会被裁切掉。

（3）上传店招图片。可以选择将此图片只应用到当前页面，或应用到整个店铺的页面中。

10.2.2 设计店铺招牌

店铺招牌是一个店铺的象征，一个好的店招能起到传达店铺的经营理念，突出店铺的经营风格，彰显店铺的形象的作用。下面介绍如何使用 Photoshop 制作店招。做好了店招，将其存储在自己的电脑上，然后传到店铺的店招位置就可以了。具体操作步骤如下。

（1）启动 Photoshop CS4，新建一个 800 像素 ×150 像素的空白文档，在工具箱中选择"颜色"工具，单击工具栏中的"渐变"图标，在弹出的"渐变编辑器"对话框中设置渐变的颜色，效果如图 10-5 所示。

（2）单击"确定"按钮，将鼠标指针移动到文档中，从右到左进行拖动，如图 10-6 所示。

（3）释放鼠标后，文档中的渐变效果如图 10-7 所示。

（4）使用工具箱中的"椭圆"工具，在图像上绘制多个圆，效果如图 10-8 所示。

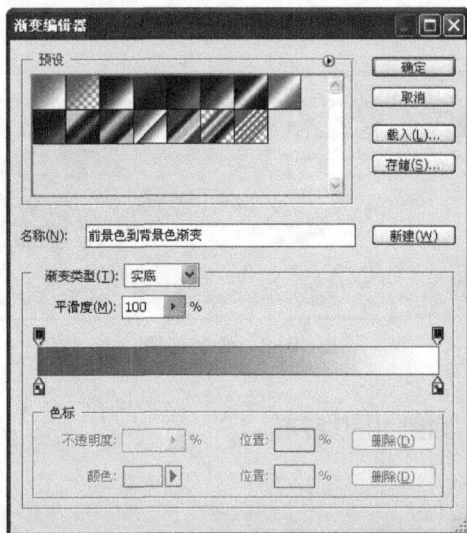

图 10-5 "渐变编辑器"对话框

图 10-6 拖动鼠标

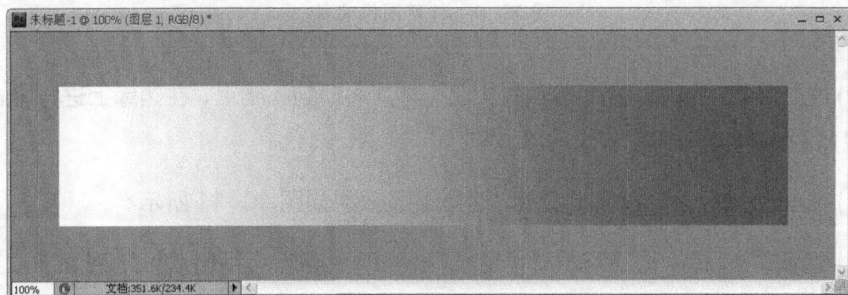

图 10-7 拖动鼠标

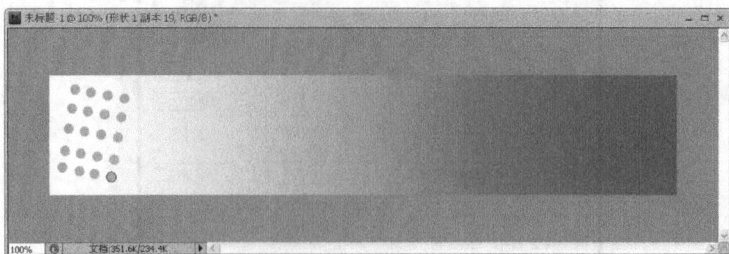

图 10-8　绘制椭圆

（5）打开图像文件，如图 10-9 所示。

图 10-9　打开图像文件

（6）在工具箱中选择"磁性套索"工具，将其移动到人物上，在边缘上进行单击，效果如图 10-10 所示。

（7）单击边缘后，释放鼠标左键，选取选区效果如图 10-11 所示。

（8）选择"选择"|"修改"|"羽化"命令，弹出"羽化选区"对话框，如图 10-12 所示。

图 10-10　单击边缘

图 10-11　选取选区

图 10-12　"羽化选区"对话框

（9）在对话框中将羽化半径设置为 2 像素，单击"确定"按钮，羽化后的效果如图 10-13 所示。

图 10-13　羽化选区

（10）选择"编辑"|"拷贝"命令。在新建的文档中，选择"复制"|"粘贴"命令，效果如图 10-14 所示。

图 10-14　粘贴图像

（11）选择"编辑"|"变换"|"缩放"命令，调整图像的大小，效果如图 10-15 所示。

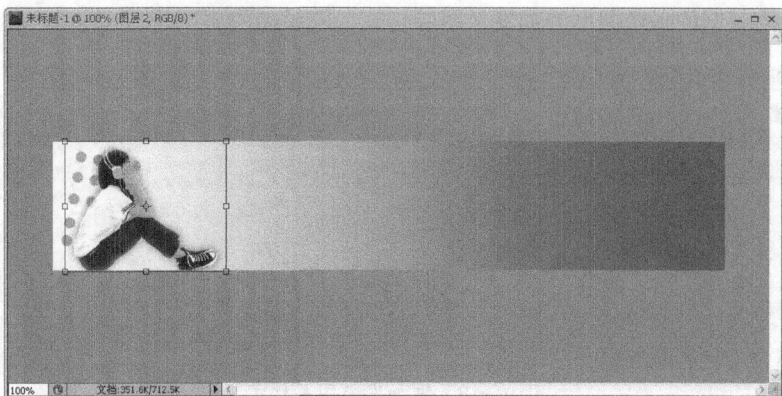

图 10-15　调整图像大小

（12）使用工具箱中的"矩形"工具，在图像上绘制多个矩形，并调整其透明度，效果如图 10-16 所示。

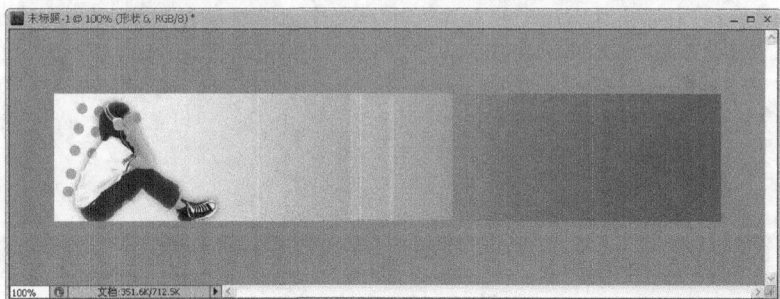

图 10-16　绘制矩形

（13）使用工具箱中的"椭圆"工具，在图像上绘制多个圆形，效果如图 10-17 所示。

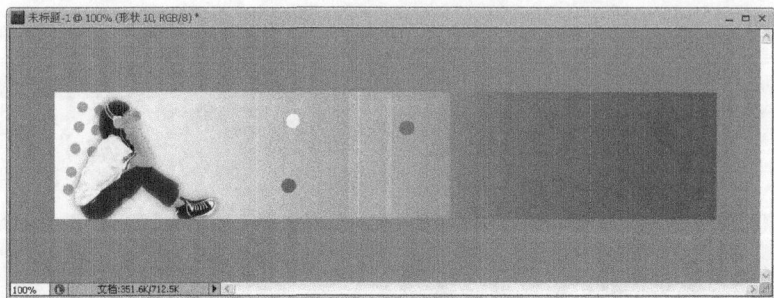

图 10-17　绘制椭圆

（14）为绘制的多个圆形添加发光图层样式，效果如图 10-18 所示。

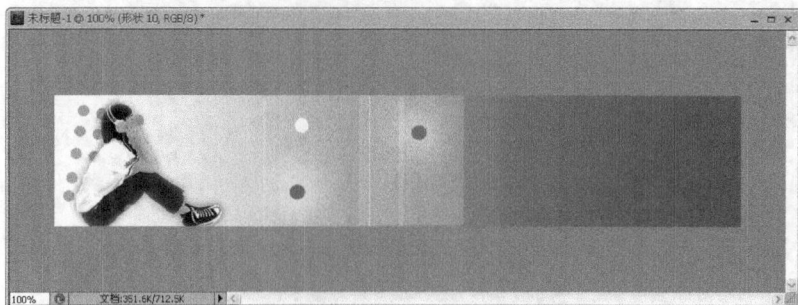

图 10-18　添加发光图层样式

（15）使用工具箱中的自定义形状工具，在图像上绘制心形图形并添加外发光图层样式，效果如图 10-19 所示。

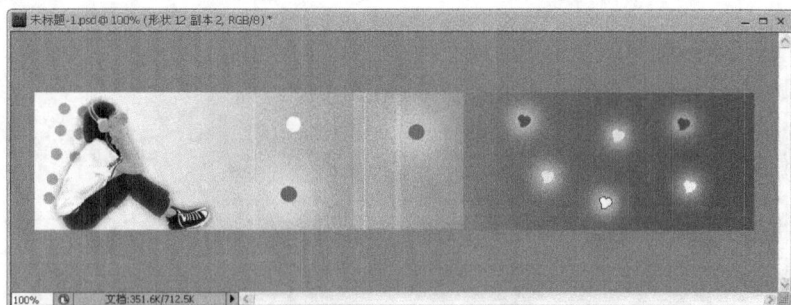

图 10-19　绘制心形

（16）使用工具箱中的"线条"工具，在图像上绘制线条，选择"编辑"|"变换"|"变形" 命令，效果如图 10-20 所示。

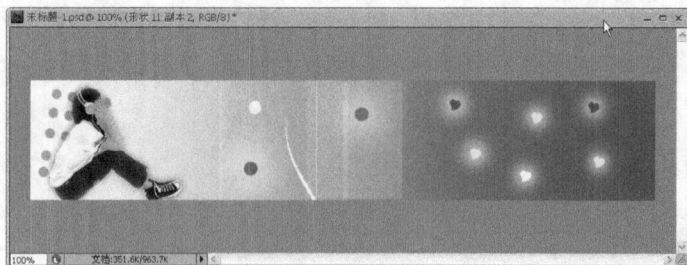

图 10-20　绘制线条

（17）使用工具箱中的"椭圆"工具，在图像上绘制一个圆形，如图 10-21 所示。

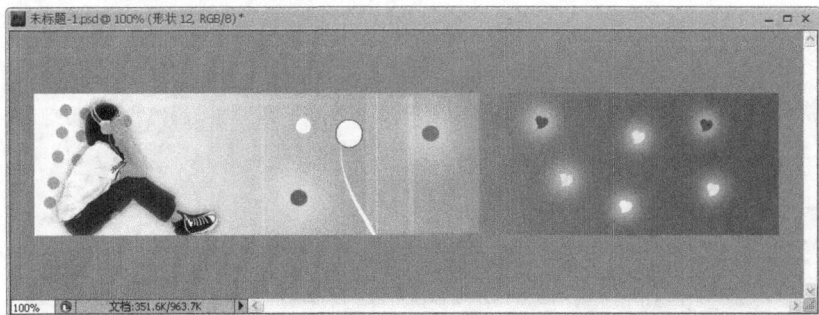

图 10-21　绘制圆形

（18）选择"滤镜"｜"模糊"｜"高斯模糊"命令，弹出提示框，效果如图 10-22 所示。

（19）单击"确定"按钮，弹出"高斯模糊"对话框，在对话框中设置模板的半径，如图 10-23 所示。

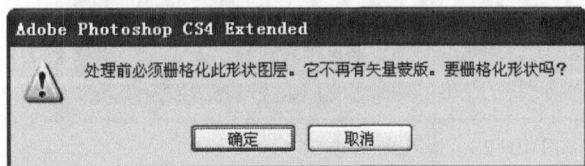

图 10-22　"高斯模糊"对话框　　　　图 10-23　"高斯模糊"对话框

（20）单击"确定"按钮，调整高斯模糊后的椭圆效果，如图 10-24 所示。

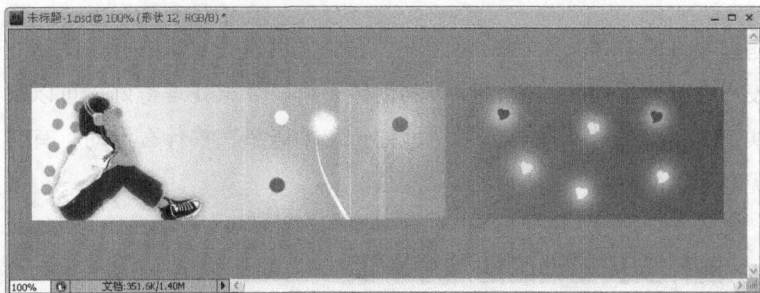

图 10-24　调整高斯模糊后的椭圆效果

（21）按照上述同样的操作步骤，制作另外一个线条和椭圆效果，如图 10-25 所示。

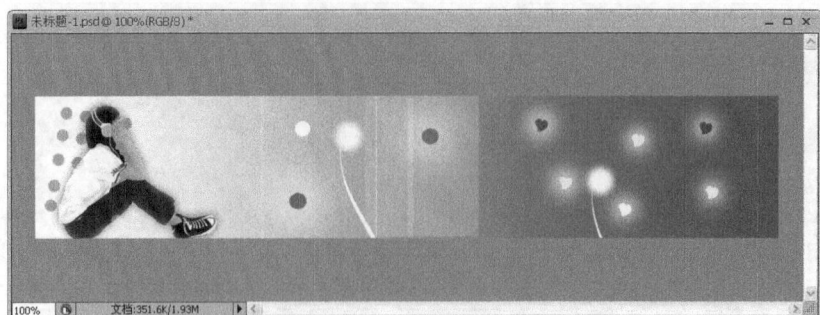

图 10-25　制作线条和椭圆

（22）使用工具箱中的"文本"工具，在图像上输入文字，并添加描边效果，如图 10-26 所示。

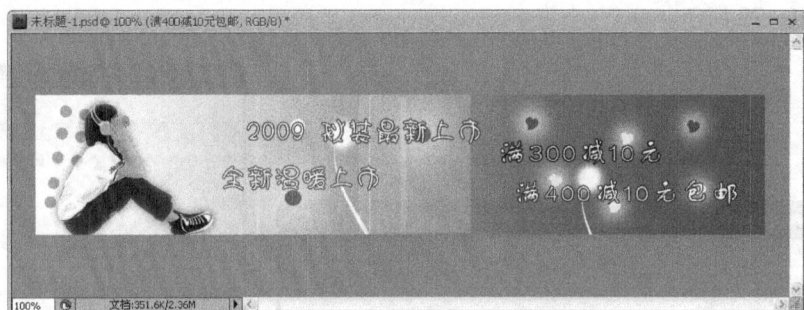

图 10-26　输入文字

10.3　设计精美个性化的淘宝旺铺促销区

宝贝促销区是旺铺非常重要的特色之一，它的作用是让卖家将一些促销信息或公告信息发布在这个区域上。就像商场的促销一样，如果处理得好，可以最大限度地吸引买家的目光，让买家一目了然地知道您的店铺在搞什么活动，有哪些特别推荐或优惠促销的商品。

10.3.1　制作宝贝促销区的注意事项

旺铺的宝贝促销区包括了基本店铺的公告栏功能，但比公告栏功能更强大、更实用。卖家可以通过促销区，装点漂亮的促销宝贝，吸引买家注意。初次使用旺铺的卖家，制作宝贝促销区时，需要注意下面几点。

（1）宝贝促销区支持 HTML 编辑，卖家可以通过编写和修改 HTML 代码制作宝贝促销区。

（2）宝贝促销区字数限制为 20 000 字符。

（3）新旺铺取消了宝贝促销区高度为 500 像素的限制，但建议不要过高，同时宽度不要超过 1024 像素，以获得最佳的浏览效果。

10.3.2　宝贝促销区的制作方法

目前，制作宝贝促销的方法基本上有 3 种。

第一种方法是通过互联网寻找一些免费的宝贝促销模块，然后下载到本地并进行修改，或者直接在线修改，在模板上添加自己店铺的促销宝贝信息和公告信息，最后将修改后的模板代码应用到店铺的促销区即可。这种方法方便、快捷，而且不用支付费用；缺点是在设计上有所限制，个性化不足。图 10-27 所示为网站提供的一些免费的宝贝模板。

图 10-27　一些免费的宝贝模板

第二种方法是自行设计宝贝促销区，如图 10-28 所示。卖家可以先使用图像制作软件设计好宝贝促销版面，然后进行切片处理并将其保存为网页，接着通过网页制作软件（如 Dreamweaver）制作编排和添加网页特效。最后将网页的代码应用到店铺的宝贝促销区上即可。这种方法由于是自行设计，所以在设计上可以随心所欲，可以按照自己的意向设计出独一无二的宝贝促销效果；缺点是对卖家的设计能力要求比较高，需要卖家掌握一定的图像设计和网页制作技能。

图 10-28　自行设计宝贝促销区

第三种方法是最省力的，就是卖家从提供淘宝店铺装修服务的店铺购买整店装修服务，或者只购买宝贝设计服务。目前淘宝网上有很多专门提供店铺装修服务和出售店铺装修模板的店铺，卖家可以购买这些装修服务，如图 10-29 所示为销售的促销区模板。

就宝贝促销区设计而言，购买一个精美模板的价格大约为几十元。如果卖家不想使用现成的模板，还可以让这些店铺为你设计一个专属于自己的宝贝促销模板，不过价格比购买现成模板的价格稍贵。

图 10-29 淘宝上的促销区模板

10.3.3 设计制作宝贝促销区

建议在使用软件设计前先用笔在纸上画一下，把布局都详细地列出来，每个图片的大小也都计算好，做到心中有数、有的放矢。下面使用 Photoshop 设计宝贝促销区，具体操作步骤如下。

（1）启动 Photoshop，新建一个 744 像素 ×518 像素的空白文档，使用工具箱中的圆角矩形工具，在图像上绘制一个圆角矩形，效果如图 10-30 所示。

（2）选中图层，单击右键，弹出"栅格化图层"命令，将图层转换为普通图层，选取该矩形选区，效果如图 10-31 所示。

图 10-30 绘制圆角矩形　　　　　　　　　　图 10-31 选取选区

（3）按键盘上的"Delete"键删除选区中的填充内容，效果如图 10-32 所示。

（4）选择"编辑"｜"描边"命令，在弹出的对话框中设置描边选项，单击"确定"按钮，描边效果如图 10-33 所示。

图 10-32 删除选区中的内容　　　　　　　　图 10-33 描边效果

（5）在工具箱中选择"颜色"图标，选择工具箱中渐变工具，在矩形选区中拖动鼠标指针，效果如图 10-34 所示。

（6）使用工具箱中的"线条"工具，在图像上绘制线条，并将其转换为普通图层，再根据需要擦除不需要的线条，效果如图 10-35 所示。

图 10-34 渐变效果

图 10-35 擦除线条

（7）按照上述同样的操作步骤，绘制其他的线条，效果如图 10-36 所示。

（8）使用工具箱中的矩形工具，在图像上绘制矩形，并添加外发光图层样式，效果如图 10-37 所示。

图 10-36 绘制线条

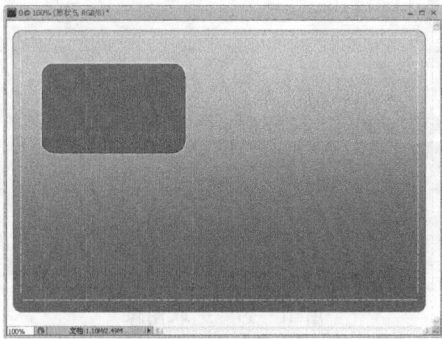

图 10-37 绘制矩形

（9）使用工具箱中的"线条"工具，在图像上绘制线条，并将其转换为普通图层，效果如图 10-38 所示。

（10）打开一幅图像文件，用磁性套索工具对其进行选取，效果如图 10-39 所示。

（11）选择"编辑"|"修改"|"羽化"命令，在"羽化选区"对话框中设置羽化半径，如图 10-40 所示。

图 10-38 绘制线条

图 10-39 选取图像

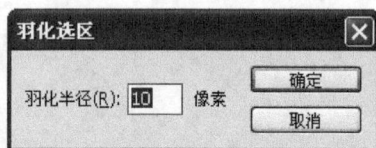

图 10-40 选取图像

（12）单击"确定"按钮，选择"编辑"|"拷贝"命令。返回新建的文档中再次选择"编辑"|"粘贴"命令，效果如图 10-41 所示。

（13）选择"编辑"|"自由变换"命令，调整图像的效果如图 10-42 所示。

（14）在矩形的上方输入文字"热卖产品"，效果如图 10-43 所示。

（15）使用工具箱中的"圆角矩形"工具，绘制两个圆角矩形，如图 10-44 所示。

图 10-41 粘贴图像

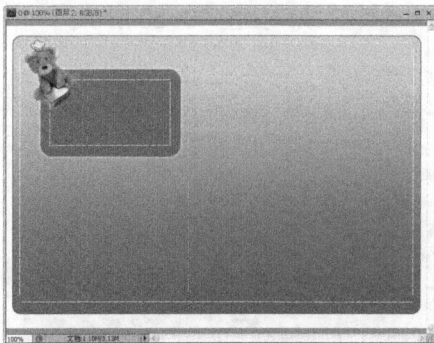

图 10-42 调整图像的效果

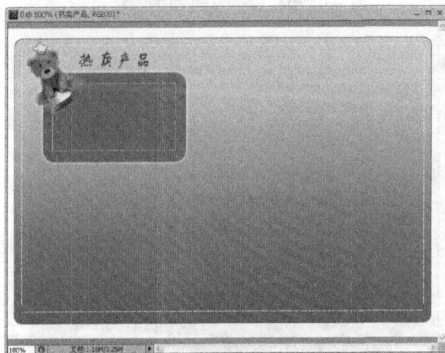

图 10-43 输入文字

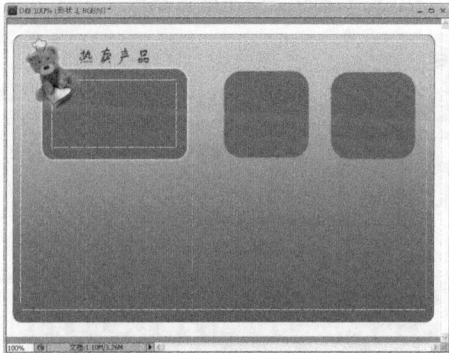

图 10-44 绘制圆角矩形

（16）使用工具箱中的自定义工具，在工具栏列表中选择一种形状，在图像上进行绘制，效果如图 10-45 所示。

（17）使用工具箱中的"圆角矩形"工具，在图像上绘制一个圆角矩形，效果如图 10-46 所示。

（18）使用工具箱中的"线条"工具，在图像上绘制线条，并将其转换为普通图层，效果如图 10-47 所示。

（19）使用工具箱中的自定义工具，在工具栏列表中选择，在图像上进行绘制，效果如图 10-48 所示。

（20）打开一幅图像文件，用磁性套索工具对其进行选取，效果如图 10-49 所示。

（21）选择"编辑"｜"拷贝"命令。返回新建的文档中，再次选择"编辑"｜"粘贴"命令，效果如图 10-50 所示。

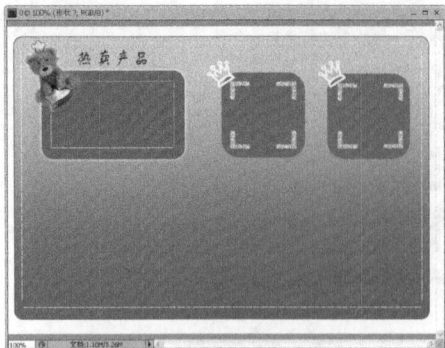

图 10-45 绘制形状

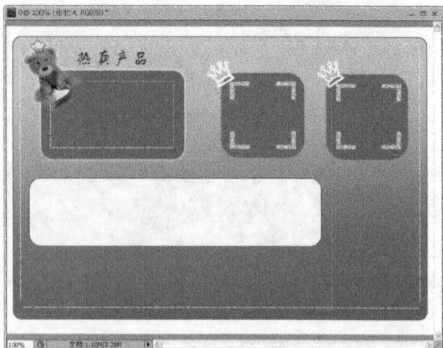

图 10-46 绘制圆角矩形

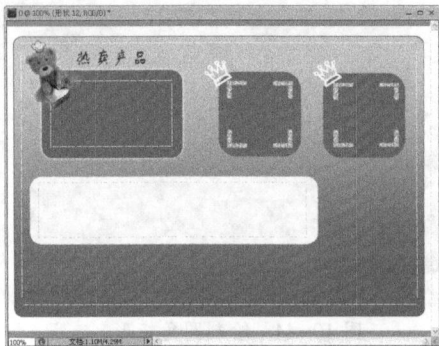

图 10-47 绘制线条

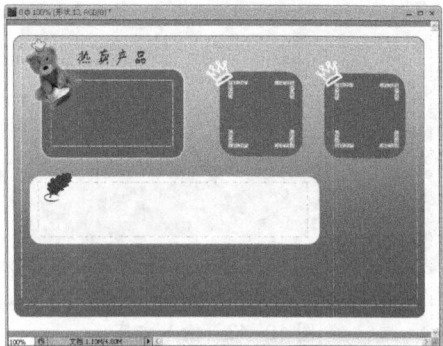

图 10-48 绘制形状

图 10-49 选取图像

图 10-50 粘贴图像

（22）使用工具箱中的"橡皮擦"工具，将图像擦除，效果如图 10-51 所示。

（23）将图像的透明度调整为 50%，图像的效果如图 10-52 所示。

图 10-51 擦除图像

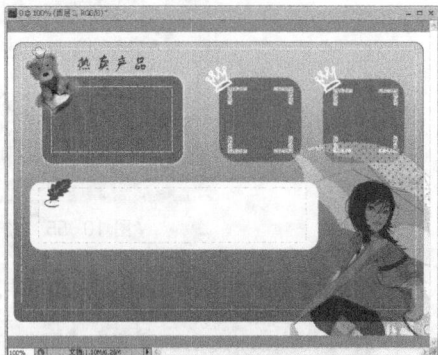

图 10-52 设置透明度

（24）选择"编辑"|"自由变换"命令，调整图像的大小，效果如图 10-53 所示。

（25）使用工具箱中的"文本"工具，在图像上输入文字，效果如图 10-54 所示。

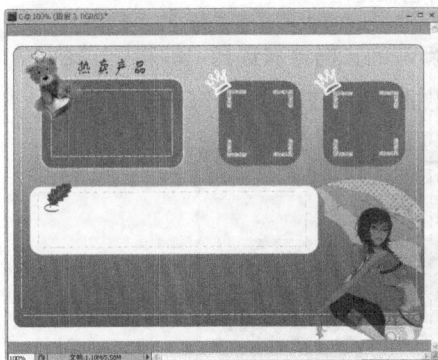

图 10-53 调整图像的大小

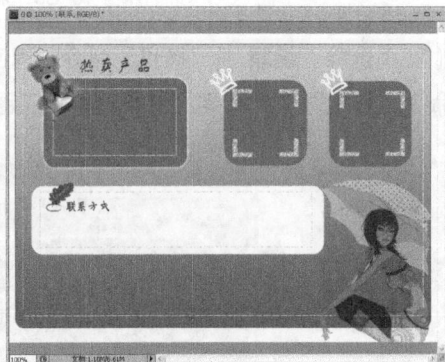

图 10-54 输入文字

（26）使用工具箱中的自定义工具，在工具栏列表中选择，在图像上进行绘制，效果如图 10-55 所示。

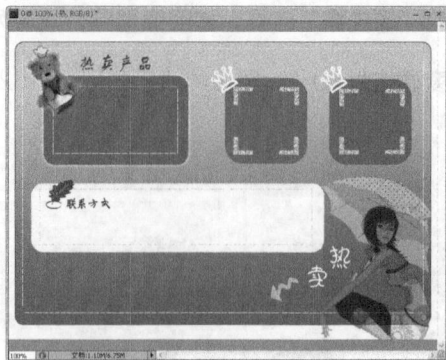

图 10-55　绘制自定义形状

（27）打开如图 10-56 所示的图像文件。

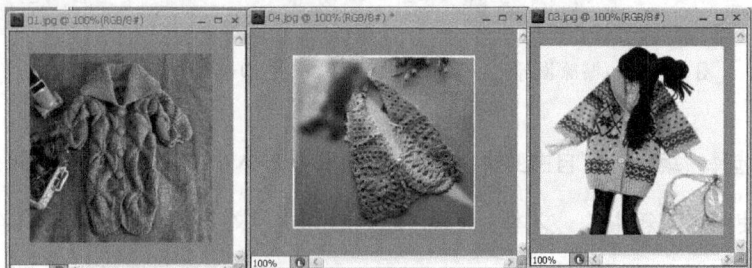

图 10-56　打开图像文件

（28）选择"编辑"｜"拷贝"命令，返回新建的文档再次选择"编辑"｜"粘贴"命令，粘贴图像到新建的文档，并调整图像的大小，效果如图 10-57 所示。

图 10-57　调整图像文件

10.4 开店技巧与问答

技巧 1——网店装修注意事项

网店装修需要注意如下事项。

1. 页面的规格和布局要明晰

网店装修需要有一个整体的概念。在一个整体布局里，里面的版块该怎么排列，怎么布局才能让顾客更容易找到相关的产品，相关的信息。好的用户体验建立在好的规划上。所以，先做好规划，这点马虎不得。

2. 店铺的整体色调

不同的色调能体现出不同的格调，不同的情感。所以，当我们要为自己店铺做个整体色调设计时候，需要考虑到我们的产品定位，主打人群等因素。

3. 相关页面

对于店铺的装修，很多人以为首页做好就万事大吉了，但事实上，店铺转化是否好，淘宝内页的优劣是占相当比例的，我们不可忽视。

技巧 2——做好网店整体装修

在做网店装修时，一定要放上网店主推的产品上去，只有这样才会提升店铺的转化率。例如，化妆品的网店不管是从配色还是美观上看，都需要以干净、清晰的颜色来选，这样顾客进来店铺，第一感觉就不会觉得很没有档次了。一个好的网店装修，是一种推广一种营销。

店铺颜色切记一定不要太杂，这样很影响美观和用户体验。很多新卖家，经常选择很多颜色堆在主页，搞得跟杂货市场一样，谁能看得下去啊！

技巧 3——做好主图设计

主图是网店装修最重要的一个部分，是给顾客的第一印象，主图做的好、有吸引力的话，才能够吸引到顾客点击。怎样做好主图设计呢？

（1）产品主图需要大一些，不能太小，必须要突出重点，让顾客知道我们是销售什么的。

（2）产品主图需要有文案，文案可以是：产品卖点、促销信息、店家保证等。

（3）产品主图需要配色，但不需要太多颜色，这样会觉得很乱，简洁最好。

技巧 4——图片显示错误

这不是模板问题，是图片的问题，一般相册都是不支持外部链接的。所以才会导致图片打开时不能正常显示，建议换一个支持外部链接的相册。

技巧 5——避免插入图片后模板发生变形

一般简易模板不存在变形问题。此类问题一般都出现在促销区和复杂宝贝描述里面，因为模板中有缩放图的功能，可能是图片超出规定的尺寸大小了，所以图片会变形。

技巧 6——避免插入背景音乐后没有声音

由于歌曲的链接是个网络链接，过一段时间歌曲的网络地址可能发生改变而导致没有声音。

案例——淘宝自创品牌，成就大生意

梁一凡是一名大四学生，如今网上开店不到两年，他在淘宝商城上的品牌男装旗舰店已经冲到三皇冠，好评率达 99.01%，日均销售男装 400 余件，年营业额 800 余万元。

目前，网上大多数的男装店主要分为两类，一类是从各类批发市场淘来的无品牌服装，以低价和版型走量；另一种则是做品牌服装的代理加盟，靠差价或品牌商返点盈利。梁一凡做的却是另一种模式，自创品牌。。

梁一凡注册了自己的男装品牌，通过专门的服装设计师对服装版型、纹样等进行设计，交由代工厂商生产后，利用网络渠道走货。这种模式的优势是产品独特、成本低。在服装设计上，他们不是采取原创的形式，而是通过收集淘宝最热卖的几十款男装版型，再以招标的形式发包给设计师做微调的形式进行服装设计；生

产上，通过直接向制衣厂家发订单的形式批量拿货。

和大品牌相比，他们拥有更好的灵活性。每周还会进行至少两次的专题促销，通过限时抢购的方式对店内产品进行打折，吸引人气。

"我们目前的年营业额是800万元左右，利润率在30%以上"梁一凡说。如此高的利润水平，如何达到？梁一凡说这种经营模式的成本其实很低。其实，对于很多品牌来说，研发和展示是很花钱的，但他们这块成本却压得很低。

在研发阶段梁一凡主要通过招标的形式一次性付费给设计师。目前他们的设计师都是一些服装专业的学生，20个版型以内的订单，每单不会超过3000元。除此之外，在后期展示上，他们还通过聘请兼职模特的形式降低成本。兼职模特都是在校学生，一般来讲，拍摄一天的工资不会超过200元。

除此之外，通过厂家代工，生产成本也很低，这部分成本只占总成本的20%左右。虽然梁一凡没有透露每件衣服的具体成本，但走访数家制衣厂后发现，如果形成长期合作关系，每件衣服的成本可以非常低。以一件纯棉印花T恤为例，厂家普遍表示，按照工序的简繁，每件的价格在10元～30元不等。

梁一凡分享了他们选择网络爆款的5+3+1模式。"所谓5+3+1，即先推广5个款式的服装，然后根据最后的消费数据，选取3个相对比较好的款式，再根据市场反应，选择最火的一款产品进行再设计，重点加推。"梁一凡提醒广大创业者，经常参加淘宝自带的直通车、聚划算等推广工具，既可以使货品冲量，又可以迅速提高本店的搜索排名，是一种最快捷的免费推广方式。

第11章　手机淘宝的运营与管理

随着移动网络的发展，智能手机的普及率已经非常高，越来越多的人喜欢用手机上网了。如今的电商除了争夺 PC 端这一块肥肉，手机端也渐渐成为各大商家的争夺的重点。商机无处不在，能否在未来的淘宝经营中占领市场，做好手机淘宝是一个不错的选择。

11.1 什么是手机淘宝

如今每个人基本都有一部智能手机，手机携带方便，所以人们开始偏向于使用手机购物了。手机淘宝是淘宝公司的手机门户网站，拥有网页版本和客户端版本。通过它，可以随时随地在手机上完成商品相关的搜索、浏览、支付购买、查看物流等操作。如图 11-1 所示为手机淘宝。

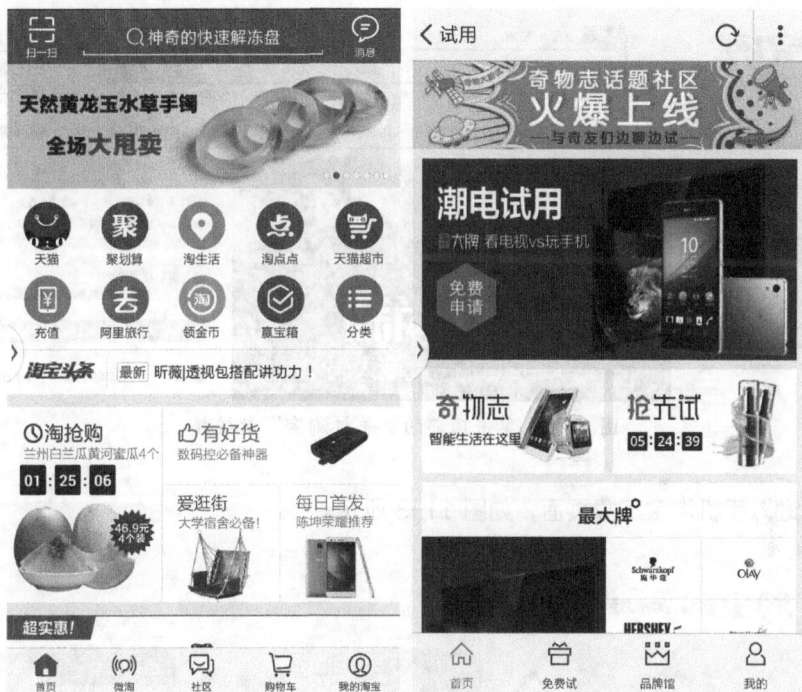

图 11-1　手机淘宝

11.2 下载与注册手机淘宝

手机淘宝越来越重要，那么怎样下载和注册手机淘宝呢？

11.2.1 下载手机淘宝客户端

手机淘宝客户端依托淘宝网强大的自身优势，整合淘宝、聚划算、天猫、一淘为一体，为用户提供更方便快捷流畅、随时随地进行移动购物的完美体验。下载手机淘宝客户端具体操作步骤如下。

（1）进入淘宝网站首页，单击顶部的"手机淘宝"超链接，如图 11-2 所示。

图 11-2　单击顶部的"手机淘宝"超链接

（2）进入手机淘宝下载页面，如图 11-3 所示。

图 11-3　手机淘宝下载页面

（3）单击"立即下载"按钮，进入选择手机系统页面，如图 11-4 所示。用手机扫描二维码后即可下载。

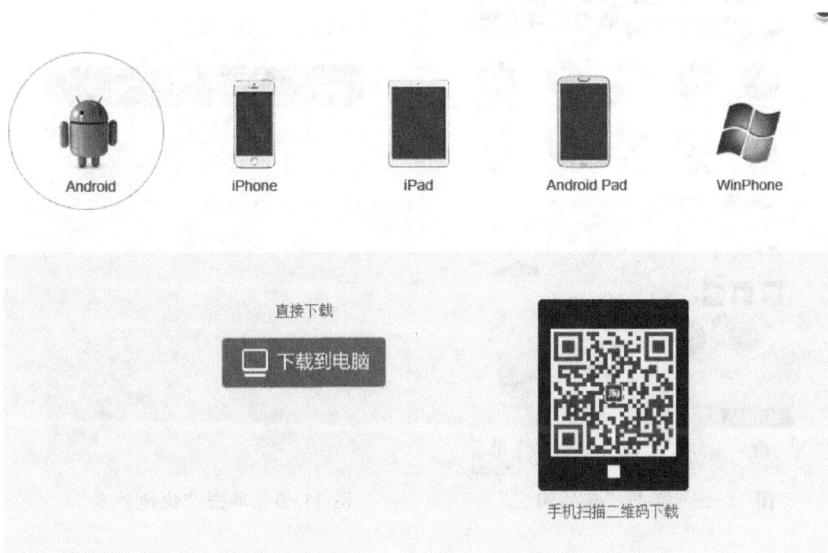

Android　　iPhone　　iPad　　Android Pad　　WinPhone

直接下载

下载到电脑

手机扫描二维码下载

图 11-4　进入手机系统

11.2.2　注册手机淘宝

手机淘宝的推出，人们可以随时随地拿出手机上淘宝购物了，不管是在外旅游还是坐车，都可以随时打开淘宝进行购物，那么怎么注册手机淘宝呢？

（1）进入手机淘宝首页，然后在首页的下方单击"我的淘宝"，如图 11-5 所示。

（2）在登录账户页面（如果你已经注册了淘宝账号的话），直接输入账号和密码登录，如果还没有账号，单击页面的"快速注册"，如图 11-6 所示。

（3）进入了注册页面，选择所在地区，输入手机号，接着单击"下一步"，如图 11-7 所示。

（4）输入的手机就会收到一条短信，是淘宝注册的校验码，把这个校验码记住，如图 11-8 所示。

图 11-5　单击"我的淘宝"

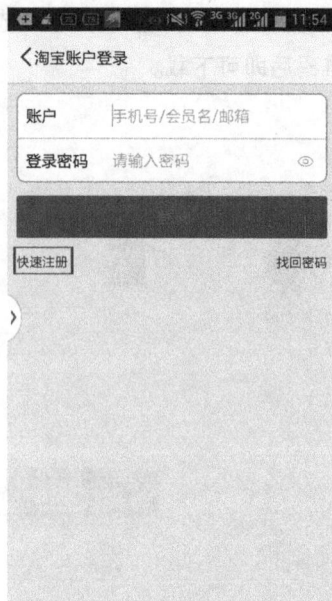

图 11-6　单击"快速注册"

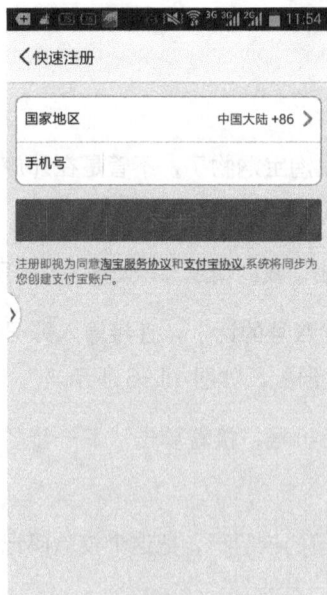

图 11-7　选择地区和手机号

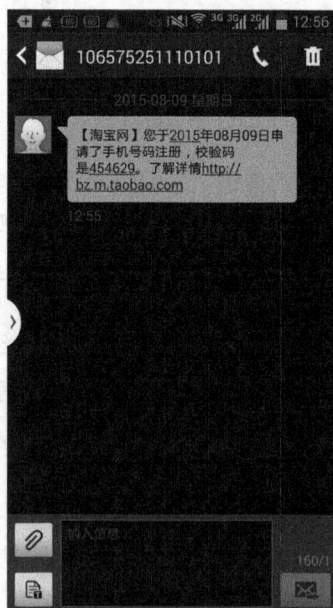

图 11-8　校验码

（5）在注册的页面，输入校验码后，单击"下一步"，如图 11-9 所示，接着就是设置账号名和账号密码了，手机淘宝注册完，就可以在网上进行购物了。

图 11-9　填写校验码

11.3　手机店铺装修

很多卖家会把店铺PC端的图片直接搬到手机淘宝来用，出现尺寸不合、效果不好、体验不佳的问题。手机端重点在于有限展位里展现最佳的图片，即针对有限的展位选择最佳产品图片。

11.3.1　手机店铺的首页装修

在淘宝业务逐渐向无线倾斜的大趋势下，如何提高手机店铺的成交率，手机店铺装修是必不可少的。一个合理的店铺首页对店铺的发展起到重要的推动作用。手机店铺首页装修具体操作步骤如下。

（1）在浏览器中打开淘网，单击右上方的"卖家中心"，进入卖家中心页面，如图 11-10 所示。

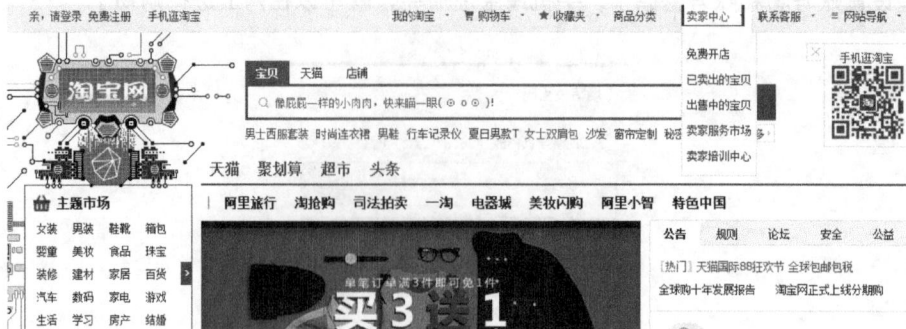

图 11-10 单击卖家中心

（2）单击左侧导航"店铺管理"中的子菜单"手机淘宝店铺"，如图 11-11 所示。

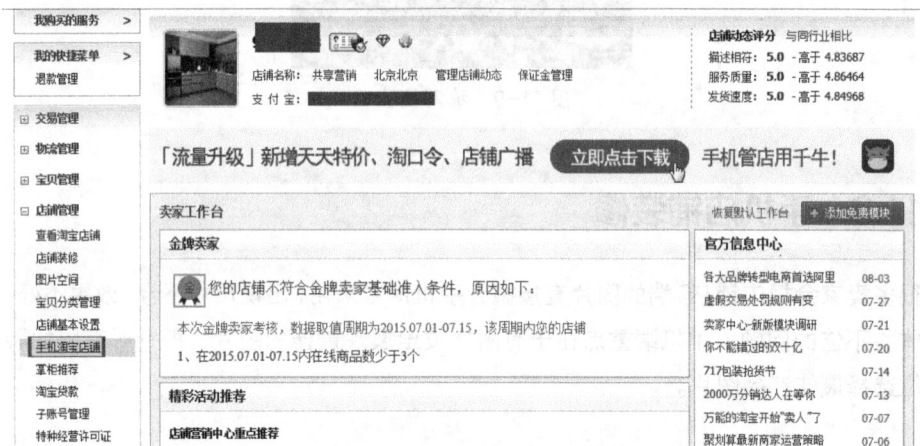

图 11-11 单击"手机淘宝店铺"

（3）单击无线店铺下的"立即装修"选项，进入无线运营中心页面，如图 11-12 所示。

（4）单击"无线店铺"｜"店铺装修"｜"手机淘宝店铺首页"｜"去装修"，进入手机淘宝店铺首页装修页面，如图 11-13 所示。

图 11-12 单击"立即装修"

图 11-13 去手机淘宝店铺首页装修

（5）选择模板后单击"试用模板"，如图 11-14 所示。

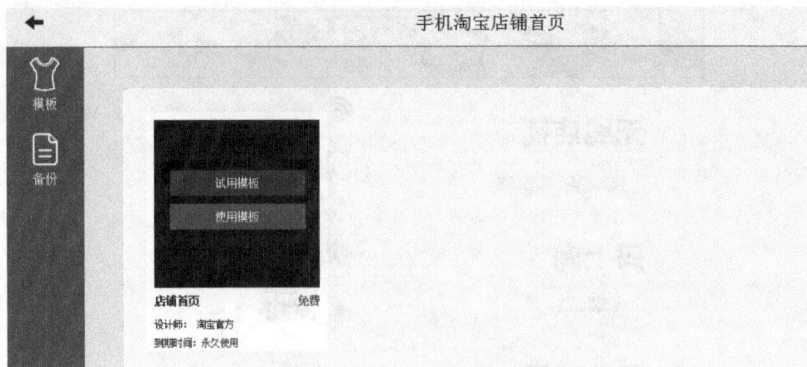

图 11-14　单击"试用模板"

（6）选择"宝贝类"下的单列宝贝，用鼠标拖拽到中间的编辑区中，在右侧的单列宝贝模块中可以设置标题、宝贝个数、关键字、排序规则和类目等，如图 11-15所示。

图 11-15　选择单列宝贝

（7）图文类，是图片和文字相结合的形式，选中类型之后，用鼠标拖拽到中间的编辑区中，在右侧的"左文右图模块"中，可以设置图片和文本内容，如图 11-16所示。

图 11-16 添加图文类

（8）营销互动类，可以添加电话号码、活动组件和专享活动页面，选中一个类型，用鼠标拖拽到中间的编辑区域。以电话模块为例，拖拽到编辑区域后，可以添加电话号码，如图 11-17 所示。

图 11-17 添加营销互动类

这样就完成了手机淘宝首页的装修。

11.3.2　手机版宝贝详情页

一个好的手机版详情页不但可以为店铺加不少分，从而使宝贝的排名更好，而且还能使店铺在手机端获得更多的流量。设置手机版宝贝详情页具体操作步骤如下。

（1）在无线运营中心，单击"详情装修"，如图 11-18 所示。

图 11-18　单击"详情装修"

（2）首先选择模板，接着单击"下一步"，如图 11-19 所示。

（3）选择宝贝，如图 11-20 所示。

（4）单击"下一步"后，更换图片，如图 11-21 所示。

图 11-19 选择模板

图 11-20 选择宝贝

图 11-21 更换图片

（5）单击"下一步"后，一键同步宝贝，如图 11-22 所示。

图 11-22 一键同步宝贝

11.3.3 购买无线端装修模板

随着手机淘宝无线店铺装修模板的全面上线，淘宝为卖家提供更多个性化的无线装修模板，助卖家网店销量更为高涨的同时，也提升了消费者的浏览体验。无线店铺模板以模板为单位进行购买与使用，购买单个模板后，商家可自由使用该模板操作，具体操作步骤如下。

（1）打开无线运营中心 wuxian.taobao.com，单击"店铺装修"|"装修手机店铺首页"下的"店铺首页"，如图 11-23 所示。

图 11-23 单击"店铺首页"

（2）单击"模板"，选择模板装修，首次购买的用户单击底部"去装修市场查看更多精品模板"，如图 11-24 所示。

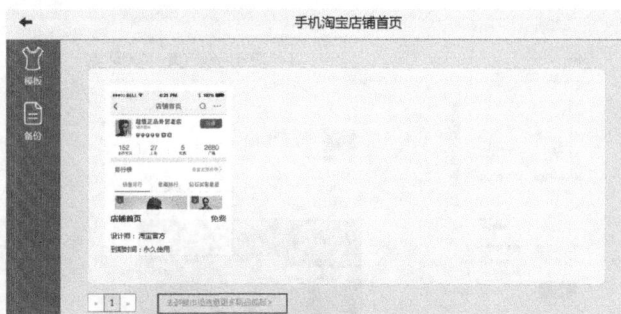

图 11-24 单击底部"去装修市场查看更多精品模板"

（3）进入装修市场的"无线店铺模板"板块，选择符合店铺需求的模板，单击购买或试用，建议先选择试用进行效果预览，如图 11-25 所示为装修市场模板。

图 11-25 装修市场模板

（4）进入试用环境后，可自由调整模块顺序、宝贝排列，方法与无线店铺装修一致，购买后即可使用，如图 11-26 所示。

图 11-26 试用环境

（5）试用完毕后可进行购买。所有使用期限内的模板都会在无线运营中心后台展现，如图 11-27 所示。

图 11-27 购买模板

11.4 提升手机淘宝转化率的方法

人们越来越习惯移动互联网购物方式，以手机和平板电脑等为主的移动终端成交几乎占有整个电子商务终端的半壁江山。有很多手机店铺的流量远远超过传统 PC 店铺，但是也有很多手机店铺几乎没有流量，怎样提高手机淘宝的转化率呢？

11.4.1 标题关键词

手机端更加注重主图权重和详情页权重，标题需要更加精准。如何让自己的宝贝更容易地展现在手机淘宝买家面前呢？宝贝标题优化是关键！

移动端宝贝标题优化方法与 PC 端大同小异，标题优化要结合属性来进行。首先应该选好类目，完善属性，选取热门关键词，通过热门词找到相应的长尾词和相关词，按照"品牌＋类目＋核心关键词"来选择宝贝标题。如图 11-28 所示的商品标题就使用了"品牌＋类目＋核心关键词"。

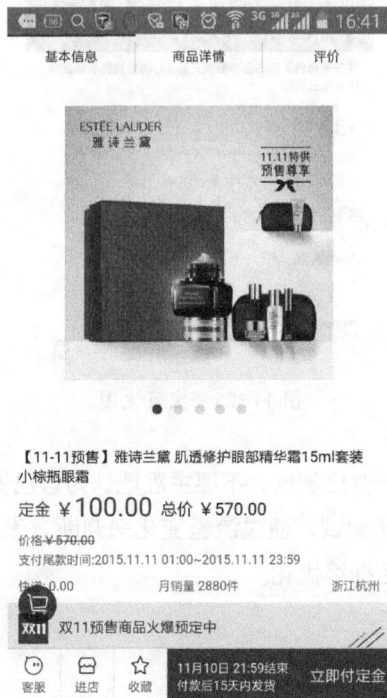

图 11-28　商品标题关键词

11.4.2　宝贝主图

如果你的主图跟别人都不一样，在一堆图片中比较显眼，那么买家的视线必然会被吸引过去。现在一些类目可以上传 6 张主图，因尺寸为长方形的，所以叫做长图。提高图片质量等于提高店铺流量以及订单转化率，所以卖家们应该注意图片的清晰度而且尽量压缩图片的大小，用户不会白白浪费时间等一张图片的加载。

在手机端，建议能把图片做得更加细致，主图适当的放上一些产品促销信息。如图 11-29 所示为宝贝主图。

图 11-29　宝贝主图

图片做好之后一定要进行对比测试，不要主观地认为自己做出来的图片一定就好，要客观地对待，进行对比测试，通过流量变化来判断。没达到优化预期效果、不合格的要果断删除，然后继续优化。

11.4.3　宝贝描述

宝贝描述页是网店买家决定是否购买的最后一站，宝贝描述页是跟转化率息息相关的，宝贝描述页是可以通过内在的优化使其达到较高的转化率的。所以宝贝描述好不好，直接决定宝贝转化率，这点相信大家做淘宝店的都知道。

宝贝描述的开头的作用是吸引买家的注意力，立刻唤起他们的兴趣，给他们一个非得继续看下去不可的感觉。

不管写什么样的产品描述，必须首先了解潜在客户的需求。了解他们在想什么，找到吸引他们感兴趣的东西，看看怎么把你的产品和他们的兴趣联系在一起。如图 11-30 所示为宝贝描述。

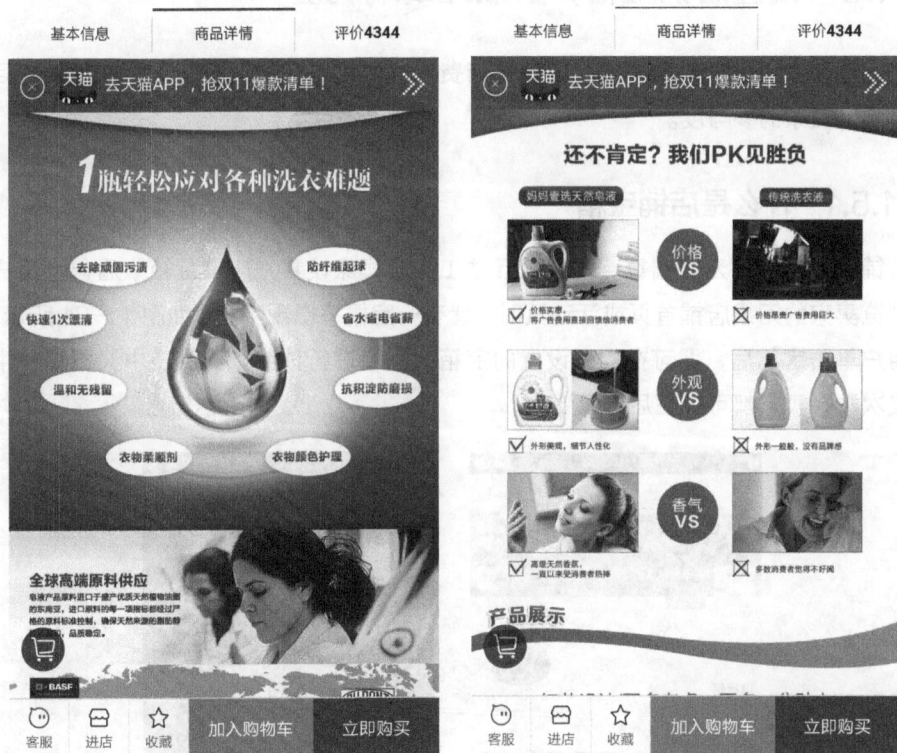

图 11-30　宝贝描述

在写宝贝描述时注意如下几个方面。

（1）首先要向供货商索要详细的商品信息。商品图片不能反映的信息包括材料、产地、售后服务、生产厂家、商品的性能等。相对于同类产品有优势和特色的信息一定要详细地描述出来，这本身也是产品的卖点。

（2）为了直观性，宝贝描述应该使用文字＋图像＋表格三种形式结合来描述，这样买家看起来会更加直观，增加了购买的可能性。

（3）产品的基本属性描述，例如品牌、包装，规格、型号、重量、尺寸、产地等。这些都描述出来，会让买家更觉得关怀备至，从情感上，抓住顾客的心，宝贝描述应对买家攻心为主，看完宝贝描述后，让买家与我们的宝贝描述中的图片和文字产生共鸣。

11.5　设置店铺宝箱，获取无线端流量

无线互动通过多样性的丰富内容留住消费者的时间，让无线店铺更具娱乐性，且能提升买家的参与度。

11.5.1　什么是店铺宝箱

店铺宝箱是淘宝无线端重点打造的互动工具，卖家设置"店铺宝箱"后，当用户浏览卖家的无线店铺首页或活动页时，就有一定概率出现宝箱，如图 11-31 所示。用户单击宝箱后，即可在卖家设置的宝箱奖品中进行抽奖，奖品、中奖概率、中奖次数等卖家都可以在后台设置。

图 11-31　店铺宝箱

店铺宝箱对商家的好处如下。

（1）对活动商品提前预热曝光。

（2）精准发放优惠券、红包，手机流量包。

（3）获取更多流量页面的流量入口。

11.5.2 如何设置店铺宝箱

店铺宝箱跟无线端的各个频道合作，出现在手机淘宝的各个角落，包括类目的频道页、活动页、微淘、手淘社区、互动城、流量俱乐部，无线店铺首页等，帮助大家吸引流量到店铺。

设置店铺宝箱具体操作步骤如下。

（1）进入淘宝卖家中心，在淘宝"店铺管理"下单击"手机淘宝店铺"，如图 11-32 所示。

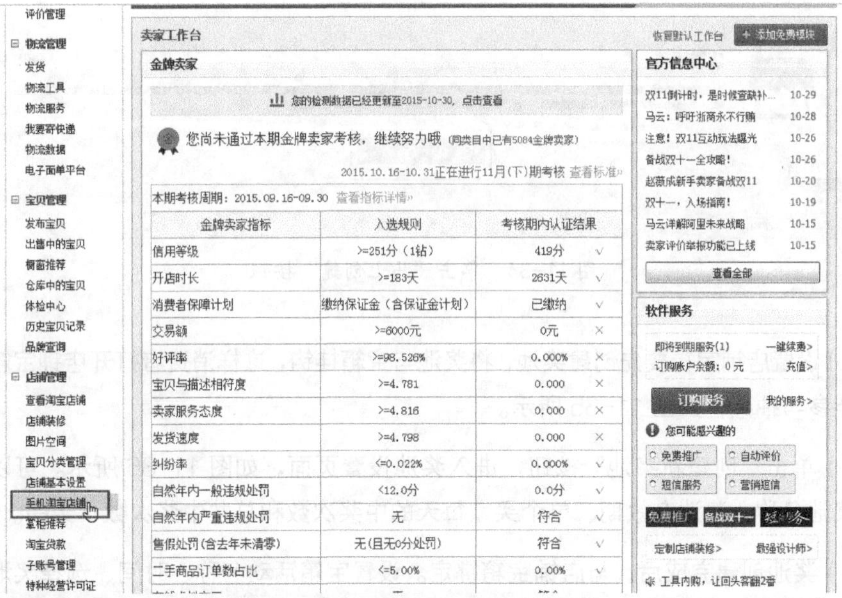

图 11-32 单击"手机淘宝店铺"

（2）单击"营销工具"下的"店铺宝箱"，如图 11-33 所示。

图 11-33 单击"店铺宝箱"

（3）进入之后，是店铺宝箱的介绍，以及已经设置过的店铺宝箱活动的列表，可以在这边进行活动创建及删除，单击"马上创建"按钮，如图 11-34 所示。

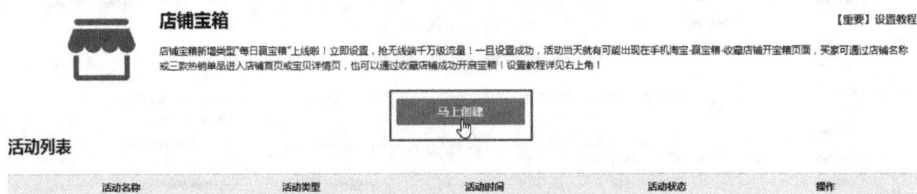

图 11-34 单击"马上创建"按钮

（4）设置店铺宝箱要先创建奖池，将奖池与宝箱挂钩，这样消费者打开店铺宝箱，才能参与抽奖，如图 11-35 所示。

（5）单击"创建新奖池"按钮，进入奖池设置页面，如图 11-36 所示。可以设置奖池名称、奖池有效期、单个买家每天的中奖次数和总共中奖次数、奖品。

（6）奖池创建完成后，与店铺宝箱绑定。设置宝箱活动名称、时间、选择奖池、输入活动规则，如图 11-37 所示。都确认完成后，单击"创建"按钮，即可创建成功。

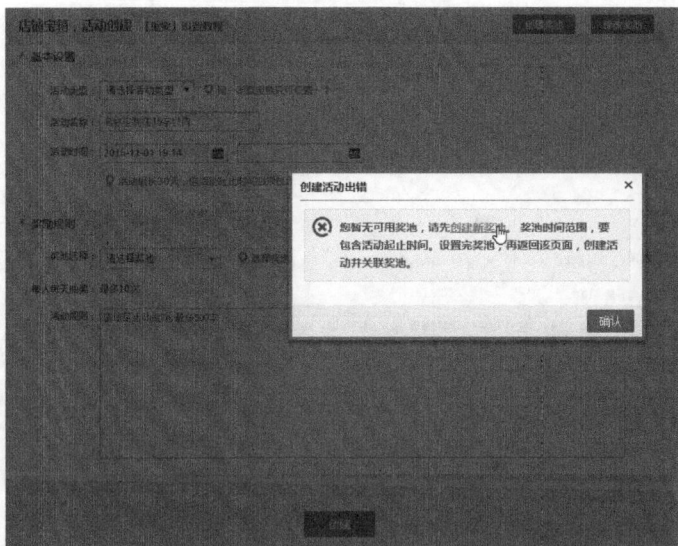

图 11-35 先创建奖池

图 11-36 奖池设置页面

图 11-37　设置宝箱

11.6　分享有礼

分享有礼为店铺宝贝添加分享送支付宝红包，吸引到店消费者分享宝贝到社交媒体，吸引用户回流到宝贝，配合宝贝活动（满减、折扣等），提升转化。小成本红包，就可以让人人为你的宝贝传播引流，提升转化由你决定。

怎样玩转分享有礼呢，要注意以下事项。

（1）配合活动流量，放大宝贝详情页流量，如聚划算、淘抢购、天天特价等，将报名活动的宝贝设置分享有礼，促进消费者分享回流。

（2）配合直通车、钻展、淘客流量，将投放付费流量的宝贝设置分享有礼，促使消费者分享回流。

（3）配合店铺首页活动，活动宝贝设置分享有礼。

分享有礼的具体操作步骤如下。

（1）进入淘宝卖家中心的"手机淘宝店铺"，单击"营销工具"下的"手机专享价"，如图11-38所示。

图11-38 单击"手机专享价"

（2）在"互动营销工具"下单击"分享有礼"下的"马上创建"按钮，如图11-39所示。

图11-39 单击"分享有礼"下的"马上创建"按钮

（3）进入分享有礼创建页面，单击"马上创建"，如图11-40所示。

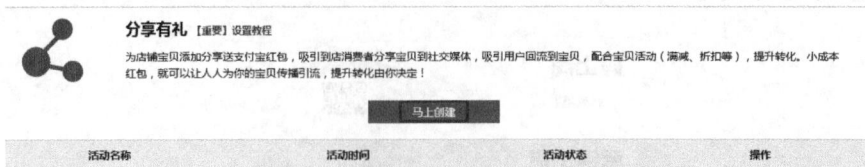

分享有礼 [重要] 设置教程

为店铺宝贝添加分享送支付宝红包，吸引到店消费者分享宝贝到社交媒体，吸引用户回流到宝贝，配合宝贝活动（满减、折扣等），提升转化。小成本红包，就可以让人人为你的宝贝传播引流，提升转化由你决定！

马上创建

活动名称	活动时间	活动状态	操作

图11-40 单击"马上创建"

（4）弹出提示对话框，分享有礼活动最少要两个可用奖品，先添加奖品，如图11-41所示。

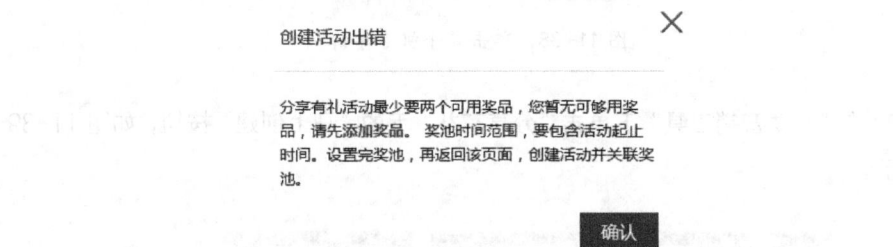

创建活动出错 ✕

分享有礼活动最少要两个可用奖品，您暂无可够用奖品，请先添加奖品。奖池时间范围，要包含活动起止时间。设置完奖池，再返回该页面，创建活动并关联奖池。

确认

图11-41 提示对话框

（5）单击"添加奖品"进入支付宝红包创建页面，如图11-42所示。

平台权益 / 支付宝红包

⌂ 首页
◇ 双十一专区 [双11]

支付宝红包 (查看红包使用说明规则)
淘宝，天猫平台通用的支付宝红包，支持在支付宝环节直接抵扣，等同于现金

可用资源：0   30天累计送出：0.00元

创建支付宝红包模板

您还没有创建过支付宝红包喔，快去创建支付宝红包模板吧！   反馈

☺ 客户
　客户列表
　客户分析
　群组管理
♙ 会员
　会员卡管理
　VIP设置
⑩ 营销

图11-42 支付宝红包创建页

（6）单击"创建支付宝红包模板"按钮，进入设置支付宝红包模板页面，如图 11-43 所示。

平台权益 / 支付宝红包 / 支付宝红包模板

模板名称：	分享送红包
红包名称：	0.5元支付红包

红包面额： 自定义金额 0.5元✓ 1元 2元 3元 5元 10元 20元 30元 40元 50元

发放总量：	2 个
领用结束时间：	2015-12-01 ∨ 截止
使用期限：	2015-11-01 ∨ 至 2015-11-04 ∨

红包领用说明： 1、必须是支付宝账户实名认证客户才允许领取；
2、必须是手机绑定账户才允许领取；
3、余额支付功能关闭的用户不允许领取支付宝红包；
4、同一个用户在同一个红包模板下最多可以获取20个红包。

红包使用说明： 1、红包仅允许在淘宝、天猫、聚划算等平台使用，不允许购买虚拟商品；
2、一个红包可以拆分多次使用；
3、红包不得提现（包括支付宝余额和余额宝），不得转赠他人，不得为他人代付；
4、如果有多个红包，可以叠加使用，叠加上限以支付宝为准；
5、使用本次活动发放的红包购物，使用红包的订单（包括运费险）发生退款时，在有效期内红包可以退还；
6、红包展期为30天。

所需保证金： 1.00元

图 11-43　设置支付宝红包模板页面

（7）设置完后进入"支付宝红包协议"页面，勾选"我已认真阅读并同意该协议"后，单击"确认"按钮，如图 11-44 所示。

（8）进入"红包授权发放"页面，输入支付宝支付密码，如图 11-45 所示。

（9）设置完红包后，就可以具体设置分享有礼活动页面了，如图 11-46 所示。

支付宝红包
淘宝、天猫平台通用的支付宝红包，支持在支付宝环节直接抵扣，等同于现金

支付宝红包协议

在使用会员权益（支付宝红包）服务之前，您应当认真阅读并遵守本协议的全部内容。**请您务必审慎阅读、充分理解各条款的内容，特别是以粗体下划线标注的条款，包括但不限于协议生效条款、关于委托授权的特别说明条款、免除或者限制淘宝责任的条款、对用户权利进行限制的条款、争议解决和法律适用条款等。**

如果您对本协议的条款有疑问的，请通过淘宝客服渠道进行询问，淘宝将向您解释条款内容。如果您不同意本协议的任意内容，或者无法准确理解淘宝对条款的解释，请不要进行任何后续操作。否则，表示您已接受了以下所述的条款和条件，同意受本协议约束。届时您不应以未阅读本协议的内容或者未获得淘宝对您问问的解答等理由，主张本协议无效，或要求撤销本协议。

会员权益（支付宝红包）服务协议

发布日期：2015年6月11日

☑ 我已认真阅读并同意该协议

确定

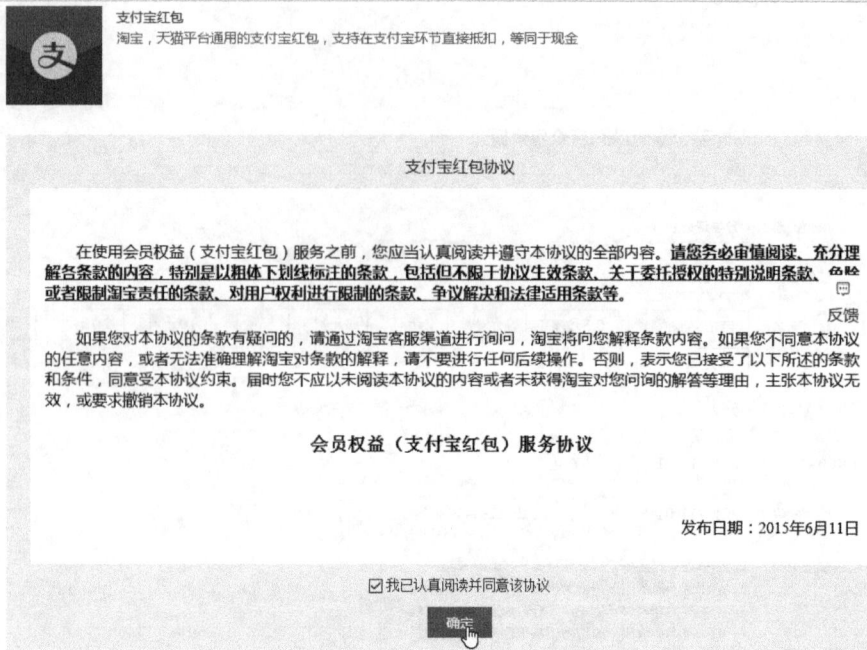

图 11-44 "支付宝红包协议"页面

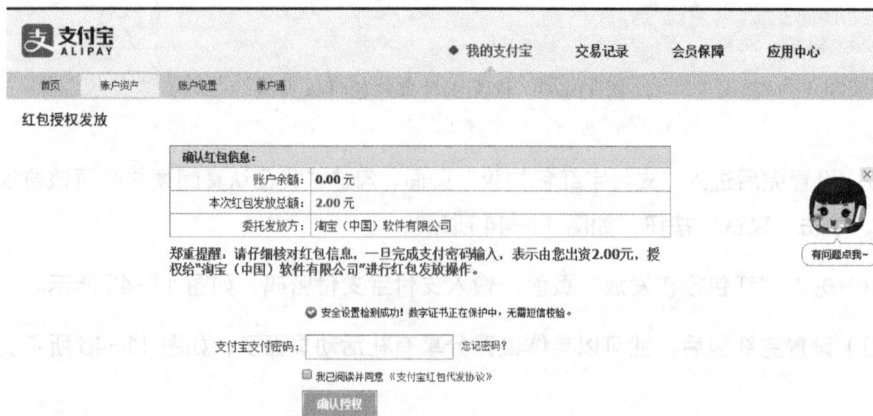

支付宝 ALIPAY

◆ 我的支付宝　　交易记录　　会员保障　　应用中心

首页　账户资产　账户设置　账户通

红包授权发放

确认红包信息：	
账户余额：	**0.00** 元
本次红包发放总额：	**2.00** 元
委托发放方：	淘宝（中国）软件有限公司

郑重提醒：请仔细核对红包信息，一旦完成支付密码输入，表示由您出资2.00元，授权给"淘宝（中国）软件有限公司"进行红包发放操作。

◎ 安全设置检测成功！数字证书正在保护中，无需短信校验。

支付宝支付密码：　[   ]　忘记密码？

☑ 我已阅读并同意《支付宝红包代发放协议》

确认授权

有问题点我~

图 11-45 输入支付宝支付密码

图 11-46 设置分享有礼活动页面

11.7 开店技巧与问答

技巧1——手机淘宝注册和电脑网站注册的区别

注册成功的账号是没有区别，可以通用的。只是在手机淘宝注册的过程中，用户的唯一身份验证，从电脑网站上的电子邮箱转变成了用户手机号码。

技巧2——手机淘宝优化

第一内部优化，包括店铺标题、关键词、介绍；宝贝详细页标题、关键词、描述；确定好宝贝详情页风格、排版、布局尽量控制在3~4屏，文案要精简，能让买家更好了解产品，增加买家购买的决心。

第二宝贝图片，配合详情页和宝贝风格，突出宝贝卖点、优势，注意图片尺寸。

案例——农村手机淘宝消费 2000 亿元

在互联网迅猛发展的今天，网络购物无疑已经成为了用户购物的主要渠道之一。同时，随着中国智能手机的普及以及移动互联网的发展，用户的移动购物习惯也已养成。

一方面，目前用户对于手机支付便利性的体验较好。另一方面，针对于手机淘宝店铺可以推出更多的优惠和激励措施，带动用户向手机端转移。目前很多淘宝店铺在推手机客户端时，通过实施首次手机下单返现金券、用手机下单免运费的门槛更低等政策激励用户，对其手机购物业务的发展起到了一定的推动作用。

县域成为了电商的新增长点。近日，阿里巴巴研究院发布数据称，在阿里巴巴零售平台上，2014 年县域网购消费额同比增速比城市快 18 个百分点。县域移动购物金额突破 2000 亿元，同比增速超过 250%，远超过同期网络购物金额增速。平均来算，相当于一天就花出去 5.5 亿元。

县域和农村正在成为电商们争夺的对象，而如今一个颇为有意思的现象是越偏僻的地方网购增速越快、手机网购占比越高。例如在宿迁的一个岛上，1980 户居民 5 天时间网购了超过 50 万元的家用电器，这不仅在"农村淘宝年中大促"中位列交易额全国第一，还被淘宝评选为全国最土豪的村子。

中国互联网络信息中心数据显示，截至 2015 年 6 月，我国手机网民规模达 5.94 亿，网民中使用手机上网的人群占比增长至 88.9%。农村居民人均可支配收入 10489 元，比上年实际增长 9.2%。此外，县域零售业相对落后，无法满足日益多元的消费需求。在本地，消费者面临"买不到"、"买到贵"、"货不正"等问题，从而转向网络渠道，享受产品多样、性价比高、节省时间等便利。

中西部县域移动购物金额增速快，一方面与部分县域的基数低有关，另一方面，也更值得关注的是，在很多中西部县域，智能手机的普及率比电脑高，智能手机成为消费者上网的第一选择。

第12章　SEO 搜索排名与店铺优化

淘宝 SEO 就是通过对自己的宝贝进行合理的优化，使自己的宝贝在淘宝搜索引擎中获得较好的排名，从而给自己的宝贝带来流量的一种免费技术。

12.1　认识 SEO

淘宝 SEO 优化几乎是每个淘宝店铺必备的工作，做好淘宝 SEO 优化可以开店坐等顾客上门，是非常省心的推广方法。

12.1.1　什么是淘宝 SEO

传统的淘宝 SEO 即淘宝搜索引擎优化，通过优化店铺宝贝标题、类目、商品详情等来获取较好的排名，从而获取淘宝搜索流量的一种新型技术。

广义的淘宝 SEO 是指除淘宝搜索引擎优化以外，还包括一淘搜索优化、类目优化、淘宝活动优化等。也把它叫作淘宝站内免费流量开发，即是最大限度的吸取淘宝站内的免费流量，从而销售宝贝的一种技巧。

真正意义上的淘宝 SEO 面临着两大区分，第一种就是淘宝店铺在淘宝站外的搜索引擎（如百度、谷歌等）的搜索排名优化；第二种就是淘宝网站内搜索排名优化。

12.1.2　淘宝 SEO 优化的基本内容

淘宝优化即通过对淘宝店铺各方面进行优化设置，达到店铺商品关键词排名靠前、商品曝光率和点击率增加来提高店铺流量，同时提高进店顾客的购物体验，进而提高商品转化率，从而达到店铺生意红火的效果。

淘宝优化应包含以下主要内容：淘宝关键词优化、淘宝主图优化、淘宝商品描述优化、淘宝商品图片优化、淘宝店铺装修优化以及淘宝人气宝贝优化。

1. 淘宝关键词优化

主要指商品标题优化，也包含店铺名字等，关键词优化的主要作用就是提高店铺商品被买家搜索到的概率。

2. 淘宝主图优化

主图是商品的展示图，买家搜索商品时首先看到的就是你的主图。主图优化对于提高商品的点击率很重要。因为展现在他眼前的并不是一个商品，而是几十件商品，如何在这几十件商品中脱颖而出让顾客去点击你的商品，这就是主图优化的作用。如图 12-1 所示的就是搜索时显示的商品主图。

图 12-1　搜索时显示的商品主图

3.　淘宝商品描述优化

商品描述主要作用表现在两方面：其一，吸引顾客，提高商品成交的转化率；其二，展示店铺促销信息，引导顾客查看店铺其他商品，从而增加顾客的购买金额。

4.　淘宝商品图片优化

商品图片优化顾名思义就是处理好商品图片，网上购物简单的说就是看图购物，图片做得不好很难吸引买家。所以如何处理好商品图片也是很重要的。优化得当的图片如图 12-2 所示。

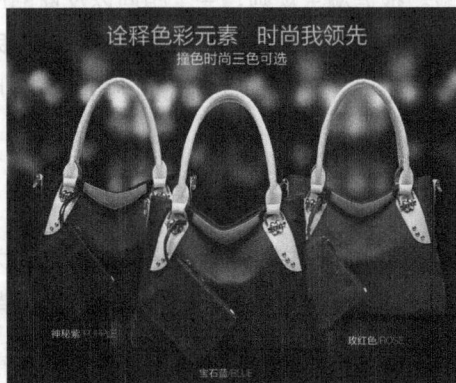

图 12-2　商品图片优化

5. 淘宝店铺装修优化

店铺装修要从顾客的体验出发，力求突出下面三方面的内容。

（1）方便顾客在店内寻找其他商品。

（2）方便顾客获知店铺的促销活动信息。

（3）让店铺的主推商品出现在店铺显眼的地方，使每个进店的顾客基本都能看到。

6. 淘宝人气宝贝优化

人气宝贝作为店铺的重点对象，在做好前面 5 种优化操作以后，还应该重点对其进行免费以及付费推广。

12.1.3　卖家应该避免的 SEO 作弊行为

淘宝卖家应该避免下面的 SEO 作弊行为。

1. 炒作信用

炒作信用一直是淘宝大力打击的不诚信行为。以增加交易量为目的虚假交易，会被判定为炒作信用。另外，有些卖家修改原有销量的商品的标题、价格或图片，换成另一种商品后继续销售，这种行为也会被判定为炒作信用。

2. 重复铺货

通过发布完全相同的商品来争取更多的展现机会，直接降低了搜索的精准度，降低了消费者的购物体验。根据淘宝规则，完全相同以及商品的重要属性完全相同的商品，只允许使用一种出售方式发布一次，违反此规则，即可判定为重复发布受到处罚。对于不同的商品，必须在商品的标题、描述、图片等方面体现商品的不同，否则有可能会被判定为重复铺货。

3. 广告商品

商品描述不详、无实际商品、仅提供发布者联系方式，判定为发布广告商品。广告商品被系统识别后会立即降权，并直到修改正确后才会取消处罚。

广告商品包括已出售或仅供欣赏的商品，或信息中出现"拍前请询问价格后才能购买"或"不询问就拍下不发货"等字样的商品等。

4. 错放类目和属性

商品类目和属性与发布商品被放置的类目属性不一致的情况，都会被判定为违规。同广告商品一样，错放类目和属性的商品只有在修改正确后才会被取消处罚。

5. 标题滥用关键词

在商品名称中滥用品牌名称或一些跟商品无关的字眼，使消费者无法准确地找到需要的商品。有这种行为的商品会被淘宝搜索判定为滥用关键词，商品立即降权。

6. 商品邮费、价格严重不符

商品邮费、价格严重不符也是较为常见的违规行为，主要目的是在搜索按价格排序时获得有利位置。商品以过低的价格出售、快递费太高等，明显不符合市场规律或所属行业标准，会被判定为价格邮费不符商品。

7. 标题、图片、描述等不一致

卖家所发布的商品标题、图片、描述等信息缺乏或者多种信息相互不一致的情况，包括商品标题、图片、描述等重要信息缺失，都会被判断为标题、图片、描述等不一致商品并予以降权。

12.2　影响淘宝搜索排名的因素

在淘宝开店的掌柜常常会对怎样能使自己的商品排在前面有疑问，往往不知怎么下手操作，影响淘宝店铺和商品排名的因素如下。

12.2.1　宝贝主图和详情页

宝贝主图应该是真实反映宝贝最直观的一个部分。宝贝主图不要牛皮藓化，一是不美观，带给买家最直观的感觉很不舒服，二是过多的文字图片掩盖了宝贝真实的面貌，不能很好地辨认出宝贝细节。为了更好地提升买家搜索购物体验，现在搜索逻辑里已经将质量较差的主图进行了流量限制。如图 12-3 所示的多个文字区域，大面积地铺盖，对查看宝贝产生了一定影响。

建议及时修改主图，去除多余信息。简单明了的宝贝图如图 12-4 所示。

图 12-3　宝贝主图牛皮藓化

图 12-4　简单明了的宝贝图

如图 12-5 所示，详情页面存在大量的与本宝贝无关的信息，这个不仅在视觉上影响用户体验。希望越来越多的卖家能认真关注买家需求，在详情页面给买家提供与商品本身密切相关的信息，缩短买家购买路径，提高宝贝购买转化率。

图 12-5　无关宝贝信息

详情页对宝贝自然排名的影响，主要也是体现在转化率、跳失率和访问时间等，因为这几个方面体现的是买家的搜索关键词与这个宝贝的匹配度。如果几项指标都为优，说明这个关键词更加符合买家的搜索要求，自然淘宝以后给这个关键词的权重会更大。

12.2.2　宝贝标题和宝贝属性

淘宝 SEO，卖家能够掌握的首先是宝贝的标题描述是否和淘宝搜索关键词相关。宝贝的标题一是靠行业热门的关键词加上宝贝的类目属性词，就是在发布宝贝的时候需要填写的宝贝属性词。这里提醒新手卖家注意，不要一味地去堆砌行业热门关键词，最好的宝贝标题就是行业热门关键词。如图 12-6 和图 12-7 所示为宝贝属性和宝贝标题。

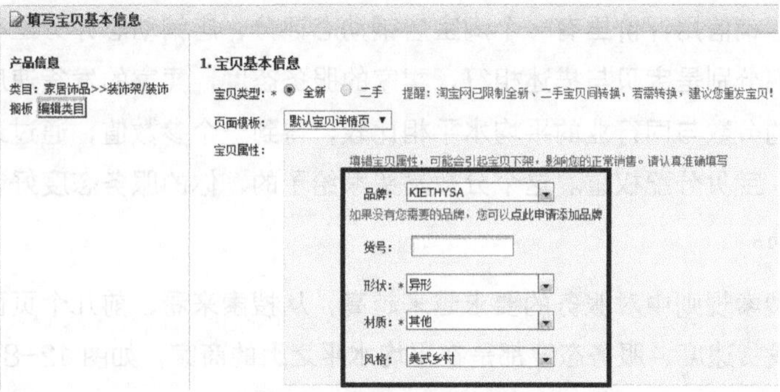

图 12-6　产品信息

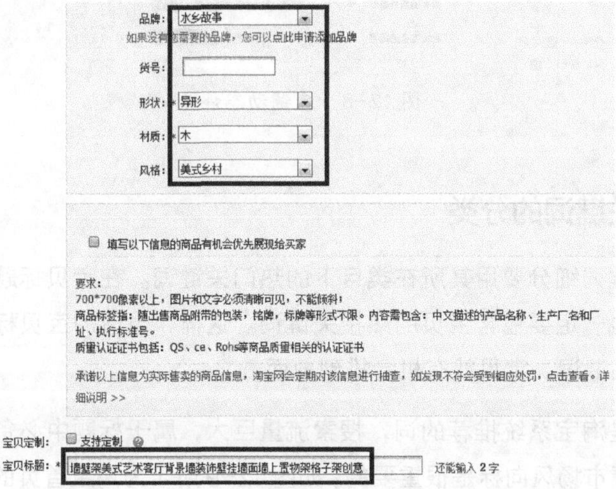

图 12-7　和标题密切相关

这样出来的 30 个字的标题不仅和宝贝的类目属性关系密切，最重要的是通过标题搜索进来的流量大部分都是有效流量！这样的标题，既有热门关键词，又和宝贝的属性很贴近，这样的标题想不好都难。

宝贝标题的关键词一部分选自行业热门关键词，另一部分来自类目属性词。如果你的宝贝类目没有选好，属性词也没有做好，将直接影响宝贝的标题，进而影响自然搜索流量。完美的标题源自完美的类目属性，完美的类目属性彰显完美的标题。

12.2.3　店铺动态评分

在我们的店铺信用评价里有一个淘宝店铺动态评分，店铺动态评分里有三个评分标准。它们分别是宝贝与描述相符，卖家的服务态度，卖家的发货速度。淘宝是根据这里的分数与同行业的平均水平相比较，得到一个参数值，通过这个参数给予你店铺、宝贝分配权重。这个分数是买家给予的，你的服务态度好，买家打的分数就会高。

现在淘宝搜索规则中对服务的要求越来越高，从搜索来看，前几个页面的商家描述相符、发货速度、服务态度都是在平均水平之上的商家，如图 12-8 所示。

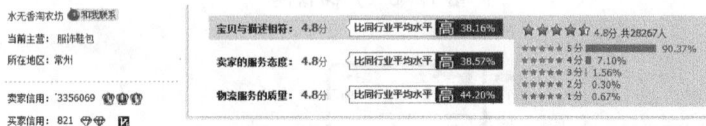

图 12-8　店铺动态评分

12.2.4　关键词的分类

宝贝标题关键词细分要用其所在类目下的热门关键词。在宝贝标题和宝贝的详细描述里面，也一定要包含宝贝的热搜关键词。这样，当你的宝贝标题具备了客户搜索的相关关键词，宝贝就有机会排到前面。

一是这些都是淘宝系统推荐的词，搜索流量巨大，属于标题中必备的关键词，对于大卖家把握市场风向标是很重要的。如图 12-9 所示为淘宝首页的系统推荐词。

图 12-9 系统推荐词

二是淘宝系统推荐的不同的词所对应的产品，能让我们了解到市场上正热卖的产品，对于做店内搭配套餐是一个重要参考，如图 12-10 所示的是淘宝搜索下拉框推荐的关键词。

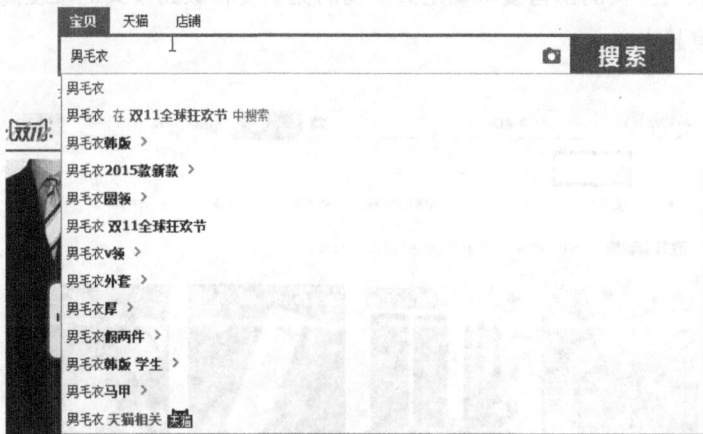

图 12-10 淘宝搜索下拉框

12.2.5 关键词的竞争度

关键词的竞争人数与竞争难度，通过两种指标就能看出关键字的竞争度了。越多的人选择和使用这个关键词，那他的竞争度就会越大。要优化宝贝排名就必须要了解关键词竞争度。

那么怎么分析淘宝上的关键字竞争度？

1. 看整个关键字竞争的宝贝数量

在淘宝搜索框搜索关键词"保温杯"，如图 12-11 所示。

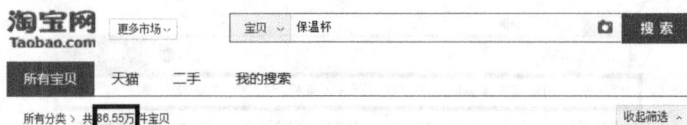

图 12-11　淘宝搜索关键词"保温杯"

通过"保温杯"这个关键词查询到了相关的宝贝 86.55 万件 ，单从宝贝数量可以判断此关键词的竞争度非常高，数量越多，竞争越大。

2. 人气宝贝的销量

淘宝搜索框用关键词"保温杯"来搜索，然后点击"人气"从高到低，如图 12-12 所示。通过分析人气宝贝的销售量来确定关键词的竞争度和做到首页的难度高低，销量越高，难度越大。

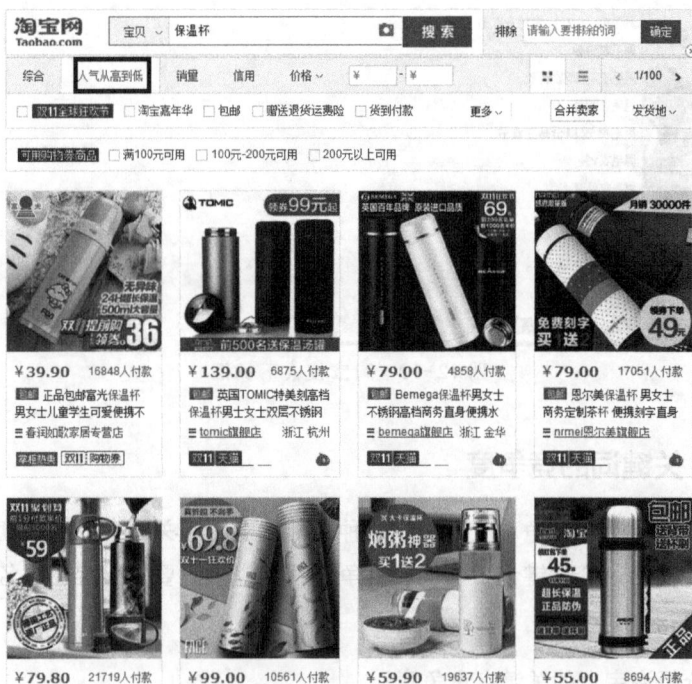

图 12-12　淘宝人气排名

一般情况下，一个店铺的单个宝贝能够卖出成千上万件的卖家不会是一些小卖家，通常会是一些中级卖家或者大卖家，新手卖家与他们去竞争这些关键词，难度可想而知。

12.2.6　转化率和支付宝使用率

在开店过程中，我们都会发现，有些客户在拍下商品后，会因为各种各样的原因，不及时付款或者最终关闭交易，这样的订单会对我们店铺的成交额、支付宝使用率等产生影响，所以对于这样的订单，要想办法分析原因，然后让客户更痛快地掏钱。

提升店铺转化率，即网店首页整体成交转化率。

（1）店铺装修做到位。淘宝旺铺可个性化装修，添加相应的模块以实现更好的宣传推广效果。

（2）推广产品页面，即宝贝展示详情页面，做好关联营销。

（3）店铺内商品描述页面能快速打开，细节图片是正常、快速显示，一个迟迟不能正常打开的宝贝，每天总会流失大量客户的。网店首页最好是图文并茂，合理搭配。

（4）店铺首页、热门页面、重要位置，要放上店铺活动宣传介绍、促销商品介绍的标题栏（banner）。

支付宝使用率 =（实际使用支付宝的金额 / 买家拍下商品的总金额）×100%。计算方法，淘宝是按半年核算支付宝使用率。支付宝使用率只针对卖家的，它的计算金额也只跟卖出交易有关，跟卖家自己在别家买进无关。

12.2.7　旺旺在线时间长

能保持旺旺天天在线是很重要的，淘宝网上有数百万卖家，客人能主动上门找上你的同时，已经算是成功了一半。试想，客户进了你的网店，如果发现店主不在，会继续逗留或者坚持等你上线再买吗？答案是不可能的，哪怕是你的东西再漂亮，价格再实惠。淘宝卖家在不断增多，竞争日趋激烈，如果你没有足够的时间在线，谈何竞争？这样只有让你的商机白白溜走。

搜索的前几页基本很难看到旺旺不在线的商家，而旺旺在线以及旺旺的回复响应时间都会影响搜索。这就要看卖家的反应速度了，如果店铺实在太忙，完全可以给旺旺设置一个自动回复，这也算是快速响应。

12.2.8 虚假交易等降权或屏蔽

例如宝贝图片或标题有问题，刷过信誉，宝贝交易过程中改价幅度过大，宝贝更改过名字（名字改动词语多了，会认为是偷换宝贝炒作销量），这些都被视为虚假交易。具体原因可以使用卖家中心中的"宝贝体检中心"来查看具体原因。

查看自己的宝贝是否因为炒作信用被降权的方法是搜索一个关键词（必须满足第一步中的文本相关和属性相关，这个关键词最好是长尾关键词），然后在单维度排序中按照销量排序，如果因为刷信誉导致的宝贝降权，那么宝贝将会在该维度下排在销量为 0 的宝贝后面或者直接屏蔽。虚假交易的屏蔽期是 30 天，也就是从淘宝系统查出来到恢复正常正好让 30 天销售记录归零。

12.3 宝贝标题优化

宝贝标题的原则是尽量符合用户的各种搜索习惯，把用户可能会搜索的各种词综合起来写最好。

12.3.1 宝贝标题组合策略

一个完整的宝贝标题应该包括以下 3 个部分。

第一部分是"商品名称"，这部分要让客户一眼就能够明白这是什么东西。

第二部分是由一些"感官词"组成，感官词在很大程度上可以增加买家打开你的宝贝链接的兴趣。

第三部分是由"优化词"组成的，你可以使用与产品相关的优化词来提高宝贝被搜索到的概率。

这里举一个宝贝标题的例子来说明，例如，"【热销万件】2015 冬季新款男士短款鸭绒外套 正品羽绒服"，这个词会让客户产生对产品的信赖感。"鸭绒外套"、"男装"、"羽绒服"这 3 个词是优化词，它能够让你的潜在客户更容易找到宝贝。

在宝贝标题中，感官词和优化词是增加搜索量和点击量的重要组成部分，但也不是非要出现的，唯独商品名称是雷打不动的，必须要描述出你的产品名称。

当然，宝贝标题也不是随便什么文字都可以填的，必须严格遵守淘宝的规则，不然很容易遭到处罚。例如，宝贝标题需要和商品本身一致的，不能干扰搜索。宝贝标题中出现的所有文字描述都要客观真实，不得在宝贝标题中使用虚假的宣传信息。

一般宝贝标题主要有下面几种组合方式：

- 品牌、型号＋商品名称

- 促销、特性、形容词＋商品名称

- 地域特点＋品牌＋商品名称

- 店铺名称＋品牌、型号＋商品名称

- 品牌、型号＋促销、特性、形容词＋商品名称

- 店铺名称＋地域特点＋商品名称

- 品牌＋促销、特性、形容词＋商品名称

- 信用级别、好评率＋店铺名称＋促销、特性、形容词＋商品名称

这些组合不管如何变化，商品名称这一项一定是其中的一个组成部分。因为在搜索时首先会使用到的就是商品名称关键字，在这个基础上再增加其他的关键字，可以使商品在搜索时得到更多的入选机会。至于选择什么来组合最好，要靠我们去分析市场、商品竞争激烈程度和目标消费群体的搜索习惯来最终确定，以找到最合适的组合方式。

12.3.2　如何让宝贝标题更吸引人

在网店经营中，如何能够吸引买家点击商品是一个比较重要的问题，这和你宝贝标题的编写有密切相关了，如果你的标题比较吸引人，那么他点击的次数就会多，由于点击次数比较多，那么他浏览的页面也就比较多，必然就会使他的购买的概率变大。

宝贝标题编写时最重要的就是要把商品最核心的卖点用精炼的语言表达出来。你

可以列出四五个卖点，然后选择最重要的 3 个卖点，融入到宝贝标题中。下面是在宝贝标题中突出卖点的一些技巧。

1. 标题应清晰准确

宝贝标题不能让人产生误解，应该准确而且清晰，让买家能够一扫而过的时间内轻松读懂。

2. 标题的充分利用

淘宝规定宝贝的标题最长不能超过 60 个字节，也就是 30 个汉字，在组合理想的情况下，包含越多的关键字，被搜索到的概率就越大。

3. 价格信号

价格是每个买家关注的内容之一，也是最能直接刺激买家，形成购买行为的因素。所以，如果店里的宝贝具备一定的价格优势，或是正在进行优惠促销活动，如"特价""清仓特卖""仅售××元""包邮""买一赠一"等，完全可以用简短有力的词在标题中注明。

4. 进货渠道

如果店铺的商品是厂家直供或从国外直接购进的，可在标题中加以注明，以突出商品的独特性。

5. 售后服务

因在网上不能面对面交易，不能看到实物，许多买家对于某些宝贝不愿意选择网上购物，因此，如果能提供有特色的售后服务，例如"无条件换货""全国联保"等，这些都可以标题中明确地注明。

6. 店铺高信誉度记录

如果店铺的信誉度较高，如皇冠、金冠级等，可以在宝贝标题中注明网店的信誉度，这些都会增强买家与卖家的交易信心。

7. 卖品超高的成交记录

如果店中某件商品销量在一段时间内较高，可以在标题中注明"月销上千""明星推荐"等文字，善用这些能够调动人情绪的词语，对店铺的生意是很有帮助的。

这样会令买家在有购买意向时，极大降低对此商品的后顾之忧。

8. 适当分割以利于阅读

如果 30 个字的标题一点都不分割，会使整个标题看上去一团糊涂，比如"全场包邮 2015 秋冬新款冬裙羊绒毛呢加厚短裙半身裙包臀裙子"，这么多字没有一个标点符号，完全不分割，虽然有利于增加被搜索到的概率，但是会让买家看得很辛苦甚至厌烦，所以，少量而必要的断句是应该的。最好使用空格符号或半角进行分割标题。如"全场包邮！2014 秋冬新款冬裙 / 羊绒毛呢 / 加厚短裙 / 半身裙 / 包臀裙子"。

12.3.3 设置标题关键词让你的店铺拥有高访问量

如果商品中包含某一关键词，当买家搜索这个关键词时，很可能会搜索到你的商品，从而为你带来无限商机。

1. 选择有效的关键词

关键词是描述店铺商品及服务的词语，选择适当的关键词是建立一个高访问量店铺的第一步。选择关键词的一个重要技巧是选取买家在搜索时经常使用的关键词。

2. 找到有效关键词

在收集所需的关键词之前，了解买家如何使用关键词进行搜索是十分重要的。要思考买家会使用哪些关键词，以及这些关键词与你出售的商品是否有直接或者间接的关系。

应该换位思考——假设你是买家，你可能会搜索什么关键词？这个关键词就是理想的关键词，要把这个关键词放在商品名称里面。

3. 选取关键词的技巧

认真思考并记下与店铺或商品有关的所有关键词。尽量站在买家的角度考虑——假如你是买家，你会怎样搜索？

多问问周围人的意见。例如，多问问家人、朋友、同学什么样的关键词适合描述你的商品，很可能会找出一些你没想到的关键词。

设置热门的关键词,如一些电视剧中的流行饰品、明星代言的商品等。如果有可能,应该合理利用这些关键词来为商品争取更多的流量。

参考其他网店。参照一些同类店铺,看一下他们的商品名称,这样有可能得到意料之外的关键词。

如果在商品名称上使用了错别字,也会增加买家的搜索难度,如把"生肖"写成"生俏",这样的失误在无形中就将商品淘汰了。

同类商品不要都用少量的几个关键词,可以在同类商品里把你能想出来的关键词都用上。

4. 关键词设置的原则

阐明商品基本特征

例如,女装店铺的商品名称设置成"魅力女装 * 漂亮完美连衣裙",这里只有一个关键词"连衣裙"。可以添加一些商品的基本特征,如颜色、图案、质地等。再如,一件漂亮的水晶工艺品名叫"金鸡报晓",如果发布商品时名称时就用"金鸡报晓",则属于商品属性不明确,这样的商品只能在进入商品分类后才会凭运气被买家发现,买家使用"水晶""工艺品"等关键词根本就搜索不到这件商品。

标明商品卖点

即使商品标题中含有"连衣裙"这样的关键词,但是由于竞争对手太多,很多卖连衣裙的店铺都排在你的前面,而淘宝网的默认排名又是"按人气排名",凭什么你的"连衣裙"关键词能排在前面呢?这时需要将卖点标出来。可以选择将品牌作为卖点,并加上"专柜"字样,如"芮琪格专柜正品连衣裙",这样买家搜索"芮琪格 连衣裙"、"正品连衣裙"时,范围就缩小了,排名也就靠前了。

标明商品优势

在商品名称中添加"特价""包邮""让利""促销"等关键词会提高买家进入店铺的概率。

5. 处理关键词

现在你已经收集到很多关键词了,接下来的工作就是把收集到的关键词组合成常用的词组。因为很多人在搜索时会使用两三个词组成关键词，所以不要用普通的单个词作为关键词，这样的关键词很难排到搜索结果的前十位。例如，将关键词"雅诗兰黛""抗皱眼霜""女用护肤品"试着组合为"女用护肤品雅诗兰黛抗皱眼霜"，这样的关键词短语有利于提高商品被搜索到的概率。

在给商品起名字时最好加上买家搜索比较多的关键词，如"优惠""促销""新款""时尚""漂亮"等，但不要违反淘宝网的规则。在淘宝网允许的前提下，关键词越多，越容易取得好的效果。

只要关键词选好了，店铺就已经成功了一半，因为大多数买家都是先搜索关键词，再购买商品的。如果你的商品价格合适，那么买家肯定会选择你的商品。

12.4　宝贝主图的优化

宝贝主图是网店的核心灵魂。设计出一张具有视觉冲击力和个性的淘宝宝贝主图，不但能让自己的宝贝在众多竞争者中脱颖而出，还能为网店获得更多的流量和点击率。因此，淘宝宝贝图片的优化，是卖家们的必修课程。

12.4.1　主图优化的原则

淘宝图片展示是客户的第一感官接触，要想让客户第一眼看上宝贝，图片一定要优化，不仅要展示清楚，还要增加促销信息，彰显品牌和信誉。主图优化应该遵循以下原则。

（1）严谨。在优化的时候一定要找到适合自己店铺、自己宝贝的方法，不盲目。

（2）凸显卖点。把宝贝的卖点也就是优点喊出来，折扣、包邮、价格。

（3）注重实际效果。图片做好之后一定要进行对比测试，不要主观的认为自己做出来的图片一定就好，要客观的对待，进行对比测试，通过流量变化来判断。没达到优化预期效果、不合格的要果断删除、然后继续优化。

12.4.2　如何优化淘宝宝贝图片

怎样优化淘宝宝贝图片呢？

1. 突出重点

很多卖家在设计宝贝图片的时候，常常忽略要突出宝贝重点这个细节。往往在体现宝贝效果的时候分不清主次，容易造成视觉混乱。

2. 保证图片的清晰度

想要图片吸引人，提高消费者的购买欲，就要保证宝贝图片一定要做到清晰。清晰的宝贝图片，不仅能体现出产品的细节和各种相关的信息，还大大地提高了宝贝的视觉冲击力。否侧，朦胧的宝贝图片，只会降低消费者的体验感和购买欲，甚至有些消费者还会觉得是盗图，从而对产品也失去了信心。如图 12-13 所示为清晰的宝贝图片。

图 12-13　清晰的宝贝图片

3. 美观度

宝贝图片的设计还要注意美观度。很多卖家想要突出自己的产品优势和特点，都会选择在宝贝图片上，加上一些字眼，如真材实料、正品甩卖、爆款促销等，如图 12-14 所示为美观图片。当然，在添加这些字眼的时候，一定要选择最重要的，不要把所有的字眼都加在图片上。否则就会造成图片混乱，缺乏美感。

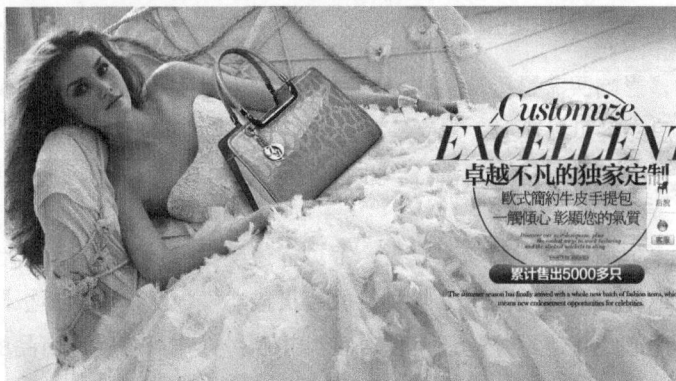

图 12-14　美观图片

12.4.3　细节图

宝贝细节图是指通过图片的方式，将产品的局部细节放大，以达到更清楚地介绍产品、美化产品详情页面的目的。如图 12-15 所示为产品细节图。

图 12-15　产品细节图

12.5　优化宝贝描述，让成交飞

顾客进店后，能否留住顾客，能否刺激顾客产生购买行为，将顾客变成买家，关键就在于宝贝描述上，宝贝描述的好与坏，将直接影响商品的销量。因此，宝贝描述页面是店铺营销的核心。

12.5.1　撰写宝贝描述的步骤

在网上购物，影响买家是否购买的一个重要因素就是宝贝描述，很多卖家也会花费大量的心思在宝贝描述上，下面是撰写宝贝描述的步骤。

1．做一个精美的宝贝描述模板

首先最好有一个精美的宝贝描述模板，宝贝描述模板可以自己设计，也可以在淘宝上购买，还可以从网上下载一些免费的宝贝描述模板。精美的模板除了让买家知道掌柜在用心经营店铺外，还可以对宝贝起到衬托作用，促进商品的销售。如图 12-16 所示为网上销售的宝贝描述模板。

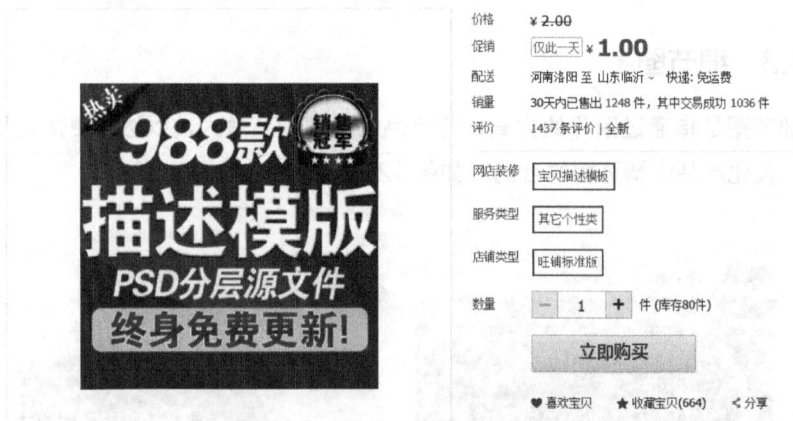

图 12-16　网上销售的宝贝描述模板

2．拍摄好商品照片

在发布宝贝描述前还要拍摄处理好商品照片。图片的好坏直接关系到交易的成败，一张好的商品图片能向买家传递很多东西，起码应该能反映出商品的类别、款式、颜色、材质等基本信息。在这个基础上，要求图片要拍得清晰、主题突出以及颜色还原准确，具备这些要素后，可以在上面添加货号、美化装饰品、店铺防盗水印等。如图 12-17 所示为处理好的商品照片。

图 12-17　处理好的商品照片

3. 吸引人的开头，快速激发客户的兴趣

宝贝描述的开头的作用是吸引买家的注意力，立刻唤起他们的兴趣，给他们一个非得继续看下去不可的感觉。

不管写什么样的产品描述，必须首先了解你的潜在客户的需求。了解他们在想什么，找到吸引他们感兴趣的东西，看看怎么把你的产品和他们的兴趣联系在一起。

4. 突出卖点，给顾客一个购买的理由

找到并附加一些产品的卖点，加以放大。挖掘并突出卖点，很多产品细节与卖点是需要挖掘的。每个卖点都是对买家说服力增加的砝码。你的宝贝描述能够吸引买家的卖点越多，就会越成功。如图 12-18 所示为突出产品的卖点。

图 12-18　突出产品的卖点

5. 给顾客购买推动力，让对方尽快采取行动

当顾客已经产生了兴趣，但还在犹豫不决的时候，还需要给他一个推动力。不要让潜在顾客有任何对你说"考虑考虑"的机会。可以在宝贝描述中设置免费的赠品，并且告诉他，赠送赠品的活动随时都有可能结束，让他尽快采取行动。

6. 通过建立信任，打消客户疑虑

利用好买家的评价，并附加在描述里。放些客户好评和聊天记录，增加说服力。第三方的评价会让顾客觉得可信度更高，让买家说你好，其他的顾客才会相信你。如图 12-19 所示为把信用评价添加在宝贝描述中。

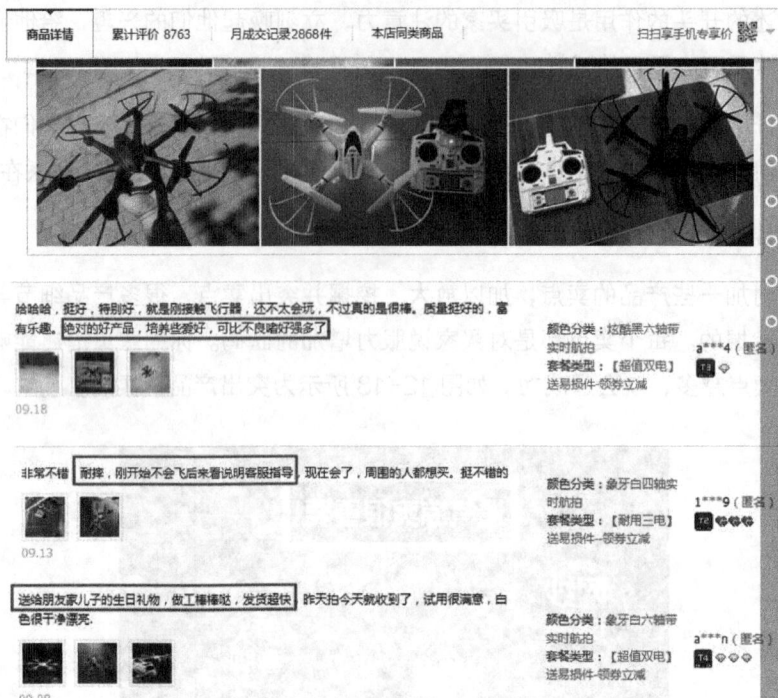

图 12-19 把信用评价添加在宝贝描述中

12.5.2 注重宝贝描述，提升销售转化率

宝贝描述页是网店买家决定是否购买的最后一站，宝贝描述页是与转化率息息相关的，宝贝描述页是可以通过内在的优化使其达到较高的转化率的。所以宝贝描述好不好，直接决定宝贝转化率，这点相信大家做淘宝店的都知道。但是，如何做好宝贝描述，确实是淘宝卖家面临的一个难题。

在写宝贝描述时注意如下几个方面。

（1）首先要向供货商索要详细的商品信息。商品图片不能反映的信息包括材料、产地、售后服务、生产厂家、商品的性能等。相对于同类产品有优势和特色的信息一定要详细地描述出来，这本身也是产品的卖点。

（2）为了更直观，宝贝描述应该使用文字＋图像＋表格三种形式结合来描述。

（3）产品的基本属性描述，例如品牌、包装，规格、型号、重量、尺寸大小、产地等。这些都描述出来，会让买家更觉得关怀备至，从而从情感上抓住顾客的心。宝贝描述应对买家攻心为主，看完宝贝描述后，让买家与我们的宝贝描述中的图片和文字产生共鸣。如图 12-20 所示为产品的基本属性描述。

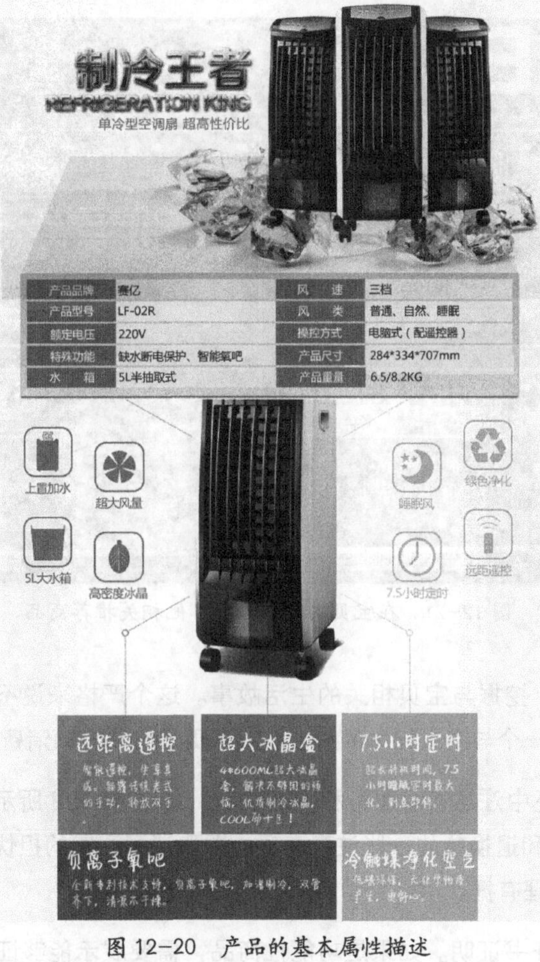

图 12-20　产品的基本属性描述

（4）参考同行网店。可以去皇冠店转转，看看他们的宝贝描述是怎么写的。特别要重视同行中做得好的网店。

（5）在宝贝描述中也可以添加相关推荐商品，如本店热销商品、特价商品等，即使顾客对当前所浏览的商品不满意，在看到商家销售的其他商品后，也许就会产生购买的欲望。另外即使已经决定购买现在所浏览的商品，在浏览其他搭配商品的同时，也会产生再购买另外商品的打算。让买家更多地接触店铺的商品，增加商品的宣传力度。如图 12-21 所示为在宝贝描述中添加其他相关推荐商品。

图 12-21　在宝贝描述中添加其他相关推荐商品

（6）留意生活，挖掘与宝贝相关的生活故事。这个严格来说不属于宝贝描述信息的范畴，但是一个与宝贝相关的感人的故事更加容易打动消费者。

（7）在宝贝描述中注意售后服务和规避纠纷。如图 12-22 所示，在宝贝描述里添加了售后服务和退换货的一些注意事项，即取消了买家的担忧，也为了避免以后发生纠纷时有理有据。

（8）展示相关证书证明。如果是功能性商品，需要展示能够证明自己技术实力的资料。提供能够证明不是虚假广告的文件，或者如实展示人们所关心的商品制作过程，都是提供可信度的方法。如果电视、报纸等新闻媒体曾有所报道，那么收集这些资料展示给顾客也是一种很好方法。如图 12-23 所示，页面中展示了商品的相关证书和证明资料。

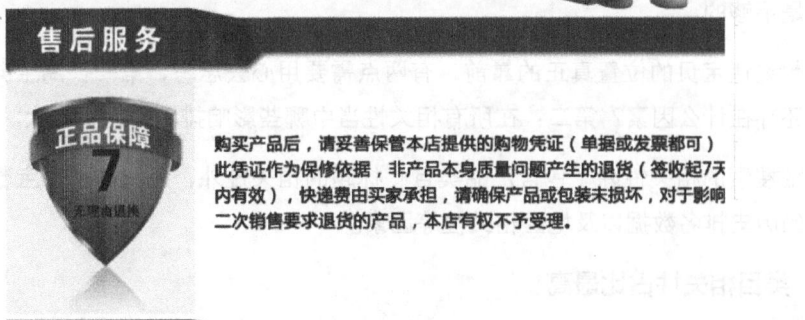

图 12-22　在宝贝描述添加售后服务

图 12-23　商品的相关证书和证明资料

12.6　实战技巧问答

12.6.1　什么是淘宝搜索中的相关性

相关性是影响淘宝搜索排名的基础因素，也都已经了解到的是在淘宝搜索排名机制当中，最重要的相关性有两点：宝贝类目的相关性以及商品标题的相关性，正是因为这两点是大家都知道的，所以光是在这两点上做工作，想要把搜索排名提升是不够的。

而想要让宝贝的位置真正的靠前，有两点需要用心去思考，第一：淘宝判断相关性还存在什么因素？第二：在所有相关性当中哪些影响排名的比重最大。

淘宝搜索的相关性除了包含产品类目、标题的相关性外，还包含了淘宝数据库当中的历史排名数据以及地区相关性等因素。

1. 类目相关性占比最高

淘宝在搜索结果里面体现隐形眼镜这类商品的时间并不长，但是很快就有隐形眼镜产品出现在搜索结果的前三名的位置，并且是一直在上升，这就说明类目相关性是占比最大的。这也与淘宝注重用户体验相符合。

2. 淘宝历史数据的相关性

虽然隐形眼镜的产品最终一定会占据搜索结果的前列位置，但是到目前，以往的那些搜索体现的商品还是在首位，并没有很立时的被挤到后面，这意味着淘宝搜索结果还是相当依赖其数据库当中存放的历史数据的，而且占比还不小。

3. 商品标题相关性列第三

商品标题相关性对结果的影响在这个图中还是显而易见的，排第一的标题相关性是最好的，排最后的标题则没有任何的堆砌。

不过商品标题的相关性影响搜索结果的占比并没有这么明显，因为在往后面的排名当中，商品标题表现的还是参差不齐的，并没有很明显的规律，所以占比并不是很大。

4. 地区相关性占比最小

在上图当中，排名第一的是江苏、其次是北京，最后是上海，但实际上，隐形眼镜销售商的分布密集度应该是上海第一，其次是江苏，再是北京。这就是说虽然搜索结果当中大多数是上海地区的商家，但是在其他相关性的影响下，地区相关对排名的结果没有产生那么大的驱使力。地区相关在所有占比当中应该是最小的。

12.6.2 淘宝搜索排名规则

毫无疑问是新店铺。各位试想一下，在全网流量不变的情况下，在天猫定向招商的情况下，大量新店蜂拥加入。淘宝的目标是推爆款（畅销单品），让买家有更多选择，推出千人千面，给商品打标，意图分析买家购买习惯，提高转化率。那么要做到这一目标，第一点要做的就是把流量分散给各种新店铺进行"测试"。淘宝永远只会去看大数据，例如全网点击率、转化率、好评率等，当测试一段时间后，数据没有达到预期，那么就调整一下算法继续测试。

在流量下降的同时，转化率也不断下降，静默转化率更是下降厉害。现在的线下与线上流量占比已经达到 2∶8。意味着 80% 的人选择在手机端购买。那么从数据上分析看，就我的店铺而言，PC 端的转化率并没有下降，在一个合理波动的范围。而手机端转化率则不断下降，哪怕最近的流量已经恢复到降权前的 80%～90%，但是转化率一直没恢复，还在降。从以上几点分析，淘宝的算法调整特别是针对手机端的一直在调整，很多卖家都在 PC 搜索权重，但都没有研究过手机端。

淘宝排名新规则方法：淘宝每次调整排序的时候，都是针对纬度和标签来调整的，对每个层级的商家调整具体又是不同的，举例有的类目第一层，注重售后服务，第二层级就看客单价，第三层级看转化率。

公益宝贝排名靠前：没设置公益宝贝的去设置一下，设置好有一定的权重排名。

橱窗产品排名靠前：越到下架时间的产品排名靠前，但是这个因素今年权重有所降低，但是依然有一定的影响。

收藏人气高，浏览高的产品排名靠前，这是成为人气宝贝的必要条件。

转化高的产品排名靠前，转化高说明产品受欢迎，淘宝系统自动默认靠前，转化率可以人工控制的，很简单的操作。

销量高的宝贝排名靠前，销量排名权重今年减少了一大半，淘宝为了避免恶意刷单，因而降低了销量排名的权重。现在销量低的产品也能排在前面。

信誉不影响排名，信誉高低不影响排名，不管是星店还是金冠店，这点是公平的。

12.6.3　什么是搜索降权

搜索中有一些处罚措施叫降权。宝贝也能被搜索到，但是排序是靠后的，甚至有的在销量排序中会被过滤掉，如果按照销量排序，发现宝贝找不到，说明宝贝被降权了。

被降权有很多原因，基本上所有不规范的操作，都会被降权。炒作信用、虚假交易、故意放错类目、重复铺货、重复开店、堆砌关键词、广告商品、虚假邮费、无货空挂等都属于作弊范畴。惩罚力度也不同，目前最长的是从最后一次不规范的操作开始计算，30 天左右结束。

被降权还有一种是连带惩罚，如果你整个店铺中被识别为作弊的商品过多，那么对整个店铺的商品都有影响，基本上所有的商品都会被降权，例如炒作信用严重的。

12.6.4　淘宝搜索优化误区

淘宝搜索优化是卖家获取自然流量必须掌握的技术。因为对实践中一些重要细节的忽视或错误理解，很多卖家往往进入了一些搜索优化误区。

1. 只有大卖家才会有较高的人气分

在目前的人气排序结果中，有不少排序靠前的结果是中小卖家的宝贝。只是大卖家积累的客户多，比中小卖家更容易培养出来人气宝贝。另外，现在搜索结果页有一个规则限制，每页最多显示同一卖家的两款宝贝，如果同一卖家有更多优秀宝贝，会显示到下一页开始。

2. 做了直通车的人气分就会高

人气分和直通车没有直接关系，人气分的计算中也没有参考是否参加过直通车。但如果你用直通车做了推广，销量、收藏、转化率都提升上去了，人气分也会有提升。只是这个提升结果和你做其他推广的结果是一样的。淘宝搜索的所有规则中，对所有宝贝都是一视同仁的，无论是否参加直通车，也不分是商城宝贝还是集市宝贝。

3. 新上架的宝贝在人气排序中永远没机会

新上架的宝贝，会有个默认的人气分。但随着时间推移，如果各个因素没有任何提高，这个人气分还会下降。

4. 只爆单品不爆店

店铺应该适当分散营销资源，创造更多的活跃动销品种，而不是全部资源集中在极少爆款，这就是"多个小爆款"战略。

5. 选择类目，只有正确是不够的

有些宝贝既可以放在这个类目，也可以放在那个类目。从自然流量的角度，如果不是完全放错，那么应该尽量往热门类目放，而不是放在精确匹配类目。

值得注意的是，关键词的质量分受所选类目影响很大，选择不同的类目，极大影响直通车可以选择的关键词。因此选择类目要结合搜索和直通车双重因素综合考虑。

6. 忽视搜索点击率

一般说的搜索优化，其实争取的是"展现量"，而不是真正的流量。相同的展现，提高 20% 点击率，自然流量当场就能上升 20%，是不是很值得重视？提高宝贝的点击率，不但可以多快好省地提高自然流量，而且可能会提高搜索权重。

案例——网上开店月收入 20 万的卖家赚钱经

在很多人眼里，网上开店是一桩一本万利的好事。可现如今，传统店铺激烈的价格战已经弥漫到网络世界中。有人在网络创业中尝到了甜头，却也有人黯然退出。

网上首饰店起步从身边开始

和很多网上创业的朋友一样，马丽也是偶然中进入这片天地的。"2003 年 9 月的一天，上班时闲来无事，想上网买瓶化妆水，没想到却成了我创业的契机。"

2005 年，马丽辞职，通过一个亲戚的介绍，成为香港某品牌首饰的内地代理商。目前，她的小店每月营业额 4 万，而且"还在稳步增长。"

"很多朋友刚创业的时候都很茫然，不知道该从哪下手，我的建议是：从身边找商机。"

马丽认为，起步阶段必须要注意风险，如果能从自己的亲人、朋友那里找到一些进货渠道，或者从事自己所熟悉的行业，成功的概率会大很多。

电子小店月收入 20 万

30 多岁的张海 10 年前从老家山东来到北京，在中关村卖起了电脑配件，生意做

得有声有色。可是到了 2004 年，营销额开始走下坡路。危机之中，张海开始到网上寻找商机。

与此同时，他果断地调整了货品结构，开始经销 MP3、数码相机、摄像头等电子产品。双管齐下之后，销路大开。

在电子广场的一间小屋里，有 8 个员工在为张海的网上小店而忙碌着：2 个人负责发货，2 个人负责采购，3 个人做客服工作，此外还有一个管理财务。每天，张海和他的员工都会认真研究竞争伙伴的动向，包括他们何时登录、何时下线、所进新货、价格变化等，然后及时调整自己的经营策略。目前，张海网上、网下经商两不误，货品种类过千，月收入 20 万。其中，网上小店的营销额占了半壁江山。通过网络，他的生意已经拓展到了德国、加拿大等地。

网上生意最重信誉

"生意人都知道，店铺选址很重要。然而，在网上做生意，最重要的因素是信誉。"张海表示，在目前诚信环境尚不理想的大背景下，最重要的是要让电脑那端的客户放心购物。

"客户如果不满意，我就退货，很多卖家做不到这一点。表面上看，退货等于黄了一笔生意。其实未必。"马丽举了个例子。去年，一个上海女孩订了一条手链，可货到后她觉得戴着不好看，于是提出退货。第二次、第三次，都是如此。每次，马丽都二话不说，立刻退了钱。"没想到，这个女孩之后竟然成了我的忠实客户，还不断向同学、亲戚介绍说网上也有讲信用的店铺，完全可以放心购物。"

而在张海的电脑数据库里，保存着大大小小客户的资料，包括他们的年龄、性别、购物时间、消费习惯，乃至生日。张海笑称老客户是个宝，"五到六成的网上销售额是由回头客贡献的。"对于张海来说，之所以能熟稔地畅行于网络、现实两个市场，靠的正是这个"秘笈"。

第13章 宣传推广店铺，提高网店知名度

网店运营初期，很多店主都为了人气而烦恼。如何才能让网店凝聚更多的人气，迅速打开销售局面呢？练好推广功，网店名天下！有计划地进行网店传播推广活动，要让买家知道我们小店的存在。更重要的是提高店铺和商品的浏览量，这样才能有生意。所以要在网店的宣传推广上全面提升技巧，才有可能成为一个成功的卖家。本章将与你分享店铺推广的经验和秘诀，让你的网店人尽皆知！

13.1　店内宣传技巧

有一些技巧可以增强店铺的宣传效果，如设置好的店铺名称、巧用店铺交流区、进行友情链接、设置个人空间、加入淘宝商城、加入直通车等。

13.1.1　设置好的店铺名称

很多买家搜索宝贝的时候也会用搜索店铺的方法，这时店名就显得很重要！一个朗朗上口又有个性的名字往往作用很大，说不定买家就冲着店铺的名字去店里看看！容易记住也是很重要的一个指标，这样如果买家想再次找到你的店，就方便多了。

1.　易读、易记原则

易读、易记是对店铺名的最根本的要求。店铺名只有易读、易记，才能高效地发挥它的识别功能和传播功能。如何使店铺名易读、易记呢？这就要求店铺经营者在为店铺取名时，要做到以下几点。

- 简洁。名字简单、简洁明快，易于和消费者进行信息交流，而且名字越短，就越有可能引起顾客的遐想，含义更加丰富。

- 独特。名称应具备独特的个性，切忌雷同，避免与其他店铺名混淆。

- 新颖。名称要有新鲜感，赶上时代潮流，创造新概念。

- 响亮。店铺名要易于上口，难发音或音韵不好的字，都不宜用作名称。

2.　暗示商店经营产品属性原则

店铺名还应该暗示经营产品的某种性能和用途。

3.　启发店铺联想原则

店铺名要有一定的寓意，让消费者从中能得到愉快的联想，而不是消极的店铺联想。

4.　适应市场环境原则

店铺名对于相关人群来说，可能听起来合适，并使人产生愉快的店铺联想，因为他们总是从一定的背景出发，根据某些他们偏爱的店铺特点来考虑该店铺的。但是，一个以前对它一无所知的人第一次接触到这个名字，会产生怎样的心理反应呢？这就要求店铺名要适应市场，更具体地说要适合该市场上消费者的文化价值观念。店铺名不仅要适应目前目标市场上的文化价值观念，而且也要适应潜在市场的文化价值观念。

13.1.2 交换友情链接

淘宝网上的卖家可以组成互助共进的联盟，要尽量争取和其他卖家，特别是与一些交易量比较大、信誉度比较高的卖家交换友情链接。通过交换店铺链接，形成一个互助网络，增进彼此的影响力。在其他卖家的店铺首页，买家只要单击友情链接，就可以直接访问相应的友情店铺。添加友情链接的方法很简单，单击"店铺装修"页面中的"友情链接"后的"编辑"按钮，然后在"淘宝会员名"文本框中输入对方的会员名，单击"添加链接"按钮即可，如图 13-1 所示。

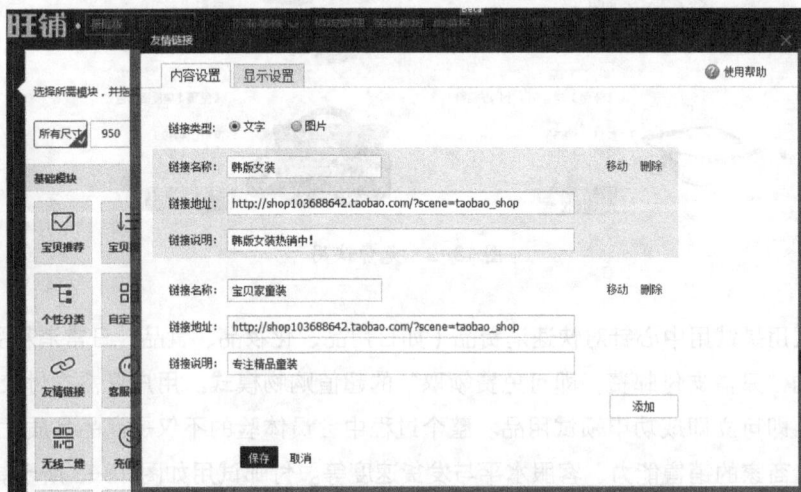

图 13-1 添加友情链接

13.1.3 参加免费试用

试用中心立足为自有品牌商家打造产品推介，最新、最热、最火、最热卖的商品展示，为商家进行精准、高效的口碑营销传播。分为付邮试用与免费试用两种。免费试用是试用中心推出的用户可以完全免费获取的试用品，通过试用报告分享试用感受，给商家的商品做出公正专业的描述，从而帮助其他消费者做出购物决策，找到真正适合自己商品的平台。申请获得的试用品无需返还，免费试用如图13-2 所示。

图 13-2　免费试用

付邮试用是试用中心针对快速消费品（如日用品、化妆品、食品、日常消耗品等）推出的"只需支付邮费，即可免费领取"的超值购物模式。用户只需支付较低的邮费，即可立即成功申领试用品。整个过程中会员体验的不仅是商品品质，同时也体验商家的销售能力、客服水平与发货速度等。付邮试用如图 13-3 所示。

在试用期间极大地增加店铺的曝光率和成交量，同时卖家还能得到宝贵的产品试用反馈。在赢得巨大流量和好评的同时也在淘宝树立强大的品牌和店铺形象。

（1）可以获得更多的淘宝流量，例如收藏越多、销量越大、评价越高，在淘宝关键字搜索时，该类商品拍卖就越靠前。

（2）商家通过试用品每日通过试用中心直接或间接达成的交易量大大超过平时，新上线的试用折扣价将更大地促进商品成交。

（3）通过试用产生良好的使用体验，获得试用会员最客观真实的口碑传播，增加品牌美誉度。

（4）每个试用品每日都可获取几十万的流量，申请人数达上万人，并有独立的产品信息页，即使试用结束也长期保留。如图 13-4 所示为申请试用的人数达三十多万。

图 13-3　付邮试用

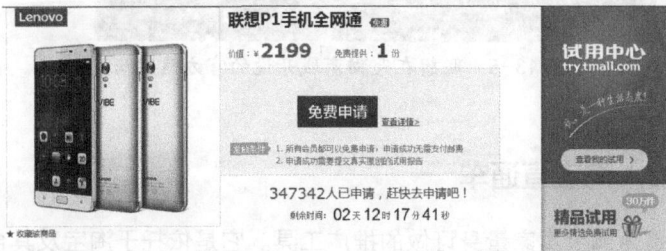

图 13-4　免费申请试用的人数

13.1.4　加入天猫商城

天猫商城整合了数千家品牌商、生产商，为商家和消费者之间提供一站式解决方案，提供 100% 品质保证的商品，7 天无理由退货的售后服务，以及购物积分返现等优质服务。区别于淘宝网，天猫由商家企业作为卖家。所以如果想有绝对的品质保证，天猫商城是你的不二选择。

天猫商城比普通店铺更有吸引力的是服务，不仅展示了大卖家和大品牌，同时也提供比普通店铺更加周到的服务。图 13-5 所示为联想在天猫商城开设的官方旗舰店。

图 13-5　联想在天猫商城开设的官方旗舰店

13.1.5　加入淘宝直通车

淘宝直通车是为淘宝卖家量身订做的推广工具。它是依托于淘宝及其合作伙伴的搜索平台，让淘宝卖家方便地推广自己的宝贝。淘宝直通车推广，用一个点击，让买家进入你的店铺，产生一次甚至多次的店铺内跳转流量，这种以点带面的关联效应可以降低整体推广的成本和提高整店的关联营销效果。当买家在淘宝或雅虎搜索上搜索产品时，你的宝贝会第一时间出现在他们面前。按照效果付费的方式，淘宝直通车使卖家只需少量投入就可获得巨大的流量。你推广的商品不仅会出现在淘宝搜索结果页下方，还会在雅虎中国搜索结果页面的前面 4 条或者最后 2 条的黄金位置出现。如图 13-6 所示为右侧的掌柜推荐就是直通车推广的店铺。

图 13-6　直通车推广的店铺商品

淘宝开店，想赚钱流量很重要，在推广上，淘宝直通车是不容错过的一个重要宣传工具。怎样使用淘宝直通车才能产生最佳效果？什么样的店铺，产品使用直通车最理想？这些是很多淘友都非常关心的问题。选择做直通车推广的宝贝最好是店铺中综合质量较高的宝贝。

（1）有累计售出记录且产品介绍里插入多个同类产品介绍，做直通车可达到最佳效果。

（2）信用度在一钻以下，好评率低于97%的买家做直通车效果不太理想。

（3）个性化、特色产品，差异化产品做直通车效果更佳。

（4）宝贝详情内容丰富，图片背景清晰，宝贝突出。

（5）能够独家在网上经营的大众化产品，也适合购买淘宝直通车。

由于网络上经营的成本比较低，如果能够取得某种商品在网上的品牌经营权，再以低于传统市场的价格出售商品，辅助相应的关键词，一定可以取得不菲的成绩。

到目前为止，淘宝直通车是淘宝上带来流量最重要的推广工具，那么怎么加入直通车呢，具体操作步骤如下。

（1）首先登录到淘宝后台，单击"营销中心"下的"我要推广"，如图13-7所示；进入到淘宝营销中心页面，单击"直通车"图标，如图13-8所示。

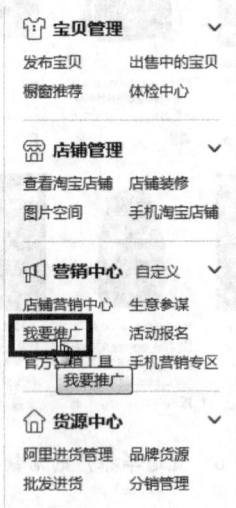

图13-7 单击"我要推广"

图 13-8　单击"直通车"图标

（2）进入淘宝直通车首页后，在页面右边可以看到"账户未激活"，单击"我
要充值"按钮，如图 13-9 所示。

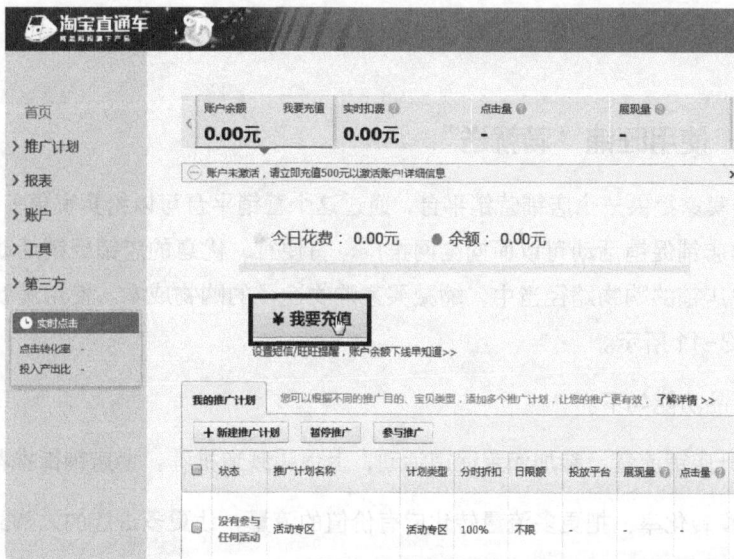

图 13-9　单击"我要充值"按钮

（3）打开直通车充值页面，淘宝直通车第一次开户需要预存 500 元以上的费用，

这500元都将用于你接下来的推广中所产生的花费，选择好充值金额后，单击底部的"立即充值"按钮，如图13-10所示。经过支付宝的充值操作以后，返回到直通车主页，账户就开通并且可以使用了。

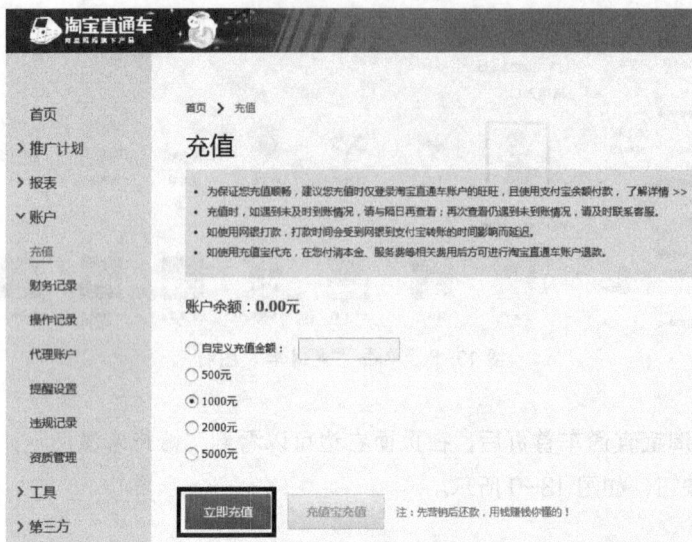

图13-10 直通车充值

13.1.6 使用旺铺"满就送"

满就送给卖家提供一个店铺营销平台，通过这个营销平台可以给卖家更多的流量。让卖家的店铺促销活动可以面向全网推广，将便宜、优惠的店铺促销活动推广到买家寻找店铺的购物路径当中，缩减买家购物途径的购物成本。使用满就送的商品如图13-11所示。

满就送产品功能如下。

（1）提升店铺流量：参加淘宝促销活动，上促销频道推荐，上店铺街推荐。

（2）提高转化率：把更多流量转化成有价值的流量，让更多进店的人购买。

（3）提升客单价：通过满就送，提高店铺整体交易额。

（4）增加参加活动的机会：淘宝网有时候会举行一些针对参加"满就送"的活动，

只有订购了这个服务的卖家才可以参加。

（5）节省人力：当卖家设置好"满就送"功能后，买家购买商品时，达到了设置的优惠标准后系统会自动操作。

（6）显示在网店的每一个地方：可以通过复制"满就送"代码，将"满就送"促销显示在网店的每一个地方，让顾客轻易的就可以看到店铺促销优惠，而不是只有到首页的促销区才能看到促销内容。

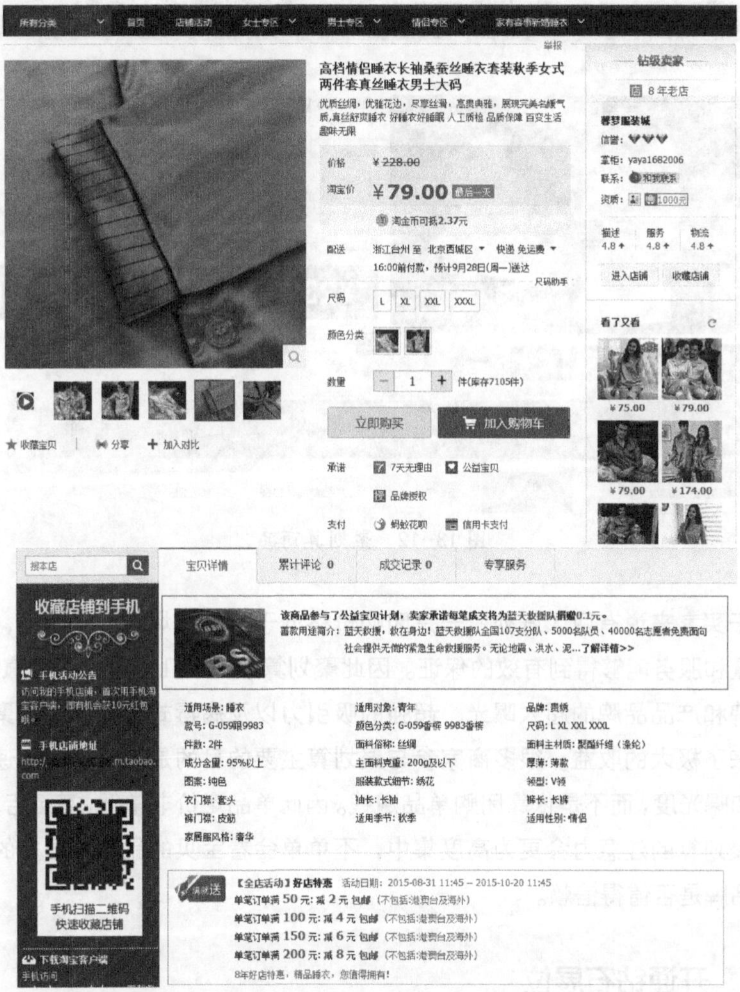

图 13-11 "满就送"的商品

13.1.7 参加聚划算

聚划算（http://ju.taobao.com）是亚洲最大购物网站淘宝的团购品牌，也是淘宝覆盖全站的团购平台，凭借淘宝网海量丰富商品，每天发起面向两亿用户的品质团购，秉承"精挑细选、极致性价比、真相决定品质"的核心价值主张，正在快速发展中。无论是日交易金额、成交单数还是参与人数均为全国第一。参加聚划算的商品成交量大增，如图 13-12 所示。

图 13-12　聚划算商品

团购对于买家来说有两大好处：一是团购价格低于产品市场最低零售价，二是产品的质量和服务能够得到有效的保证。因此聚划算吸引了几十万的买家疯狂团购，店铺品牌和产品品牌的超大曝光、超强的吸引力以及病毒式传播为参加聚划算的商家带来了极大的收益。很多商家参与聚划算主要的目的是短时间内迅速增加店铺流量和曝光度，而不是依靠团购单品赚钱。因此单品定价非常低，甚至亏本销售。买家在聚划算的注意力会更为高度集中，不单单会看宝贝的品质，更多的是看该商家的品牌是否值得信赖。

13.1.8 开通钻石展位

钻石展位是面向全网精准流量实时竞价的展示广告平台，以精准定向为核心，凭借淘宝海量的用户数据和多维度定向功能，为客户提供广告位购买、精准定向、创意策略、效果监测、数据分析等一站式全网广告投放解决方案，帮助客户实现更高效、更精准的全网数字营销。钻石展位现有淘宝首页、各频道页、一淘首页、旺旺每日焦点、各功能页、搜索页、促销名店页共 143 个广告位。优质的淘宝首页的钻石展位，如图 13-13 所示。

图 13-13　钻石展位

钻石展位具有如下优势。

（1）超低门槛：即使花很少的钱就可以在淘宝最有价值的展示位上发布信息。

（2）范围广：覆盖全国 80% 的网上购物人群，每天超过 15 亿次展现机会。

（3）超炫展现：展现形式更炫丽，钻石展位不仅支持图片格式，更支持 Gif、Flash 等动态格式。可以把展示图片做得非常漂亮，同时钻石展位的尺寸都比较大，视觉冲击力强，可以最大限度地吸引买家进入您的店铺。

（4）超优产出：按照展示次数收费，不展现不收费，自由组合信息发布的时间、位置、费用等。统计报告和效果优化服务让你的每份投入都明明白白。

（5）定向准：目标定向性强，可定向 13 类主流购物人群，直接生成订单。

如何选择合适的资源位？首先，建议选择流量资源足够且稳定的展示位，如首页一屏右侧 Banner、二屏右侧大图、三屏通栏等，大流量位置切记配合使用定向功能；其次，结合推广目的和预算情况选择适合单品或活动的位置。

13.1.9 加入供销平台，扩大销售渠道

由阿里巴巴和淘宝网共同研发的供销平台，旨在帮助商家快速免费搭建、管理及运作网络销售渠道，帮助淘宝分销商开辟稳定的进货渠道，快速获得一手货源。简单说供销平台是打通淘宝和阿里巴巴的一个桥梁：就是让你的产品被淘宝卖家下载、上传、销售的一个平台，直接并快速扩大了产品的销售渠道。

淘宝供销平台是淘宝网专门为商家提供代销、批发的平台服务，帮助商家快速地找到分销商或成为供货商。目前的供销平台包括两大业务：代销业务及批发业务。供应商加入供销平台后有如下好处。

（1）打造属于自己的网络分销体系，提升企业形象，创立网络品牌。

（2）快速招商，建立自己的分销渠道，上下游资源整合，开展批发代销业务。

（3）培养、管理和扶持分销商，完善渠道。

（4）分销和直销兼顾，让你批零兼营更轻松。

（5）入驻淘宝供销平台，助你招募更多分销商。

（6）互通多个子站，铺货、订单数据同步，网络连锁、网络分销更容易，库存、下单、打印发货都可以实现自动化，大大简化了流程。

一份优秀的招募书必须有店铺名称、品牌、自身优势、分销商申请条件、分销商激励政策，折扣措施，支持政策、售后服务、产品优势、联系方式，在这些条件都具备了后再进行招募书的美化工作，色彩不可偏杂，选择同一色系，排版规整，字体统一并有意识地突出重点，适当插入图片，让整个招募书图文并茂。优质供应商在分销平台的招募书，如图 13-14 所示。

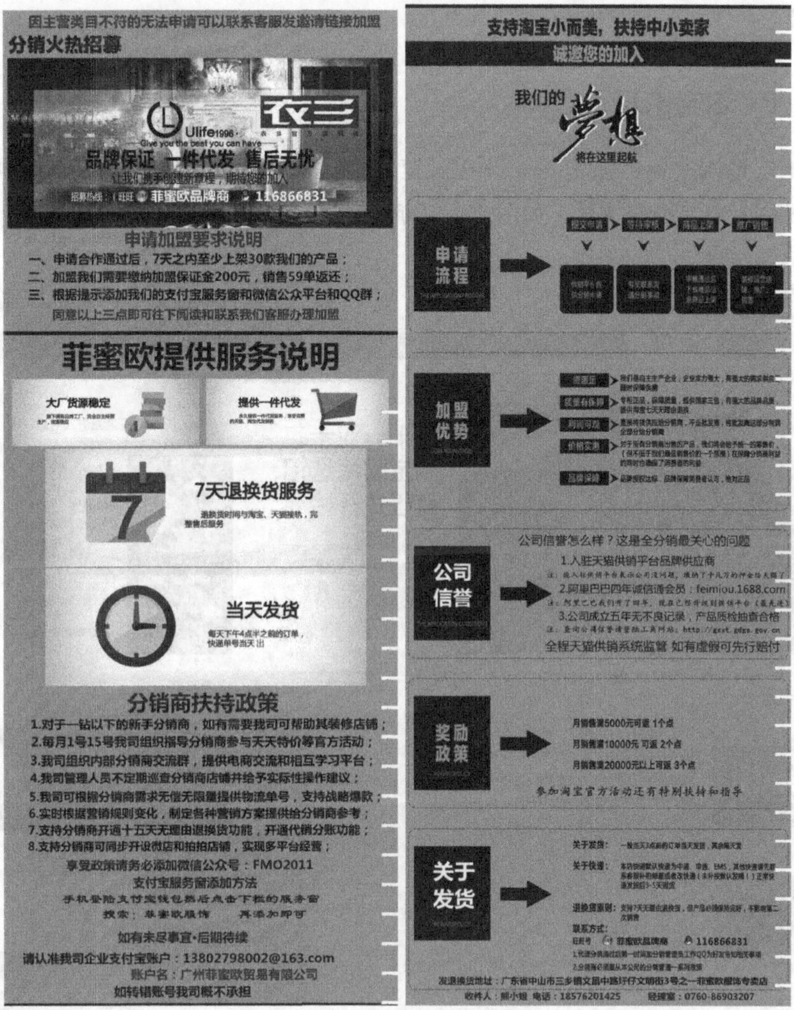

图 13-14　供销平台招募书

13.2　在淘宝论坛中宣传店铺

淘宝论坛中汇集了很多的淘友，他们以发帖、跟帖的方式进行沟通交流，发表自己的见解，寻找潜在的顾客。要宣传店铺，还可以借助淘宝社区的力量，多逛社区、多发帖，使自己成为论坛名人。当卖家在论坛里的知名度高了，其他淘友也就会喜欢读你的帖子，并且会关注你的店铺。随着店铺知名度的提高，交易量也会有所提高。

13.2.1 淘宝论坛

淘宝论坛是淘宝网的官方论坛，在浏览器中输入 http://bbs.taobao.com/ 网址，就可以进入淘宝论坛首页，如图 13-15 所示。

图 13-15 淘宝论坛首页

淘宝社区分为多个版块,各个版块对应的内容不同,例如"美容化妆"是谈论美容诀窍的版块。单击版块对应的链接,就可以进入相应的版块。社区中还有几个需要经常浏览的版块,如"淘宝大学""经验畅谈"等。这些版块是解答淘友问题和淘友之间进行经验交流的地方,不论是新手还是资深卖家,都应该经常去这几个版块"充电"。

单击版块页面中的"发表"按钮可以发表帖子,单击页面中的帖子可以进入帖子详情页面。可以看到帖子发表者的信息、帖子的内容及他人的回帖,如图13-16所示。单击帖子页面左上角的"回复本帖"按钮就可以回复帖子,如图13-17所示。

图13-16　帖子详细内容

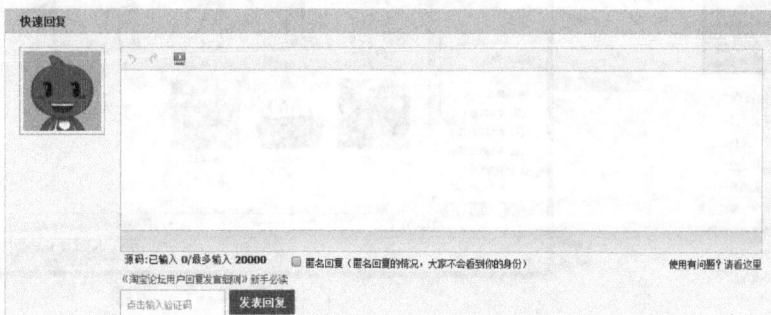

图13-17　回复帖子

13.2.2 设置个人信息

淘宝论坛中淘友众多，要想在众多淘友中脱颖而出，给别人留下深刻印象，卖家应给自己设置一个好的论坛头像和签名档。设置这些基本信息，也可以起到很好的宣传作用。

设置论坛头像的具体方法如下。

进入"我的淘宝"页面，在"账号管理"栏目下，单击"个人资料"超链接，将鼠标光标放置在当前头像上单击头像上面的"编辑头像"超链接，如图 13-18 所示。随后进入到如图 13-19 所示的页面。

图 13-18　编辑头像

图 13-19　设置个人头像

单击"本地上传"按钮，选定准备好的头像图片文件，图片文件的格式应为 JPG 或 GIF 格式，图片大小不能超过 120 像素 ×120 像素，文件大小不能超过 100KB。如果没有准备头像文件，还可以单击"进入头像相册进行设置"超链接，选择一个淘宝网提供的头像图片。

13.2.3 发表及回复帖子

要想成为论坛名人，就要在论坛多发帖子，发有价值的帖子。如果发的帖子言之无物、内容无聊，就会适得其反，不仅浪费了自己和他人的时间，也在论坛里留下了不好的印象，那就得不偿失了。

帖子的标题用哪个要仔细琢磨。好的标题能起到为帖子画龙点睛的作用。另外还建议在帖子中加入适当比例的图片，以使帖子达到图文并茂的效果。发表帖子的具体操作步骤如下。

（1）登录淘宝论坛，并进入相应的版块。

（2）单击"发表"按钮，进入发布帖子页面，如图 13-20 所示。

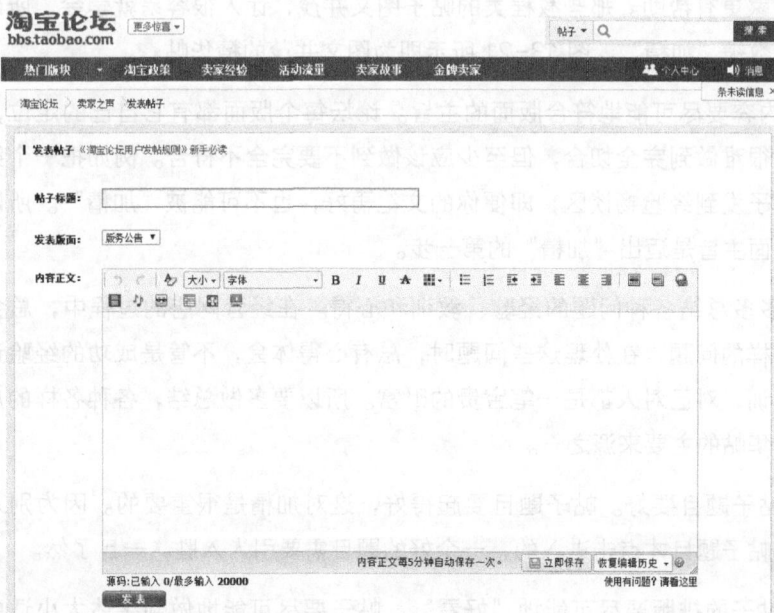

图 13-20 发布帖子

（3）在"发表版面"下拉列表中选择帖子所属的版块，在"帖子标题"文本框中输入帖子的主题，在"内容正文"中输入帖子的内容。

（4）帖子内容尽可能丰富易读。帖子一旦被加入精华帖，不仅可以提高浏览量，还可以获得社区的"银币"奖励。完成帖子的编辑后，单击页面底部的"发表"按钮发表帖子。

13.2.4　怎样写好精华贴

精华帖是论坛中的一种帖子，是被版主或管理员加为精华的帖子，一般此类帖子内容丰富，有较高的阅读价值，可以被回复，且作者可以修改原帖。现在很多人感到迷茫，不知如何才能写精华帖，下面将介绍写好精华帖的经验和技巧。

（1）帖子首先要符合原创、好帖、不违反发帖规则，这是一切成为精华帖的前提条件。

（2）内容要尽可能地详实。所谓详实，就是既详细又实用。

（3）帖子图文并茂且要原创。一般情况下，图文并茂的帖子比纯文字说教的帖子对大家更有帮助。那些教程类的帖子图文并茂，让人很容易就学会，所以这类帖子多数被"加精"。图13-21所示即为图文并茂的精华帖。

（4）内容要尽可能地符合版面的主旨。论坛每个版面都有它自己的定位，虽然很多人很难做到完全切合，但至少应该做到不要完全不符合。例如把一个纯文学性的帖子发到经验畅谈区，即便你的文笔再好，也不可能被"加精"。所以内容符合版面主旨是迈出"加精"的第一步。

（5）多多总结各种问题的经验、教训和心得。在经营网店的过程中，总会碰到各种各样的问题，在处理这些问题时，总有心得体会，不管是成功的经验还是失败的教训，对己对人都是一笔宝贵的财富。所以要多做总结，各种各样的总结帖也是精华帖的主要来源之一。

（6）帖子题目要好。帖子题目要起得好，这对加精是很重要的。因为别人都是通过看帖子题目才点击进入的，一个好的题目需要引人入胜，一目了然。

（7）帖子的排版要尽可能地"好看"。帖子要尽可能地做到字体大小适中、段落长短适中、颜色分配巧妙、表情运用巧妙这四点，只有这样，才能大大增加申精的筹码。

图 13-21　图文并茂的精华帖

（8）多多学习别人的精华帖。在写精华帖之前，必须要经历一段漫长的学习期，要多多学习别人的精华帖，多到经验畅谈区看看、学学，特别是精华区。

（9）经验畅谈主要是讲经验的，只有你的经验有足够的实用价值和指导意义，文字表达得很清楚，大家才能觉得对自己有帮助。

（10）论坛管理员非常忙碌，他们自己有店铺要管，还要管理论坛。写出了好帖子，只是完成了第一步，要成功加精，还需要申请成为精华帖子。

13.3 运用免费网络资源宣传面面观

目前网络上有各种各样的免费推广网店的方法，如登录搜索引擎、登录导航网站、利用聊天交互式工具 QQ 和千牛工作台、互换友情链接、BBS 论坛宣传、信用评价、电子邮件广告推广、加入网商联盟等。

13.3.1 登录搜索引擎

经权威机构调查，全世界大部分的互联网用户采用搜索引擎来查找信息，而通过其他推广形式访问网站的，只占很少一部分。这就意味着当今互联网上最为经济、实用、和高效的网站推广形式就是搜索引擎登录。目前比较有名的搜索引擎主要有百度（http://www.baidu.com）、雅虎（http://www.yahoo.com.cn）等。图 13-22 所示为百度搜索引擎登录。

图 13-22 百度搜索引擎登录

网上开店，让自己的店铺为他人所知是开店成功的关键。网店页面的搜索引擎优化是一种免费让网店排名靠前的方法，可以使网店在搜索引擎上获得较好的排位，让更多的潜在客户能够很快地找到你，从而取得网络营销效果的最大化。

我们知道，在搜索引擎中检索信息都是通过输入关键词来实现的。因此在登录搜索引擎时一定要填写好关键词。

那么如何才能找到最适合你店铺的关键词呢？

首先，要仔细揣摩潜在客户的心理，绞尽脑汁地设想他们在查询与店铺有关的信息时最可能使用的关键词，并一一将这些词记下来。不必担心列出的关键词会太多，反而你找到的关键词越多，用户覆盖面也越大，也就越有可能从中选出最佳的关键词。

13.3.2　登录导航网站

现在国内有大量的网址导航类站点，如 http://www.hao123.com/、http://www.265.com/ 等。在这些网址导航类站点中做上链接，也能带来大量的流量。不过现在想登录上像 hao123 这种流量特别大的站点并不是件容易事。图 13-23 所示为在网址导航站点 hao123 登录网站。

图 13-23　在网址导航站点登录网站

13.3.3 通过 QQ 签名

QQ 个人设置中的个人资料里有个性签名一栏，可以在这里根据自己的爱好、心情来设置自己与众不同的个性签名。当然也可以利用 QQ 签名添加自己的广告，例如添加自己的店铺名称。下面讲述 QQ 签名的设置方法，具体操作步骤如下。

（1）登录 QQ 后，单击 QQ 个人头像，弹出如图 13-24 所示的对话框。

（2）在"个性签名"对话框中，设置个性签名，如图 13-25 所示。

图 13-24　单击头像

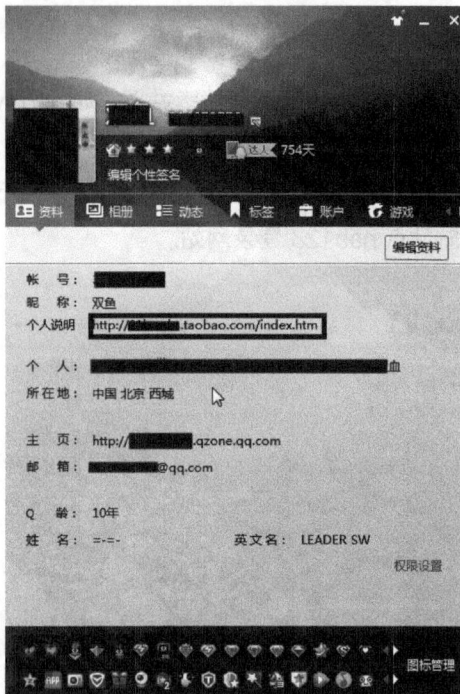

图 13-25　设置个性签名

（3）当好友与你聊天时，聊天窗口上 QQ 头像右边的就是所设置的 QQ 签名，如图 13-26 所示。这样就可以利用 QQ 签名推广自己的店铺了。

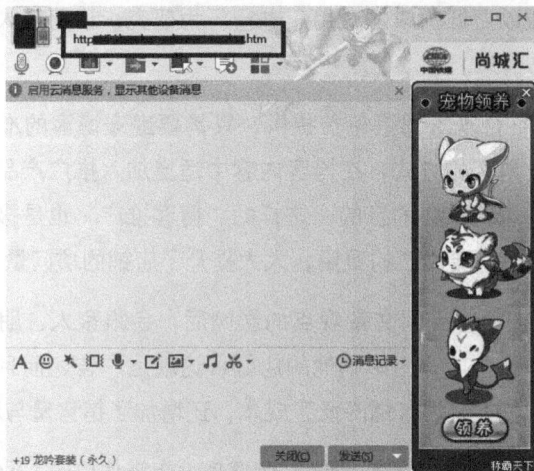

图 13-26 QQ 签名

13.3.4 通过博客推广

用博客来传播广告信息的首要条件是拥有具有良好写作能力的博客。博客在发布自己的生活经历、工作经历和某些热门话题的评论等信息的同时，还可附带宣传企业，如企业文化、产品品牌等，特别是当发布文章的作者是在某领域有一定影响力的人物时，所发布的文章更容易引起关注，吸引大量潜在的用户浏览，通过个人博客文章为读者提供了解企业信息的机会。博客营销有许多优势，主要如下。

（1）博客营销以推广运营为目的，影响力大博客渐渐成为了网民们的"意见领袖"引导着网民舆论潮流，他们所发表的评价和意见会在极短时间内在互联网上迅速传播开来，对店铺品牌造成巨大影响。

（2）博客营销具有互动性博客内容发布在博客托管网站上。如新浪、百度空间、腾讯 QQ 空间、搜狐、网易等，这些博客平台往往拥有庞大的忠实的用户群体，用户直接可以自由互访，通过其他好友的链接来到其他陌生人的博客里分享博客作者的思想。并且可以将文章进行转载、留言、评论，实现博客作者之间的互动交流。

（3）博客营销有利于企业的长远利益和培育忠实用户。博客营销大大地增加了产品说明的链接数量，新增了搜索引擎信息收录量，直接带来潜在用户的可能性迅速增大，且方便以更低的成本对用户进行行为研究，让营销人员从被动的媒体依赖转向自主发布信息。

（4）大部分博客平台基本都是免费提供，只需要遵守博客的准则，填写相关的信息就可以。通过博客的方式，在博客内容中适当加入推广产品的信息（或者直接切入链接）达到店铺推广的目的，这样的"博客推广"也是极低成本的店铺推广方法，降低了一般付费推广的费用，大大提升了店铺的访问量。

（5）口碑营销潜在顾客受到文章观点的影响后，会跟家人、朋友、合作伙伴等谈论沟通，会潜移默化地介绍影响他的店铺，这就是广告，而且广告成本比其他媒体成本要低得多。不但为店铺降低了成本，还增加了销售量与利润率。

（6）拉近客户博客营销可用文字、图片、视频来为店铺作广告。不但内容精彩绝伦，而且形象生动，其近距离的沟通，让潜在顾客更加喜爱与欢迎，增加了亲密感与亲近感。图13-27所示为博客推广店铺。

图13-27 博客推广店铺

利用博客推广自己的店铺时要巧妙，尽量别生硬地做广告，最好做软文广告。内容可以提到你目前在做淘宝工作，然后链接店铺地址。许多浏览者看到后可能会进入你的店铺，这样也就达到推广店铺的目的了。最后的博客内容要写得很精彩，大家看了一次以后也许还会来。写好博客以后，有空多去别人的博客看看，只要你进入别人的博客，你的头像就会在他的博客里显示，出于陌生拜访者的好奇，大部分博主都会来你的博客看看。

13.3.5　互换友情链接

大家通过交换店铺链接，可以形成一个小的网络来增进彼此的影响力。尽量选择和你不是相同类别的店铺链接，一方面不存在竞争，另一方面，还能很好地相互促进。如果对方的店名过长，影响你店铺的整体美观，可以适当地修改对方的显示名称，如图 13-28 所示。

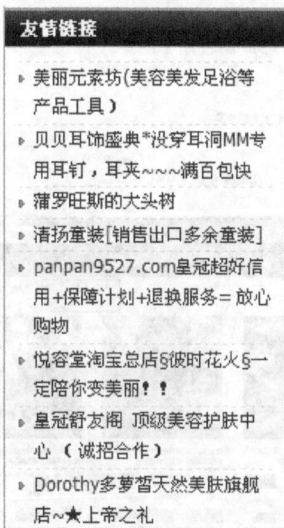

友情链接

▷ 美丽元索坊(美容美发足浴等产品工具）
▷ 贝贝耳饰盛典*没穿耳洞MM专用耳钉，耳夹~~~满百包快
▷ 蒲罗旺斯的大头树
▷ 渚扬童装[销售出口多余童装]
▷ panpan9527.com皇冠超好信用+保障计划+退换服务＝放心购物
▷ 悦容堂淘宝总店§彼时花火§一定陪你变美丽！！
▷ 皇冠舒友阁 顶级美容护肤中心（诚招合作）
▷ Dorothy多萝茜天然美肤旗舰店~★上帝之礼

图 13-28　互换友情链接

友情链接的推广要注意以下 3 点：第一是要广，大规模和其他网店交换链接才可能使自己站点的曝光率大增；第二是要和流量高、知名度大的网店进行交换；第三是要把自己的网店链接放在对方的显著位置。

13.3.6 BBS 论坛宣传

在论坛上经常可以看到很多用户在签名处都留下了他们的网店地址，这也是网店推广的一种方法。将有关的网店推广信息发布在其他潜在用户可能访问的网店论坛上，从而实现网店推广的目的。论坛里暗藏着许多潜在买家，所以千万不要忽略了这里的作用。记得把自己的头像和签名档设置好，并且做得好看些，动人些。再配合好的帖子，无论是首帖，还是回帖，别人都能注意到你的。分享你的生意经、生活里的苦辣酸甜、读书、听音乐的乐趣等。定期更换你的签名，把店里的最新政策和商品及时通知给别人。图 13-29 所示为在论坛上推广自己店铺的产品。

图 13-29 在论坛上推广自己店铺的产品

13.3.7 电子邮件推广

电子邮件推广也称为 E-mail 推广。E-mail 推广方式使用一次即可，多次发送会给他人留下不好的印象，影响口碑。发送 E-mail 推广的成功关键是你发送的广告信，写得要有诚意，而且最好你的网店所提供的信息内容正好是收到这封信的网友所需要的，如图 13-30 所示。

图 13-30 电子邮件推广

13.4 开店技巧与问答

技巧 1——限时限量促销商品

利用人人都想占便宜的心理弱点，精心设计有限定条件的商品广告，能使顾客觉得不立即抢购就会吃亏。如常看到这样一些广告："三日之内，本商品四折出售，欲购者从速"、"优惠只限于前 10 名幸运者"。图 13-31 所示为限时促销商品的页面。

限时促销抓住了人们爱占便宜的心理，是一种非常有效的促销手段。但如果不能系统地把握其中的诀窍，不仅不能取得很好的效果，反而会弄巧成拙。那么该如何采取有效的方式去做，尽可能地扬长避短，以达到应有的效果呢？

图 13-31　限时促销商品

第一步：选择商品

哪些商品适合限时促销？流行商品、应季商品、大众化商品、单价不过高（也不太低）的商品一般是首选。根据不同的种类限时促销商品最好定为原价的4～8折，价格不能太低，太低就有假货、滞销货的嫌疑，会引起顾客失望和生疑。当然，为了考虑吸引力，偶尔拿出一些非常敏感的商品做几次惊爆价格的促销也是可以的，但最好不要频繁地做。

第二步：促销时间

很多限时抢购促销失败都与时机选择有关。可以选择节假日，特别是有大型促销活动的时候最好，如换季促销、周年庆、黄金消费周等时间。因为这时网上的客流量大，限时抢购的效果好。

技巧 2——网上赠品促销

赠品促销就是在购物时，以赠送赠品的形式向消费者提供优惠，吸引其参与该品牌或该产品的购买。赠品促销是最常用的价值促销方式。它把商品作为礼物赠送给消费者，以一种实物的方式给消费者非价格上的优惠。图 13-32 所示为商家发送免费赠品以达到促销商品的目的。

图 13-32 赠品促销

这种方式虽然没有价格促销这样直接，但它可以以一种看得见而又实实在在的方式冲击消费者、增强品牌观念，并让消费者购买产品并长时间使用。创造性地运用好赠品促销，可以创造出具有该产品或服务独具特色的、竞争对手不能轻易模仿的良好效果。可以说，赠品促销是一种既能短时间增加销量、又能起到长时间树立品牌的极佳促销方式。如果店铺大批量采购赠品，成本会进一步降低，更有利于销售的促进。但赠品选择也不是有什么赠什么、随便什么都行。赠品促销的关键在于赠品的选择上，一个得当的赠品，会对产品销售起到积极的促进作用，而选择不适合的赠品只能是成本上升，利润减少，顾客不满意。

技巧 3——购物积分促销

积分制作为一种有效巩固和激励老顾客多次购买的促销手段，在商家促销中得到广泛应用，如百货、超市、通话积分等。因为这些市场的用户有重复购买产品或者服务的需求，而获得老客户的再次消费的成本要远远低于重新开发新客户的成本，因此，这些商家越来越多采用积分制的方式来留住老客户，也积累了大量的经验。

积分促销在网络上的应用比起传统营销方式要简单和易操作。网上积分活动很容易通过编程和数据库等来实现，并且结果可信度很高，操作起来相对较为简便。积分促销一般设置价值较高的奖品，消费者通过多次购买或多次参加某项活动来增加积分以获得奖品。积分促销可以增加顾客访问网站和参加某项活动的次数；可以增加顾客对网站的忠诚度；可以提高活动的知名度等。

在许多网站里面，都支持虚拟的积分，还有不支持的，可以采用积分卡，客户每消费一次，给会员累积积分，这些积分可以兑换小赠品或在以后消费中，可以当成现金使用。

图 13-33 所示为网站上的商品积分促销。凡在网店购买过商品的顾客，都成为网店的会员。会员不仅可享受购物优惠，同时还可以累计积分，用积分免费兑换商品。此方式的优点是：可吸引买家再次来店购买，以及介绍新买家来店购买，不仅可以巩固老顾客，使其得到更多的优惠，还可以拓展发掘潜在买家。

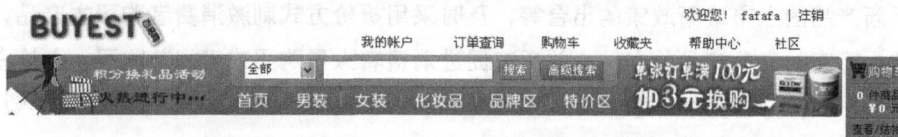

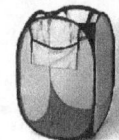

图 13-33 网站上的商品积分促销

技巧 4——打折促销

由于打折促销直接让利于消费者，让买家非常直接地感受到了实惠，因此是目前最常用的一种阶段性促销方式。在重要的节日，如春节、情人节、母亲节、圣诞节等进行打折优惠，因为在节日期间人们往往更具有购买潜力和购买冲动。店主应选择价格调整空间较大的商品参加活动，并不是全盘打折。

折扣促销主要有以下优点。

（1）效果明显。价格往往是消费者选购商品时的主要决定因素之一，特别是对于那些品牌知名度高的产品。因此，折扣是对消费者冲击最大、也最有效的促销方法。由于折扣的促销效果明显，可以处理到期产品、减少库存量、加速资金回笼、配合商家促销等。

（2）活动易操作。店主可以根据不同时间，在允许的促销预算范围内，设置不同的折扣率。这种促销方法的工作量小，成本和风险也容易控制。

（3）最简单有效的竞争手段。为了抵制竞争品牌产品的销售增长，为了抵制对手新产品的上市或新政策的出台等，及时采用折价方式刺激消费者购买本产品，减少顾客对竞争产品的兴趣，并通过促进消费者大量购买或者提前购买，来抢占市场份额，打击竞争对手。

（4）有利于培养和留住老顾客。直接折价活动能够产生一定的广告效应，塑造质优低价的产品形象，吸引已经使用过本产品的消费者重复购买，形成稳定的现有消费群体。

技巧 5——免邮费促销

网络购物中间环节的邮费问题一直是买家关注的焦点之一，这会影响到买家对于网购价格优惠的感知。当前邮寄方式主要有邮局（包裹平邮）、物流快递、特快专递等，平邮的价格较低，但周期较长；物流快递价格适中、送货周期在 3～5 天；特快专递的价格昂贵；因此快递公司是最容易被买家接受的。卖家可以根据买家所购买商品的数量来相应地减免邮费，让买家从心理上觉得就像在家门口买东西一样，不用附加任何其他的费用。

技巧 6——印刷并散发广告传单

印刷并散发广告传单这个方法，一般人都可以采用，所花的成本也远远没有想象中的高，但要注意如下几个事项。

（1）广告单不求印刷精美但要吸引眼球。由于成本的关系，不一定要把广告单印刷得很精美，甚至都不要求用彩色来印刷，黑白色也可以，也不要求广告单内容有多丰富，要求印刷上最吸引潜在买家注意的文字和图片。可以用一些"买 300 送 100""限时优惠"等字眼。

（2）广告单让印刷公司去印刷的话，其实印 2000 张和印 5000 张价格是差不多的，你印刷的量越大，单价就越便宜。所以你不要认为印刷 2000 张就能省不少钱。

（3）不一定非要找那些在网下开店做传统生意的朋友，把广告单放在他们的店铺里，毕竟每个网店卖家的人脉是不一样的。但要记得应该把这些广告传单，尽可能多地派发给别人。

（4）派发广告单时，切忌向别人强行兜售。一些卖家，竟然在马路上强行拉住行人，向他们发广告单。这会严重影响你网站的声誉；不要不切实际，或急功近利地滥发。

技巧 7——明确分析目标人群

经常听见新手卖家在抱怨他的网店推广做了几个月也没有什么效果。也用了很多方法，就是没有什么明显的效果。遇到这样的问题，新手卖家就应该考虑清楚这样几个问题：你的目标人群是哪个群体？你的目标人群在哪里？推广不是说使用的方法越多，效果就越好。

分析网店的目标人群

很多新手卖家都是在没有分析自己网店的目标人群的情况下就开始盲目地进行推广。这样不但花费很多的时间和精力，而且效果也不好。通过网店主营的商品来有针对性地进行目标人群分析，你就能更好地了解到目标人群聚集的地方。找对了地方，推广效果自然就更好。

根据目标人群制定推广方案

明确目标人群和目标人群聚集地后，接下来就要制定一套具有强烈针对性的推广方案。在制定方案的过程中，是有效的整合一些有利于获得更好效果的推广方法。方案不是摆设，是要有较高的可操作性。

针对推广方案要有极强的执行能力

有了针对目标人群进行的推广方案后，能否取得好的推广效果就要看执行能力如何了。执行能力，也就是做事的认真程度以及能力。很多人都有这样的体会，大家都是用的同样一种推广方法，为什么有的人所取得的效果总是比自己的要好？这就是你执行力的问题了。做事不但要认真，还要学会在实际工作中总结经验，这样才能利于以后在推广中取得更好的效果。

技巧 8——网络团购是网店推广的助推器

网络团购就是通过互联网平台，由专业团购机构将具有相同购买意向的零散消费者集合起来，向厂商进行大批量购买的行为。也可由消费者在团购网站上发布产品团购信息，自行发起并组织团购。

团购的产品涉及服装服饰、装修建材、家居用品、汽车、房屋、家电、电脑、生活用品等领域。团购最早在北京、上海、深圳等城市兴起，目前已经迅速在全国各大城市流行起来，成为众多消费者追求的一种现代、时尚的购物方式。网络团购受欢迎的原因主要有以下两点。

一是参加团购能够有效降低消费者的交易成本，在保证质量和服务的前提下，获得合理的低价格。团购实质相当于批发，团购价格相当于产品在团购数量时的批发价格。通过网络团购，可以将被动的分散购买变成主动的大宗购买，所以购买同样质量的产品，能够享受更低的价格和更优质的服务。

二是能够彻底转变传统消费行为中因市场不透明和信息不对称而导致的消费者的弱势地位。通过参加团购更多地了解产品的规格、性能、合理价格区间，并参考团购组织者和其他购买者对产品客观公正的评价，在购买和服务过程中占据主动地位，真正买到质量好、服务好、价格合理、称心如意的产品，达到省时、省心、省力、省钱的目的。

技巧9——网店节日促销巧妙营造氛围

节假日促销，目的是处理季节性产品和品牌形象推广。最重要的是要营造节日气氛，一定要让温馨直达消费者心里。网店的品牌形象主要通过店面装修和商品包装来呈现。

1. 店面装修

（1）网店整体装修要突出节日氛围。网店的招牌、导航、促销区、甚至商品描述模板都有必要加入节日元素。例如，中国传统的礼花、鞭炮、天安门等素材可以突出国庆节的氛围；月亮、月饼、嫦娥、玉兔等素材可以突出中秋节的氛围。

（2）将网店的招牌上加上"节日快乐"、"合家团圆"等字样，可别小看这么微小的调整和这么一句简单的祝福语，在节日期间特别是中秋节，这是非常有效果的。

（3）通过各种渠道让消费者了解到店铺正在促销，给整个网店营造一个火热的促销氛围。可以在招牌、左侧导航条上加上"促销"字样，把具体的优惠措施也加上是最好不过了。

2. 商品包装

（1）主打促销商品图片要加上节日元素。促销期间主推的几款商品不仅要在促销区呈现，商品图片的处理也需下点功夫。如果是主打国庆促销的主题可以加上灯笼、礼花等元素；如果是主打中秋促销主题，可以加上月饼、嫦娥、玉兔等素材，让消费者一目了然。

（2）巧妙的数字组合。平日网店一般是不打折的，但是在节假日期间如果能巧妙地让利，就会吸引顾客。例如满199元减19元现金，满288元减28元现金等，在节假日里，利用"8""9"等有喜气的数字让利给消费者，虽然优惠的比例很小，但在我们中国人的传统里这些数字代表着福气和财气。

网店节日促销有很多点子，卖家需根据自身的情况为自己量身打造一套完美的装修方案，营造出最适合目标客户群体的节日氛围。

案例——残疾人自强不息淘宝开店

开网店是残疾人自力更生、创业养家的好平台。有一个特殊的创业团队，参与者全部是残疾人，其中还有不少高位截瘫患者。轮椅生活让他们走到一起并肩创业，在淘宝网店，经营地方特色产品。团队成员相互鼓励坚强面对困难，不消沉不放弃，积极的生活态度不断改变着自己的命运，将人生经营得有滋有味。

在他们的办公室里，只有简单的几台电脑，墙上挂着一幅"诚信赢天下"的大字格外醒目。两位坐着轮椅的工作人员在电脑前忙碌着，回答买家的咨询。

现年35岁的赵天云是公司总经理，5年前因意外受伤，下半身瘫痪。面对命运的打击，生性乐观的他很快走出困境，选择坚强面对，每天坐着轮椅奔波在前行的路上，开了个小公司，担起一个男人的责任。

目前公司主要成员有6人，平均年龄在40岁。赵天云说。一次偶然让他们几个有相同命运的人相识了，大家通过网络聊天。2015年3月几个人开始筹划创办公司，最后决定先从操作较容易的淘宝网店做起，在淘宝网上开一家土特产的网店。经营农特产品、特色手工编制品、根雕、花卉。

如今赵天云等人的公司已迈出了第一步，为保证货源和质量，他们四处联系购买最好的本地特产，租用冷库存储货物，到政府部门办理手续……虽疲惫但也充实。

因团队诚信、商品质量好，淘宝店上线后很快得到了许多网友的青睐，尤其是每到 8 月核桃上市的时候，网店生意非常好。最近，随着核桃和苹果销售旺季的结束，淘宝店的生意渐渐趋于平淡，他们便开始利用闲暇时间为构想好的皮革护理和手工编织业务的上线奔波起来。

残疾人开网店有着自己的优势，首先是能够静下心来，还有就是也有整块的时间可以在网上管理。网店的最大好处是能够让残疾人参与社会，结识朋友，从而建立起自信。赵天云希望能够把网店经营好，能帮助更多的残疾朋友减轻家庭负担，让他们也可以走出心灵的阴霾，活出生命的色彩。

第14章 精打细算，选择最佳物流降低成本

网上开店做生意，物流配送是一个非常关键的因素。很多网上生意的成败都被物流制约着，作为一个网店的经营者，不能不对此重视和关注。在网店上做生意时，网店经营者必须要对快递公司及邮政局做好充分的调查及了解，特别是价格，必须掌握快递公司对商品重量、距离及包装的算法。目前国内物流主要有邮局平邮、邮局快递、邮局 EMS 和快递公司几种，可以说选择的余地还是比较大的。但是通过降低物流成本而降低商品价格、进而提高商品竞争力也是一门学问，并不是简单地按照买家要求选择物流就能实现的。

14.1 网上开店主要发货方式

网店经营作为一种新型的商务模式，代表着商务发展的新方向，网上交易发送的货物需要通过物流来完成，网店的物流方式大致有如下几种。

14.1.1 邮局

1. 平邮

平邮是比较常见的一种邮寄方式。邮局的包装材料较好，但是价格比较贵，如果卖的东西可以赚很多钱，当然可以无所谓。可以自备剪刀胶带制作一个包装材料。如果是易碎品，至少要包装两层，还要有夹层（有气泡沫塑料最好）。打折邮票能用则用，能省则省。自己发的货，多少重量要心中有数，把邮费估计准。能够不超过 500 克的东西，尽量不让它超过。

邮资包括以下几项。

（1）挂号费：3 元，全国统一，一定收取。

（2）保价费：可以选择不保价，不保价的包裹不收取保价费。

（3）回执费：可以不要回执服务，不用回执的包裹不收取回执费。

（4）资费：视距离远近每千克资费不同。商品包装包裹纸箱、布袋、包装胶带等。邮局的纸箱、布袋等是要收费的，也可以自己找纸箱，缝制布袋进行包装，但是必须符合规定。

（5）持续时间：视距离远近一般 5~30 天不等，速度比较慢。

（6）安全保障：每个包裹都有单号，可根据单号查询投递状况。如果邮寄时进行保价，在包裹丢失后可以按保价金额进行赔偿。如果邮寄时没有进行保价，在包裹丢失后最高不超过邮费的两倍进行赔偿。

2. 快递包裹

快递包裹是中国邮政为适应社会经济发展，满足用户需求，于 2001 年 8 月 1 日在全国范围内开办的一项新业务，它以快于普通包裹的速度、低于特快专递包裹的资费，为物品运输提供了一种全新的选择。最好别发快递包裹，速度并不比平邮快，价格很可能比快递贵。

3. EMS

EMS 就是邮政特快专递服务，是中国邮政的一种服务产品，主要是采取空运方式，加快递送速度。一般来说，根据地区远近，1 ~ 4 天到达，安全可靠，送货上门，寄达时间比前两种方式都要快，运费也是这三种里最高的，比较适合买家对于收到商品有较高的时间要求或是国际商务的派送。

适用范围为中国大陆地区，按中国邮政 EMS 快递标准执行，即包裹重量在 500g 内收 20 元，超过部分每递增 500g 按所在地区不同收费标准不同。

优点：时间快，可以上网查询，送货上门，物品安全有保障。

缺点：收费贵，部分地区邮局工作人员派送物件前不先通过电话联系收件人，有可能导致收件人不在指定地点，而耽误物件的接收时间。

4. E 邮宝

"E 邮宝"是中国邮政集团公司与支付宝最新打造的一款国内经济型速递业务，专为中国个人电子商务所设计，采用全程陆运模式，其价格较普通 EMS 有大幅度下降，大致为 EMS 的一半，但其享有的中转环境和服务与 EMS 几乎完全相同，而且一些空运中的禁运品将可能被 E 邮宝所接受。

优点：便宜，到达国内任何范围，运输时间快，只比 EMS 慢 1 天左右，可以邮寄航空禁寄品，派送上门，网上下定单，有邮局工作人员上门取件。缺点：部分地区还没有开通此项目。如果邮寄别的快递公司不派送的地区，强烈推荐使用 E 邮宝。

14.1.2 快递公司

目前国内市场上除了邮政之外的其他快递公司，他们也是运用自己的网络进行快递服务。市场上主要的快递公司有圆通快递、天天快递、汇通快递、宅急送快递、大田快递、顺丰快递、申通快递等。

快递公司快递的基本特点。

- 资费由快递公司自行制定，且可以讨价还价。综合比较，价钱适中。
- 邮寄速度很快，且能直接送到收件人手中，很方便。
- 对邮寄物品属性有严格的规定，但是实际操作中检查不一定严格。
- 安全保障性能参差不齐，服务态度等也有很大差别。

14.1.3 物流托运

在托运前必须将货物的包装和标记严格按照合同中有关条款协议办理。大件物品使用铁路托运。

1. 汽车托运

运费可以到付，也可以现付。货物到了之后可能会再向收货方收 1 ~ 2 元的卸货费。一般的汽车托运不需要保价，当然，有条件的话当然最好是保一下，一般是千分之四的保价费。收货人的电话最好能写两个——手机和固定电话号码，确保能接到电话通知。

2. 铁路托运

一般是铁路托运价格低点，速度也快点，但是只能到达火车到达的地方。火车站都有价格表。包装得好，他们一般不打开检查，现在一般还会贴上"小心轻放"。价格比较高，一般需要拿传真件和身份证提货，运费得现付，不太方便。

3. 物流公司

如佳吉、华宇。他们的发货方式是和其他托运站不太一样的，托运站一般是点对点的。但物流公司不同，他们可以给你转到一个城市中的几个点，只要你方便。速度很慢，中转次数很多，要求货和包装都很好。货物上车下仓库很多次，容易造成破损。

14.2 商品的包装技巧

细节决定成败，注重细节很重要，对网店经营者来说尤其如此。所以卖家发货前的包装非常重要，它是留住客户的关键。

14.2.1 常见商品的包装方法

商品的包装是商品的重要组成部分，它不仅在运输过程中起到保护的作用，而且直接关系到商品的综合品质。下面把包装分为内包装、中层包装、外包装，掌握好这些包装技术，一定会让你的商品避免损失，减少麻烦。

1. 内包装

内包装即最接近于商品本身的那层包装材料。因为一般的商品厂家已供应内包装，所以这里只介绍使用得较多的几种袋子。

- OPP 自封袋

作用：保持商品整洁，增加商品美感。

优点：透明度特别好，显得很干净美观上档次。

缺点：它的材料特别脆，比较容易破，而且不能反复使用。

适用范围：文具、小饰品、书籍、小电子产品等需要给人干净整洁、无需再次装回的商品。图 14-1 所示为采用 OPP 自封袋包装的玩具车。

使用方法：封口处自带一条黏胶，撕下覆盖膜一黏就黏上了，很方便。

图 14-1 采用 OPP 自封袋包装的玩具车

- PE 自封袋

作用：防潮防水，防止物品散落。

优点：材质柔软，韧性好，不易破，可反复使用。

缺点：透光度一般。

适用范围：邮票、明信片、小样化妆品、纽扣、螺丝、小食品等需要归纳在一起或经常要取的商品。如图 14-2 所示为采用 PE 自封袋包装的商品。

使用方法：封口处有一条带颜色的凹凸带子，轻轻一按或撕开就能闭合。

- 热收缩膜

热收缩膜顾名思义就是遇热就收缩的薄膜，就是大家平时看到的桶装方便面外面那层薄膜。淘宝里卖自产食品、小玩具等可能会用到，可以去超市买一些保鲜膜、将食品裹起来，用吹风机热的那头一吹，薄膜就会紧紧缩起来，相当于一个简单的抽空方法，保证食品的新鲜。如图 14-3 所示为热收缩膜包装的方便面。

图 14-2 采用 PE 自封袋包装的商品　　图 14-3 热收缩膜包装的方便面。

2. 中层包装（填充层）

中层包装就是产品距离箱子之间空隙的填充材料，使用报纸、纸板等就可以了。

- 气泡膜

气泡膜是保护商品、防震、防压和防滑的最好材料，电子数码产品、化妆品、工艺品、家电、家具、玩具等用得最多。气泡膜如图 14-4 所示。

- 珍珠棉、海绵

珍珠棉用得最广的是玻璃品、手机、数码产品等商品的防刮和防潮，也有轻微的防震作用。珍珠棉有薄有厚，薄至 0.5mm，厚至 6cm，薄的可以拿来包裹商品，厚的可以拿来切片、做模，从而固定产品，作用类似于泡沫块。如图 14-5 所示，珍珠棉可以用来包装商品。海绵密度比较低，更软，和珍珠棉的作用差不多。

图 14-4 气泡膜

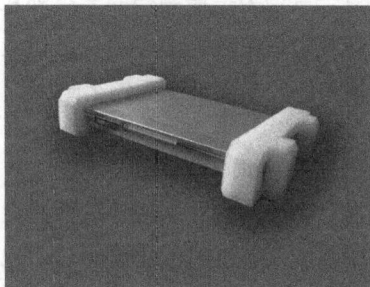

图 14-5 珍珠棉

- 其他填充物

除了以上的填充物，还有很多填充物可以选择，最廉价的就是报纸，一份 5 毛钱的报纸可以填充好多个箱子，也是不错的选择，建议各卖家根据自己的商品特色来选择，利润高的可以选稍微高档一些的材料，利润低的可以选报纸、纸板，只要装整齐了，就没有难看的。这里特别提一个小方法，就是包水果的那种网格棉，也是不错的填充物。

3. 外包装

外包装给买家带来拿到手里后的第一感觉，常用的有包装袋、包装箱、包装瓶、包装盒、包装纸等。

- 包装袋

包装袋是柔性包装中的重要技术，包装袋的材料有较高的韧性、抗拉强度和耐磨性。一般包装袋的结构是筒管状的，一端预先封死，在包装结束后再封装另一端。作为外包装的袋子通常有布袋、编织袋及邮政复合气泡袋 3 种。如图 14-6 所示为编织袋。

纯棉白布袋优点是韧性好、美观，适合装不怕压的东西，例如书、衣服、抱枕等，但一定要注意布袋是不防水的，所以还需要给商品加个内包装。

编织袋又称蛇皮袋，很结实，根据经验来说，白色的明显要贵于其他深色。编织袋适用于装大件柔软东西，邮局、快递、物流都能使用，但需要注意的是去邮局的话，编制袋必须和布袋一样，缝起来，不然不准寄。

邮政复合气泡袋是最高档的一类外包装袋子，里面是非常厚的气泡，防震效果不错，外观也很美观，很上档次，相应的价格也比较贵，因为是邮局出品，所以在邮局使用一般都不会受到什么阻碍。

* 包装盒

包装盒是介于刚性和柔性包装两者之间的包装技术。包装材料不易变形，有较高的抗压强度，刚性高于袋装材料。包装结构是规则几何形状的立方体，也可制成其他形状，如圆盒状、尖角状，一般容量较小，有开闭装置。包装盒如图 14-7 所示。

图 14-6　编织袋　　　　　　　　图 14-7　包装盒

* 包装箱

包装箱是刚性包装技术中很重要的一类。包装材料为刚性或半刚性材料，有较高强度且不易变形。包装结构和包装盒相同，只是容积、外形都大于包装盒。包装箱整体强度较高，抗变形能力强，包装量也较大，适合做运输包装、外包装，包装范围较广，主要用于固体杂货包装，如图 14-8 所示。

* 包装纸

有些卖家销售的是印刷品，印刷品可以用牛皮纸包起来，也可以装在普通牛皮信封里。一般来讲，牛皮纸比牛皮信封更厚，所以牛皮纸是书类包装的首选，一些非常轻的东西也可以装信封里寄挂号信，不推荐寄平信，太容易丢。牛皮纸包装如图 14-9 所示。

图 14-8　包装箱

图 14-9　牛皮纸包装

14.2.2　包装时的注意事项

了解了常用的包装方法和材料后，就可以开始进行物品的包装了，在包装时还要注意如下一些事项。

1. 制作店铺名片

为你的店铺印制一张名片，给买家邮寄商品时不妨塞进几张。如果名片制作得比较精美，并且名片提供的内容对消费者有吸引力，也许会被对方收藏，也有可能推荐给别人。名片上需要印制的基本内容可以包括店名、店铺网址、卖家姓名、联系方式（电话、QQ、电子邮箱）、经营宗旨、经营范围等。

2. 赠送小礼品

在给买家邮寄商品时，用心的卖家为了吸引回头客，一般都会随着商品给买家寄上一份小礼物。也许有人会问，有时一件物品还挣不到 2 元钱，还要浪费几毛钱的礼品就太不值得了。其实不然，花去的只是几分钱、几毛钱，可是换回来的也许就是买家的信赖。

3. 问候小卡片

现代社会通信发达，人们的沟通方式已经从过去的信件、电话扩展到短信、电子邮件、视频等。很多人已经好多年没有收到过信件了。所以，在邮寄商品的同时，附送一张温馨的小卡片，必定会唤起很多人熟悉的感觉，增加买家对卖家的好感。

4. 产品使用小提示

许多人会觉得奇怪，还要用这个吗？不过，一些提醒还是有必要的。如衣服的扣子是机器钉扣的，容易掉，提醒买家拿到衣服时最好再把扣子重新缝一下。再如，买家可能对一些专业器材不熟悉，所以最好配送一份使用说明。这样不但赢得了买家的好感，也可以减少很多接待咨询的工作量。

5. 热卖产品介绍

不是每个买家都会十分耐心地看卖家店里的所有商品，所以在快递商品时，可以送上一份店铺的产品介绍。可以推荐店铺里最热销的商品或新上架的商品，整理一份小小的推荐表比较可取。

14.3　发平邮节省邮费的技巧

现在的网店日趋成熟，市场竞争却也越来越激烈，如何让自己的小店脱颖而出，除了靠自身的努力经营外，价格战在所难免。要想立足不败之地，邮费问题至关重要。现在就来教大家如何省邮费。希望对大家有所帮助，特别是刚刚起步的新手卖家们。

1. 普通包裹

普通包裹的邮费并不算贵，主要还是贵在包装箱，最便宜的也要 2 元。建议用布袋，或在专卖纸箱公司购买邮局允许的纸箱。一般网上购买 12 号箱子只要 0.6 元。

普通包裹的基本邮费是按公里数及重量计算的。每 500 克为一个计费单位。附加费用有挂号保价回执。其中挂号费是必收的，无法节省。而回执费 3 元，是用于收件人确认收到邮件，由收件人填写，邮局投递回送给寄件人的，此项可省。保价费，按填写价值而定，若非贵重物品不提倡用。

普通包裹用的是绿色邮单，寄达时间约需 7 ～ 15 天。另外，平邮可以使用邮票，邮票在市场上可以有很大的折扣。

2. 快递包裹（与特快专递 EMS 不同）

与普通包裹大致相同。邮局快递的费用一般是邮局平邮的 2 ～ 2.5 倍，邮局快递在许多地区能够做到送货上门，并且邮局快递的送货时间一般是 4 ～ 7 天。

3. 挂号信

挂号信只适合比较轻巧的物品。它的优点是快，3 ～ 5 天就到了。

4. 邮寄必备和步骤

（1）准备好纸箱：一般选择邮局或网上购买。邮局的纸箱价格确实有点贵，网上的就便宜很多，节省很多费用；也可以选择到超市收购，而且也很结实。

> 平时生活中可以积累一些大大小小的纸箱，注意要结实一点的，然后根据自己的需要选择合适的纸箱去邮寄。

（2）准备好箱内填充物：可能我们寄的东西没有占满纸箱或者防止由于野蛮操作造成对商品的伤害，要对商品进行保护处理，否则到了邮局，邮局又要你买包装材料了。

（3）准备好打折邮票：这是省钱的好方法，用平邮和快递，注意只要不是 EMS 就都可以用邮票。

> 打折邮票已经是大家都知道的省钱途径之一了。首先要确定所在地区是否允许使用打折邮票。其次就是购买多大面额的，这就要看通常邮寄物品的重量了。

（4）封箱胶带，最好是透明的，因为可以将买家的信息预先写在纸箱上，到了邮局检查后再封箱。

（5）包裹单：网上卖的包裹单大概是邮局的一半价格，这也是省钱办法之一。

14.4　开店技巧与问答

技巧 1——买家都没收到货物时要检查的事项

第一，可能商品根本没寄出，落在快递公司了。

第二，快递需要中转，时间就会长一些。

第三，已经送件但不是本人签收，例如交到门卫，门卫没有及时通知到等。

第四种情况更糟糕，就是如果选择了不正规的快递公司，商品也有可能在快递途中被毁了。

技巧2——发货丢件处理方法

发货后一定要妥善保管快递单，以便有据可查。发货时如果丢件了，应该第一时间联系快递公司协商解决。还有一个就是时效性，尽可能早地发现问题。如果你是快递公司的大客户，一般都会签署一份合作协议，协议中会涉及丢件的问题。而快递公司为了留住你，丢了件会比你更急着去查原因。而我们大部分人只是小客户，怎么办呢？一般快递公司默认的是赔付快递费的两三倍。如果你寄的是贵重物品，一定要记得保价，保价后的赔偿就会高点。

技巧3——收发快递的注意事项

（1）无论你与某家快递以前合作多么愉快，通知快递取件时一定要拨打快递公司的电话，不要直接联系取件人员。

原因：快递公司的取件员总是频繁更换，也许上次取件员还属于这家快递公司，这一次取件员就未必在这家公司干了，万一已经不属于这家快递，你打电话直接让取件员来取件风险就很大了，道德好的会告诉你他已经辞职了，道德不好的就真取走了，这种情况快递公司是不会负责的，因为你并没有拨打快递公司的取件电话，后果自负。

（2）遇到新派来的取件员一定要记得索要名片，以证实对方的身份，同时方便沟通取件时间，如果没有名片也一定要让对方用手里的电话直接拨打一下你的电话并留下他的亲笔签名，你事后保存对方电话及签名。

原因：方便在无法查到快件跟踪记录的情况下派上用场。

（3）填写发件单时一定要注意填写寄件日期相关信息，不要嫌麻烦。

原因：首先方便自己查询发货时间及计算到货时间；其次，万一需要投诉快递公司时，如果没有寄件日期他们是不会认账的。

（4）让收件员亲笔签名并且将资费明确写到快递单上，要复写的，不要对方抽出单后手写的。

原因：为了让收件员更有职业道德，一般有亲笔签名的有法律，同时肯直接将运费复写到单子上的说明资费是公正的，否则其中就有文章，最有可能他报给你的运费比他可操作的最低运费高，他中间取利。

（5）发件后将快递单收好，预计快到时及时查件，以免快递有问题延误时间导致失信于人。

原因：方便查件、投诉，也方便查询老买家的收件信息。

（6）收快递把握一条就可以了：一定要在拆开前检查快件有无被拆封的痕迹，如果没有，一定要在取件员在的情况下打开包装验货。

技巧4——贵重物品快递经验

（1）挑选信誉比较好的、规模比较大的公司。注意不要使用哪些所谓大公司的代理的公司。用 EMS 就是 EMS，不要用那些 EMS 的代理。

（2）运单填写清楚，特别是货物描述中，千万不要写货物名称，例如，如果是手机的话，不要写手机，写设备较为合适。

（3）很多快递公司，特别是一些大的公司，都有这样的规定：如果外包装没有损坏的话，他们就没有责任，不负责赔偿，保险也一样，如果箱子没坏，一般就不赔。因此他们经常会这样做，当发现纸箱有破损的话，就换一个箱子。所以尽量不要使用他们提供的箱子，如果一定要用就在箱子上做上标记。

（4）如果包装盒有空间的话，一定要填实，不要让物品在盒内晃动。用封箱带将纸箱缝隙封死，防盗又防水。

（5）一定要保价，保价时间清楚：保费是多少，用的是哪家保险公司等。如果不保价，通常将不会得到满意的赔偿。

（6）通知对方一定要开箱检查后再签字确认。如果签了字再检查，那就算是去打官司也是输定了。如果对方以公司规定为理由，不肯开箱，你就挑包装的毛病，这里瘪了，哪里胶带松开了，然后要求开箱检查。

技巧5——访问常见的快递公司网站

中国速递服务公司 http://www.ems.com.cn/

中外运空运 http://www.sinoair.com/

民航快递 http://www.cae.com.cn/

顺丰 http://www.sf-express.com/

宅急送 http://www.zjs.com.cn/

申通 http://www.sto.cn/

圆通 http://www.yto.net.cn/

全一 http://www.apex100.com/

韵达 http://www.yundaex.com/

汇通 http://www.htky365.com/

天天 http://www.ttkdex.com/

联邦快递 http://www.fedex.com/cn/

联合包裹 http://ups.com/cn

中通速递 http://www.zto.cn

技巧 6——搞定 EMS 特快只需 10 元的技巧

首先要经常在邮局邮寄包裹，和邮局窗口的工作人员搞好关系，这时你就有机会接触邮局的快递部领导，或者你和某工作人员熟识可以让她直接引见。别以为领导高高在上肯定不屑于理你，现在独立出来他们更愿意扩大业务源。其实快递部和各大单位都有业务往来，而且价格都是有优惠的，只是各有高低。见到部门领导，现在要做的就是谈判了，你可以说的几点优势理由如下。

（1）我们是在淘宝网上开店的卖家，目前生意非常好且越来越好。

（2）现在物流是个趋势，特别是基于电子商务的物流配送竞争会越来越激烈，市场也会越来越大，此时是邮局稳固自己已有市场及争取更多市场最好的时机。此时看着别人做大就错失良机了，你看看申通、圆通、天天等快递公司都在强力拉升电子商务的配送业务。邮局难道愿意看着此时机就这样错过？

（3）你接我这个业务其实是多出的利润，因为如果不接或不降至 10 元，我的单都走了申通。我的单其实是别省的单，因为这是外地人购物，他如果嫌贵的话就不从我这买到别地买，这样本来你和我都可以赚的一笔笔生意都流失到外省了，对你对我都是损失。

（4）邮局的网点遍布全国，优势比申通、圆通等公司大多了，连乡镇都可以送，这是邮局最大的优势，这时不利用何时利用。趁现在还没公开你完全可以试水看看降低价格对业务的影响。业务一上你的成本就相对要低，这样你就有利了，而且这就把其他竞争对手的市场压缩了，到时还是你一家独大，市场不会丢。

技巧 7——国外发货的省钱秘诀

往国外发货的方式主要包括中国邮政的 EMS、国际快递公司和国际空运。下面介绍国际快递的省钱秘诀。

（1）EMS 国际快递给代理公司的折扣一般在年初会比较低，而到了年末会比较高，在同一时间，不同城市的折扣可能不一样。如北京的 EMS 能打 5 折，有些懂行的 EMS 代理公司会把货物拉到另外一个城市去发，虽然时间会延迟两三天，但价格却优惠不少。

（2）EMS 国际快递并不一定要收首重的。在有的城市，只要单件货物超过了 10 公斤，就不需要收取首重了。甚至单件货没有超过 10 公斤，只要总的货物超过了 10 公斤，有时也能享受这种待遇。这一点非常重要，可以大大减少快递费用。

（3）EMS 国际快递是按照货物实重来收费的，而 DHL、TNT、UPS 和联邦这四大国际快递公司是按照实重与体积重量（长 * 宽 * 高 /6000）哪个重就按哪个来收费的。建议如果快递非常重而体积又小的货物，则可以用 DHL、UPS 等发货。如果非常轻而体积大的货物，用 EMS 发货。

（4）发货不能直接找国际快递公司，要找它们的代理发，可以在淘宝上找，在淘宝上找的一般都可以用支付宝，比较有保障。

（5）发 EMS 国际快递可以用自己的纸箱，如果货物多的话，一定要使用大的纸箱，最好一个箱子能装完。如果用的箱子小，导致货物要装很多箱的话，就要被多收几次首重了，因为一般每一个箱子是要算一次首重的，除非能找到不需要首重的 EMS 代理或货物达到一定的量。

（6）发国际快递不能一次发太多货，否则很容易被目的地国的海关确认为商品，从而征收关税。如果要发的货确实很多，可以让买家想办法多找几个到达城市的市内地址来发货，分别发到同一个城市的不同地址。还可以把货物分几天发，一天发一些。

（7）国际货运包括快递、空运和海运。价格方面，一般来说海运是最便宜的，快递是最贵的。空运是不送货上门的，快递是送货上门的。

（8）货物分为普货和外国名牌货物，普货是指产地在中国的普通牌子货物，普货的国际快递运费一般要比外国名牌货物的国际快递运费便宜不少。另外，普货被外国海关查收关税的概率也要比外国名牌货物被查收的概率小很多。

（9）国际四大快递各有各的优势，有些是寄到西欧的价格有优势，有些寄到东欧的价格有优势，有些寄到非洲的价格有优势，有些是清关有优势，有些是速度有保证。在发货前，一定要了解清楚。

（10）知名的国际快递就几个，但他们的代理却是遍布全国的，怎样找到他们的代理呢？可以买一本可靠的黄页，找到上面的物流快递公司，最好是公司名称上有国际两个字的，然后打电话咨询，开始最好将数量报高一些。也可以在淘宝搜索国际快递的代理公司，在网上选择国际快递代理公司的注意要尽量选择信用高、好评率高、没有虚假信用嫌疑的代理，最好要使用支付宝。

案例——下岗工人的淘宝创业之路

国企改革中下岗职工、第一代进城务工人员、灵活就业人员……年龄偏大、技能单一、劳动竞争力弱构成他们就业路上的一道道障碍。在不断就业、不断失业的恶性循环中，他们逐渐失去就业的信心，有的宁愿受穷也不愿再就业，结果导致个人和家庭都陷入贫困之中。

何嘉城从单位下岗后，就是靠开这个网上饰品店，两年之后买了一套100多平方米的房子，并且是一次性付款。

一片叶镯、绕腕蛇、项坠／吊坠、曲口刻花镯、珍珠蝴蝶结毛衣链、编丝小圆戒、水晶项链……一件件充满民族风情的饰品，都栩栩如生地"摆放"在饰品店里。

此外，纯银小汤勺、银坛、银壶、银香炉这些饱含着历史感的生活用品，也可以在这里找到。店里主要经营首饰，并有专门教顾客区别各种首饰的内容，而且店面"装修"非常美观又有特色。

2012 年，何嘉城从单位下岗后，将来自己能干点什么工作成了他当时面临的主要问题。迷茫了一阵子之后，他仔细分析了自己的优势和劣势：年轻，做过销售和服务，资金不多，管理经验不足。认识到这些，何嘉城飞并没有急于作项目，而是针对自己的不足充了充电。

刚开始的一段日子是非常艰难的。刚入行的何嘉城不停地寻找货源。何嘉城"摸着石头过河"，一路做起如今已发展起了成熟的供货网络。

何嘉城店铺的卖家好评率非常高。显示的 1 万多个评价中，只有 50 多个是中评以下。"在网上找到合适的客服人员和顾客沟通，要会聊、有亲和力。"何嘉城说，"网上什么人都有，在网上与人交流是一个练耐性的活儿。"在淘宝上，卖家都很注重自己的信誉，得到第一个差评的时候，何嘉城"好几天都睡不着觉"，而这个差评也让他很委屈。"后来我就慢慢地看开了，做到皇冠店总会有一些差评的，心态也就慢慢平和了，毕竟开网店和开实体店有很大的不同。"这次的经验教训也让何嘉城明白了一些道理，以后他会提前告知顾客可能出现的问题，避免不必要的纠纷。

"再好的服务，如果没有产品作支撑也是徒劳的。"除了"用心对待每一位顾客"，何嘉城还有自己的独门秘籍：他知道在哪里可以找到最好的工匠，做出最精美的饰品。并且，由于常年打交道，何嘉城和这些工匠们都"混熟了"，顾客需要定制什么款式、什么风格的饰品，何嘉城只要一个电话，工匠就能心领神会。"不同的工匠都有自己擅长的领域，我会根据他们的特色找到最适合的工匠。我店里的 1000 多件货物，至少是由 200 多个不同的工匠制作出来的。"

如今何嘉城对于饰品的精髓、内涵理解都颇为深刻。"如果我是待在大都市里，肯定对民族饰品没有这么好的品位，"何嘉城自信地笑着说，"充分利用好本地资源是开网店的成功秘诀。"

刚开始经营这家店，何嘉城只是"为解决生存问题"，如今做大了，"每个月纯利润几万元以上。"他笑说自己给普通创业者提供了极大的参考价值，"成本小，方便利用本地资源，比在当地开实体店利润高。这一块的市场潜力还是很大的，我很看好。"

第15章 完善的客户服务，打造皇冠店铺

网店的客户服务是非常重要的。而作为客户服务首先需要重视任何一个客户。不管他是否已经成为客户，都应该重视他，让客户感受到满意的服务。这样，不但可以留住原有的客户，也可以发展潜在的客户。客户服务是项烦琐、艰巨，同时又需要讲究技巧的工作。处理好客户关系，才会有回头客，才会有客人介绍新客人，树立良好的口碑。

15.1 网上与买家沟通的基本原则

网店经营中，卖家与顾客虽然不能直接面对面，但是与顾客打交道的时候，必须更加注意技巧。实体店面中有效的处理顾客关系的基本方式，也可以作为网上开店经营模式的一种借鉴。

沟通是双向的，买家中什么样的人都有，素质、个性、修养等都有差别。遇到好的算幸运，遇到另类的可以引导却无法左右，唯有做好自己，热情有度，不卑不亢，不断积累和总结经验，练就自己良好的素质与沟通技巧，才能在生意中游刃有余。

网店经营中，卖家与买家虽然不能直接面对面，但是与买家打交道的时候，必须更加注意技巧。否则，顾客流失的速度会比实体店还要快。在实体店面中处理买家关系的有效基本方式，也可以作为网上开店经营模式的一种借鉴。

1. 将心比心、换位思考

与买家的沟通过程中，卖家不要把自己摆在"我是卖家"的位置上，要把自己当作是一个买家，或者说把自己当作买家的朋友，这时候你的思路上才能真正贴近买家，才知道怎样去介绍商品。只有站在一个买家的角度来考虑问题，才知道怎样来牵引买家，你的观点、你的讲解才能引起买家的认同。多份宽容和理解，以和为贵，做好沟通才是双赢。

常见的是遇到新手零信用买家，他会问很多问题，而且有的还不是一天就能成交，让人似乎怀疑他是否真心交易。对此应抱着宽容的态度，因为新手容易遇到很多问题，如忘记密码、网银操作不顺了，还有与网络交易的不太放心等。

2. 礼貌先行，微笑服务

"礼貌先行"，是交朋结友的先锋，有句话说得好："要想得到别人的尊敬，首先还尊敬别人"。与买家沟通时，要给买家留下好的印象，让买家愿意同你沟通，所以，卖家必须表现得谦虚有礼，热情有度，建立和谐友好的气氛。

如在最常用工具旺旺交流中，回复第一次来店里的买家的第一句话时，要客气用语并可添加表情——微笑的脸或一朵玫瑰等；如果暂时离开旺旺，那么设置好旺旺留言信息，且要留言会尽快回来回复；回来后首先第一时间回复买家，并说句道歉的话，谢谢买家的耐心等待。

3．预先考虑买家的需求

每位买家的需求特点虽然不一样，但作为买家都有一个共同的购物心理，有共同的规律可循。

在网店经营中，从商品图片的拍摄、商品说明，以及信息回馈等各方面为买家考虑周全。必须保证快速回复买家提出的问题，这样就要求卖家要经常到网店来维护，如果实在有事不方便上网，也应该留下别的联系方式及相关说明，以免让买家有受到冷落的感觉。

为买家服务不仅要为买家解决问题，而且要给买家愉快的心情，使买家在这个购买活动过程变成一个享受快乐的过程。

4．善听善解，领会意图

要成为一个沟通高手，首先要学会成为善于聆听的卖家。当买家未问完时，不要去打断，对买家的发问，要及时准确地回答，这样对方才会认为卖家是在认真听他说话，善于理解与沟通，觉得被尊重，也才会对店铺的商品感兴趣。同时倾听可以使对方更加愿意接纳卖家的意见，卖家再说话的时候，更容易说服对方。

领会意图，抓住顾客心理，还可以在交谈过程中去看看买家的信用评价或者发的帖子。一般从评价以及购买的商品中，再通过交流，大致能了解对方是个怎样的买家，然后再针对不同对象做出不同的反应与服务。

5．为买家着想

现在是一个快节奏、高效率的时代，时间很宝贵。因此，在为买家服务的时候，首先要考虑如何节省买家的时间，为买家提供便利快捷的服务。设身处地为买家着想，以买家的观点来看待商品的说明、商品的种类、各项服务等，才会让买家感到方便满意。事实上。许多人并不了解买家的需要和期望，不了解买家迫切需要的是什么样的服务，所以结果往往不理想。

比如非自己失误，买家买到的商品不如期望那么高或者不合适，此时也应为买家想想，如果买到一件不太适合自己或不太喜欢的商品，谁的心里都高兴不起来的，此时不应一口气就回绝或理直气壮的语气，否则有可能导致买家情绪激烈，导致退款或不好的评价甚至投诉，如果此时引导她，说出症结并给买家合理的建议，相信买家也能心平气和地接受现实的。

6．满足买家的尊容感和自我价值感

要赢得买家的满意，不仅是被动式地解决买家问题，更要对买家需要、期望和态度有充分的了解，把对买家的关怀纳入到自己的工作和生活中，发挥主动性，提供量身定做的服务，真正满足买家的尊容感和自我价值感，不要只让买家满意，还要让买家满意得超乎预期。

7．尊重买家

得到别人的尊重在人的需求中具有较高层次，买家的购买过程是一个在消费过程中寻求尊重的过程。买家对于网上购物活动的参与程度和积极性，很大程度上在于对买家的尊重程度。只有动机出于对买家的信任和尊重，永远真诚地视买家为朋友，给买家以"可靠的关怀"和"贴心的帮助"，才是面对买家的唯一正确心态，才能赢得买家。

8．理性沟通、避免情绪

网上开店会遇到各种各样的买家：有的过于挑剔，问几天也没完的；有的对卖家不太尊重，连问话都质问式的；有的拍下就消失的等，都有可能在沟通过程中让卖家的情绪爆发。如果买家的行为真的很让人生气，此时需要的是理性与冷静。不理性只会产生争执，不会有结果，更不可能有好结果，所以，这种沟通无济于事。

在有情绪时也不要做出决定：在抱有情绪时，沟通常常无好话，既理不清，也讲不明，也很容易做出情绪性、冲动性的决定，这很容易让事情不可挽回，令人后悔。

9．对买家的差评要接受

网店经营最具特色的一个环节就是交易完成之后，买家可以为卖家评分。如果买家感觉对方的服务不好，或者沟通不顺畅，就会给卖家评个差评，卖家店铺的总积分就会被扣去一分。卖家都很注重自己的积分，因为积分高了才能让店铺的等级上升，这样就可以招来更多的买家。如果一旦得了差评，首先要客观回答买家的批评。如果确实是自己做得不够好，一定要虚心接受，然后改正自己服务中的缺陷。只有这样，网店的服务才会更好。买家也会觉得你经营有方，对他有足够的重视。不过，对于恶意差评的要除外。

10. 提升职业化素质

卖家必须熟知商品的专业知识，客服人员不但要卖商品，更要卖文化、卖知识、卖艺术。客服人员必须了解商品的相关知识，并在合适的时机把顾客需要的信息传达给顾客，这样才能提高成交率。

- 要了解产品所用的材质，制造、加工技术，这样才能体现出产品的特色和精工细做；

- 了解产品功能、用途，商品最直接的功能，例如，是否保暖；

- 了解产品耐久性，商品使用的时间长短；

- 了解产品使用方法、保养方法，例如，如何进行搭配、西服如何保持挺括等；

- 了解产品经济性，与定位相同的竞争对手相比价格的优劣；

- 了解产品设计、色彩、感性，商品的设计风格与特色；

- 了解产品流行性，即商品处在它的生命周期的哪一阶段；

- 了解产品包装、商标、形象，由商品本身开始向外包装延伸；

- 各类活动、赠品，现在购买有没有优惠活动；售后保证，消除顾客的后顾之忧。

而通常在与买家问答交流时，会遇到一些意想不到或者比较难回答的问题，此时要体现出专业化的职业素质，给出专业的意见，使买家对卖家感到信任、可靠。

15.2 售前服务——处理买家的疑虑有妙招

根据对买家购买商品时的心理分析，多数买家对于自己想购买的商品，在某种程度上都抱有疑虑。买家的疑虑一般是因为对店铺的服务和商品质量不了解而产生的。如何巧妙地让顾客打消这些顾虑，是卖家的职责，是成功交易的前提。否则只会使得店铺的客流量越来越少，销售业绩越来越下降。

15.2.1 客观地向买家介绍商品

在说明商品的时候，必须针对商品本身的特点及商品的缺点，客观地向买家解释并做推荐。商品的缺点本来是应该尽量避免触及，但如果因此造成事后卖家抱怨，反而会失去信用。所以，要让买家了解商品的缺点，并努力让他知道商品其他的优点。

怎样得知商品的优点与问题呢？以下是一些信息来源的渠道，要随时记得。

- 向本店的资深人员询问。

- 向厂商、批发商的营业人员询问。

- 阅读报纸、专业杂志。

- 参观展示会、工厂。

- 利用电视、杂志等媒体收集资料信息。

- 亲自试穿、试吃、试用看一看。

现在的买家从电视、网络等媒体，得知许多现代资讯。因此，要及时吸收专业的知识。除了这些之外，卖家自己感受到的穿的感觉、吃的感觉和使用的心得等等如能一并配合的话，将会更具说服能力。

卖家这时可以采用如下的语言来回复买家。

卖家：您真是好眼力，我们的设计师特意添加上这种进口面料，以使您在穿着这种衣服活动的时候更加舒展得体。我们有许多顾客穿上这件衣服后反应都非常好！

卖家：由于我们的商品款式经典、质量上乘、价格公道并且服务完善，所以我们的商品走得都非常好。

卖家：一般顾客喜欢纯棉的原因是纯棉的面料比较吸汗透气、穿着舒适，所以我们在面料里加入了 90% 的纯棉成分，因此穿起来一样舒适，这一点您不必担心。而且我们还在面料加入了……的成分，使衣服打理起来比纯棉面料更轻松、更方便。

要陈述商品对消费者有价值的部分，而不是滔滔不绝地只讲述商品特征。如下是一个典型的案例。

顾客："刚才您介绍的那款电池真的可以用 4 年？"

卖家："您看，说明书上有详细的电池寿命的说明，正常使用情况下，这款充电次数为 5000 次，在您一天最多充电 4 次的情况下，就是 1600 多天，4 年多呢。"

顾客："可是你们这个产品刚推出不到半年，怎么就知道可以用 3 年呢？如果电池不到 3 年就无法充电了，您答应给免费更换吗？"

卖家："所有小型电器产品，尤其是移动类型的产品，如 ×× 这样的播放器的主要挑战就是电池的性能。在美国，许多消费者最在意的就是这款随身听的电池耐久性。在产品推向市场之前，经过大量的试验，尤其是抗衰减测试。许多用户使用 4 年以后，到了 MP3 更新换代的时候，如果仍然继续使用，我们提供成本价更换电池的服务，这才是品牌产品的独到之处。"

顾客有各种各样的疑问其实是非常正常的事情。导致顾客怀疑产品品质、技术特点的主要原因是卖家在介绍商品时，没有把商品的属性、作用和利益都向顾客介绍清楚。

15.2.2 帮助买家消除心中的顾虑

在购买商品的过程中，大多数买家经常会心存疑虑。卖家应该首先要问为什么买家会有顾虑？顾虑是怎样产生的？顾虑产生的根源是什么？对商品不了解，还是沟通有问题？

他们担心的问题可能是客观存在的，也可能只是心理作用。这时，卖家应该采取主动，发现买家的疑问，打消买家的疑虑。在交易过程中，消除买家的疑虑是非常重要的，只有当买家对你的产品或服务完全相信，没有任何疑虑时，沟通才算是成功的。

所以，在销售的过程中，如何迅速有效地消除买家的顾虑心理，对卖家来说是十分必要的。因为聪明的卖家都知道，如果不能够从根本上消除买家的顾虑心理，交易就很难成功。

事实上这些顾虑也是有一定道理的。因为新闻媒体经常报道一些买家购买到假冒伪劣商品的案例，尤其是一些伪劣家电用品，有些会给买家的生命造成巨大威胁。类似的情况很多，使得买家在自觉不自觉中绷紧了心头的那根弦，在购买过程中，他们会时时刻刻担心商品的质量不好，是否存在着安全隐患，以免自己的利益受损。很多时候，买家害怕损失金钱或者是花一些冤枉钱，他们担心这种商品或者服务根本不值这个钱。

要想在销售过程中消除买家的顾虑心理，首先需要做的就是向买家保证，他们决定购买的动机是非常明智的，而且钱会花的很值得；而且，购买你的产品是他们在价值、利益等方面做出的最好的选择。下面是一个用真诚消除买家的疑虑典型案例。

卖家：您好！您上次看的那款电脑，觉得怎么样？

顾客：你们那台电脑我看过了，品牌不错，产品质量也还好，不过我还需要考虑考虑（顾客开始提出顾虑议）。

卖家：我明白，您做事考虑得十分周全。只是我想请问一下，您考虑的是哪方面的问题？

顾客：你的价格太高了。

卖家：您主要是与什么比呢？

顾客：你的产品与×××店的差不多，而价格却比对方高出 400 多块钱呢！

卖家：我理解，价格当然很重要。您除了价格以外，买电脑，您还关心什么？

顾客：当然，买品牌电脑我还很关心服务。

卖家：我理解，也就是说服务是您目前最关心的一个问题。对吧？

顾客：对。

卖家：您看，就我们的服务而言，我们的服务是 3 年内全国联保的，XXX 牌子的品牌机遍布全国各地，3 年内有问题都可以保修的。您看我们的服务怎么样？

顾客：还好（顾客开始表示认同，这就等于发出了购买信号）。

卖家：既然您也认可产品的质量，对服务也满意，您看是不是就可以拍下了呢？

顾客：其实吧，我是在考虑买兼容机好一些呢，还是买品牌机好一些，品牌机太贵了（顾客有新的顾虑，这很好，只要表达出来，就可以解决）。

卖家：当然，我理解您这种出于节省成本的想法。我担心的一个问题是，您买了兼容机回来，万一这些电脑出了问题，您不能得到很好的售后服务保障的话，到时带给您的可能是更大的麻烦，对吧？

顾客：对呀，这也是我们为什么要选择品牌机的原因（顾客认同卖家的想法，这是促成的时机）。

卖家："对，我完全赞同您的想法，您就放心下单吧"

顾客："好，那我就拍下了。"

从某种意义上来说，消除买家顾虑的过程也是帮助买家恢复信心的过程。因为当他们犹豫是否购买你的商品时，他们的信心出现动摇也是正常的。这时如果能及时地帮助他们消除顾虑，也就帮助他们强化了自己的信心和勇气。

人的思想是很复杂的，当接触一些新鲜事物的时候，往往会不理解，想不通，疑虑重重。但只要能把握脉络，层层递进，把理说透，就能消除买家的顾虑，使销售顺利进行。

在销售的过程中，买家心存顾虑是一个共性问题，如若不能正确解决，将会给销售带来很大的阻碍。所以，卖家一定努力打破这种被动的局面，善于接受并巧妙地去化解买家的顾虑，使买家放心地买到自己想要的商品。

15.2.3 以"诚心"换来买家的"耐心"

用耐心、真心、诚心打动买家是我们卖家服务宗旨，从每一位买家出发，对经营中每一个细节加以放大，有针对性地提供最佳服务。

销售确实是一门学问，卖家每天都要接触不同的顾客，只有用丰富的专业知识才能灵活应对，热情为他们介绍商品，只有用耐心、真心、诚心才能打动买家，成为买家的朋友。每次与买家交流的机会都应该珍惜，都应该把握住，一点点的失误就可能让我们与买家失之交臂，因此我们不能错过每一次机会，把自己掌握的商品信息传达给每一位读者，只有这样才能提高我们的营业额。

店铺一定要把耐心、真心、诚心倡导为服务宗旨，这是搞好客户关系和维持良好的客户关系的基础。

- 要有过硬的专业知识，给买家介绍时通俗易懂，才能让买家更容易接受。

- 沉着冷静、细心、耐心、诚心

对于一些新手卖家来说，有人询问价格、颜色、款式、材料等或把自己加为好友的时候，往往很开心，总想着有生意了。其实很多买家有比较的，网购和实体店购物一样的，他们都会作比较，在网上进行查找，到这家问问那家问问，最后才能决定买哪一家的商品，这种情况很普遍也很正常。所以有人问只是表明他对这件商品或者这一类的商品感兴趣，千万不要以为他问问就一定会买。所以作为卖家心态要平和、沉着冷静、细心、耐心、诚心。

- 满足买家的要求

帮助买家，这也是新卖家要做到的。尽量满足买家的需求。注意，这里说的是尽量，不是一味地满足买家。对于提出无理要求的买家，其要求可以不予理睬，其实作为买家总想以最低价格得到最好的商品以及服务，当收到一些需求时，一定要记得心态要平和、沉着冷静，不要以另一种目光态度对待。一定要记得和气生财，做生意讲的就是和气，即使别人提出的要求不合理，也不要和客户争辩。

- 替买家着想

与买家的交易一定要追求双赢，在交易时就要注意，不要把买家没有用或并不适合买家的商品卖给他，也不要让买家花多余的钱，尽量减少买家不必要的开支。即使没有交易成功，多交一个朋友收获也不小啊。

- 尊重买家

对于买家一定要心怀感激，并对买家表达出你的感谢。而对于买家的失误甚至过错，则要表示出你的宽容，而不是责备。

用耐心、真心、诚心打动买家，认真热情、细心周到的服务，可以让买家感到温暖愉悦，使他们再次光顾。

在今天刚登上没多久的时候一个买家加了我说要是要衣服。选了快一个下午，最终敲定要两件，一件风衣和一件衬衫，不管买家的问题有多少，我都是一一的解答，从没漏掉一个问题，这位买家说你人交流起来很和气，很好交流，也愿意交流，不像有的卖家见我们买家的问题多就不理我们了。我说网上做生意用和气的语言交流也算是一种推销方式，不但是推销我们的产品，更是在推销我们自己，有时网上相同质量和款式的衣服你的价钱比别人高一点，但如果你的服务态度好，你的为人得到了买家的肯定，很多买家还会选择你，因为你让他们心里放心。

和这位买家的初步交易很顺利，这两笔交易完成后她又见我店里的凉鞋的款式和价钱都还不错，所以就说下次还要来我这里买小凉鞋，并且也会介绍一些朋友来。这是我再开心不过的事情啦，正在和这位买家交谈的时候，又有一买家拍下了我的店里新到的一款风衣。就这样在同一时间和两位买家交流有时还真忙不过来。也感觉很充实，这位买风衣的买家说，你店里的衣服款式和价钱都不错，并且还有实物图这让我们买家买的时候很放心呀，并且说邮费也很合理，说有的卖家把衣服的价钱写的很低，但是邮费却比别人高很多，这样下来最终的交易额也不比别家的少多少！

作为卖家始终要顾客至上的原则，以百分百的细心、耐心、诚心做好每一笔交易，让每一位上门顾客都有宾至如归的感觉，开心愉快的购物，这样创造回头客的几率就会增加，同时会带来更多的效益！

15.2.4 巧妙对待各种类型的顾客

买家受性别、年龄、性格等因素的影响，对相同商品的反应也不相同。因此，店主应该因人而异地对待买家。

1. 如何应对外向型的买家

外向型买家一般做事情都很有自信，凡事亲力亲为，不喜欢他人干涉。如果他意识到做某件事是正确的，那他就会比较积极爽快地去做。遇到果断型的买家，对待性格外向的买家要赞成其想法和意见，不要争论，要善于运用诱导法将其说服。在向他们推荐商品或服务时，要让他们有时间讲话，研究他们的目标与需要，注意倾听他们心声。

2. 如何应对随和型的买家

这一类买家总体来看性格开朗，容易相处，内心防线较弱。他们容易被说服，这类买家表面上是不喜欢拒绝别人的，所以要耐心地和他们交流。

3. 如何应对优柔寡断型的买家

有的买家在店主解释说明后，仍然优柔寡断，迟迟不能做出购买决定。对于这一类买家，店主要极具耐心并多角度地强调商品的特征。在交流过程中，店主要做到有根据、有说服力。

4. 如何应对小气型的买家

喜欢贪小便宜是小气型买家最大的特征。买东西老嫌贵，还特别喜欢侃价。应对这种买家，跟他套交情是最佳做法：首先应该热情地向他打招呼，赞美他，并且要提醒他占到了便宜。

5. 如何应对稳重的买家

个性稳重的买家是比较精明的。他们注意细节，思考缜密，决定迟缓并且个性沉稳不急躁。对于这种类型的买家，无论如何，一定要想法让他自己说服自己，否则他便不会做出购买决定。不过，一旦赢得了他们的信任，他们又会非常坦诚。

6. 如何应对心直口快的买家

有的买家或直接拒绝，或直接要某个商品，一旦做出购买决定，绝不拖泥带水。对待这种买家，店主要以亲切的态度，顺着买家的话去说服。答复速度尽量快些，介绍商品时，只需说明重点，不必详细说明每个细节。

7. 如何应对"慢性子"的买家

这种买家正好与"急性子"相反。如果碰到"慢性子"的买家，千万不能心急，只有耐心回答他的问题才能赢得信任。

8. 如何应对待挑剔型的买家

喜欢挑剔的买家，往往对于店主介绍的真实情况，认为是言过其实，总是持不信任的态度。对待这种买家，店主不应该反感，更不能带"气"来反驳买家，而要耐心地倾听，这是最佳的办法。

而对于难缠的客户，并不是要"对抗"，而是消除、解决和合作，并将最难缠的客户转换为最忠实的客户。客户的难缠，不管有没有道理，若能从难缠中仔细深入检讨，通常可发现一些不足之处。客户在难缠过程中所提出来的建议，也许可直接采用，也许需经修改或转化才可采用，但也能对网店的销售和提升有益。

对待不同性格的买家，应采取不同的接待和应对方法，只有这样，才能博得买家的信赖。

15.3　售后服务——成功留住顾客的方法

售后服务是店铺为已经购买了商品的顾客提供的各项服务。售后服务可以有效地沟通与顾客的感情，获得顾客宝贵的意见。以顾客的亲身感受来扩大店铺的影响。它最能体现商店对顾客利益的关心，从而为店铺树立富有人情味的良好形象。

15.3.1　网店售后服务的具体事项

售后服务是整个交易过程的重点之一。售后服务和商品的质量、信誉同等重要，在某种程度上售后服务的重要性或许会超过信誉，因为有时信誉不见得是真实的，但是适时的售后服务却是无法做假的。

1. 树立售后服务的观念

- 售后服务是整个商品销售过程的重点之一。好的售后服务会带给买家非常好的购物体验，可能使这些买家成为店铺的忠实用户，以后经常购买店铺内的商品。

- 做好售后服务，首先要树立正确的售后服务观念。服务观念是长期培养的一种个人（或者店铺）的魅力，卖家都应该建立一种"真诚为客户服务"的观念。

- 服务有时很难做到让所有顾客百分之百满意。但只要在"真诚为客户服务"的指导下，问心无愧地做好售后服务，相信一定会得到回报的。

- 卖家应该重视和充分把握与买家交流的每一次机会。因为每一次交流都是一次难得地建立感情，增进了解，增强信任的机会。买家也会把他们认为很好的店铺推荐给更多的朋友。

2. 交易结束及时联系

商品成交后卖家应主动和买家联系，避免成交的买家由于没有及时联系而流失掉。

及时联系买家是必须做到的。

- 发送千牛信息，可以包括账号、应付金额、汇款方式等。为了怕收到很多相同金额的汇款，可以让买家汇款的时候注明编号，这样也方便查寻。

- 由于网络有时不稳定，有些买家的邮箱不一定能够收到邮件。因此如果当买家两天内没有回复邮件，客服人员可以主动打电话询问是否收到邮件或者留言。

- 货到后及时联系对方，首先询问对货品是否满意、有没有破损，如对方回答没有，就请对方确认并评价。这就是所说的"先发制人"，都满意了她还能给差评吗？如果真的有什么问题，因为卖家是主动询问的，也会缓和一下气氛，更有利于解决问题。当然遇到"胡搅蛮缠"的买家则另当别论。

3. 卖家自己设计的邮件模版和旺旺消息

商品成交以后，卖家也可以自己撰写要发送给买家的第一封成交确认邮件和旺旺消息，可以运用更人性化的语言，加入自己的信息。可以参考如下的实例。

您好：

感谢您购买了本店的 xxx 商品，希望您能够喜欢，如果有任何问题可以和我联系：千牛 xxxxxx 或者 xxx@xxx.com。本店铺收取多少邮寄费用或者免费包普通邮寄。如无特别需求，本店铺将会在款到第多少天以普通邮寄方式邮寄物品。

您成交的这笔物品的费用为：xxx 元（包括邮寄费用）。

招行信息：xxxxxxxxxxx

工行信息：xxxxxxxxxxx

如您已经汇款完毕，请发送邮件告知我们您的详细信息，我们会款到马上发货。

最后谢谢您购买小店的商品，期待您的下次惠顾！

店家：xxxx 日期：xxxx/xx/xx

4. 随时跟踪包裹去向

买家付款后要尽快发货并通知买家，商品寄出后要随时跟踪包裹去向，如有意外要尽快查明原因，并和买家解释说明。

5. 交易结束如实评价

评价是买卖双方对于一笔交易最终的看法，也是以后可能想要购买的潜在买家作为参考的一个重要因素。好的信用会让买家放心购买，差的评价往往让买家望而却步。交易结束要及时做出评价，信用至关重要，不论买家还是卖家都很在意自己的信用度，及时在完成交易后做出评价，会让其他买家看到自己信用度的变化。

评价还有一个很重要的解释功能，如果买家对商品做出了错误的不公正的评价，卖家可以在评价下面及时做出正确合理的解释，防止其他买家因为错误的评价产生错误的理解。

6. 认真对待退换货

商品寄出前最好要认真检查一遍，千万不要发出残次品，也不要发错货。如果因运输而造成商品损坏或其他商品本身问题买家要求退换货时，也应痛快答应买家要求，说不定这个买家以后会成为店铺的忠实客户。

7. 平和心态处理顾客投诉

任何卖家都不可能让买家 100% 满意，都会发生顾客投诉。处理顾客投诉是倾听他们的不满，不断纠正卖家自己的失误，维护卖家信誉的补救方法。运用得当，不但可以增进和巩固与顾客的关系，甚至还可以促进销售的增长。当然不同的卖家处理投诉的问题也不尽相同。

8. 管理买家资料

随着信誉的增长，买家越来越多，那么管理买家资料也是很重要的。卖家们应该好好地总结买家群体的特征，因为只有全面了解到买家情况，才能确保进的货正好是买家喜欢的商品，更好地发展。建立买家的资料库，及时记录每个成交交易的买家的各种联系方式。

9. 定期联系买家，并发展潜在的忠实买家

交易真正结束后，不要以为什么事也没有了，就此冷落了买家。适时的给买家发一些优惠或新品到商品的信息，可能会吸引回头客；每逢节假日用短信或千牛发一些问候用语，会增进彼此的感情。当然，也有的人不喜欢，卖家要适度掌握并灵机应变，尽量挑选自己认为比较随和、有潜在性的买家去发展从而使其成为忠

实的买家。

15.3.2　回应买家的投诉与抱怨

在销售的过程中，卖家可能会遇到买家各种各样的抱怨。抱怨主要是指买家对商品的质量、性能或者服务品质不满意的一种表现，一般来讲，它可大可小，可有可无。

但是在销售的过程中，如果不能正确处理买家的抱怨，那么将给店铺带来极大的负面影响。因为一个不满意的买家可能会把他的不满意告诉他身边的很多亲朋好友，并且给店铺一个差评，其破坏力是不可低估的。一定要积极地回应买家的抱怨，适当地对买家做出解释，消除买家的不满，让他们传播店铺的好名声，而不是负面的消息。

通常来讲，买家的抱怨主要来自以下几个方面。

一是买家对产品的质量和性能不满意。出现这种抱怨的原因很可能是因为广告夸大了产品的价值功能，结果当买家见到实际产品时，发现与广告不符，由此产生了不满。

二是对客服人员的服务态度不满意。例如，有些客服人员总是一味地介绍自己的产品，根本不去了解买家的偏好和需求，同时对买家所提出的问题也不能给予满意的答复，或在销售的过程中，出现轻视顾客、不信任顾客的现象。

此外，产品的安全性能，以及售后服务、价格等因素也都可能引发买家的抱怨和不满。

其实，买家抱怨不管是对厂家还是对客服人员来说，都是在提醒他们要不断完善自身，做到最优最好。而且抱怨很大程度上是来自期望，当买家发现自己的期望值没有得到满足时，也会促使抱怨的爆发。如果能够妥善地处理这些抱怨，很有可能使坏事变为好事，不仅不影响销售，反而会使销售更上一个台阶。

客服人员一定要具有面对买家抱怨的心理准备，当买家抱怨时，客服人员首先需要做的是不能感情用事。可能在客服人员看来，一些买家是鸡蛋里挑骨头，商品的质量和性能明明很好，他们硬要挑出一些根本不是毛病的毛病。此时，客服人员一定要注意自己说话的语气和态度，不能愤怒。买家在抱怨时，客服人员首先要做一个忠实的倾听者，一定要克服自己的情绪，让买家把话说完，对买家提出的各种问题予以解决。这样在一定程度上可以缓解买家的激动愤怒情绪，也能为自己争取到思考的时间。而且，当买家意识到客服人员的真诚，以及周到的服务，买家的怨气就会减少。

另外，在销售过程中，客服人员一定要做好接受压力的思想准备，才能够在买家抱怨时顺利解决问题，此时，客服人员可以站在旁观者的角度来了解买家的感受，这样就能够在一定程度上减轻因买家抱怨而造成的愤怒。

客服人员应该把买家的抱怨当作磨练自己的机会。遭遇买家抱怨时，一定要保持一份平静，坦然面对，把抱怨当作历练自己的一次机会，因为只有在不断的解决问题中，才能够不断进步，变得更加优秀、出色和卓越。而且抱怨不仅仅是一种不满、一种愤怒，它还是一种期待、一种信息。通过买家的抱怨，客服人员会明白在以后的工作中应该避免哪些问题的发生，或者是再发生类似问题时应该怎样解决。这样不仅能够赢得买家对自己的信赖，还能够提升自己成功应对各种挫折的能力。

15.3.3　避免和顾客发生争论

在开店过程中，或许会遇到一些蛮不讲理的买家。他们凡事喜欢与人争论，希望在气势上压倒对方，即便他们所提出的话题根本没有任何意义。但此时，作为卖家，应该怎么办呢？或许卖家也是一个争强好胜、喜欢争辩的人，但试想一下：如果与买家发生争执，双方之间为了一点小事争论不休，最后卖家即使赢了，取得了争执的胜利，可是却为此也丢失了一个也许能够成交的买家。可见，受损失的还是卖家，而卖家的胜利也没有任何的意义。

在销售过程中，千万不要与买家争辩，不要错误地以为在这场争执中取得了胜利，买家就会购买店铺的商品。在销售人员的观念里，应该时刻记住：顾客就是上帝，应该尽可能地满足他的一切要求，如果真的不能够满足他，那就在争执中满足他的虚荣心，这样他可能会比较青睐你，对你另眼相看。当你顺从买家的意思，不与他进行争执时，你输掉的仅仅是这场争执，但赢得的却是这个顾客。因为成功销售出去商品，这才是真正的目的。

所以一定要避免与买家发生正面冲突。这样才能够博得别人的好感，获得真正意义上的胜利。从心理学角度来讲，这主要是指在销售的过程中要尊重对方，满足对方的心理需求。买家只有感觉到自己的需求得到了满足，才能够对你和你的商品产生好感。

当销售人员控制不住自己的情绪与买家发生争论时，往往意味着他对整个局面已经失去了有效控制——这样的销售必定指向失败。争论本身就是一个令人头疼的大问题，更何况争论还会为今后的销售活动引起一系列的麻烦。与买家争论会更加激发买家的不满，这种不满必定会延及到所销售的产品。越是在买家表达不满的时候，越是要为买家提供支持和帮助，帮助他们消除不满，才能促进成交的及早实现，而与买家争论则是火上浇油。

这种情况多发生在有争议或售后发生问题时。在买卖中，常常会有与买家不同的看法，如果无法接受买家的观点，那可能会错过很多机会，而且无法和买家建立融洽的关系。即使买家对商品的看法与感受，甚至所得到的结论都和卖家不同，买家还是可以坚持自己的看法、结论和感受。尊重买家的观点，可以让买家了解，一直在听，而且也听懂了买家的话，虽然不一定同意的他观点，但还是很尊重他的想法。若是卖家一直无法接受对方的观点，那期间的交易也一定是别扭、不融洽甚至失败的。

下面是一个与顾客发生争论的典型案例，结果当然是没法成交了。

卖家："您好，我想同您商量有关您昨天准备买的那张矫形床的事。您认为那张床有什么问题吗？"

顾客："我觉得这种床太硬。"

卖家："您觉得这床太硬吗？"

顾客："是的，我并不要求它是张弹簧垫，但它实在太硬了。"

卖家："我还没弄明白。您不是原来跟我讲您的背部目前需要有东西支撑吗？"

顾客："对，不过我担心床如果太硬，对我所造成的危害将不亚于软床。"

卖家："可是您开始不是认为这床很适合您吗？怎么过了一天就不适合了呢？"

顾客："我不太喜欢，从各个方面都觉得不太适合。"

卖家："可是您的情况很需要这种床配合治疗。"

顾客："我有治疗医生，这你不用操心。"

卖家："我觉得您需要我们的矫形顾问的指导。"

顾客："我不需要，你明白吗？"

卖家："您怎么这样，说好的要买的，今天有变卦了，怎么出尔反尔，不讲信用呢……"

案例中的卖家与顾客发生争执，拿出各种各样的理由进行辩解时，他可能在争论中取胜，却也彻底失去了这位顾客。

理解买家有不同的认识和见解，允许买家发表不同的意见。此外还要注意：绝不口出恶言，恶语伤人，对自己的言行要谨慎。勇于说"对不起"：每个人都有可能犯下小错，或者一些非自己所为的"错"，当自己错时，要有勇气承认错误，而说对不起，不代表真的犯了什么天大的错误或伤天害理的事，而是一种软化剂，使事情终有余地缓解，转化沟通。

15.3.4 服务好老顾客，留住回头客

一门生意的好坏，主要取决于新顾客的消费和老顾客的重复消费。据说，开发一个新顾客的成本比留住一个老顾客要高 4 倍。可见，老顾客的数量决定了生意的好坏，决定了生意的稳定性。所以要多搞温馨活动，留住老顾客。如何能够抓住每一个顾客，留住回头客、老顾客，让他们成为永远的上帝，那么需要做到以下几点。

1. 把握好商品质量

要明白质量是维护顾客忠诚度最好的保证，是对付竞争者的最有力的武器，是保持增长和赢利的第一要务。店铺只有在商品的质量上下功夫，保证商品的耐用性、可靠性、精确性等价值属性，才能取得优势，才能为商品的销售及品牌的推广创造一个良好的运作基础，也才能真正吸引顾客、留住回头客。这样网上店铺的市场也才会取得更好的口碑。

2. 不要让顾客感到遗憾

必须不断从各种角度去检查自己所经营的店铺到底让顾客满意到什么程度？只有不

断地这样自我反省和检查，才能不断地提高自己的服务质量，以赢得更多的顾客。

3. 时刻为顾客着想

不要忘了站在顾客的立场上真心实意地检查每一个商品，不要抱无所谓的态度。在检查出商品有问题后，需要马上更换给顾客，并诚恳地致歉。

4. 诚实待客

做生意一定要诚实，靠欺骗顾客是不长久的。顾客是最聪明的，也是最公正的。只要他在店内上过当，他日后定会避而远之，而且他可能会给你一个差评，这样店的名声就臭了。其结果必是顾客越来越少。

5. 欢迎难缠的顾客

经常会遇到一些比较麻烦的顾客，不要以为这一定是坏事。没有挑剔的顾客，店铺也不会有大长进。因此对于难缠的顾客不要拒之门外，而应表示欢迎。对很挑剔的顾客也要毫不嫌弃地耐心对待。

6. 提醒顾客优惠活动不要错过

告诉顾客本次优惠到什么时候截止，以后没有这种优惠了。刚进来一批新货时，可以用这种方式让顾客再次光临。

7. 对老顾客处处优先考虑

无论是从货源采购或者是售后服务，要比对新顾客更好，这样才能体现出对老顾客的重视。可以给老顾客提供折扣、而且限量商品优先给老顾客。可以让老顾客在第一时间获得新款的资料、新款的动态。小卖家如果给不了太多优惠，最简单的办法就是给老顾客免掉邮费或者快递费用，这相当于给老顾客打了一个长期折扣。

8. 对于倚老卖老的老顾客

老顾客有时也会"倚老卖老"，仗着自己是老顾客要求更低折扣等特殊优待。这时千万不要答应，有些事情一旦开了头，就可能收不住。所以一开始就要告诉老顾客你的底线，假如超过这条底线，那么即便是再熟的顾客也不能给面子。一视同仁是一种很好的做法，老顾客这个时候想再讨点便宜也起码知道难度很大，再想想你的商品还有质量、售后服务都还不错，也就不会为难你了。

下面是一个典型的服务好老顾客，留住回头客的案例。

桑田时装店来了一位女顾客，店主热情地接待了她。这位顾客是桑田时装店的老顾客，在桑田时装店持续购物已有一年多的时间，每次有合适的衣服她都会消费几千元。可是，近两个月她一直没有来过，通过交流店主了解到这位顾客比以前胖了很多。

当顾客看到一款价值 1280 元的衬衫时，非常喜欢，可发现这个款式的最大号码才 160 号。以前穿的 170 号的现在穿着都很紧。顾客说非常喜欢那款衣服，但非常遗憾。细心的店主看出了顾客的心思，一边安抚顾客一边与厂家沟通，是否可以为顾客量身定做。经过一番沟通得到厂家肯定答复，顾客非常满意，连声说："谢谢！"

几天后专门为顾客量身定做的衣服送到顾客手中，试穿后非常满意，随后，又定制了一件价值 980 元的真丝衬衫。顾客高兴地说："是你们的细心和热情的服务让我重拾了信心，你们服务非常专业，以后买衣服我就来桑田时装店了。"

15.4　坦然面对顾客投诉

当店铺的信用和规模达到了一定的程度之后，交易会大大增加，顾客的投诉必然也会增加。不管是钻石卖家，还是皇冠卖家，没有不需处理投诉的。

15.4.1　应对顾客投诉的原则和方法

当顾客投诉时，不要把它看成是问题，而应把它当作天赐良机，所谓"抱怨是金"。当顾客抽出宝贵的时间，带着他们的抱怨与交流时，也是免费向你提供了应当如何改进业务的信息。在处理客户投诉的过程中，态度是非常关键的。所以有必要制作一个处理投诉的流程制度，这样便于处理投诉事件，提高买家的满意度。

1. 及时道歉

当出现顾客投诉事件时，首先必须主动向顾客道歉，让顾客知道，因为给顾客带来不便而感到抱歉，即便这并不是卖家的过错，也不管这是谁的错，卖家所要做的第一件事就是向顾客道歉。顾客的对错并不重要，重要的是向顾客表达了卖家的态度。尤其在网店经营中，很多时候不需要面对顾客，甚至连电话都不用接，只是在网络上表达一下，但效果却是显著的。尽量用委婉的语言与买家沟通，即使是买家存在不合理的地方，也不要过于冲动，否则，只会使买家失望并很快离去。

2. 耐心倾听顾客的发泄

顾客投诉的时候，肯定会有很多怨气。在实际处理中，要耐心地倾听顾客的抱怨。不要轻易打断顾客的叙述，不要批评顾客的不足，而是鼓励顾客倾诉下去让他们尽情演泄心中的不满。你只要仔细聆听。当然，不要让顾客觉得你在敷衍他。认真听取顾客的言语，把顾客遇到的问题判断清楚。当耐心地听完了客户的倾诉与抱怨后，当顾客得到了发泄的满足之后，就能够比较自然地听得进卖家的解释和道歉了。

3. 表示同情

应设身处地考虑和分析问题，对顾客的感受要表示理解，用适当的语言给顾客以安慰，如"谢谢您告诉我这件事""对于发生这类事件，我感到很遗憾""我完全理解您的心情"等。因为此时尚未核对顾客的投诉，所以只能对顾客表示理解与同情。

4. 给予关心

不应该对顾客的投诉采取"大事化小，小事化了"的态度。应该用"这件事情发生在您身上，我感到十分抱歉"诸如此类的语言来表示对投诉客人的关心。

5. 态度好一点

买家抱怨或投诉的原因一般是对商品及服务不满意。从心理上来说，他们会觉得卖家亏待了他。因此，如果在处理过程中态度不友好，会让买家心理感受及情绪很差，会恶化与买家之间关系。反之如果态度诚恳，礼貌热情，会降低买家的抵触情绪，理智地协商解决问题。要以关心的态度倾听顾客的诉说，然后用自己的话把顾客的抱怨重复一遍，确信已经理解了顾客抱怨的问题所在，而且对此已与顾客达成一致。如果可能，告诉顾客愿意想尽一切办法来解决他们提出的问题。

6. 处理动作要快

处理投诉和抱怨的动作快，第一可以让买家感觉到尊重，第二表示卖家解决问题的诚意，第三可以及时防止买家的负面宣传造成更大的伤害。一般接到买家的投诉或抱怨信息，应立即向买家了解具体内容，想好处理方案，最好当天给买家答复。

7. 提出完善的解决方案

顾客的所有投诉、抱怨，归根到底，是要求解决问题。因此，买家抱怨或投诉之后，往往会希望得到补偿。这种补偿有可能是物质上如更换商品、退货、赠送产品等，也可能是精神上的，如道歉等。有时是物质及精神补偿同时进行，多一点的补偿，买家得到额外的收获，他们会感受到卖家的诚意而下次再来的。

买家为什么要投诉？因为没有达到他的期望值不满意？下面介绍网上卖家经常遇到的投诉和相应对策。

（1）网上描述和实物不符，或者说买家得到商品后比较失望。

对策：卖家的拍摄技术再高、图片处理本领再强、商品文字描述写得再吸引人，都不要让商品"走样"，不要过于美化商品，夸大商品功效等，这很有可能遭遇投诉。

（2）商品缺陷（对于二手品）或者其他关联商品需要说明而没有事先声明的。

对策：如果出售的是二手品一定要把当前使用情况和存在的缺陷等描述清楚，对于一些商品使用相关需要说明的一定不能够少，反之可能被投诉。

（3）忘发货、少发货、错发货。

对策：

- 忘发货——经常查看买家付款到帐情况，很多时候买家在付款后并不通知卖家，当天需要发的货一定要查看清楚，防止漏发。

- 少发货——这一点多针对于一次购买多件商品的买家，最好用固定模式的发货卡写清楚买家需要的货号、颜色、件数等信息，货物封箱前再对照发货卡一一确认，无误后将发货卡放箱内再封箱。

- 错发货——发货箱封口后，及时贴上派送单，以防止交叉贴错，对于一些承运物流公司需要开箱检查、或者派送单先打印再粘贴等情况，一定要在箱外明显位置写上派送单号或者收件人地址姓名，以防止物流公司交叉贴错。

（4）物流的种种问题

网络销售有 30% 都是物流公司在提供服务保障，但货物离开后卖家就很难控制服务质量了。如何控制物流服务质量呢？

对策：

- 物流市场竞争激烈，其实每个公司都在努力。所以一定要挑选一个在速度、网点、服务、价格等方面都合适的公司。

- 采用协议和月结等方式来掌控物流质量。

- 对于买家收到货物损坏和短缺（一般不会这样，但也不排除派送人员个人行为或者买家恶意投诉），可制作类似这样的标签贴封口处"请派送人员当面核对货物是否完好"。

- 要尊重合作物流公司和所有工作人员，当产生问题后不要动不动就以"我不用你们了，马上换公司！"来威胁物流支持，这样并没有什么好处也不有助于问题的解决，积极的反映问题并协助物流解决问题。

（5）给买家的承诺

不管对于买家口头还是书面上的各项（价格、赠品、服务、派送等）承诺必须兑现。

对策：

- 如果不能满足买家的期望，不要一味为了达成交易而答应买家的要求，这将为以后的投诉埋下伏笔。

- 一旦给了买家承诺那一定要去做，运用记录、提示等方法来防止遗忘。

（6）其他可能发生的问题

很多可以预料和无法预料的问题都有可能在交易种中发生并构成投诉。

对策：

- 对于这样的问题需要进行合理的免责任声明。

如商品描述里可以添加这样的话"拍下商品后至发货前若您有任何收货资料的变

更请以书面方式(旺旺、QQ、留言、短信等)联络店主，本店恕不接受口头上的变更。

"本店无法直接控制物流服务质量，若您对本店物流支持有任何意见和建议请反馈，这将作为本店选择和评价支持物流的重要参考。谢谢！"

- 注意保留和买家的交易资料，如沟通记录（短信、旺旺或者其他工具聊天记录、E-mail、短信）、汇款明细、发货凭证等，这些资料将为可能出现的投诉提供反诉强有力的证据。

15.4.2　对待买家的中差评

网店经营中，难免碰到一些急躁的顾客，在卖家还没有做出反映之前就给了个差评。作为卖家，莫名其妙得到一个差评，不仅扣分还会觉得冤屈。在看到有差评时，要心平气和地看看是什么原因造成的。一般差评有如下几种情况。

一是心急的买家抱怨物流速度慢。

二是由于卖家回复太慢，认为服务态度差，售后服务没能达到买家的意愿。

三是对商品的一些主观判断，如买家对商品提出的一些异议，颜色、大小和外观等。

如果是卖家的过错，要想办法去弥补，即使是运输过程出了问题，也不要让买家完全承担。但是往往就是有些人抓住卖家这种心理，利用差评要挟，特别是新手卖家，一定要注意。如果遇到以差评要挟的，一定要找到有力证据，与这样的买家斗争到底，坚决维护自己的利益。

如果卖家在第一时间承担了错误，买家就会感觉到卖家是有责任心的，气就会消下去大半。如果卖家又在第一时间拿出处理问题的方案，大多数买家就都会用商量的口吻来讨论。

买家中有没有贪小便宜的人呢？当然会有，但一定是极少数。聪明的卖家在遇到差评的时候，首先想到的是：第一，买家的意见里有没有值得自己改进的地方？如果有，早改比晚改好；第二，能不能用这样的机会，向潜在的买家表明自己对待错误的责任和出色的售后服务管理制度。这样做，就会扩大自己的关注度。

一般情况下买家都是很好的。尽量和买家沟通好，如果认为买家提出的问题可以通过换货解决，那就尽量换货。如果买家提出的要求，换货也解决不了，那就退货。

15.4.3 避免买家的中差评

网店店主是十分看重客户的评价的，对买家来说，"好评率"也是选店铺时一个重要的参考因素，直接影响买家的购买心理。对卖家来说，如果得到差评不仅影响"好评率"，更会因为扣分而影响店铺"冲钻冲冠"的速度。所以卖家视评价如生命，但往往事与愿违，因为卖家做生意时间久了，和不同的人打交道，因为多方面的原因可能会得到客户的中评或者差评。

买家给卖家中差评的原因很多，把握好商品的质量，不断提高服务水平，努力做好以下几个方面，就可以最大限度地消除中差评。

1. 做好售前和售中商品介绍服务

在销售过程中，作为卖家来说，不仅要在商品说明、图片做好详细说明与标注，也要在买家咨询过程中做好介绍，提醒买家注意看物品尺寸，特别是珠宝首饰类的商品，因为图片常常会让人有错觉，看着与实物实际大小或颜色上有所偏差，这些都需要事先提醒买家注意，考虑清楚后再拍下购买。

2. 严把商品质量关

"以质量求生存"不是一句口号，而是关系卖家在网上能否长期生存和发展。网上竞争是非常激烈的，但任何时候卖家的商品质量都不能太次，否则就很难在网上立足。这就要求卖家在进货的时候一定要把好关。在进货时宁愿进货价格高点，也要选质量好的。在发货的时候再检查一下，保证发给买家的是一个非常完美的高质量的商品。

3. 关于色差问题

现在有很多卖家，往往喜欢利用杂志、网站或者厂家提供的模特图片，而不去拍实物图，造成图片失真，以致买家收到货后，给出"照片是天使实物是垃圾"之类的差评。买家在网上买东西，是看不到实物的，所以图片就是买家判断商品优劣的重要依据，所以一定要是实物图，并且实物图要和商品尽量接近，商品描述要是全面客观的。那么给差评的机会就会很少。

4. 商品包装要仔细完好

商品卖出以后，首先要包装好，一个认真仔细的包装会让买家在拿到货后有了一个很好的感觉。有的时候好的包装可以减少退换货，还会为卖家的评价增光添彩。

5．良好的售后服务

不要认为商品发出去了，就万事大吉了。如果快递发出去了好几天，买家都没来确认。这种情况下，可能有两种原因。第一是买家还没有收到东西，第二是买家收到了还没有来得及确认。如果是第一点，应该根据快递发货时间推算，如果到了时间买家还没来确认，这时就应该联系买家是否收到货了。这么做也不是为了让买家快点来确认，而是看看发出去的东西是不是有问题，买家是否真的收到，这样对于自己来说可以做到心里有数。即使仍不确认，但至少也要知道这个商品是否快递到了，对于买家来说，也会让他们觉得售后服务做得很好，他是被重视的。

6．对待买家要热情，要善于利用旺旺的表情营造一个轻松愉快的对话氛围

卖家有的时候会遇到一个人接待几个买家甚至十几个买家同时咨询的情况，感觉忙不过来，这个时候要说明情况，不要不回复或者很晚才回复买家，让买家等很久，这都是不礼貌的，是对买家的不尊重，要从增加人员等方面解决这个问题。

7．勇于面对评价

如果收到了买家的中评或差评，也不要生气，不要去埋怨买家怎么这样。要先看看自己哪里做的不好了，才产生这样的评价。主动和买家进行沟通协调，不要推卸责任，如果真的是自己的过失造成的，要勇于承担责任，并真诚地道歉。如果遇到中评或者差评，是可以取消的，这就要看怎么和买家来进行沟通了，如果不是特别大的问题，真诚的道歉，相信买家也会被你的真诚打动的，也许这个评价就可以取消呢。

8．分析买家类别，区别对待

卖家的好评离不开买家，因此，在交易前最好查看一下买家的信用度，买家对别人的评价以及别人对买家的评价。再综合各类买家的不同特点来区分对待。下面就来分析一下买家有哪几类。

（1）新手买家。这类买家往往第一次来网上购物，买卖信用都为零。他看上了

店铺的商品，但对网络交易还很陌生，对卖家缺乏信任。这类买家需要卖家有足够的耐心去引导。在购买前，不妨多与他沟通，能让他产生信任是很重要的。这类买家最大的缺点就是发货后不及时确认货款，不给评价，或者不联系卖家随便给中差评等。

怎样确认是新买家呢，一般看注册时间、信用等级，或通过聊天来了解。对于这类买家，要多引导，通过言语沟通建立信任，事先解释清楚需要买家配合的环节，达成共识才能愉快交易。因为这一类的买家多半还是好买家，他也有可能成为忠实买家。

（2）特别挑剔的买家。对这类买家要注意看一下其买家好评率，以及别的卖家对他的评价。这类买家多是完美主义者，喜欢鸡蛋里挑骨头，收到商品后，如果没有达到他的期望值，就有可能给个中评或差评。

对于这类买家，建议要具体问题具体分析，并尽可能的做好服务，展示自己商品和服务的优点。其次还要正确评估自己的商品与服务是否与他的期望一致。如果不一致，购买前要诚信沟通，说明清楚，买家理解接受，达成一致再成交。切忌为了马上促成生意，尚未沟通清楚就交易。

（3）喜欢给中评的买家。这类买家，以为中评就等于好评。碰上这样的买家，如果重视好评，以 100% 好评作为经营中的目标，还是不要交易的好。

（4）很会杀价的买家。这类买家其实大部分还是好买家，用最少的钱买到最心仪的宝贝是每个买家都想的。遇到这类买家最好要先看一下其信誉度，如果有中差评就要注意了，要看一下中差评里的评价内容。遇到这类买家最好能够给其赠送一些小礼品，买家收到商品的同时，必定心怀感激，给以大大的好评。当然另一方面也要综合考虑一下自己能否满足对方，如果满足不了就不要勉强交易。

此外，在发货的时候送给客户一个小礼物，给客户一个意外的惊喜，往往会收到客户的"手下留情"，毕竟人非草木，买家往往也会宽容卖家的不足之处的。

15.4.4 引导买家修改中评和差评

中差评是开网店不可避免出现的情况，很多中差评都是误会引起的。很多中差评在跟买家沟通后都能得到修改。卖家收到中评和差评时，不应盲目地抱怨甚至投诉买家，这样会激怒对方，使问题没有解决的余地。如果卖家确实没有过错，应诚恳地向买家道歉，承认工作上的过失，卖家在耐心听取买家的不满和要求后，应表达自己的观点，并提出补救措施，达成一致意见后，卖家可以提出自己的要求，如"我有个小小的请求，您能否为我修改一下评价？真的很感谢您为我们提了很好的建议和意见，希望以后多多合作！"通常买家也不会因为一点小事伤了和气，一般都会同意修改评价。

不过，如果买家不愿意对评价进行修改，也要保持理性的态度，有少数几个中评和差评也是可以理解的。即使这样也要记得向买家表示感谢哦！

淘宝网上店铺众多，买家光临店铺就是对店主的支持。从一定程度上讲，买家是卖家的"衣食父母"，因此，无论交易成功与否，在交易结束时，卖家不要忘记向买家表示感谢。如送一份小礼物，发送一句感谢的话语或一个微笑的旺旺表情，这都是培养回头客的好方法。可千万不要忽视口碑的力量，卖家可以利用已有的客户资源来开拓新的客户资源。

15.5　开店技巧与问答

技巧 1——找出网店生意冷清的原因

有的卖家在淘宝发布商品很久了，但是一直生意冷清。这是开店新手经常遇到的，甚至一些信用相对高些的卖家也会遇到同样的问题。问题出在哪里呢？下面总结一下网店生意不好的常见原因，希望能够引起店主的重视。

1. 所选项目是否属于冷门，市场需求不大？

网店销售的品种现在是五花八门琳琅满目，但比较热门的还属女性用品、化妆品、衣服、包包、饰品等。必须了解所选择的项目是否需求较大，较大当然成交概率就高，如果所选项目属于冷门，市场需求不大，成交概率就小。所以经营"冷门"项目需要付出更大的耐性和毅力，给自己耐心和时间，理性地度过正常的"萧条"阶段。

2. 商品定价是否合理？

价格是买家购买商品最敏感的话题。一般而言，买家总是希望花最少的钱买更多的东西，不少店铺因为商品定价不合理而失去了大批的客户。商品定价时要参照淘宝上其他店铺的价格行情，然后再根据自己的利润确定。

3. 商品的图片是否有问题?

网络销售第一感观就是图片，一幅好的图片胜过千言万语。很多新卖家都是自己拍照处理图片。商品图片的拍摄和处理都不专业，甚至有的连商品的图片都没有，结果大大影响买家判断和挑选感受，当然也会影响商品的销售了。

4. 商品描述文字是否详细全面?

有了好的图片再加上详细的文字描述，买家看了后才会有购买的欲望。所以把商品的功能、特性、型号、质地、风格、甚至保养方法等描述清楚，是促进成功成交的前提。

5. 旺旺在线时间能否保障?

生意好坏与千牛在线时间长短有很大的关系，千牛保持足够的在线时间是网店成功经营的基本条件。

有很多买家都会看店主是否在线，如果不在线的话，就不会进入该店铺，宁愿去找其他的店铺，因为千牛不在线就无法对商品进行咨询了。

6. 销售的商品是否单一?

比如开始店销售仅限于女装的，随着买家询问的需求，不断丰富起其他产品，如包包、饰品、围巾、帽子等关联品种。这也满足了一些顾客一次购买多件商品的需求，既节省时间也节约费用。

7. 是否每天都有商品上架?

是不是每天、每时都有新品上架，也就是时刻都有新品下架，这样顾客才能更多的搜索到你的商品。

8. 是否经常关注橱窗推荐?

每天要多次关注橱窗推荐。如果每天只关注一两次，那远远不够。因为店铺的推荐商品不断下架，那就要多次推荐，只有推荐的商品才更容易被顾客搜索到。

9. 商品名称是否完整吸引人?

商品名称直接关系到买家能否成功搜索到。商品起名时需要让买家了解到商品的作用、颜色等属性、或其他特定意义的词汇。

10．是否重视店铺的宣传？

在店铺没有开起来之前，店主最关心的问题就是如何把网店尽快开起来，并且装修好。可是一旦店铺开起来之后，多数店主会为店铺流量而伤透脑筋。网上开店最怕没人光顾，毕竟酒香也怕巷子深呀，网店宣传推广也是一个系统工程，应该考虑诸多方面。

11．是否学习注意别人的经验？

是否经常学习成功店铺的经验？学了后一定要灵活运用。多从电视、杂志和同行卖家那了解最新的资讯信息。

12．服务水平是否专业？

服务是一门学问，从服务中买家可以感受到店主的性格、态度、品性和专业度，要做到服务恰如其分，不仅仅要有好的态度，而且要熟悉店里的每一件产品。如果卖家都不了解店里的产品，那怎么向买家介绍呢？没有说服力，买家是不可能买的，有说服力才有吸引力。

技巧 2——让客户收到货后及时确认并评价的绝招

对于卖家来说，资金周转是至关重要的。大卖家拿货量更大，钱需要更多。小卖家，刚入行，资本也不大，也非常需要买家收到货后能及时确认付款。下面介绍怎样才能让客户收到货后及时确认并评价。

第一，成功交易后跟客户再次核对货的情况。这非常重要，应该将客户要的款式，什么码什么色，全部记下来，一个客户一个表，连同地址联系方式也记上。客户的地址和联系方式都是之前他们在系统里填好的，遇到新手卖家，地址他们有可能填错或不齐全，联系电话，有可能是手机已停机之类的，所以货和收件地址电话等一定要跟买家确认。

第二，确认单无误后，给客户一个温馨提示，可以将它做成快捷用语。"你付款后我们会安排发货，中间出现什么问题，我们会第一时间联系你，收到宝贝后如有什么问题，请在 24 小时之内联系我们，如宝贝没什么问题，麻烦请及时确认和好评，因本店批发需要大量的资金周转，最后祝我们合作愉快！店主：王利芬"。

第三，将最近几天交易后但还没到货的查询一下到件情况，遇到快递公司网站记录当天已经在派发件的话，可以留言给这个客户，留言也同样是做成快捷用语，可以这样写："亲，我们已经帮你查过了，你今天会收到宝贝，请注意留意一下，欢迎再来本店。"这些人有的是当时就在线的，有的是不在线的，在线的话，他们会肯定会回复，并说一声谢谢，觉得你服务很周到很关心他，这些在线的客户，一般收到货后也会来通知你一声，他收到货了。这时，你可以问一下你的客户，收到宝贝有什么问题，如果客户说没什么问题，你可以趁热打铁说，如果宝贝没什么问题，麻烦你帮我确认并好评，谢谢你的支持。

技巧 3——怎样促成订单成交呢

由于当今时代商业竞争日益激烈，顾客不一定非常痛快的做出购买决定，这就需要卖家循循善诱、想方设法地让顾客购买。

例如，有一位顾客想为母亲买一件生日礼物。看中了一块红色的大衣，但又觉得价格有些贵，犹豫不决。卖家可以对顾客说："先生，孝心无价！你母亲的七十大寿，一生只有这一次，送上高档的礼品才不会后悔！"。

卖家这几句细心体贴的话，使这位顾客心中暖融融的，也许当即就会决定购买。

卖家捕捉顾客决定购买的时机，有以下几种情况。

- 顾客从不同的方面将所有的问题都问完时，就是顾客决定购买的关键时刻。
- 当顾客处于决定买与不买的犹豫不决时，卖家应该适时主动出击，促使顾客做出购买的决定。
- 顾客重复相同的提问时，就是顾客决定购买的表现。

由此可见，所谓的时机，并不是见了顾客就向顾客推荐，而是要等到顾客对商品考虑比较成熟时再推荐；否则，就会令顾客产生逆反心理，而对卖家不加理睬，扬长而去。

此外，卖家的推荐一定要大方得体，而不能强行推荐。向顾客推荐商品时，除了行动要求自然之外，卖家还应该话语得当。

一般来说使用如下的几种方法，可以快速促成订单成交。

1. 意向引导成交法

如果顾客有心购买，只是认为商品的价格超出了自己预定的水平，这时，只要向他们进行意向引导，一般都能使洽谈顺利进行下去。

引导在买卖交易中的作用很大。它能使顾客转移脑中所考虑的对象，产生一种想象。这样，就使顾客在买东西的过程中，变得特别积极，在他们心中也产生一种希望交易尽早成交的愿望。

2. 用途示范成交法

在给顾客介绍商品时，少不了要向顾客介绍商品的用途。但并不是仅仅把商品的用途功能罗列出来就完事了，还要给顾客演示。如利用摄像头现场示范商品给买家，或拍摄好一些视频短片发给买家。这往往会加深顾客对该商品的印象，增加他们对商品的信任感，所以也就会毫不犹豫成交了。

3. 不断追问成交法

有的顾客在购买商品时，左思右想，举棋不定，无法决定购物行动。对待这一类顾客，用这个方法就非常有效。使用这种方法首先对顾客要有耐心，充满热情。

4. 加压式成交法

对顾客施加压力并不是强迫顾客购买，而是一种心理战术，使顾客无形中感到一种压力，促使他们尽快成交。使用这种方法必须做好充分的准备，而且要求应变能力非常好，让顾客感到你是在为他们着想，处处为他们考虑。这样，成交的概率就非常大了。

有一次给一位顾客介绍耳饰的时候，对方想买又不拍，还想再到别处去逛逛，说要考虑一下。此时我店里正好有促销活动，买到一定数额就有精美礼品赠送，于是我就给她链接，让她先看看赠品，果然看了之后，非常喜欢一款首饰，但还是说先看看再说。于是我劝她，这是我店里的一个促销活动，礼品有限，送完为止，如有喜欢的，最好还是尽快拍下来吧，不然过了这个村可就没这个店了。在几分钟的沉寂之后，她还是决定拍下来了，终于成交了。

技巧4——让顾客充当你的推销员

一个充满智慧的店铺经营者，不仅要自己能将商品推销出去，还能让顾客成为忠实的推销员，帮助推销商品。俗话说："一传十，十传百，百传千万"，一旦顾客成了推销员，产品的美誉度和知名度能直线上升，广告费也可省下一大笔，更重要的是，能够营造出一种很好的外部竞争环境，这些都是无价之宝。

让顾客成为推销员必须做到以下三点。

（1）必须从顾客利益出发，以优良的商品质量、良好的信誉、一流的服务赢得顾客，树立良好的品牌形象。

（2）必须搞好同顾客的关系，为顾客提供多元化服务，让顾客有宾至如归的感觉。顾客在购买商品的同时，还购买了比商品更重要的东西——情感、尊重等，而这部分是服务带来的。同时，顾客成为推销员之后，又营造了新的消费潜力点，因为每位顾客周围都有消费者，他们有意无意地向别人推销他认可的商品。

（3）在让顾客成为推销员时，还可以给顾客一定比例的报酬，这样顾客就会更加卖力的为你推销商品，这是一种很强大的力量，对于网店销售指标的提升一定会发挥巨大作用。

值得注意的是，当客户向你推荐了新客户以后，无论生意成功与否，你都要对老客户表示感谢，这是最起码的礼貌。老客户相信你，才会向你推荐，你应该有个回音。如果成功了，你告诉他，他会为你高兴的；如果失败了，你告诉他，他会帮你再想办法。

技巧5——做好售前准备工作

1. 充分利用好商品介绍

充分利用好你的商品介绍非常重要，因为顾客对产品的了解是从商品介绍开始的，一个好的商品介绍，不但可以使顾客更直接的了解产品的属性，是否符合买家的需要，还可以省去你向买家介绍产品基本属性的大量精力。

2. 固定的工作时间

一个固定的在线时间，可以更方便买家与你沟通。买家总是希望可以面对面（在线聊天）地与你交流，以快速、直接的方式获得自己想要的信息。所以，让买家了解你的固定在线时间，可以更方便地找到你。

3. 回复时间

当买家想要对你提出一些问题，而你又不在线时，就可以用站内信和留言来提问，而如果你在自己的店铺中已经标出自己会在第二天几点以前会回复所有留言和来信，那么顾客就会在第二天的那个时间去查看，这样顾客会感觉自己受到了重视，卖家也比较专业，而且也不会让顾客盲目地等待你的回信。所以要保证有一个固定的时间来回复买家的来信和留言！

4. 退换货的条件

退换货是客户服务的重点，不管做什么生意都是要承担一定的风险的，物流过程中出现的意外，由于你的失误造成货物的错发或者是少发等。这在平时的交易中，应该都有出现过，所以买家希望卖家能够保证退换货的心情，绝对应该理解。可是也不能完全无条件地保证退换货。

这就是个退换货条件的问题了。首先，要在自己的商品介绍里把退换货的条件写清楚。其次，我们就要想办法来补偿买家，根据实际情况提出合理的解决方案，最好是多项选择题，而不是单一的方案强迫买家接受！

5. 方便的联系方式

相信大家在商品介绍里和店铺中都有贴出自己的联系方式的，而且绝对不只一种，这是为什么，就是为了买家能购方便的联系到自己，让自己抓住每一个商机，所以这个重要性就不做详细的提示了。

技巧6——售后回访，提升销售额

很多卖家也许会纳闷为什么卖的同样的物品、同样的定价人家的生意永远那么火爆，而自己的却总是那么冷清。

还是因为做的买卖需要的是顾客和人际关系，而且需要你用心经营和维护这些关系，而不是简单地认识他们，有事情就去找人家这么简单，我们需要的是人性化的东西。

做生意不是做完一单生意就了事的，而是要留住回头客。所以东西卖出去，钱收回来了我们还要定期和买家进行交流、沟通、回访。在选择回访对象的时候，不仅要选择回访再次购买可能性大的客户，还要兼顾其他客户，因为他们永远是潜在的客户。

技巧 7——激发买家害怕买不到的紧迫心理

在现实生活中，人们对于俯首皆是的东西往往都会不觉得稀奇，视而不见，不去理睬，而当它突然变得很难得的时候，反而又把它当成宝贝，认为它很珍贵，想法设法得到它。

这是人们的一种深层次的心理，还怕得不到的心理，在购物消费方面，这种心理表现的更加明显。人们常常对越是买不到的东西，越是想要买到它。例如商家总是会隔三差五地搞一些促销活动，如"国庆七天全场产品一律 5 折"、"本店前 50 名顾客享受买一送一"、"5 周年店庆，全场 8 折仅售 5 天"等。很多消费者知道这样的消息都会争先恐后地去抢购，因为机不可失，时不再来。

对待不能做出果断决策的买家的办法是创造出一种紧迫感。无论销售什么产品，总能想出一些使客户产生紧迫感的办法的。可以根据不同的情况采用以下回复。

"朱先生，该产品的需求量非常大，如果你现在不马上拍下的话，我就不能保证在你需要的时候一定有货。"

"您好，价格随时都会上涨，如果您现在拍下的话，我将保证这批订货仍按目前的价格收费。过了五一这几天价格就会涨上去了，您到时再拍的话，需要多付 20% 的费用。"

当一个人真正需要得到某种东西的时候，就会害怕无法得到它，从而会不由自主地产生一种紧迫感，在这种心理影响力的作用下，就会积极地采取行动。针对买家这样的心理，销售人员在与客户交流的过程中，要善于恰当地给买家制造一些悬念，比如只剩下一件商品、只有 5 天的优惠活动、已经有人订购等，让买家产生一种紧迫感。觉得如果再不买的话，就错过了最佳的购买机会，可能以后就没有机会再得到了，这样就会促进买家果断的做出决定，使交易迅速达成。

技巧 8——摸透买家心理，把询问的顾客变成购买的顾客

最近生意好差，问的人多，买的人却是很少……这些相信很多的新卖家都遇到很多。那么，顾客们为什么只是问问而不购买呢？怎样才能把这些只询问的顾客变成购买的顾客呢？

首先来分析顾客为什么只问不买的原因：所有询问商品的顾客都是对商品感兴趣且有购买意向的，之所以最终没有跟卖家达成交易，归根到底也莫过于两大原因，第一个原因商品价格太贵，第二个原因对商品的质量存在疑惑。

那么，要跟这些只问不买的顾客达成交易，首先就必须要把这两个问题彻底解决掉。

1．商品价格太贵

对于买家来说，大家都希望能以最少的钱淘到最好的商品。作为卖家的我们也不例外，在购物时同样也是抱着这个心态。所以，这时卖家应该多站在买家的立场上为买家着想，能优惠的还是尽量优惠点给买家，赚多赚少也是一单生意，做成了那就是一种成功。

如果价格已经是低得不能再低了，那么，也别急着跟买家说再见。所谓做一行懂一行。这时可以跟买家介绍下商品的特色、介绍商品各方面的知识，突出商品的优势和目前你的价格在市场上也是占有很大的优势，这两点是非常关键的。别小看你这番话，对于有意向要购买的买家来说，这无非是在购买的欲望上添一把火。可能因为你的介绍、你的专业，让买家感觉到你的真诚，因此对你产生信任，且更增加了购买商品的欲望。

2．对商品的质量存在疑惑

这是众多新手卖家们最为头痛的问题：我的信用虽然不高，但我的商品非常漂亮，价格便宜，质量也超好。为什么买家不相信我呢？

（1）行业知识：所谓各行有各行的知识，而做一行就要懂一行。如果是卖女装的，关于女装方面的知识必须要花些时间去研究。掌握了各方面的行业知识后，才能对买家提出的问题一一解答。如果掌握不了该行的知识，买家的问题回答不上来或含糊的回答，这样买家怎么才能相信你呢？所以，专业的知识是必不可少的。只有自己掌握了该行的全面知识，对买家提出的每一个问题都能够给以专业的回答，这样买家对你的信任自然会增倍。

（2）相关承诺：有些买家担心买到的商品质量不好，有些担心款式和颜色没有图片上好看等原因，而一直不敢购买。不少卖家在宝贝描述里已经注明了商品退换货的承诺与规则。这是个很不错的办法，打消了买家心里的担忧，买家才会放心地去购买商品。

（3）有能力的卖家可以考虑加入消费者保障计划，先行赔付，你敢买我敢赔，购物更放心。

案例——淘宝客赚钱也疯狂

淘宝客大多数人都是年轻的 80 后和 90 后，主要是通过互联网帮助网商卖家推广商品，并按照成交效果获得佣金。目前，从事这个行业的人以兼职居多，收入主要靠佣金，所以每人的收入都不同。做得好的专职淘宝客年收入一般都有 20 万～30 万，个别人的年收入甚至可达到百万。

刘亚辉在大学时候就开始在网上做"淘宝客"。"大三大四的时候我做淘宝客一个月可以拿到 1800 左右。"刘亚辉说，大学毕业后，他在高新区一家企业工作，但仍兼职继续做"淘宝客"，现在每月得到的佣金都会过万。

据介绍，淘宝客的佣金没有固定的，一般由卖家和淘宝客商定，通常是 1%～50%；淘宝客和线下的销售人员一样，有总代销即大站长，分销商等，一般总代能拿到 50% 的佣金，目前做到大站长的专职淘宝客年收入为 20 万～30 万的很多，个别优秀者甚至达百万以上。

张亚梅，2006 年她从单位辞职后，就在家做"淘宝客"。张亚梅说，线上"淘宝客"和线下的推销员有点相同，就是帮企业商家在网上推销产品，做广告。比如一个服装店要卖裙子，"淘宝客"就注册一个代码，放在要推销的广告图下方，发布到网上。只要有人点击查看，购买商家就会把佣金直接打到你的支付宝账户上，做"淘宝客"，不像线下的销售人员，那样花费大量的时间精力和口舌去找客户，而且收入也不错，大多数人的收入都可以每月过万。

来自阿里妈妈的数据显示，目前阿里妈妈平台已经拥有 50 多万名活跃的合作网站及伙伴，数百万卖家会员，日均 PV 覆盖超过 45 亿，几乎占据了全网近 50% 的网络广告展示覆盖量。2012 年，阿里妈妈针对站长的分成金额已经突破 30 亿，总分成金额是去年的两倍，其中广大个人站点、草根站长获得的分成最多，占比为 31%。

下面是淘宝客推广的一些方法。

1. 博客

博客是比较早的借流量平台，其中我们熟知的新浪、百度、网易、搜狐……

2. 论坛

好的论坛帖子能达到几万甚至几十万的浏览量，通常方法在各大论坛，投入软文，具有成本低、效果高的优点。

3. 生活服务网站

很多时候我们进入二手网，有一些质量好、价格低的商品，留下了相关的链接或者联系方式。

4. 各种群发

比较典型的 QQ 群发，运营者抓住需求者的心，慢慢地积累，坚持推送，从而形成收益。

5. SEO 推广

真正的实力派，通过搜索引擎的规定，提供需求者最想要的内容，从而达到排名前列的效果。

6. 百度推广

产品特点是按照效果付费的网络推广工具，与淘宝直通车比较相似。主要有推广标题、排名、推广时间、推广地域、关键词精准度、防止同行恶意点击等手段。

第16章 培训优秀资深客服人员，做大网店的规模

随着众多网店规模的不断壮大，仅仅靠店主一人来处理订单，应付不了每天庞大的交易量，由此网店客服人员开始承担起细分的工作。网店客服人员通过网络即时工具和电话，管理网店、接受客户网上咨询并达成销售、处理售后问题等。人才是网店经营制胜的法宝，重视人才是事业发展的关键。一个智慧的店主必定是识人、用人的高手，必须培训好客服人员，才能将网店进一步做大。

16.1　客户服务的意义

也许今天的你刚刚踏入淘宝店主的行列，正在学习如何经营好一个网店。也许今天的你已经经过了一段时间的奋斗，网店经营得非常好，希望用团队的模式来发展，客服都是其中非常重要的一个环节。

1．塑造店铺形象

对于一个网上店铺而言，买家看到的商品都是一个个的图片，而看不到商家，无法了解店铺的实力，往往会产生距离感和怀疑感。这时，买家通过和客服在网上的交流，可以切实感受到商家的服务和态度。客服的一个笑脸或者一个亲切的问候，都会让买家感觉他不是在跟冷冰冰的电脑和网络打交道，而是和一个善解人意的人在沟通。这样，会帮助买家放弃开始的戒备，从而在买家心目中树立店铺的形象。当买家再次购物的时候，也会更优先选择那些他所了解的商家。

2．提高成交率

现在很多买家都会在购买之前咨询商家。客服在线能够随时回复买家的疑问，可以让买家及时了解需要的内容，从而立即达成交易。有时买家不一定对产品本身有什么疑问，仅仅是想确认一下商品是否如实，是否还有货等，这时一个在线的客服就可以打消买家的很多顾虑，促成交易。

同时，对于一个犹豫不决的买家，一个有着专业知识和良好的销售技巧的客服，可以帮助买家选择合适的商品，促成买家的购买行为，从而提高成交率。

有时候买家拍下商品，但是并不一定是着急要的，这时在线客服可以及时跟进，通过向买家询问收货地址等督促买家及时付款。

3．客户回头率

当买家完成了一次良好的交易，买家不仅了解了卖家的服务态度，也对卖家的商品、服务等有了切身的体会。当买家需要再次购买同样商品时，就会倾向于选择他所熟悉和了解的卖家，从而提高了买家再次购买机率。

4．更好的服务买家

如果把网店客服仅仅定位于和买家的网上交流，那么我们说这仅仅是服务买家的第一步。一个有着专业知识和良好沟通技巧的客服，可以给买家提供更多的购物建议，更完善的解答买家的疑问，更快速的对买家售后问题给与反馈，从而更好的服务于买家。

16.2 客服需具备的知识

下面总结了有关网店客服人员的基本能力要求和专业知识能力要求，给那些新晋级的网店店主和刚入职的客服人员一些入门的经验。

16.2.1 电脑网络知识

客服一般不需要太高深的电脑技能，但是需要对电脑有基本的认识，包括熟悉 Windows 系统；会使用 Word 和 Excel；会发送电子邮件；会管理电子文件；熟悉上网搜索和找到需要的资料。录入方便至少应该熟练掌握一种输入法，能够盲打输入。

16.2.2 商品专业知识

客服应当对商品的种类、材质、尺寸、用途、注意事项等都有了解，最好还应当了解行业的有关知识，对商品的使用方法、洗涤方法、修理方法等有基础的了解。

比如买家在网上购买服装时，一般最大的担忧就是怕所选服装不适合自己，穿上之后达不到自己想要的效果。客服人员需要用自己对服装的品牌、款型、价格、质地等各类知识掌握灵活，随问随答。给买家提供信息时，简略突出重点是最主要的。

不同的商品可能会适合部分人群，比如化妆品，有一个皮肤性质的问题，不同的皮肤性质在选择化妆品上会有很大的差别；比如内衣，不同的年龄生活习惯以及不同的需要，适合于不同的内衣款式；比如玩具，有些玩具不适合太小的婴儿。这些情况都需要有基本的了解。

16.2.3 网站交易规则

客服应该把自己放在一个商家的角度来了解淘宝的交易规则，来更好的把握自己的交易尺度。有的时候，买家可能第一次在淘宝交易，不知道该如何进行，这时，客服除了要指导买家去查看淘宝的交易规则，有些细节上还需要一点点地指导买家如何操作。

此外，还要学会查看交易详情，了解如何付款、修改价格、关闭交易、申请退款等。

16.2.4　付款知识

现在网上交易一般通过支付宝和银行付款方式交易。银行付款一般建议用银行转账，可以网上银行付款、柜台汇款，工行同城可以通过 ATM 机完成汇款。告知买家汇款方式时，应详细说明是哪种银行卡，还是存折，银行卡和存折的号码，收款人姓名。

客服应该建议买家尽量采用支付宝付款方式完成交易，如果买家因为各种原因拒绝使用支付宝交易。需要判断买家确实是不方便还是有其他的考虑，如果买家有其他的考虑，应该尽可能打消买家的顾虑，促成支付宝完成交易；如果买家确实不方便，应该向买家了解他所熟悉的银行，然后提供给相应准确的银行账户，并提醒买家付款后及时通知。

16.3　树立端正的态度

客服人员树立端正的态度是很重要的，一个好的客服态度就能留住买家，达成交易。

16.3.1　微笑是对买家最好的欢迎

微笑是生命的一种呈现，也是工作成功的象征。所以当迎接买家时，哪怕只是一声轻轻的问候也要送上一个真诚的微笑的表情，虽然说网上与买家交流是看不见对方的，但言语之间是可以感受的到你的诚意与服务的。多用些旺旺表情，无论旺旺的哪一种表情都会将自己的情感讯号传达给对方。在说："欢迎光临！"、"感谢您的惠顾"的同时也要轻轻地送上一个微笑。加与不加给人的感受完全是不同的。不要让冰冷的字体语言遮住你的微笑。

16.3.2　保持积极态度，树立顾客永远是对的理念

当售出的商品有问题时，不管是买家的错还是快递公司的出的问题，都应该及时

解决，而不应采用回避、推脱之类的解决办法。要积极主动与买家进行沟通。对买家的不满要反应敏感积极；尽量让买家觉得自己是被受重视的；尽快处理买家反馈意见。让买家感受到尊重与重视。能补最好尽快在给买家补发货过去。我们在除了与买家之间的金钱交易之外，更应该让买家感觉到购物的乐趣和满足。

16.3.3　礼貌待客，多说"谢谢"

礼貌对客，让买家真正感受到"上帝"的尊重。买家进门先来一句："欢迎光临，请多多关照。"或者："欢迎光临，请问有什么可以帮忙吗"诚心致意，会让人有一种亲切感。并且可以先培养一下感情，这样买家心里抵抗力就会减弱或都消失。有时买家只是随便到店里看看，我们也要诚心的感谢人家说声："感谢光临本店"。对于彬彬有礼、礼貌非凡的店主，谁都不会把他拒之门外的。诚心致谢是一种心理投资，不需要很大代价，可以收到非常好的效果。

16.3.4　坚守诚信

网络购物虽然方便快捷，但惟一的缺陷就是看不到摸不着。买家面对网上商品难免会有疑虑和戒心，所以我们对买家必需要要用一颗诚挚的心，像对待朋友一样对待。包括诚实地解答买家的疑问、诚实地告诉买家商品的优缺点、诚实地向买家推荐适合他的商品。

坚守诚信还表现在一旦答应买家的要求，就应该切实的履行自己的承诺。哪怕自己吃点亏，也不能出尔反尔。

16.3.5　凡事留有余地

在与买家交流中，不要用："肯定、保证、绝对"等字样，这不等于你售出的产品是次品，也不表示你对买家不负责任的行为，而是不让买家有失望的感觉。因为每个人在购买商品的时候都会有一种期望，如果你保证不了买家的期望，最后就会变成买家的失望。比如卖化妆品的，本身每个人的皮质就不同，你敢百分百保证你售出的产品在几天或一个月一定能达到买家的期望吗？还有出售去的商品，我们能保证快递公司不误期吗？不会被丢失吗？不会被损坏吗？为了不让买家失望最好不要轻意说保证。用"尽量""努力""争取"等效果会更好。多给买家一点真诚，也给自己留有一点余地。

16.3.6 处处为顾客着想，用诚心打动顾客

让买家满意，重要一点体现在真正为买家着想。处处站在对方的立场，把自己变成一个买家助手。在网络购物不同的是，买家还要另外多付一份邮费。卖家就要尽量为对方争取到最低运费，买家在购买时，可以帮助买家所购的商品化整为零，建议买家多样化采购即节省运费。以诚感人，以心引导人，这是最成功的引导上帝的方法。

16.3.7 多虚心请教、多听听买家声音

当买家上门的时候，我们并不能马上判断买家需要什么商品。所以需要先问清楚买家的意图，需要具体什么样的商品，是送人还是自用，是送给什么样的人等。了解清楚买家的情况，才能仔细对买家定位，了解买家属于哪一类消费者。比如学生、白领等。尽量了解买家的需求与期待，努力做到"只介绍对的、不介绍贵的"商品给买家。

当买家表现出犹豫不决或者不明白的时候，我们也应该先问清楚买家困惑的内容是什么。如果买家表述也不清楚，我们可以把自己的理解告诉买家，问问是不是理解对了，然后针对买家的疑惑给与解答。

16.3.8 要有足够的耐心与热情

常常会遇到一些买家，喜欢打破砂锅问到底的。这时候我们就需要耐心热情地细心回复，会给买家信任感。要知道爱挑剔的买家才是好买家。有些买家当所有问题问完了也不一定会立刻购买，但我们不能表现出不耐烦。就算不买也要说声"欢迎下次光临"。如果你服务好，这次不行下次有可能她还会来购买的。砍价的买家也是常遇到，砍价是买家的天性，可以理解。在彼此能够接受的范围可以适当地让一点，如果确实不行也应该婉转的回绝。比如说"真的很报歉，没能让您满意，我会争取努力改进"，或者引导买家换个角度来看这件商品让他感觉货有所值，就不会太在意价格了，也可以建议买家先货比三家。总之要让买家感觉你是热情真诚的。千万不可以说我这里不还价等伤害买家自尊的话语。

16.3.9 做个专业卖家，坦诚介绍商品优点与缺点

不是所有的买家对你的产品都是了解和熟悉的。当有的买家对你的产品不了解的时候，在咨询过程中，我们就要展示出对自己产品的专业知识，这样才可以更好地为买家解答，帮助买家找到适合他们的产品。不能买家一问三不知，这样会让买家感觉没有信任感，谁也不会在这样的店里买东西的。

我们在介绍商品的时候，必须要针对产品本身的特点。虽然商品缺点本来是应该尽量避免触及，但如果因此而造成事后买家抱怨，反而会失去信用，得到差评也就在所难免了。在淘宝里也有看过其他卖家因为商品质量问题得到差评，有些是特价商品造成的。所以，在卖这类商品时首先要坦诚地让买家了解到商品的缺点，努力让买家知道商品的其他优点，先说缺点再说优点，这样会更容易被买家接受。在介绍商品时切莫夸大其词的来介绍自己的商品，介绍与事实不符，最后失去信用也失去买家。介绍自己产品时，可以强调一下："东西虽然是次了些，但是东西功能居全，或者说，这件商品拥有其他产品没有的特色"等。这样介绍收到的效果是完全不相同。

16.4 与买家沟通的基本技巧

在知识经济时代的市场竞争中，惟有整合团队的力量，群策群力，共同拚搏，才是成功取胜之道，这在当今各行各业中已是普遍的共识。然而要成功经营一个高绩效的团队，没有良好的组织沟通技巧是不可想象的。卖家在与买家谈话中，说话要有技巧，沟通要有艺术，良好的沟通可以助你生意兴隆，良性的沟通也可以使买家买了一次又一次。

16.4.1 使用礼貌有活力的沟通语言

态度是个非常有力的武器，当你真诚地把买家的最佳利益放在心上时，他自然会以积极的购买决定来回应你的行动和态度。在这过程中，良好的沟通能力是非常重要的，最关键的不是你说的话，而是你如何说话。

让我们看下面小细节的例子，来感受一下不同说法的效果：

"您"和"MM 您"比较，前者正规客气，后者比较亲切。

"不行"和"真的不好意思哦"；"嗯"和"好的没问题：）"都是前者生硬，后者比较有人情味。

"不接受见面交易"和"不好意思我平时很忙，可能没有时间和您见面交易，请您理解哦"相信大家都会认为后一种语气更能让人接受。

多采用礼貌的态度、谦和的语气，就能顺利地与买家建立起良好的沟通。

16.4.2　遇到问题多检讨自己少责怪对方

遇到问题时，先想想自己有什么做的不到的地方，诚恳的向买家检讨自己的不足，不要上来先指责买家。比如有些内容明明写了可是买家没有看到，这时不要光指责买家不好好看商品说明，而是应该反省自己没有及时提醒买家。

当我们不理解买家想法的时候，不妨多问问买家是怎么想的，然后把自己放在买家的角度去体会他的心境。

16.4.3　表达不同意见时尊重对方立场

少用"我"字，多使用"您"或者"咱们"这样的字眼，让买家感觉我们在全心的为他考虑问题。当买家表达不同的意见时，要力求体谅和理解买家，表现出"我理解您现在的心情，目前……"或者"我也是这么想的，不过……"来表达，这样买家能觉得你在体会他的想法，能够站在他的角度思考问题，同样，他也会试图站在你的角度来考虑。

16.4.4　认真倾听，再做判断和推荐

有的时候买家常常会用一个没头没尾的问题来开头，比如"我送朋友送哪个好"，或者"这个好不好"。不要着急去回复他的问题，而是先问问买家是什么情况，需要什么样的东西，如果他自己也不是很清楚的话，就需要你来帮他分析他的情况，然后站在他的角度来帮他推荐。

16.4.5　保持相同的谈话方式

对于不同的买家，我们应该尽量用和他们相同的谈话方式来交谈。如果对方是个

年轻的妈妈给孩子选商品，我们应该表现站在母亲的立场，考虑孩子的需要，用比较成熟的语气来表述，这样更能得到买家的信赖。如果你自己表现得更像个孩子，买家会对你的推荐表示怀疑。

如果你常常使用网络语言，但是在和买家交流的时候，有可能他对你使用的网络语言不理解，会感觉和你有交流障碍，有的人也不太喜欢太年轻态的语言。所以建议大家在和买家交流的时候，尽量不要使用太多的网络语言。

16.4.6 坚持自己的原则

在销售过程中，我们会经常遇到讨价还价的买家，这个时候我们应当坚持自己的原则。

如果作为商家在制订价格的时候已经决定不再议价，那么我们就应该向要求议价的买家明确表示这个原则。

比如说邮费，如果买家没有符合包邮优惠，而给某位买家包了邮，钱是小事，但后果严重。

- 其他买家会觉得不公平，使店铺失去纪律性。

- 给买家留下经营管理不正规的印象，从而小看你的店铺。

- 给买家留下价格产品不成正比的感觉，否则为什么你还有包邮的利润空间呢？

- 买家下次来购物还会要求和这次一样的特殊待遇，或进行更多的议价，这样你需要投入更多的时间成本来应对。

16.5 调动员工积极性的有效手段

如何调动员工的积极性，增强店铺凝聚力？这是店铺面临的急需解决的一个突出实际问题，也是店铺领导工作中的一个难点。

调动员工的积极性，这是一个老生常谈的话题了。很多店主都有不同的方法，但是其目的都只有一个，只要员工的积极性得到了提高，他们就是店铺的高效润滑剂，工作效率将会大大提高。

1．使员工时刻明白自己应承担的职责

第一点是如果员工不明白自己的工作内容，或者说忽略了一些他们认为不重要的工作。这就造成了工作成果不能按照预期实现。而不良的工作成果给了员工消极的反馈，因此他们积极性降低。一个整天都不知道自己工作目的的人，会有多大的热情投入到工作中去呢？店主应该时常向员工明确他们的工作内容和职责，以确保他们能按照正确的方法做事情，而不是按照他们的习惯做事。

第二点是工作内容和工作职责其实是不一样的。大多数的管理者只喜欢向员工明确工作内容，而不明确工作职责。当一个员工只明确工作内容，他们会认为自己仅仅是一个执行者，没有什么成就感；而通过沟通让他们能为自己的工作职责努力，那么他们会认识到自己工作的价值，进而能从工作价值中获得激励。

2．不断认可

当员工完成了某项任务时，最需要得到的是店主对其工作的肯定。店主的认可就是对其工作成绩的最大肯定。店主的认可是一个秘密武器，但认可的时效性最为关键。如果用得太多，价值将会减少，如果只在某些特殊场合和少有的成就时使用，价值就会增加。对于员工来说，得到店主的表扬和肯定就是最大的精神奖励，因为这是对她们价值体现的肯定。

3．真诚赞美

这是认可员工的一种形式。一般的店主大都吝于称赞员工做得如何，有些人将此归咎于缺乏必要的技巧。其实，称赞员工并不复杂，根本无需考虑时间与地点的问题，随处随时都可以称赞员工。在恰当的时间从恰当的人口中道出一声真诚的谢意，对员工而言比加薪、正式奖励或众多的资格证书及勋章更有意义。

4．多和员工沟通，建立朋友式的关系

很多管理者都是高高在上发号施令，仿佛员工就是要默默接受命令的下属。不要只是告诉他们怎么做，而应该用你的说服力使他们乐意做事。这就需要你指出他们这么做能得到的好处。不太忙的时候，可以一起聊聊天，包括员工的生活，都要关心一下，要和员工成为无话不说的朋友。

5. 虚心倾听员工的意见

这种做法能激励员工，并且表明店主很在乎他们的意见，当然这些时候他们也可能会提出好的主意。在一些销售策略的拟定、方针的执行等方面，发动员工参与到讨论中来，能让他们感受到尊重，确认自己的价值。一意孤行的店主往往会众叛亲离，而在众叛亲离之前，就是跟随者们低迷、消极的时期。所以，当员工积极性不高的时候，一定是与上级存在某种沟通上的障碍。通过讨论消除障碍，提高员工积极性，不失为一种双赢的做法。

比如张兰开了一家网上服装店，虽然店铺是她自己的，但是每到她遇到什么困难，或者做得什么不对的地方，她都会听听员工的建议，并改正自己的做法。有时候张兰进的货款式并不好，她们也会说张兰这个老板的眼光不够。如张兰打算想对店铺进行简单的装修，也先倾听她们的意见如何。其实她们是第一线的销售人员，她们的意见也常代表买家的意见，而店铺要做的就是要最大化满足买家的需求。让她们也参与店铺的管理，增强责任感，对她们工作的积极性也大大提高。因为，她们觉得，自己所说的老板都觉得很有道理。换句话说，给她们一个广阔的天空，她们就会更努力地工作。

6. 强化激励

强化激励也可以称之为竞争激励。使每个员工在心里形成一种竞争意识。员工总有一种在竞争中成为优胜者的心理。可以组织各种形式的竞争比赛激发员工的热情，创造一种比学赶超的竞争环境和气氛。凭借这种作用，来统一全体员工的思想、信念和意识、调动员工的积极性。

7. 给员工更多的自由空间

不管是机器还是人，工作久了都需要休息的，特别是年轻人。因此，只要不影响工作，休息的时间可以适当延长些。只有尊重别人，别人才会尊重你，员工也不例外。一个人得到老板的尊重，那他会更专心地为你工作的。

8. 必要时让员工写书面报告

事实上，针对自己的工作写出书面报告，能帮助员工理清自己的工作状态，能凸显问题，也能让他找到自己改善的方向，再加上促动，工作就比较容易开展。另外，每个人在写自己工作报告的时候，也是了解自己价值的时候。

9. 给予一对一的指导

指导意味着对员工发展的关心，而店主花费的仅仅是时间。但这一花费的时间传递给员工的信息却是你非常在乎他们！而且，对于员工来说，并不在乎上级能教给他多少工作技巧，而在乎究竟有多关注他。无论何时，重点是肯定的反馈，在公众面前的指导更是如此。

10. 团队聚会活动

不定期的聚会活动可以增强凝聚力，同时反过来也有助于增强团队精神。而这样做最终会对工作环境产生影响，营造一个积极向上的工作氛围。如中秋节前夕的晚会、元旦前的野餐、重阳节的爬山、员工的生日聚餐、团队庆功会等，这些都可以成功地将员工聚到一起度过快乐的时光。同时，最好再将这些活动通过图片展示、DV 摄制等手段保留下来，放在网站上，让这些美好的回忆成为永恒，时刻给员工温馨的体验与团队归属的激励。

16.6 开店技巧与问答

技巧 1——与对商品了解程度不同的顾客的沟通技巧

1. 对商品缺乏认识，不了解

这类买家对商品知识缺乏，疑虑且依赖性强。对于这样的买家需要我们像朋友的细心解答，从他的角度考虑给他推荐，并且告诉他推荐这些商品的原因。对于这样的买家，你的解释越细致他就会越信赖你。

2. 对商品有些了解，但是一知半解

这类买家对商品了解一些，比较主观，易冲动，不太容易信赖。面对这样的买家，这时就要控制情绪，有理有节耐心地回答，向他展示你的丰富的专业知识，让他认识到自己的不足，从而增加对你的信赖。

3. 对商品非常了解

这类买家知识面广，自信要强，问题往往都能问到点子上。面对这样的买家，要表示出你对他专业知识的欣赏，表达出"好容易遇到懂行的了"，用朋友的口气

和他探讨专业的知识，给他来自内行的推荐，告诉他"这个才是最好的，你一看就知道了"，让他感觉到自己被当成了最内行的朋友，而且你尊重他的知识，你给他的推荐肯定是最衷心的最好的。

技巧 2——对价格要求不同的买家沟通技巧

有的买家很大方，说一不二，看见你说不砍价就不跟你讨价还价。对待这样的买家要表达你的感谢，并且主动告诉他我们的优惠措施，我们会赠送什么样的小礼物，这样，让买家感觉物超所值。

有的买家会试探性的问问能不能还价，对待这样的买家既要坚定地告诉他不能还价，同时也要态度和缓地告诉他我们的价格是物有所值的，并且谢谢他地理解和合作。

有的买家就是要讨价还价，不讲价就不高兴。对于这样的买家，除了要坚定重申我们的原则外，要有理有节地拒绝他的要求，不要被他各种威胁和祈求所动摇。适当的时候建议他再看看其他便宜的商品。

技巧 3——对商品要求不同的买家沟通技巧

有的买家因为买过类似的商品，所以对购买的商品质量有清楚的认识，对于这样的买家是很好打交道的。

有的买家将信将疑，会问：图片和商品是一样的吗？对于这样的买家要耐心给他们解释，在肯定我们是实物拍摄的同时，要提醒他难免会有色差等，让他有一定的思想准备，不要把商品想象的太过完美。

还有的买家非常挑剔，在沟通的时候他会反复问：有没有瑕疵？有没有色差？有问题怎么办？怎么找你们等。这时就要意识到这是一个很完美主义的买家，除了要实事求是介绍商品，还要实事求是把一些可能存在的问题都介绍给他，告诉他没有东西是十全十美的。

技巧 4——怎样招到合适的客服人员

随着网店数量越来越大，网店的管理营销已不是店主单打独斗能够应付的，许多网店开始寻找专门的网店管理人员，从而催生了一项新的职业——网店客服。然而由于网店客服还属于新工种，相关的职业培训和就业市场都没有建立，怎样才能招到合适的客服人员呢？

一般来说网店客服的工作很杂，也比较枯燥，因此一般招一个出色的客服不是很容易的。招聘客服人员，首先是打字速度要快，这个招聘的时候需要把关。要有耐心和亲和力，在线上和线下的表现方式是不一样的，有些人在线下可能给人感觉很冷漠，但线上却表现出了另一面。

不能用功利心太强的人，急功近利的人会不择手段地去成交一切可能成交的单子，但对网店造成的不良影响却是不可低估的。这种人也是留不住的，哪天自己羽翼丰满了，就会另择高枝或是另立门户了。

另外，找客服是比较靠眼力了，一般找客服就是家庭条件别太好的，为人内敛些的，做事仔细耐心点的，工作经验不用太多的。

技巧 5——招聘客服人员，全职还是兼职

对于招聘兼职客服，需要看店铺的需求，要看店铺的工作量，如果工作量比较小，另外一方面如果店铺不需要按时上班，或者是网店规模比较小，工作场地有限，可以选择招聘兼职人员。招聘兼职客服主要的是信用度的问题，如果把店铺交给一个天天都见不到面的人，一些最基本的安全问题是要首先考虑的。

招聘兼职和全职人员各有利弊，对于一些规模比较小的网店来讲，由于资金、工作场所的限制，选择招聘一些兼职人员，可以不必付出太高的薪水，在网络上指挥其工作。对于应聘者来讲，也有很大一部分人喜欢兼职工作，一方面可以摆脱天天坐班，另一方面时间也相对比较宽松。但是兼职客服的缺点是不便于管理，工作量和待遇不好计算。到底是兼职还是全职，要看网店自身的规模、工作量，也要看店主的管理能力。

技巧 6——有效避免客服人员跳槽

有统计数据显示网店流失的员工很大一部分是客服人员，客服人员往往在三四个月左右的时候流失的机率最高。常见的状况是这样的，新员工到了某网店，先接受一些制度、流程的培训，就开始上岗实习。并且因为客服的门槛较低，比较容

易上手，很多人在工作一段时间后就会有自己当老板的想法；再加上客服劳动强度大，工作比较复杂，这样很容易造成客服人员的流失。

1. 实施人性化管理

客服这个工作是比较辛苦的，整天对着电脑，跟不同的各种各样的人通过网络沟通，这也是个"伤神劳人"的事情。作为掌柜或者老板，应该尽量对客服员工好一点，不要过于限制他们的"工作自由"，比如一边听音乐一边为买家服务等。

2. 采取激励制度激发员工工作热情

对于客服人员来讲，收入才是最真实的。对于客服人员要真正的实施收入和能力挂钩的工资制度，不能等他们真正做到较高交易额的时候，你又舍不得兑现当初的提成承诺了。绩效考核制度必不可少，要给员工制订出工作标准，让他们知道什么可为、什么不可为、做得好的自然会被嘉奖，这样有利于提高工作绩效。很多人跳槽的人都是觉得客服是没有前景的行业，通过网店的一系列设计，给他们设计一个流程、发展方向的话，他们都有一个工作的目标，同时也更易于管理。

技巧 7——发展潜在忠实买家

淘宝给所有卖家的一笔宝贵的财富，当用户成为店铺的买家以后，淘宝不可能收回这些买家，他们将成为店铺的资产，你维护的好坏将直接影响他们以后会不会继续购买店铺的商品。

忠实买家所产生的销售额通常能够达到一定比例。所以对于曾经购买过店铺商品的买家除了做好第一次交易，更要做好后续的维护，让他成为店铺的忠实买家。

定期给买家发送有针对性，买家感兴趣的邮件和旺旺消息，切忌不要太频繁，否则很可能被当作垃圾邮件，另外宣传的商品绝对要有吸引力！

把忠实买家设定为店铺的 VIP 买家群体，在店铺内制定出相应的优惠政策，比如可以让他们享受新品优惠。

定期回访买家，用打电话、旺旺或者 Email 的方式关心买家，与他们建立起良好的买家关系，同时也可以从他们那里得到很好的意见和建议。

技巧 8——网店客服人员工资制定技巧

目前客服人员的工资主要由基本工资和绩效工资组成，要有专门的核对人员每天进行客服的工作统计，绩效工资是销售额的一定比例。

制定了客服的绩效考核制度，客服的绩效考核主要是根据每个人每天的订单量来确定，做好员工每天的工作量日统计，并为每个客服单独设立绩效档案，以绩效考核的结果为标准。同时以客服的绩效考核指标为参照，为员工设立合理的任务额度，这样还可以了解客服的工作是否尽心尽力。

技巧 9——缓解客服人员压力

压力是一把双刃剑，合理的压力能够促使人不断的进步。但如果压力太大，就会带来很大的负面影响，甚至于引发一些严重的身心疾病。这就要求客服人员，将压力控制在一个适度的水平。

有些客服人员反映，现在的工作越来越没有清晰的目标，越来越茫乱，不知道自己要做些什么。每个人每天都来回处理一些没有尽头的乱七八糟的事情。压力具有感染性，任何由于压力而导致工作出现问题的员工都可能给同事、上司、下级增加压力，管理人员的压力会不自觉地使一线客服人员感到压力。

对于一线客服人员来讲，其所从事的工作大多属枯燥和重复劳动，对他们来说，几乎随时都存在压力。目前网店客服人员很大一部分都是二十来岁的年轻人，很多员工的对工作的认识还不是很成熟，又加上年轻，初入职场，情绪不是很稳定。在提供服务的过程中，在买家期望不断增长的前提下，客服人员不仅要严格遵守店铺的各项工作规章、制度及流程，还必须通过不断的培训来熟悉各种新产品。同时不得不面对大量的卖家投诉甚至是无理的骚扰。所有这些都给很多客服人员带来的很大的压力。

作为一名店主，首要工作是创造一种轻松愉悦的工作氛围、调动和协调组织内外的各种资源，通过客服团队的高效工作，实现店铺的目标。既然在工作生活中，压力是挥之不去的，压力带来的负面影响如此之大，那就应该去正视和面对。压力管理需要理性、技巧和方法。那么怎样来帮助客服人员缓解压力呢？建议从以下方面着手进行。

1. 创建良好的工作环境

在服务区域摆放一些绿色植物，良好的通风，充足的光线、适宜的湿度和室内温度，舒适的座椅，宽敞的休息室、会议室，及时的维修或置换有故障的办公设备如耳麦、电脑、键盘、鼠标等。

2. 明晰的工作职责

通过工作分析，制定明晰的工作说明书，确定员工的工作职责和权利，避免由于职责不清引发组织内的冲突。

3. 通过制定相应的策略帮助员工缓解压力

完善的绩效管理制度、工作流程并及时给员工相应的培训、指导和反馈；通过培训提高全体员工对压力管理的认识，使其掌握一定的压力管理技巧；同时还应当为员工提供适当的运动设施、定期体检，从长远出发提高员工的整体健康水平。

4. 提升服务人员技能

通过针对性的培训，帮助和提升服务管理人员及一线人员对角色的认知、掌握必要的工作技巧如：时间管理、有效沟通、团队建设、员工激励、授权、辅导等多方面的技能。

5. 为服务人员提供职业生涯规划

通过职业生涯规划，帮助员工能够客观地认识自己，抛弃不切实际的期望值太高的目标，使员工站在最合适的定位上，处于一个最佳的平衡状态，既不会因为定位过高而面临过度压力，也不会因为定位过低而面临匮乏压力。

6. 团队及文化建设

通过团队及文化建设不仅能够有效的提高员工的凝聚力，而且可以创造出一种轻松、上进的工作氛围，使员工在努力实现自我目标的同时，有力地促进组织目标的实现。如集体活动、聚会及文体活动的组织等。

7. 顺畅的信息传递渠道

通过加强与客服人员的沟通，及时了解客服人员的心声，如定期地与员工之间的沟通或设立意见箱等。

通过压力管理，不仅能够有效地为客服人员减轻压力，更增加了员工的凝聚力、核心力，拉近了客服人员和店铺之间的距离，促进了员工满意度和客户满意度的提高，有效地提升店铺的服务水准，树立服务品牌。

技巧10——打造优秀的网络销售团队

当网店销售规模达到一定程度，仅凭店主一个人很吃力，而又无法继续扩张的时候，再想扩大经营时会有点力不从心，这时候就需要组建一个网络销售团队。在专门的网络销售团队中，有分工明确的客服人员、库房管理人员、财务出纳人员、采购人员等。

1. 寻找合适的客服

客服主要负责回复留言、收发邮件、联系买家、到帐查款、信用评价这些繁琐的日常工作。所以第一个应该增加的职位是客户服务。客服最好是细致、耐心、机灵点的女孩，最基本的要求是普通话要标准、打字速度要快，反应灵敏。

客服人员首先需要掌握的就是先熟悉产品，如果可以的话，尽量多教客服点东西，当店主不在的时候，客服可以独挡一面。

2. 怎样确定客服人员薪水待遇

客服人员的薪水一定要与销售额或销售量挂钩，千万不能是固定的工资，否则员工肯定没有积极性的，而且很容易觉得收入和工作强度不成比例，万一掌握店铺的资料，辞职后成为竞争对手，那真的很危险。客服人员的合理薪水应该包括底薪＋提成＋奖励－处罚。

底薪需要根据各地的消费水平来定，因为某地消费水平最能反应当地的经济发展情况。所以，各位卖家在聘客服前要仔细的了解一下当地的经济情况，把当地常见的服务行业的工资标准都了解一下。这样做的目的是不要亏待了客服人员。卖家肯定都知道，客服这项工作是最繁琐的，所以薪水不能定太少，太少了没有人会愿意肯干的，但是底薪又不能定太高，太高了人容易会产生惰性，要定一个合适的底薪。

不要只针对个人销售额进行提成。如果有两个以上客服的话，单一按个人销售额提成，她们会各忙各的，很难会推心置腹地互相帮助。当一个客服出现问题时另一个客服会置之不理。

3. 商品拍照登录人员

在网店达到一定规模后,商品众多时。店主应该把主要精力放在进货上,至于拍照、描述、登录最好也找个有网页设计基础的人来做。第一可以保证页面制作美观专业,第二可以增加推广力度。任何职位工资要与业绩挂钩,这个职位的提成也可以用网上拍下商品的数量,或商品的浏览量来计算提成等。

4. 财务人员

业务做到一定程度,最好注册一个公司。这样可以开发票,给一些可以报销的买家带来方便。最最关键的是可以接公司的业务,做到公对公。在信誉方面也给买家更大的保障。

财务是一个关键性的职位,夫妻当然最好,或父母、兄弟姐妹等。起码要懂财务知识,如果可能的话去读个会计上岗证,最好找兼职的专业会计来做帐。财务的工作主要是管帐,银行往来帐、核查客户服务人员的往来银行帐,还可以兼任后勤的工作,采购办公用品。

5. 采购人员

网店商品的采购一般是店主自己做,也可以用自己的亲戚负责帮忙进货。很多店主都不愿意用外人做采购,第一怕进货时吃些回扣,第二怕采购员自己出去单干。不过如果采购量确实很大,而自己又没有亲戚可帮,那也可以招聘专门的采购人员,一般可以用下面的两种人。

第一是随遇而安型,这种人一般没什么太大野心,对生活也没有太多要求。可以跟着干很久,一直都是个帮手,没有自己创业的魄力。但是缺点是进取心不强,另外可能会贪小便宜吃点回扣,只要不太过分完全可以采用。

第二种是豪爽型,这种人可能胸怀大志、野心不小,但是为人正直、性情中人。他不贪朋友的小便宜,而且进取心强,主动性很高。缺点是天下没有不散的宴席,也不可能让人家干很久,只要走后不用你的关系与你在同一个平台竞争就不算过分。

6. 奖罚分明

卖家最头疼的可能就是客服对于网上店铺信誉度并不是很关心,所以在售后服务方面并不是很积极，有时也会因为态度不好得罪买家，最好制定一些奖罚措施。如全年无中差评奖，只要客服人员出售的商品全年都是好评，则给与适当的奖励。对于得到差评的客服，要给予处罚。当然有一点要注意，要先分析原因，要仔细听客服的解释，再以店主的身份跟买家联系，只要事实弄清楚就好办了，如果的确是客服的过错，那么必罚无疑，罚一次全体客服都会引以为戒的。还有就是处罚和奖励的额度一定要提前拟好，打印出来贴在客服的工作间里显眼的位置。

7. 设立投诉专线

设一个专门用于投诉的电话，这个专线最好是店主本人的手机号，这样做的话，既可以监督客服工作，又可以服务买家。

案例——从贫困县到 3000 家网店年产值 12 亿

用一台电脑、一根网线，沙集的农民走进了浩瀚的网络市场，构筑起了属于自己的"电商王国"，他们从这里起步，不断地走向全国，甚至走向了世界。

江苏睢宁县沙集镇东风村，村名是"文革"时取的，寓意"东风压倒西风"，不具资源优势，缺乏特色产业，"路北漏粉丝，路南磨粉面，沿河烧砖瓦，全村收破烂"，是曾经的写照。

刘超 7 年前卖掉废旧塑料回收加工设备，专职开网店。当时，刘超正从事废旧塑料加工回收，听说村里有人在网上开店，就让上过大学的弟弟帮着开了一个。刘超小学文化，开网店之前，连电脑键盘都没摸过，刚开始跟买家聊天，打字都紧张，过了一个月，慢慢也就适应了。

那是 2008 年，刘超在网上开了 4 个月的店，有更多的时间浏览信息，与人交流，意识到国际金融危机真的要来了，加之网店利润率能达 40%，果断退出废旧塑料加工回收，成为村里第一个将设备出手的人。果然，此后塑料行情一蹶不振，网店开始在村里星罗棋布。

80 后孙寒是东风村的"带头大哥"，当过群众演员的他，名片也与村里其他网商不同：磨砂透明，印有微信公号。

在大学旅游管理专业读了两年，孙寒选择了退学，在南京当过保安，在上海卖过黄酒，然后应聘到睢宁县移动公司做客服经理。

2006 年 3 月离职，回到东风村的孙寒，花 2000 多元买了台组装电脑。他把手头积攒的 30 张面值 100 元的充值卡，以每张 95 元的价格挂在淘宝网上，没想到一个晚上就卖光了。此后孙寒又代理过小家电、创意家居，生意不温不火，好的时候一个月能有三四千元，差的时候也就千把块，他准备打"退堂鼓"。

但 2007 年的一次上海之行，改变了一个人、一个村庄的命运。在上海逛街时，孙寒看到一些别致的简易、拼装木质家具：能不能把这些家具放到网上卖呢？他买了几件样品回村，然后请木匠、改进设计、加工生产、上网销售，第一个月就销售了十来万元，有的产品利润率甚至超过 50%。

彼时村里既无家具厂，也没快递点。起初街坊邻居还窃窃私语：孙家那小子整天在网上，跟人嘀嘀咕咕的，不是在干传销吧？但看着镇上来的快递员天天上门取货，渐渐明白其中一定有钱可赚。

住在孙寒家对面的王跃，初二辍学，开过蛋糕店、学过厨师，当时正从事废旧塑料回收加工，到孙寒家串门，问他怎么捣鼓网店的，当时就是好奇，试试看，没想到几天赚了 1000 多元，比回收塑料强多了，最大的感觉就俩字：神奇。

网销、拿货、配送、收款，网店经营流程简单；锯板、封边、钻孔，简易家具生产也不复杂。一时间，整个东风村热闹起来，网店如雨后春笋。经济实力强的农户，则"前店后厂"，在院子里办起家具加工厂。

自从 8 年前村里开起第一家网店，东风村迅猛"逆袭"，"无中生有"了一个产业、一个完整的产业链条，一跃成为睢宁县名噪一时的"明星村"：1180 户，超过六成触网，经营 2000 多个网店，交易额突破 10 亿元。

东风村近 5000 村民，从来不乏经商的基因。但在进入电商之前，是名副其实的"破烂村"，废旧塑料回收加工是当地的支柱产业，在增加农民收入的同时，也带来了环境污染问题，如今已属于被取缔之列，镇政府和村两委严防死守。村里不少网商，由加工回收废旧塑料转型而来。

沙集模式的特点，可以通过与其他农村电子商务模式的比较体现出来。沙集模式是自下而上式农村电子商务的代表，有别于自上而下式的发展模式。多年来，我国农村电子商务是在政府主导下推进的。国家投资兴办了许多涉农网站和电子商务应用系统，政府多采用公司化运作、典型示范加上在农户端培训、组织引导的方式来推动。近年，随着以淘宝网为代表的市场化电子商务平台和电子商务服务业的迅速发展，越来越多的农户和其他市场主体在此类社会第三方网络平台上，依靠自己和社会的资源投入开展电子商务，从而形成一类新型的自下而上式的农村电子商务。

第17章　淘宝开店误区

前面章节讲述了在网上开店、网店装修、拍摄图片、营销推广、网店的经营与售后服务等方面，包括了网上开店交易的全过程。在经营网店的过程中，掌握一些实用的小技巧，能招揽更多的生意。本章介绍在淘宝开店交易过程中的一些技巧：走出店铺装修误区、注意赢得买家的一些细节、电脑安全防护、学习优秀网店、防诈骗技巧。希望这些技巧能对广大买家和卖家有所帮助。

17.1 走出店铺装修误区

在网上可以看到很多卖家的店铺装修得非常漂亮，有些卖家甚至找专门的设计公司 "装修" 店铺。面对形形色色的店铺装修行动，稍不小心就走入了店铺装修的误区。下面介绍网店装修过程中常见的误区。

1. 图片过多过大

有些店铺首页中，店标、公告、以及栏目分类，全部都是用图片，而且这些图片非常大。虽然图片多了，店铺美观好看，可是买家浏览的速度是非常非常慢的，店铺的栏目买家半天都看不到，或者是重要的公告也看不到，那还有什么效果？

2. 栏目分类太多

这也是一个非常大的误区，有些店铺的商品分类达四五十个，这样的卖家大有人在，也许你会说店铺的东西多，必须这样分类。但是你要知道，分类是让买家一目了然找你的东西，你几十个分类了，一屏都显示不完，谁会拖动去找你的分类？

3. 存放图片的空间速度太慢

去测试一下你存放图片的空间服务器速度是否正常，并且服务器是否有区域限制。很多服务器在不同的 ISP 提供商的情况下，访问速度是完全不同的，甚至会有打不开的现象，那么你的一个公告、分类，别人也许就看不到。如果你的产品介绍里的图片或产品介绍模版页面也看不到的话，那就惨了，你的宝贝花这么长时间设计出来的，可能就是在你的买家面前面目全非了。

4. 名字过长

将宝贝的名字、分类名字取得太长。这样的好处是被搜索到关键词的可能性增多。但太长的宝贝名字将没办法在列表中完整显示。更有朋友为了引起注意，在名字中加上一长串其他符号。真正的买家不会过于关心这些。把宝贝的特性、范围等表述清楚，加入适当的广告词，也就可以了。

5. 动画过多

将淘宝店铺布置得像动画片一样闪闪发光，能闪的地方都让它闪起来: 店标、公告、宝贝分类、甚至宝贝的图片、再加上浮动图片。动画可以吸引人的视线，但是使用过多的动画会占用大量的宽带空间，网页下载速度很慢。而且使用这么多的动画，浏览者看起来很累，也突出不了重点。

6. 背景音乐

一般在网页上添加背景音乐后，网页打开的速度会减慢。另一方面有的买家白天没有时间，晚上上网的多，为了不影响买家休息，也最好不要有音乐。即使在办公室偷偷上网，已是冒险了，来了一段音乐，惊动了其他人，我想他再也不会光顾你的店了吧。

另外买家在淘宝买东西，不可能单逛你一家店铺，他可能同时打开几个网店，如果每家店铺都有不同的背景音乐，你想想谁受得了啊。

看来这加音乐是没有一点可取之处了。其实也未必，比如加个开门的音效，或者发出的"欢迎光临"的语音，就是挺别致的做法。音效文件都非常小，对速度的影响可以忽略，而且设置为只放一遍，就不会造成很坏的影响。

7. 页面设计过于艳丽

有些卖家把店铺的色彩搞得鲜艳华丽，把界面做得五彩缤纷。这一点在宝贝描述模板的设计中更为突出。把页面设计得更加美观，可以更加突出店铺的形象，但凡事都要有个度，要明确自己想让买家记住的是什么：是旁边推荐的一大堆其他宝贝，还是自己的信用度，还是让买家收藏自己的店面、收藏自己的宝贝，还是推荐自己的分店，还是其他等等，似乎每一样都很重要，都想要买家记住，但是别忘了，买家到达这个页面是来看指定的宝贝的，其他的东西一般不会看的。

8. 页面设计过于复杂

旺铺装修切忌繁杂，不要把旺铺设计成门户类网站。虽然把旺铺做成大网站看上去很有气势，给人的感觉也好像店铺很有实力，但却影响了买家的使用，他要在这么繁杂的一个店铺里找自己的商品，不看得眼花才怪呢。所以说，不是所有可装修的地方都要装修或者必须装修，个别地方不装修反而效果更好。总之一句话，要让买家进你店铺以后能够较便利地找到自己所要购买的商品，能够快捷地看清商品的详情。

17.2 使用杀毒软件的禁忌

如今，各种电脑病毒的发作日益频繁，杀毒软件的使用成为计算机用户日常工作中必不可少的工作。有些用户虽然安装了杀毒软件，但是由于使用不当，从而影响了查杀病毒的效果。下面介绍在使用"杀毒软件"杀毒过程中应该注意的一些问题。

1. 偷懒不升级

杀毒软件升级，是必须的！有些用户认为购买了杀毒软件，安装在自己的计算机中，就万事大吉了，其实他们忽略了最为关键的一环，那就是——注册升级。一旦有新的病毒发作，杀毒厂商会第一时间对病毒进行剖析，扩展自己的病毒库。所以，如果仅凭买来的杀毒软件来杀毒，肯定在成效上大打折扣。换句话说，杀毒软件中的病毒库是动态的，随时会添加新的病毒查杀程序，如果不及时升级，那就有问题了。

用户不升级大多是怕麻烦，其实，随着反病毒技术的不断提高，软件升级已经不再像以往那么繁琐了。以瑞星杀毒软件 2002 版为例，只要在功能设置中把升级时间设置好，以后它就会自动从瑞星主页上下载升级程序，根本不需要其他操作。另外，它的"智能升级"技术，是一种增量升级，每次用户只下载与本机上不同的文件就可以了，这样一来，大大减少了文件的下载量，每次下载的文件大小只有几十 KB。

2. 忽略对邮件的保护

病毒通过电子邮件进行传播，早已不是新闻。而邮件又是生活和工作中必需的工具，对邮件良好的实时监控就显得格外重要了。

使用瑞星杀毒软件 2002 版的用户会发现，邮件监控代理、静态邮箱扫描、邮件文件查杀三项功能，相辅相成，共同组成了一道针对邮件病毒的坚固防线。

3. 疏忽设置各项功能

目前的杀毒软件，都有许多备选功能，忽略了杀毒软件的各种设置，就会使杀毒软件的功效大打折扣。例如：在瑞星杀毒软件 2002 版中就可以进行定时查杀病毒、查杀未知病毒、实时监控等多项功能，如果在使用软件前能够很好地设置好相关的功能，会大大提高对病毒的防范能力。

4．轻信网络的安全性

任何一个网络都不是绝对安全的，正确使用防火墙功能，可以加强网络的安全性。防火墙能有效地监控任何网络连接，如ISDN接入、普通Modem拨号上网、代理等。通过过滤不安全的服务，极大地提高网络安全和减少主机被攻击的风险，使系统具有抵抗外来非法入侵的能力，保护数据的安全。它启动后能自动防御绝大部分已知的恶意攻击，如 BO、冰河等木马，或 ICMP、IGMP 洪水攻击、IGMP 碎片攻击等。

5．轻视数据备份

硬盘上的程序和数据对于每一个电脑使用者来说都是十分重要的，硬盘数据的丢失无疑会造成损失。尤其在病毒日益猖獗的今天，许多病毒都选择硬盘作为破坏目标，如幽灵病毒和 CIH 病毒，在发作时会顷刻间毁掉所有数据，这样硬盘的备份和恢复显得更为重要。为了保护用户的硬盘数据，在杀毒软件中增添了有关硬盘保护的功能。

防患于未然，才能高枕无忧。病毒防治，重在防范。好的杀毒软件固然重要，但我们要掌握正确的使用方法，才能最大限度地发挥杀毒软件的功效。

17.3　警惕利用中奖信息诈骗

在网上开店的店主经常会收到："亲爱的淘宝会员 ×××，您好。很荣幸地通知您，您中得 ××× 活动价值 ×× 元的大奖，请到 ××× 网站查看，请与客服：QQ123456789 联系"这样的信息。

这是典型的骗子，千万不能相信。骗子利用千牛、站内信、店铺留言等工具给会员发送大量的虚假中奖信息，以各种名目骗取会员的钱款。这种类似中奖诈骗消息太多了。不要登录他们的网站，更不要透露个人资料。如图 17-1 所示骗子利用站内信发送的诈骗信息。

首页 >> 我的淘宝 >>

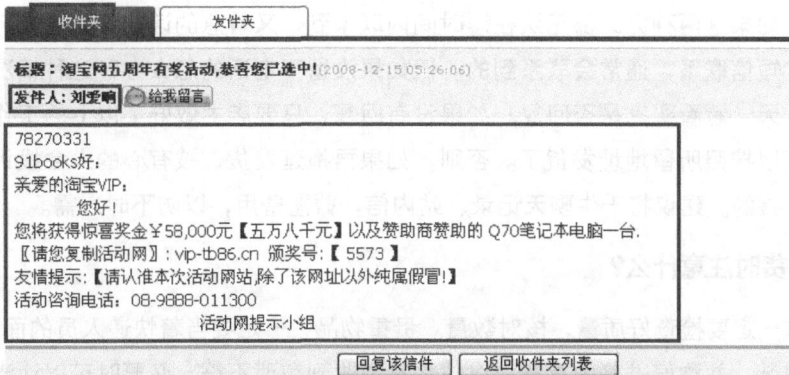

| 收件夹 | 发件夹 |

标题：淘宝网五周年有奖活动,恭喜您已选中！(2008-12-15 05:26:06)

发件人：刘爱响　给我留言

78270331
91books好：
亲爱的淘宝VIP：
　　您好！
您将获得惊喜奖金￥58,000元【五万八千元】以及赞助商赞助的 Q70笔记本电脑一台.
【请您复制活动网】：vip-tb86.cn 颁奖号：【5573】
友情提示：【请认准本次活动网站,除了该网址以外纯属假冒！】
活动咨询电话：08-9888-011300
　　　　　　　　活动网提示小组

| 回复该信件 | 返回收件夹列表 |

图 17-1　利用站内信发送诈骗信息

另外一定要记住如下几点。
- 淘宝不会利用 QQ 和大家联系。
- 淘宝发送的站内信，发件人会清楚的写着"淘宝网"，而不是会员的个人名字，如图 17-1 所示的站内信中发件人就不是"淘宝网"。
- 淘宝的小二，在千牛工作台右侧的名片夹上，会清楚的写着"淘宝店小二"。
- 淘宝网举行的任何活动均不会收取会员的任何费用，而骗子的惯用伎俩是要你直接汇款。
- 有任何问题一定要直接拨打淘宝的客服电话进行咨询。

17.4　发货时要注意哪些问题

在发货之前，有些问题还是要注意一下。下面介绍几个简单的卖家发货防骗技巧，希望对新卖家有所帮助。

1. 如果买家拍下付款联系不到怎么办？

这时首先要做的是要通过千牛或站内信与买家第一时间联系。这种情况下，通常买家是没有上千牛，是无法使用千牛联系的。由于是刚刚拍下，那么买家可能还在线上。即使买家没有登录千牛，但发站内信买家是一定会收到的。站内信内是一定要确认买家拍下商品的型号、商品名称、规格等，并确认买家留下的地址等信息。如果这两种方式都无法在短时间内联系到，又着急的话。那么建议打电话或者发短信联系，通常会联系到的。但如果没留下电话的怎么办？这种情况下，先等一天，看看买家是否回复。如果没有回复，只要店主做好了以上的工作，那么就可以按照所留地址发货了。否则，如果再拖延发货，被有心的人会投诉你收款不发货的。建议将千牛聊天记录、站内信，截图备用，以防不时之需。

2. 发货时注意什么？

发货前一定要检查好质量，核对数量。贵重物品，一定要当着快递人员的面装好，封好包装，并称好准确的重量。以防买家说收到东西不符，必要时可以让当地快递盖章证明。在发货时应注意填写完整的收货地址、收货人、联系方式，并明确由收货人当面签收。

3. 东西丢了怎么办？

贵重物品一定要保价。如果货物丢失或缺少，可向承运方申请相应的索赔。所以，要保留好发货凭证。同时，建议使用支付宝推荐物流，并全额赔偿。即使买家在没有收到货或者假称没有收到货，仍可在相关网站或者推荐物流区得到满意的答复。

17.5　不要进入不安全陌生链接，防止账号被盗

最近骗子们是越来越高招了，各种各样的招术都层出不穷。盗取淘宝账号是最常见的，账号一旦被盗，骗子将店主的支付宝的资金转出，删除店铺的商品，利用店主的账号发布欺诈商品，店主的很多买家有可能被诈骗。对生意影响是巨大的，将会导致流失大批的流量及客户。下面看看怎样区别安全与不安全的网址。

骗子一般用"这件商品有货么？如果有我就在你这里买了"、"我很喜欢你的东西，你的这个商品链接怎么打不开？"，然后发过来一个和淘宝商品链接类似的网址。如图 17-2 所示。注意看上面这个链接的最前面，在千牛工作台里面，会有个橙色的"？"，这就表示不安全的链接。

当把光标移动到这个链接上面，有个明显的警告提醒"阿里旺旺无法确定该链接的安全性"，如图 17-3 所示。

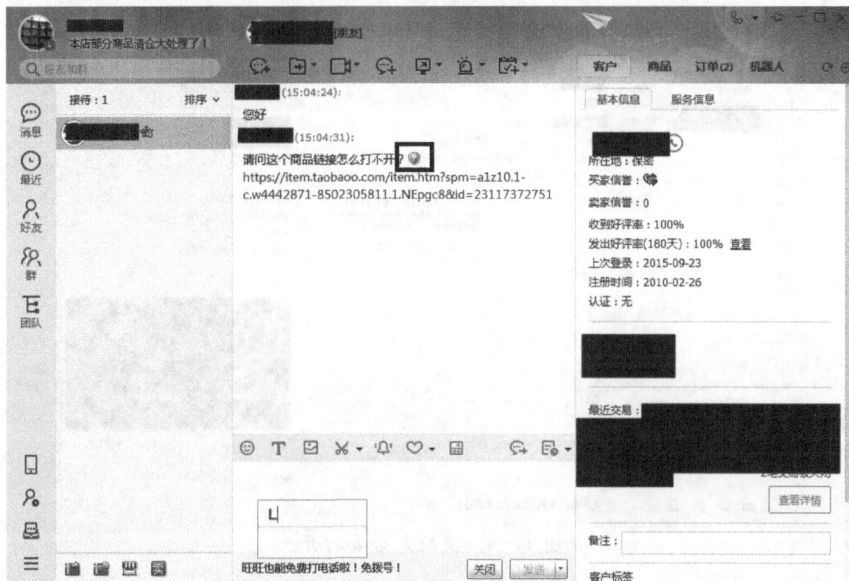

图 17-2   橙色的 "？"

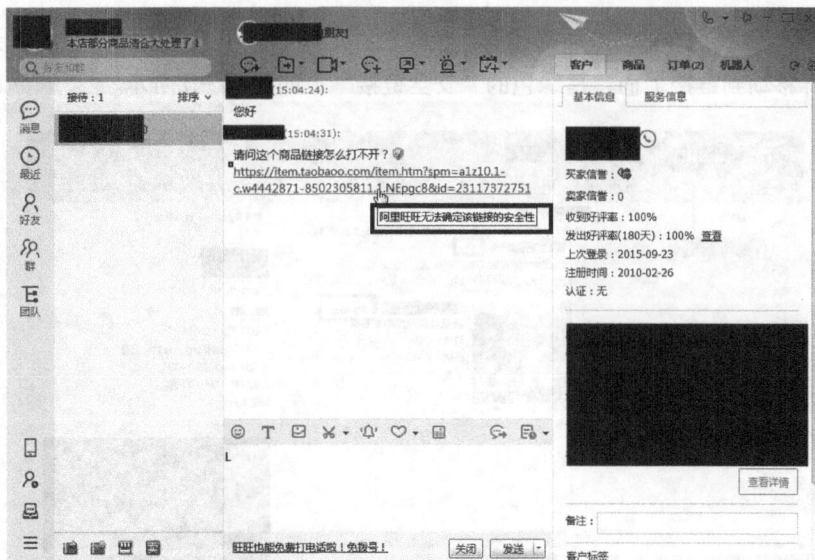

图 17-3   警告提醒

如果单击这个链接，会再次弹出一个警告对话框，提醒是否要打开，如图 17-4 所示。

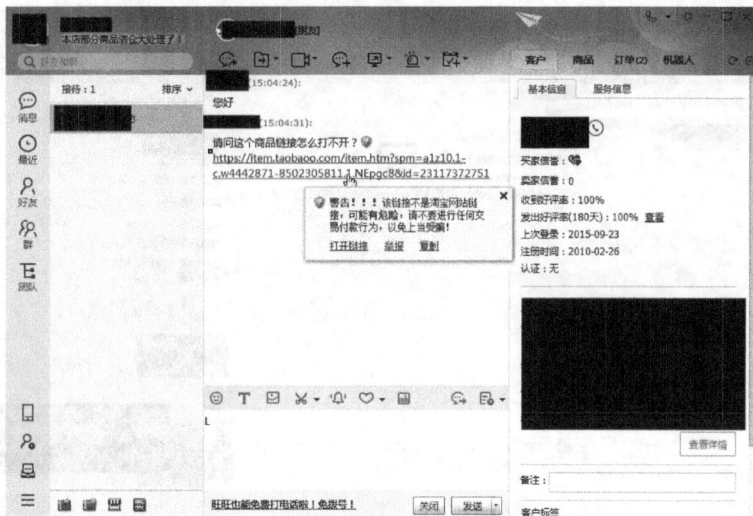

图17-4 提醒是否要打开

单击"确定"按钮，打开链接后，进入一个淘宝会员登录的页面，千万不要在这个页面输入账户名和密码，避免账号密码被盗取。

只要是淘宝认证的网站前面都会有一个绿色标志和一个小勾表示可以安全打开。当光标移动到链接上面，是绿色的"安全链接"，如图17-5所示。

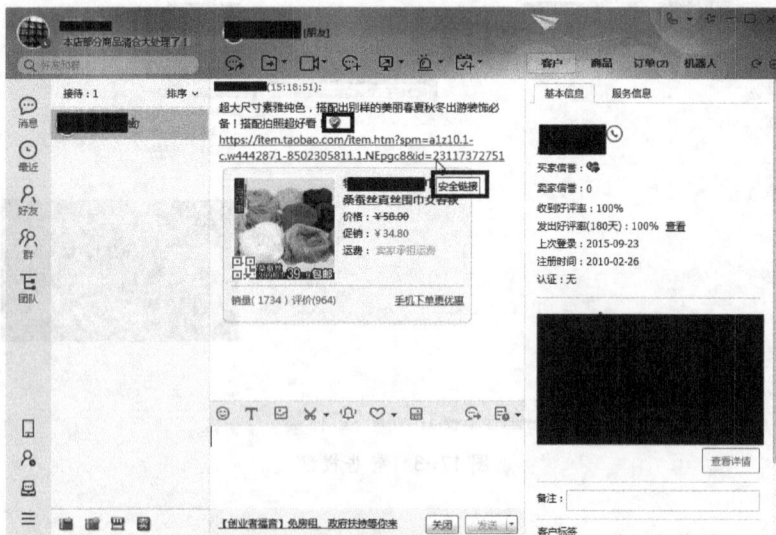

图17-5 安全链接

17.6　网上银行交易防骗技巧

随着网络技术的普及，越来越多的普通百姓开始利用网上银行来处理个人资产，查询、转账、支付或交易。但是，网络安全性又成了不少人的担忧。

为尽可能地保障资金安全，避免不必要的损失，下面总结了一些防范招式，希望能对广大网银用户在进行风险防范时有所帮助。

1. 核对网址

要开通网上银行功能，通常事先要与银行签订协议。进行网上购物或进入网上银行交易时，应留意核对所登录的网址与协议书中的网址是否相符。不要从来历不明的网页链接访问银行网站。谨防假网站索要账号、密码、支付密码等敏感信息，银行在任何时候都不会通过电子邮件、短信、信函等方式要求客户提供账号、密码、支付密码等信息。

2. 妥善选择和保管密码

密码应避免与个人资料有关系，不要选用如身份证号码、生日、电话号码等作为密码。建议选用字母、数字混合的方式，以提高密码破解难度。密码应妥善保管，账号和密码是绝对私人所有，不要轻易告诉别人。尽量避免在不同的系统使用同一密码，否则密码一旦遗失，后果将不堪设想。

3. 管好数字证书

不管是网上银行还是支付宝账号，都有推出安全性能极高的数字证书，这是目前保障账号安全最有力的方式之一。目前银行的数字证书一般需要花钱购买；支付宝的数字证书只要通过实名认证就可以免费申请的。

4. 交易明细定期查

应对网上银行办理的转账和支付等业务做好记录，定期查看"历史交易明细"，定期打印网上银行业务对账单。这样能做到尽早发现问题，尽早解决问题。

5. 及时确认异常状况

如果在陌生的网址上不小心输入了银行卡号和密码，并遇到类似"系统维护"之类的提示，应当立即拨打相关银行的客户服务热线进行确认。万一资料被盗，应立即进行银行卡挂失和修改相关交易密码。

6. 运用各项网上银行增值服务

如可以申请开通银行的短信服务，无论存取款、转账、刷卡消费，还是投资理财，只要账户资金发生变动，在第一时间就能收到手机短信提醒，以实现对个人账户资金的实时监控。如发现异常，应立即与银行联系，避免损失。

7. 坚持"四不"原则，提高防范意识

一是不轻信。一般政府机关、银行或公共事业单位不会直接致电持卡人交谈涉及费用的问题，更不会直接"遥控指挥"持卡人去 ATM 等没有银行工作人员在场的地方进行转账。

二是不回应。对可疑的电话或短信不要回应，应直接致电相关公共事业单位或发卡银行客服热线询问。

三是不泄露。注意保护身份资料、账户信息，而且任何情况下，也不要泄露银行卡密码。

四是不转账。为了确保银行卡资金安全，对陌生人"指导"进行 ATM 或网上银行转账要谨慎，谨防上当受骗。

17.7 店铺促销中常见的误区

在开展促销的过程中，存在许多误区，给店铺的销售非但没有带来效益，反而带来很多消极影响，如果我们在经营过程中能够避免这些误区，则可以大大提高促销的效果，提高销售额。

1. 价格越低越畅销

毫无疑问，现在低价促销成了促销活动的主要内容，很多店铺觉得用价格当作促销工具，将降价当作促销活动，战无不胜。但大家都知道这是一把"双刃剑"，刺伤了别人，同时也刺伤了自己，是将来即将被抛弃的一种促销手段。所以，促销创新如果能让价格不受促销活动的影响而下跌，继续保持稳定且又能让促销效果良好的话，这将是促销创新的极大突破。

2. 夸大商品优点隐藏缺点

买家是我们的利润来源，是我们的生存之本。然而，有一些卖家却将买家当作傻瓜，认为买家什么都不懂，只要卖出去就行了。有些网商为了将产品尽快地销售出去，却采取了极力吹嘘商品的办法，大肆夸张商品的某些特点隐藏缺点。事实上，无论是在淘宝上，还是现实生活的商铺中，产品已经非常发达了，买家不仅可以从众多同类产品中选择自己喜爱的商品，而且还可以凭自己的主观感受来选择自己消费的权利。如果言过其实，甚至故意欺骗顾客，那么对自己也没有什么好处。因为顾客这次如果感到很不满意，有可能会给你差评，下次也就不再光临你的店铺或购买你的商品了。

3. 对买家的促销错觉

一些卖家在开展促销的时候，存在对买家的一些错误认识，这些错误认识导致促销失去了真正的目标和对象，因而使促销的效果大打折扣。常见的包括下面几种：误以为每个人都是买家、误以为购买者就是使用者。

4. 售后服务差

在网络销售中，售后服务更为重要。虽然操作上会比现实生活中的商家有一些困难存在，但正是基于这一点，网商的售后就要更细致。

许多卖家在卖家购买商品时，会向买家做出各种各样的承诺，以打消买家的顾虑，促使其尽快做出购买决定。但是，一旦买家掏钱购买后，他们就将自己所做的承诺抛到了九霄云外。虽然淘宝用支付宝来限制这一行为，但实际上有很多买家是直接汇款的。另外，卖家也应该做到商品出售的跟踪服务。

5. 与买家争利

有些卖家在销售的过程中，对买家毫不让利，与买家争利，这样的结果只能是将买家拒之门外。

对于卖家来说，只有拥有了比较稳定的客户群，才能够获得相应稳定的利润。稳定的客户群是怎样获得的呢？给买家一点“甜头”，就会获得买家的心，他们会再次光临你的店铺，从而成为店铺的回头客。

6. 想当然地推销商品

卖家要想生意兴隆，商品卖得好，当然要了解买家的心理。然而，有些卖家以为只要自己对商品感到满意，买家就会同样感到满意，完全以个人口味来决定大众的需求，这样就本末倒置，造成商品的滞销。

认识一位店主在开店初期，就是这种心理原因造成滞销亏本。一味地强调商品的质量如何好，完全忽略了网购人群的喜好，进的第一批货到目前为止还在积压。

17.8　淘宝宝贝标题优化经典误区

很多卖家在优化宝贝标题的过程中有误区，下面就介绍这些常见的误区。

1. 标题一直不变

淘宝热门关键词随着季节以及流行趋势的变换，不断地变化。因而建议宝贝关键词标题至少每个月按淘宝热门搜索词来优化一到两次，这样才能保持不断地带来搜索流量。

2. 赠品作为宝贝出售

不允许在商品标题中恶意添加对赠品、奖品的描述，否则属于乱用关键词。卖家可以将相关促销内容添加到宝贝描述中。参加淘宝活动有另行规定的除外。

3. 标题中有大量空格

标题关键词只是引导顾客搜索到他们想要的宝贝而已，而用户是否点击宝贝并进入店铺那就与图片的内容是否顾客想要找的宝贝有非常大的关系。

因此，我们在优化宝贝标题的时候就尽量少用空格，这样就能大大提高宝贝的标题效用。

4. 用特殊符号【 】

有一次有个卖家发现自己的宝贝排序很低，卖篮球的，后来找了很久，是因为他把【篮球】也用特殊符号包起来了。因为觉得这样突出，而搜索引擎在判断该宝贝时却把它排在别的宝贝之后了。

5. 关于标题中的特殊符号使用

很多人在写标题时会喜欢加一些特殊符号，如"&"、""/""、"#"，有个卖家搜索 NOKIA 搜索不到，后来发现标题中是"NOKIA# 手机"，系统可能会识别成"NOKIA#"的，因此在搜索"NOKIA"时排名就不会高了。所以如果不是英文中本身有特殊符号，你就别自作主张加一些特殊符号了。

6. 同类的宝贝标题完全相同

很多卖家在为宝贝拟标题时，会发现很多宝贝都是同一类的，属性都很相近，所以标题也可能一样，写的同样的话就会被认为重复铺货。所以同类宝贝写标题时，最好是能把不同的特点属性写进去，写得不一样这样就不会认为是重复铺货。

7. 标题中故意堆砌关键词

关键词堆砌现象也是卖家经常犯的错误之一，认为只要多出现几次关键词就会有好的效果，但是触犯了淘宝的宝贝标题关键词发布规则。比如"太平猴魁 毛尖六安瓜片 猴魁茶 西湖龙井 黄山烧饼 300 克"，此类关键字乱用会迷惑买家挑选商品时的选择，不利于购物体验。

8. 写一些与宝贝无关的关键词

如果你家有一款宝贝是女裤，绝不能因为"连衣裙"及"T恤"等关键词搜索量比较大而加入到宝贝里面，给消费者搜索带来困扰。比如一位女士想买连衣裙，在搜索了"连衣裙"关键字时，此类商品也会被搜索到。这样是违规会被处罚的。

17.9　避开成交关键词误区

关键词的选择很重要，特别是有利于成交的关键词。那么，如何找到这些成交关键词？下面，我们来看看如何避开成交关键词误区？

1. 关键词只选热的不选对的

热门关键词是要选择，但也不能忽略其他的关键词。很多中小卖家在开店之初都只选择热门的词。不可否认，这确实是一个最简单的方法，但这些词是否全部都有价值呢？不要盲目选取热门关键词，关键词一定要根据数据来，只选对不选热的。

2. 优化结果不需常跟踪

标题的优化，页面的优化，不是优化完就不管了，还需要对优化的工作定期跟踪。

3. 优化标题随心所欲

要制定优化方案前，一定要对商品有个了解。知道哪些词会为我们带来流量，哪些词会带来转化，这样我们才能明确每个词的目的。所以其实一个有计划的优化方案也是通过对数据的跟踪、监测、分析的结果来制定的。

17.10 优惠券设置常见的误区

优惠券确实是吸引买家购物和再次购物的一个好的方法，但是很多卖家往往陷入了一些误区之中，导致效果很不理想。下面是一些常见的误区。

1. 优惠券发的越多越好

优惠券类似现金，只有当购物的时候使用可以抵消费金额。如果，无限制地让所有人都可以随意的领取优惠券的时候，就意味着客户觉得自己获得的优惠券是可有可无的。不会有任何的消费冲动，因为别人也可以获得。

可以通过满就送方式或向老客户发送优惠券。这样他们会有一定的优越感。同时面值本身尽量大一些，否则是没有诱惑性的，如图 17-6 所示。

图 17-6 满就送方式优惠券

2.　设置很小面值优惠券

小面值优惠券一般的情况下不会吸引买家。特别是当商品普遍价格远远高于优惠券面额的时候，几乎对买家的购买决定不起任何作用。一件 300 元的产品，买家不会因为赠送了 5 元的优惠券而购买。优惠券的额度尽可能的大些才能吸引客户，如图 17-7 所示。

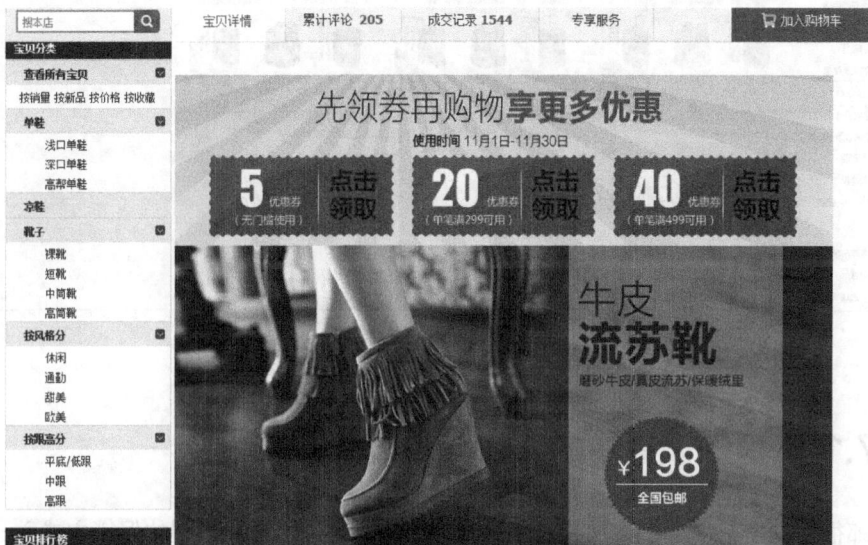

图 17-7　优惠券的额度尽可能的大

3.　客户会因为优惠券来再次购买

客户之所以购买不仅仅是优惠券的原因，最主要的原因是你的产品，或者产品价格本身就很吸引人。优惠券真正对于回头客的意义在于，可以让买家缩短消费的间隔期。就会说，当优惠券和大促重叠的时候很容易引起他们消费的冲动。

4.　客户收到优惠券以后会记得使用

客户收到优惠券，特别是通过满就送得到的优惠券，必须在淘宝中我的优惠券里才会被看到，如图 17-8 所示。如果是老客户领取的优惠券，当优惠券即将到期的前 2-3 天内，追加短信提醒。

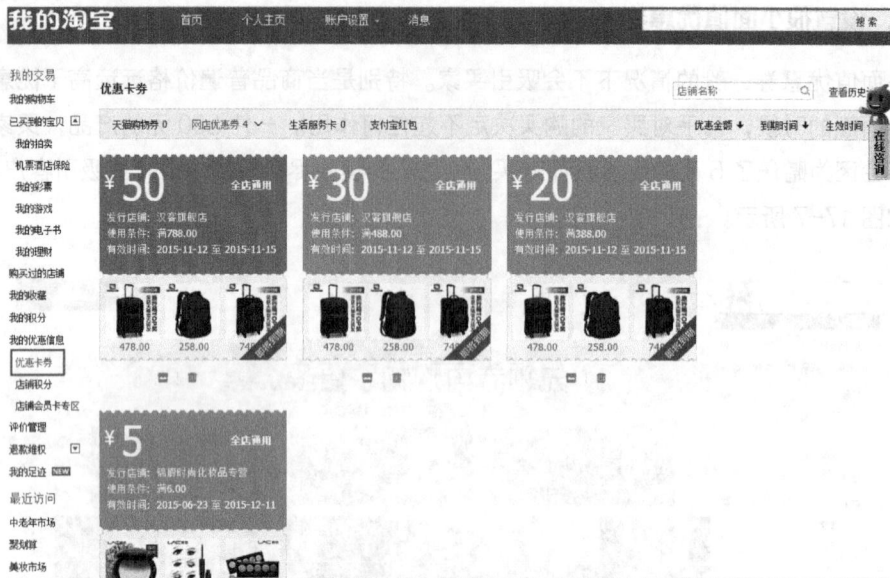

图 17-8 我的优惠券

17.11 包邮设置中的误区

包邮很大程度上刺激了买家的购物神经，包邮成为淘宝上最火爆的促销方式之一。设置包邮是中小卖家经常采用的促俏形式，有不少卖家也会很容易陷入误区中。

1. 包邮忽视了利润

要想能在包邮活动里赢得利润，卖家首先应当清楚自己能承受的邮费成本是多少，能接受的最大打折力度在哪儿。假设店铺平均邮费是 10 元 / 单，若你设置了满100 元包邮，这就相当于做了 9 折活动，如果做满 20 元包邮的活动，那么就是 5 折。卖家在包邮活动前必须预估出一个对买家的吸引力和利润最大化的平衡点。

2. 包邮切莫导致商品失去吸引力，而完全靠免邮商品

根据爆款设置合理额度。因为包邮是一项促销活动，为了避免店内爆款失去吸引力，满 N 元包邮的额度应当大于店铺其中一个热卖商品的价格，同时也要小于店铺中两个热卖商品的价格总和。

3. 信息设置不当

一旦卖家没有正确地设置包邮，就会导致客户在搜索的时候，无法搜索到该店铺的包邮活动，也就是包邮信息完全被屏蔽掉了。

4. 方式选择不当

常见的包邮方式包括全店满额包邮、单品包邮和包邮卡三种。适合中小卖家使用的有满额包邮和单品包邮。

满额包邮可以有效地提高客单价，也就是说通过满额的手段来促使客户更多的购买产品。很多人忽略了满额包邮，而是直接使用单品包邮。但是单品包邮对于利润不是很高的宝贝来说是会有很大的成本压力。单品包邮也有好处，那就是在冲击爆款的时候可以迅速累积销量。

5. 包邮关键词不显眼

很多卖家觉得只要在店铺内设置好官方的包邮就会有顾客注意到，从而促使其购买更多的东西。但是如果包邮的位置不显眼的话，很多顾客是根本不会注意到的。因此，可以将包邮制作成显眼的水印打在主图上，以突出包邮信息，如图 17-9 所示，从而更客易吸引客户注意。此外，建议设计一张醒目的海报以突出包邮信息，可放置在店铺首页和宝贝详情页中。如图 17-10 所示在店铺首页的海报突出包邮信息。

图 17-9　将包邮水印打在主图上

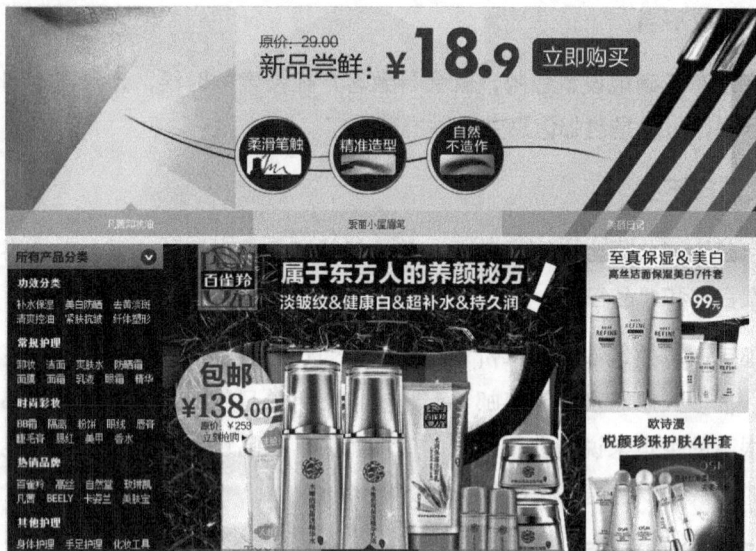

图 17-10 在店铺首页的海报突出包邮信息

案例——高考落榜开网店，如今年入 50 万元

三年前，高考失利的张璐华没有继续读书，而是选择帮叔叔经营一个小餐馆。偶然的一次机会张璐华了解了网店的经营模式，便开始自立门户，经过三年的苦心经营，如今张璐华的身家已达 50 万元。

因为要经常接货、发货，村里打车比较麻烦，还是自己有辆车比较方便。看着自己的新车，张璐华以后再也不用四处打车了。

三年前经常去网吧玩，很偶然的机会进入购物网站，本想随便看看，得知网上开店没有房租、装修等花费，投入人力还不大，就抱着试试看的想法，凑了 3000 元钱在网上注册了店铺。2012 年 8 月，张璐华的网店正式开张，专卖橄榄油。而张璐华"讲信用重质量""橄榄油品种多""售后服务好"等使她的网店口碑非常好，生意也越做越大，目前她已拥有 3 家网上连锁店，资产总额达 200 万元。

张璐华当初选择卖橄榄油时，家人都很吃惊，因为三年前人们对橄榄油的了解很少，几乎没有人知道橄榄油有什么用处。张璐华开网店初期，进货非常辛苦，每天早上 4、5 点就要起床去接货，拿回商品后，还要挨个拍照，写商品描述。而发货更是辛苦，生意好的时候，每天卖出去 20 多瓶橄榄油，母亲负责封包裹，自己负责写单子，然后拿去邮寄，一次拿不完还得多跑几趟。蜜月期间、怀孕期间，张璐华每天都要坚守在电脑旁，接受客户的咨询和订单。2013 年冬天，张璐华在家待产时，还专门嘱咐家人帮她接管网店，以免错过客户。

虽然开网店不需太多的资金，也需要承担风险。张璐华认为，现在许多大学生面临就业难的问题，自己创业在网上开店是个不错的选择，但要注意的是，不要盲目地选择商品，一定要事先做好市场调查；网上开店应先熟悉网店的业务，可以先进行试水，尝试成为二级、三级代理，甚至可以将自己一些有特色的私人珍藏拿到网上拍卖。其次，大学生资金少，不建议学生们拿很多钱去买货，和供货商签交易协议时一定要慎重，一旦货销量不好可以有退路，同时，选择信誉好的网站开店也很重要。